乔石

谈改革与发展

人民出版社

乔石

1983 年 10 月 26 日,乔石在宁夏引黄灌区看望粮食专业户。

1986 年 11 月 21 日,乔石会见全国扶贫扶优经验交流和表彰大会代表。

1988 年 2 月 27 日,乔石会见第三次全国台湾同胞代表会议代表。

1990 年 2 月 15 日,乔石视察河北省邢台市长征汽车制造厂。

1990 年 5 月 19 日,乔石到内蒙古自治区临河市干召庙乡民主四社调查农民生产生活情况。

1990 年 11 月 14 日,乔石在重庆考察。

　　1991年1月,乔石到革命老根据地沂蒙山腹地苍山县调查,在流井乡北邱庄老党员李清淑家倾听她的诉说。

1991 年 2 月,乔石在云南锡业公司视察。

1991 年 4 月 21 日,乔石考察宁波北仑港新建的集装箱码头。

1992 年 2 月 3 日,乔石在广西国营武鸣华侨农场考察农业。

1993 年 10 月 18 日,乔石在南昌江铃汽车公司考察。

1994 年 6 月 10 日,乔石在贵州省三都水族自治县与水族群众一起跳民族舞。

1994 年 8 月 14 日,乔石在江西省九江市考察"三农"工作。

1994 年 10 月,乔石在广东省珠海市考察。

1995 年 1 月 20 日,乔石视察上海市浦东金桥出口加工区。

1990 年 8 月 28 日,乔石到河南省兰考县考察。图为乔石在焦裕禄墓前与焦裕禄同志的夫人徐俊雅(左三)、女儿焦守云(左四)亲切交谈。

1995 年 7 月,乔石在吉林考察期间同梨树县种植业专业户王玉坤亲切交谈。

1995 年 7 月,乔石在长春一汽集团公司研究所考察新型"红旗"样车。

1995 年 9 月 10 日,乔石到山东省聊城市考察棉花生产。

1996 年 6 月 3 日,乔石和夫人郁文在合肥与黄梅戏演员合影。

1996 年 6 月,乔石考察三峡工程建设及移民搬迁工作。

1997 年 1 月 17 日,乔石在宝钢三期工程热轧厂了解 1580 热轧线试生产情况。

1998 年 12 月 29 日,乔石考察海南省新大洲摩托车厂。

开拓奋进写春秋
改革开放展宏图

一九九三年十月 乔石

乔石为江西省共青垦殖场题词。

编　辑　说　明

《乔石谈改革与发展》是继《乔石谈民主与法制》之后,又一部反映乔石同志担任党和国家重要领导职务期间工作情况的文集。

乔石同志 1982—1998 年期间先后担任中央对外联络部部长、中央办公厅主任、中央组织部部长、中央政法委员会书记、国务院副总理、中央纪律检查委员会书记、中央党校校长、中央社会治安综合治理委员会主任、第八届全国人大常委会委员长。中共第十二届中央委员,中央书记处候补书记、书记,中央政治局委员;第十三届中央政治局委员、常委,中央书记处书记;第十四届中央政治局委员、常委。

本书选入了乔石同志担任党和国家重要领导职务期间,出席重要会议和到地方、部门考察调研及会见外宾时有关改革开放与发展的重要讲话、报告、谈话、文章共 117 篇,约 48 万字。书中还收录了一些相关的照片等。

本书收入乔石同志的文稿,按时间顺序排列,从 1983 年到 1998 年。

乔石同志在担任党和国家重要领导职务期间,适逢我国确立中国特色社会主义道路、基本路线、发展目标以及进一步解放思想、加快改革开放步伐、初步建成社会主义市场经济体制的时期,乔石同志亲身参与并主持了党和国家多个领域的工作。乔石同志经历了谋划与确定在国际国内形势的重大变化与转折时期的重大方针政策,并有他自己的重要和独到的论述。《乔石谈改革与发展》从多方面真实地反映了这一时期他的工作历程和对我国社会主义事业的重要贡献,对于了解20世纪80—90年代我国改革开放和经济、社会发展的决策和进程,具有重要意义。

围绕改革和发展两大主题,编入本书的乔石同志的重要论述,对我国当今的全面深化改革和建设中国特色社会主义,具有鲜明的现实意义。如:我国改革已到了关键时期,中国不改革就没有出路,要通盘考虑经济体制和政治体制的全面改革;抓住我国近代历史上150多年来未曾有过的难得的机遇,一心一意地把经济建设搞上去;发展速度保持7%左右就好,总结我们社会主义时期最基本最重要的教训就是急于求成;积极响应小平同志南方谈话,推动改革开放加快加深发展;要在实践中总结出一套适合我国国情的现代企业制度;深化国有大中型企业改革,脑子要活一点,力度要大一点,胆子要大一点;树立大农业思想,面向国内国际两个市场,小城镇建设要逐步发展,成为农村的政治、经济、文化和服务中心;国际环境总的来说有利于我国经济建设和改革开放,国际斗争要坚持原则,不受干扰,冷静对待等。

编入本书的文稿,绝大部分系第一次公开发表,而且大部分文稿是依据乔石同志到各地考察或接见外宾时的录音(记录)整理的。在编辑过程中,我们力求保持文稿的原貌和谈话风格,做了些文字方面的编辑、订正。对于不常见的少数专有名词或简称缩写、部分人物和事件,在首次出现处作简要的注释。书中文稿标题,除公开发表过的外,为编者所加。

本书文稿的编辑工作从2012年开始。乔石和郁文同志生前对本书的总体内容、结构和体例都提出了指导性意见。

感谢中央领导同志对本书编辑出版给予的关心、支持和帮助。

中央和国家机关有关部门,各省市自治区党委有关部门,人民出版社等单位为本书的编辑、出版工作提供了大力的支持和帮助,何毅亭、郑科扬同志不辞劳苦,审阅全稿,特此表示诚挚的感谢!

乔石同志的文稿很丰富,就改革和发展这个专题而言,本书选入的仅是其中的一部分,且难免有错漏之处。

本书编辑委员会主任陈冀平同志主持了本书的审定工作。

本书编辑委员会的成员是:乔凌、乔小东、胡平生、陈新权、宋北杉、陈群、田松年、孙建刚。蒋小明和乔小溪参加了编辑工作。

本书编辑组成员有:吴兴唐、陈雪英、郑忠祥、李多、王泽军。

本书编辑组

2015 年 12 月

目　录

摆脱外国模式的影响,走自己的革命道路 …………………… 1

　(1983 年 1 月 1 日)

开创社会主义现代化建设新局面 ……………………… 4

　(1983 年 1 月 25 日)

根据自己的情况建设有中国特色的社会主义 ……………… 8

　(1983 年 4 月 20 日)

中国要不断加强同第三世界国家和人民的团结 …………… 13

　(1983 年 5 月 31 日)

不断增强民族团结 ……………………………………… 17

　(1983 年 11 月 5 日)

经济体制改革是为了发展生产,提高人民生活水平 ……… 21

　(1985 年 5 月 13 日)

增强信心,努力把经济特区办好 ……………………… 26

　(1985 年 10 月 27 日)

在改革中求前进　在克服困难中求发展 ……………… 31

　(1986 年 7 月 7 日)

通盘考虑经济体制和政治体制的全面改革 …………… 37

　(1986 年 8 月 23 日)

扶贫是我们党和政府的一项极重要的职责和任务 ⋯⋯⋯ 47

（1986 年 11 月 18 日）

我们很重要的一条教训就是急于求成 ⋯⋯⋯⋯⋯⋯ 51

（1987 年 6 月 18 日）

党的十三大的主要议题就是加快经济和政治体制改革 ⋯⋯⋯ 53

（1987 年 8 月 18 日）

利用优势和特色，加快发展 ⋯⋯⋯⋯⋯⋯⋯⋯⋯ 55

（1987 年 12 月 21 日—1988 年 1 月 2 日）

发扬艰苦奋斗、勤俭建国精神，加强扶贫工作 ⋯⋯⋯ 61

（1988 年 1 月 25 日—2 月 8 日）

加快四川发展更要解放思想 ⋯⋯⋯⋯⋯⋯⋯⋯⋯ 64

（1988 年 2 月 8 日—18 日）

认真贯彻党的方针政策，进一步做好西藏工作 ⋯⋯⋯ 69

（1988 年 4 月 28 日）

社会主义初级阶段的理论，是按照中国的实际提出来的 ⋯⋯⋯ 75

（1988 年 6 月 2 日）

中国改革现在正处在关键时刻 ⋯⋯⋯⋯⋯⋯⋯⋯ 83

（1988 年 6 月 6 日）

社会主义新西藏的光明前途谁也阻挡不住 ⋯⋯⋯⋯ 85

（1988 年 6 月 29 日）

关键是要发展生产力 ⋯⋯⋯⋯⋯⋯⋯⋯⋯⋯⋯ 92

（1988 年 7 月 23 日）

经济体制改革要闯关,企业领导体制要转换 ·············· 96
　(1988 年 8 月 5 日—11 日)

我们党有一个好传统,犯了错误自己总结自己纠正 ·········· 103
　(1988 年 9 月 17 日)

治理整顿是为了进一步深化改革 ·················· 105
　(1988 年 11 月 18 日—29 日)

要逐渐形成具有自己特色的企业精神 ················ 111
　(1988 年 11 月 21 日)

要研究改革开放带来的新情况 ··················· 113
　(1988 年 12 月 31 日)

在改革开放中探索出一条符合中国实际的道路 ·········· 118
　(1989 年 3 月 3 日)

共同把西藏的事情办好 ······················ 123
　(1989 年 3 月 27 日)

中国不改革没有出路 ······················· 125
　(1989 年 3 月 31 日)

经济建设仍然是我们现在的中心任务 ··············· 135
　(1989 年 10 月 13 日—18 日)

改革开放的方针政策不会变 ···················· 142
　(1990 年 1 月 20 日—27 日)

要在改革开放中经受考验和锻炼 ·················· 147
　(1990 年 2 月 10 日—16 日)

在稳定中求发展 ·························· 151
　(1990 年 2 月 26 日)

人们的认识往往赶不上实践,这是经常出现的历史现象 ………… 157
　(1990 年 3 月 10 日)

改革开放取得的成绩说明了社会主义的优越性 ……………… 161
　(1990 年 3 月 23 日—28 日)

要以更大的力度推动改革开放 ………………………………… 166
　(1990 年 4 月 16 日—21 日)

我国各民族都要牢固地树立谁也离不开谁的思想 …………… 173
　(1990 年 5 月 17 日—20 日)

没有全国的稳定,什么事情都办不了 ………………………… 181
　(1990 年 6 月 23 日)

抓住机遇,一心一意把经济建设搞上去 ……………………… 187
　(1990 年 7 月 2 日)

中国坚持走社会主义道路是人民的选择 ……………………… 192
　(1990 年 7 月 22 日)

要认真贯彻党的民族政策和宗教政策 ………………………… 197
　(1990 年 7 月 28 日)

合理开发当地资源,加强同沿海地区的经济联系 …………… 207
　(1990 年 7 月 29 日—8 月 3 日)

维护稳定,经济是基础 ………………………………………… 214
　(1990 年 8 月 28 日)

山区要结合当地实际,探索自己的发展路子 ………………… 220
　(1990 年 10 月 10 日—17 日)

只有深化改革,发展才有出路 ……………………………… 229

　　(1990 年 11 月 15 日)

贫困地区要树立长期自力更生、艰苦奋斗的思想 ………… 232

　　(1990 年 11 月 19 日)

扎扎实实走有中国特色的社会主义道路 ………………… 236

　　(1990 年 11 月 21 日)

中国进行社会主义经济建设必须从中国实际出发 ……… 245

　　(1990 年 12 月 7 日)

社会主义必须使人民群众富裕起来 ……………………… 248

　　(1991 年 1 月 9 日—21 日)

中国的改革和经济建设必须稳步前进 …………………… 253

　　(1991 年 2 月 5 日)

要使中西部地区较快地发展起来 ………………………… 256

　　(1991 年 2 月 9 日)

改革开放犹如逆水行舟,不进则退 ……………………… 260

　　(1991 年 4 月 25 日)

纪念西藏和平解放 40 周年 ……………………………… 269

　　(1991 年 5 月 23 日)

踏踏实实,埋头苦干 ……………………………………… 272

　　(1991 年 9 月 11 日)

只要我们沿着社会主义道路走下去就会取得成功 ……… 276

　　(1991 年 9 月 29 日)

没有改革开放就没有中国今天的发展 …………………………… 279

（1991 年 10 月 16 日）

改革必须从本国实际出发,并遵循社会主义制度自我完善的

原则 ……………………………………………………………… 287

（1991 年 11 月 4 日）

深化改革,扩大开放 …………………………………………… 291

（1991 年 11 月 18 日—23 日）

农村改革是一场伟大的变革 …………………………………… 297

（1991 年 11 月 27 日）

中国的社会主义是在中国的土壤上成长起来的 …………… 302

（1991 年 12 月 3 日）

埋头苦干,把中国自己的事情办好 …………………………… 306

（1991 年 12 月 21 日）

要实干要改革,不搞形式主义 ………………………………… 311

（1992 年 1 月 30 日）

学习邓小平同志南方重要谈话,加快我国建设和改革步伐 ……… 318

（1992 年 3 月 2 日）

中国和苏联不一样 ……………………………………………… 323

（1992 年 3 月 15 日）

我们的市场比较繁荣,主要是国内政策好 …………………… 326

（1992 年 4 月 7 日）

深入学习和认真贯彻邓小平同志南方重要谈话 …………… 328

（1992 年 4 月 21 日）

我国经济和政治体制改革的效果是显著的 ……………… 336

　　(1992 年 4 月 27 日)

改革是社会主义制度的自我完善,也是为了解放生产力 ……… 338

　　(1992 年 4 月 28 日)

学习贯彻邓小平同志南方重要谈话首先要解放思想 ………… 340

　　(1992 年 6 月 3 日)

"左"的问题在中国确实值得注意,一有机会就要冒 ………… 351

　　(1992 年 6 月 19 日)

中国谋求维护世界和平和发展本国经济 ……………… 362

　　(1992 年 7 月 13 日)

要不断扩大同沿边国家的合作领域 ………………… 369

　　(1992 年 7 月 28 日—8 月 5 日)

不断进行探索,不断总结经验 ……………………… 374

　　(1992 年 8 月 18 日)

和平与发展仍是当今世界的两大主题 ……………… 377

　　(1992 年 8 月 25 日)

多研究当地的特点来发展当地的经济 ……………… 385

　　(1992 年 11 月 13 日)

要以农业为基础,重视搞好农业 …………………… 392

　　(1992 年 12 月 24 日)

密切注视经济发展动态,促使经济健康发展 ………… 399

　　(1993 年 1 月 22 日)

路线方针政策定了就要大胆干 …………………………… 408

（1993 年 4 月 13 日—19 日）

长期保持稳定,坚决实行改革 …………………………… 411

（1993 年 5 月 24 日）

像这样的发展机遇在中国近代史上是没有过的 ………… 415

（1993 年 5 月 27 日—6 月 5 日）

要促进经济健康积极地向前发展 ………………………… 425

（1993 年 8 月 12 日）

抓住历史上难得的机遇,加快和深化改革开放 …………… 429

（1993 年 9 月 21 日—28 日）

从实际出发,一步一个脚印地奋斗下去 ………………… 439

（1993 年 10 月 14 日—20 日）

我们在新的历史道路上不断前进 ………………………… 445

（1993 年 11 月 5 日）

抓住有利时机,促进经济持续快速健康发展 …………… 449

（1993 年 11 月 21 日—27 日）

加强和改善宏观调控,保持经济稳定发展 ……………… 456

（1994 年 2 月 5 日）

把社会主义市场经济法律体系的框架确立起来 ………… 462

（1994 年 5 月 15 日—18 日）

要把四面八方的有利因素调动起来,加快经济发展 …… 465

（1994 年 6 月 13 日）

"两个文明"建设要一齐抓 ······ 473

　　（1994 年 6 月 16 日）

搞经济建设也要把马克思主义基本原理同本国实际相结合 ········ 480

　　（1994 年 6 月 20 日）

河北要把环京津这篇大文章作为战略来抓 ······ 483

　　（1994 年 7 月 8 日—10 日）

要进一步发展社会主义市场经济 ······ 486

　　（1994 年 8 月 15 日）

不断探索实践，开拓前进 ······ 494

　　（1994 年 10 月 8 日—13 日）

建立现代企业制度要抓紧 ······ 502

　　（1995 年 1 月 22 日）

福建的发展对促进祖国统一将发挥很大作用 ······ 504

　　（1995 年 3 月 23 日）

抓住机遇，增强国家经济实力和世界和平力量 ······ 509

　　（1995 年 5 月 20 日）

深化改革要善于探索 ······ 516

　　（1995 年 6 月 5 日）

现代企业制度不会从天上掉下来 ······ 521

　　（1995 年 6 月 20 日）

按照发展社会主义市场经济的要求进行企业改革 ······ 527

　　（1995 年 7 月 24 日）

国有企业的根本出路在于深化改革 …………………………… 534

　（1995 年 7 月 30 日）

农业一天都不能放松，企业改革也不能停步 …………………… 543

　（1995 年 9 月 8 日—12 日）

贯彻中央精神，结合实际，使各项事业不断向前发展 ………… 550

　（1995 年 10 月 11 日）

中国达到中等发达国家水平要经过长期努力 ………………… 554

　（1995 年 11 月 28 日）

中国经济发展得比较快，重要原因是没有照搬苏联模式 ………… 558

　（1995 年 11 月 29 日）

广东处在改革开放的前沿，今后也要继续走在前面 …………… 563

　（1996 年 2 月 9 日—18 日）

创造一个良好的国内外环境进行建设 ………………………… 572

　（1996 年 5 月 22 日）

改革要大胆实践，城镇建设要顺乎自然 ……………………… 575

　（1996 年 6 月 1 日—7 日）

深化改革，推动各项事业的发展 ……………………………… 580

　（1996 年 7 月 20 日—26 日）

抓住时机，加快发展 …………………………………………… 590

　（1996 年 7 月 25 日）

中西部地区面貌要有一个大的改变 …………………………… 597

　（1996 年 8 月 19 日）

把发展经济和解决人民生活问题放在头等重要位置 ················· 603

（1996 年 12 月 12 日）

我们今天走的这条发展道路是符合中国国情的 ················· 610

（1996 年 12 月 13 日）

国有大中型企业改革要走出一条路子来 ················· 613

（1997 年 1 月 14 日）

把邓小平开创的建设有中国特色社会主义事业进行到底 ············ 618

（1997 年 3 月 12 日）

山西要发挥好基础工业的优势 ················· 620

（1997 年 5 月 31 日—6 月 4 日）

要用马克思富有智慧的思想来解决现实问题 ················· 628

（1997 年 7 月 14 日）

同台湾"三通"方面要多做工作 ················· 630

（1997 年 11 月 29 日）

要积极准备进入信息社会 ················· 633

（1998 年 1 月 10 日）

摆脱外国模式的影响，
走自己的革命道路*

（1983 年 1 月 1 日）

中国有几千年文明历史，是古老的国家，过去是封建帝国，历史上有过辉煌的文化和政治上的重要发展。近代以后在世界上变得落后了，受各帝国主义列强的侵略，变成半殖民地半封建社会。中国人民进行了 100 多年的反对帝国主义侵略、争取民族解放的斗争。在中国新民主主义革命之前的这些斗争虽曾取得过较大进展，但最后都遭失败，其主要原因是没有好的领导和旧势力、帝国主义势力的强大。

在第一次世界大战期间，马克思主义已经在世界上的一些先进国家得到传播，但在中国，马克思主义的传播是在第一次世界大战之后。列宁所领导的俄国十月革命对当时的进步思想界有很大影响。1921 年，在列宁领导的第三国际①的帮助下创建了中国共产党。我

---

* 这是乔石同志在同法国社会党执委会执行局委员、全国书记雅克·洪辛格会谈时的谈话节录。

① 第三国际：亦称共产国际，存在于 1919—1943 年，是一个共产党和共产主义组织的国际联合组织。创始人是列宁，先后担任领导职务的有季诺维也夫、布哈林、季米特洛夫等。列宁逝世后，实际领导人是斯大林。第三国际实行民主集中制原则，参加国际的各国共产党都是它的一个支部。最高领导机关是世界代表大会。在代表大会闭会期间，领导机关是代表大会选举产生的执行委员会，由它给各支部发布指示并监督它们的活动。执委会选出常设机关主席团，负责执委会闭会期间的全部工作。总部设在莫斯科。联共（布）处于领导地位。第二次世界大战期间，为了加强反法西斯统一战线，同时考虑原有的组织形式已不适应形势发展的需要，第三国际于 1943 年 6 月正式宣告解散。

1

们在讲中国共产党的历史时都要提到这一点。毛泽东同志在一些重要文章中也提到这一点。当然,我们后来在革命实践中逐渐走自己的道路。30年代以毛泽东同志为首的中国共产党的领导逐渐摆脱外国模式的影响,提出把马克思主义普遍原理同中国革命的具体实践相结合,走自己的革命道路。在我党初创时期,有一批进步青年到先进国家去勤工俭学,最主要的是去法国,在法国研究工人运动和各种思潮,寻找适合中国的先进思想,探索自己的革命道路。其中有一批人成为党的最早的领导人,在中国革命中起了很好的作用。

中国革命进程可以分两大阶段。第一个阶段是1921—1949年,进行了新民主主义革命,中心是反帝反封建,反对官僚资本主义,争取中华民族的彻底解放。同欧洲发达国家的情况不同,中国共产党在建立时没有充分的理论准备,但我们的特点是一建党就投入轰轰烈烈的工农运动和整个民族解放运动。第一次大革命虽然失败了,但在中国历史上起了很重要的作用。大革命失败后,党在城市中没有立足余地。当时的中国社会同欧洲不一样,没有任何民主传统,没有议会,不能搞群众运动,罢工和罢课都要受到镇压。在蒋介石的屠刀下许多共产党员遭杀害。毛泽东同志和一批老同志坚持转入农村,同农民结合进行了20多年的武装斗争。经过曲折复杂的斗争和流血牺牲,终于在1949年取得胜利,建立了中华人民共和国。在斗争最艰巨的时刻,毛泽东同志提出把马列主义与中国实际紧密结合。在这种思想指引下,走上了胜利的道路。新民主主义革命的胜利结束了过去的历史。

1949年以后进入第二个阶段,现已有33年。作为执掌全国政权的党,我们取得了巨大成绩,在10亿人口的大国解决了人民的基本生活,即吃、穿问题。在一个落后的农业大国基础上建立起了比较完整的工业体系。同时依靠和坚持独立自主和平外交政策,在世界上树立了自己的政治地位。

33 年中也受到挫折，犯过错误，其中主要的是十年"文化大革命"。如果不犯错误，我们会建设得更快更好。但这也教育了党和人民，使我们变得聪明起来。我们从党的十一届三中全会以来一直在总结经验，纠正错误，拨乱反正，使党和国家的路线、方针、政策走上正确的道路。

1981 年 6 月我们召开十一届六中全会，通过了《关于建国以来党的若干历史问题的决议》，肯定成绩，承认错误，深刻分析了错误的原因。《决议》得到全党和全国人民的支持，我们对毛泽东同志在革命历史中的功过作了实事求是的分析，采取了历史唯物主义的态度。这个《决议》在国际上反应很好，尤其是第三世界的进步政党和领导人赞赏我们对毛泽东同志的评价。

1982 年 9 月召开党的十二大，制定了今后 20 年的奋斗纲领和今后的战略部署和措施。十二大决定加强四个现代化建设，使国民经济翻两番，同时提出加强思想文化建设、精神文明建设，包括加强法制和社会主义民主。十二大选举新的领导机构，体现了新老交替和合作。十二大通过新党章。同年 12 月开了全国人大五届五次会议，通过了修改后的新宪法，其中心指导思想是加强社会主义民主。还通过了第六个五年计划。

最近几年国家的特点是稳定、团结。经济情况比往年好。工、农、商、外贸、文教卫生等都向前发展。在发展经济的同时还逐步对经济管理体制进行改革，指导思想是走具有中国特色的社会主义道路。现在全国人民心情舒畅，积极性调动起来了。农民积极性很高。工业方面主要是调整比例关系。同时着重解决人民生活中的迫切需要问题。行政机构在进行改革。我们考虑在今后 20 年内，头几年把国民经济的各种比例调整好，为第二个十年的发展打下基础。

开创社会主义现代化
建设新局面[*]

（1983 年 1 月 25 日）

我们两党已经多年没有交往，我希望通过这次会谈能增进相互之间的了解。

努乔马主席 1975 年来过中国，对那时中国的情况一定听说一些，今天我就不多讲了。1975 年以后，中国发生了巨大的变化。变化是于 1976 年开始的。1976 年我国面临很大的困难，党内二位老一辈无产阶级革命家毛主席、周总理和朱德委员长逝世，江青反革命集团活动极为猖狂。党中央对"四人帮"采取了措施，从那以后，我国形势有了好转。1978 年，我党召开了具有历史意义的十一届三中全会，这次全会扭转了我党的指导思想。到目前为止，在过去 4 年多时间里，我党最主要的工作就是拨乱反正，即纠正过去的错误，总结过去的经验教训，并在此基础上明确今后前进的方向。具体来说，我们做了两件重要事情。一是于 1981 年 6 月召开了党的十一届六中全会，通过了六中全会决议，对建国以来，特别是"文化大革命"以来党内重大事件做了总结。决议中最重要的一点就是对毛泽东思想的评价。经过反复讨论，我们对毛泽东思想采取了实事求是的态度，最

---

[*] 这是乔石同志在会见由主席萨姆·努乔马率领的西南非洲人民组织代表团时的谈话节录。

后做出了比较公正的评价。我们充分肯定毛主席对中国革命做出的伟大贡献和毛泽东思想对中国革命和中国建设所起的指导作用。同时我们也严肃地、实事求是地对毛主席晚年所犯的错误作了批评。应该说毛主席在晚年的有些错误是严重的,给党和国家带来了损失。但是我们认为,毛主席还是功大于过的。六中全会决议发表两年了,党内的一些问题也得到了澄清。过去国际上对我们党内某些问题有看法,对毛主席的评价问题很关心,你们前线国家的一些领导人对这个问题就很关心。六中全会决议通过后,他们对决议内容表示赞赏。

我们做的第二件事是在去年9月召开了党的第十二次全国代表大会。这次大会通过了《全面开创社会主义现代化建设的新局面》的政治报告,提出在20世纪末使中国工农业总产值翻两番。这个目标对于发达国家来说不算什么,但对我们来说却是艰巨的任务,同时也是宏伟的计划。代表大会选举了新的中央领导机构,实现了新老干部的交替。具体说就是一批年纪较大的同志从第一线退下来,一批年富力强的同志进入中央委员会。在中国说年富力强,就是指50岁左右的同志。要把更年轻的同志提上来,目前还有困难。经过充分的讨论,代表大会通过了新党章。去年12月,五届全国人大五次会议通过了新宪法。新党章和新宪法都是在总结过去正反两方面的经验的基础上起草和制定的。

这几年,我国经济情况也比较好。"文化大革命"结束时,"四人帮"把中国经济引到了崩溃的边缘。粉碎"四人帮"之后,我们开始恢复经济,主要是对经济进行调整、改革、整顿和提高。这项工作目前仍在进行,进展的情况也比较好。工农业生产每年都有较大的提高,去年工农业产值分别增长7%。财政赤字原来有100多亿元,最近几年逐步下降,今年还有30亿元左右。经济发展中走得最快的是农业。最近几年我们在农村调整了政策,改变了过去的老一套做法,把8亿农民的积极性调动了起来,农业生产形势大好。如果说这几年我国经济形势比较好,那么首先是农业形势比较好;如果说我国政治形势稳定,那么首先是农村经济形势稳定。中国人口10亿3千万,农村人口占8亿。如果要分析中国的形势,首先要分析中国农村的形势。当然其他方面的形势也不错。尽管如此,经济方面的困难还是不少的。今后还要继续对经济进行调整和改革工作,使我国经济在多年之后能够顺利地向前发展。我们想在1990年以前打下一个良好的基础,使我国经济在90年代能有一个较大的发展。

现在再简单谈谈我们的对外政策。我们对外关系最根本的原则就是坚持独立自主,发展同第三世界国家的友好关系。在发展国家之间关系方面,我们强调和平共处五项原则。在政党的相互交往中,我们恪守"独立自主、完全平等、互相尊重、互不干涉内部事务"的党际关系四项原则。我们在对外政策中坚持反对霸权主义、维护世界和平。对苏联也好,对美国也好,不管他们在哪里搞霸权主义,我们都坚决反对。这就是我们的立场,至于其他政党采取什么立场,我们不干涉。我们不把自己的立场、观点强加于人。对于广大第三世界国家来说,我们始终把自己看作是第三世界的一员。我们愿意同第三世界国家加强友好合作和往来,在经济上按照平等互利的原则加强友好合作和南南合作。对于南非人民和纳米比亚人民争取民族解放的斗争,我们是支持的,过去是这样,今后还是这样。除了在政治上和道义上给予支持以外,我们也愿意在物质上提供力所能及的援助。我们相信,南非人民和纳米比亚人民是能够依靠自己的力量取得斗争的最后胜利的。在这个前提下,中国愿意提供物质援助。南非当权者在美帝国主义以及其他帝国主义的支持下,对内实行反动统治,对外进行侵略扩张,对于这样的政策,我们从来都是反对的。我们希望这个地区的各国人民进一步团结起来,把反对南非反动政权的斗争进行下去,直至取得最后胜利。这次努乔马主席率团访问中国,对我们进一步了解纳米比亚人民的斗争和南部非洲形势,对于加强两党之间的友好合作都是有益的。

根据自己的情况建设
有中国特色的社会主义*

（1983 年 4 月 20 日）

我党建立于 1921 年,有 62 年的历史。在建党后的头 28 年中,斗争的目标是建立新中国。当时世界上主要的帝国主义国家都侵略中国,在中国有势力范围。在中国国内,有一部分人依附于帝国主义,欺负人民,正因为如此,在争取独立解放的斗争中,中国人民用了很长的时间,付出了很大的代价,直到 1949 年,建立了中华人民共和国。到现在,中华人民共和国建立已经 33 年了。我们想按照我们的特点,建立符合我们自己情况的政治、经济、教育、文化体系。

我们的社会主义建设取得的成绩是很大的。30 多年来,我们初步奠定了自己的工业基础,整个经济有相当的发展,过去没有的,现在也建立起来了,如飞机、汽车、轮船、机械、电子工业等。教育也有很大的发展,最重要的是解放了农民,初步解决了中国人民穿衣吃饭的问题。因为中国有 10 亿人口,因此我们说成绩是巨大的。但是,在建设过程中,由于缺少经验,盲目照抄外国,有时因急于求成而冒进,也遭受过挫折。最近 4 年多来,我们系统总结了自己的经验教训,发扬好的、正确的,纠正坏的、错误的。经济上进行调整、改革、整

---

* 这是乔石同志在会见由政治局委员莱昂·奥热率领的加蓬民主党代表团时的谈话节录。

顿、提高。从这几年的情况来看,效果比较好。我感谢团长同志对我国经济发展、工业发展所做的很高的评价。不过,我们还有很多不足、缺点。去年召开了中共十二大,大会上提出了今后 20 年经济发展的纲领,在 20 世纪末,工农业年生产总值翻两番。我们定的目标与发达国家相比是低的,但对我们有 10 亿人口、辽阔国土的国家来说却是一个宏伟的计划。现在,全党、全国人民正在努力实现十二大通过的宏伟纲领及其所确定的目标。我们特别强调,根据已有的经验,建立具有中国特色的社会主义。一切外国的先进经验都要研究,根据中国的情况,加以学习、应用。现在我们正在这样做。初步结果是好的,特别是农业,建立了联产承包责任制,农业有了新发展。去年虽有自然灾害,但依靠农民的积极性,农业取得了全面丰收,以前我们要进口粮食,现在,我们在考虑减少或停止进口。我们人口的 80% 在农村,农业搞好了,整个国家形势就好。代表团在访问中,可以了解到实际情况。农村现在正是春耕,今年的春耕进行得不错,主要靠的不是自然条件,而是靠广大农民的积极性。当然,毫无疑问,目前,气候对农业的影响还是很大的。

工业形势总的也很好,轻工业这几年来发展很快,重工业经过调整也很快发展起来了。市场供应情况是好的,你们有机会可看看我们的市场。大体上可以说,我们各种工业品、农副产品、日用品的供应情况比以前好了,比较充足了。对物价进行了有计划的调整,总的来说物价是稳定的,与世界上很多国家的物价相比还是便宜的。当然,对我国人民来说,物价有点上涨。财政收支上以前有些赤字,现在基本平衡,所谓基本平衡,是说还是有点赤字,但比以前少得多,微不足道。近几年来,我们健全了国家的民主生活和法制,这都是在总结了 30 多年来的正反两方面经验基础上采取的必要的措施。去年通过全民讨论,修改、制定了新宪法,新宪法与过去的相比,特点就在于发扬民主。我们还要加强人民代表大会的职能，在代表大会闭幕期间，充分发挥人大常委会的作用。除了宪法，我们制定了一系列新的法律，这些法律的共同特点就是保障人民在各方面的民主权利，充分发挥人民群众在各个生产领域里的积极性；任何条例、法律都不应鼓励懒汉，在这方面我们还有很多事要做。总的说来，形势是好的，问题也是有的。国家大、人口多，有利，也有弊。人口就是一个大问题，每年增加1000多万，不注意就会增加2000万到3000万，这方面与你们情况不同。

另外，工业部门的技术水平落后，当然有先进的，但大部分是落后的，需要做很多工作，学习外国的先进经验。培养自己的科学技术人才，我们是有信心的，只是需要时间。总之，我们取得了很大的成绩，但任务艰巨，困难不少。

团长刚才说，安定团结对一个国家来说很重要。我们也认为只有国内实现安定团结，才能进行经济建设。加蓬人民在邦戈总统的领导下，在经济、文化等各个方面都取得了成就，有了很大的发展。我说一点我的希望，我们是相互交流经验，互相学习。在访问中，你们对什么较感兴趣，就告诉我们；发现我们有哪些不足和缺陷，也给我们提出来，指出要改进的地方，这是对我们的帮助。人也好，党也好，国家也好，生活在自我满足之中，就不能进步。

为争取中国的独立和解放，我国人民进行了长期的斗争。中国属于第三世界，我们与第三世界站在一起，不仅以前如此，将来也如此，可以说这是我国对外政策的基本点。当前的国际形势，总的来说仍然动荡、紧张。紧张的根源很多，主要根源是两个超级大国的争夺。苏美作为超级大国，在各地插手，推行扩张侵略政策，有时是在这个地区，有时是在那个地区，有时主要是苏联，有时主要是美国。中国对外历来是反殖、反帝、反霸，不管超级大国在哪个地区，在哪个问题上搞扩张,我们都反对。我们执行独立自主的政策,不依靠任何大国和集团。当然,我们希望同各国,也包括超级大国,建立正常的、良好的关系。这样,可以使我们有较好的和平环境,使我们能加快社会主义现代化建设。但是,对任何超级大国威胁中国和其他第三世界国家,对我们搞霸权,我们都要表示我们的立场。我们与美国已建立外交关系,虽然美国承认台湾是中国的一部分,但后来他们通过了所谓"与台湾关系法",不停地向台湾出售武器,这妨碍了中国的统一大业,妨碍了台湾回归祖国。此外,美国还搞了其他活动。我们不想干涉美国的内政,美国、日本在台湾有经济利益,是历史遗留下来的,交往只能是民间性质的,但是,要搞"两个中国"、"一中一台",这就是干涉我们的内政,我们决不能容忍。所以,最近中美关系是冷淡的。我国与苏联的关系,团长也知道,过去他们想控制我们。我们为争取独立解放,前后花了100多年。解放了,我们怎么能允许别人再来控制我们?这就是中苏矛盾的根源。现在,苏联在中苏边境上有100万军队,武器比我们的先进得多,在蒙古也有导弹,目标是对着我们的。苏联侵略阿富汗与中国也不无关系,阿富汗是中国的邻国。阿与中、苏都有边界,我们希望与苏联保持正常的外交关系,因此,我们主动建议中苏举行中苏副外长级内部磋商。第一次磋商是去年10月在北京,第二次是今年2月在莫斯科举行的,磋商的气氛是缓和的,没骂人,但没有取得什么结果。问题是苏联不想解决具体问题。我们建议解决具体问题以扫除障碍,所有构成两国关系正常化障碍的问题都得不到解决,双方关系又怎么能得到改善呢?磋商基本上没有什么进展,要说第二轮磋商有一点进展,就是中苏原来很少量的贸易,现在有所增加,这是双方有共同需要。我们的基本点是坚决支持第三世界,加强与第三世界国家的合作,反对霸权主义,维护世界和平。

中共很愿意同世界上所有愿意与我党发展关系的政党发展关系。发展党的关系有利于人民间友谊的加强。我们多次说过,政党之间的关系要建立在"独立自主、完全平等、互相尊重、互不干涉内部事务"的党际关系四项原则基础上。希望我们的关系也建立在这种基础之上,奠定了这样的基础,关系会发展得很好。

中国要不断加强同第三世界
国家和人民的团结[*]

（1983 年 5 月 31 日）

　　乔石（以下简称乔）：欢迎你以回家的心情来中国访问。我首先代表中共中央热烈欢迎以奥利弗·坦博主席为首的南非非洲人国民大会代表团，预祝你们的访问圆满成功。在此期间，我们双方可以就一些问题无保留地交换意见。希望坦博同志和其他同志在中国访问期间就像在家里一样，如果工作上、生活上有什么要求，请随时向我们提出。对第一次来中国的同志们，我表示热烈欢迎。希望大家利用这次短暂的访问，多看看，多了解一些中国的情况。

　　坦博（以下简称坦）：这是一个新的代表团。从我上次访华算起，我们之间已经 8 年没有来往了。我们希望把我们的情况介绍一下。首先我代表代表团，对你刚才讲的热情欢迎的话表示感谢。我们接到中共中央发出的邀请后，就感到有必要到中国来。我们希望通过这次访问加强两党之间的关系，也想利用这次机会看看近年来中国发生的变化。我们欢迎你们发出的邀请，愿意向支持我们斗争的朋友、盟友和战友介绍一下南非以及整个南部非洲的形势。

　　在南非，我们主要在两条战线上进行斗争。在一条战线上，我们

---

[*]　这是乔石同志在会见由主席奥利弗·坦博率领的南非非洲人国民大会代表团时的谈话节录。

13

面对的是完全由白人组成的对黑人实行统治的政权。因此,我们的斗争包含有反对殖民主义的因素。就是说,这个政权完全掌握在白人手里,是由英国殖民者移交给他们的。从这个意义上说,我们的斗争仍然是要实现民族解放,就像其他国家争取解放一样。在过去的70年中,白人政权越来越强大。在另一条战线上,我们开展反对少数人对大多数人进行剥削的斗争。我们的斗争具有双重性,既争取民族解放,又进行阶级斗争。

乔:非常感谢坦博兄弟对当前南非形势以及非洲人国民大会在国内外所进行的斗争作了介绍。我们8年没有来往了,这种介绍很有必要,也很有意义。因为我们很关心南部非洲的斗争。

在过去的8年中,中国也经历了巨大的变化。我们的对外政策没有根本性的变化,但也有些调整。比如,我们始终把自己看作是第三世界的一部分,坚决支持第三世界人民反帝反殖反霸的斗争,并不断加强同第三世界国家和人民的团结和合作,这个主张8年来基本未变。如果说有一点变化的话,那就是我们更加注意贯彻实行这一方针。我们一直十分关注非洲人民特别是南部非洲地区人民的斗争,并给予坚决支持。但是由于"文化大革命"和其他一些历史原因,我们在相当长的时间里没有同南部非洲特别是南非民族解放组织取得直接的联系。所以我们对你们的斗争情况缺乏了解。这次以坦博主席为首的非洲人国民大会代表团来华访问,为我们直接了解你们的斗争情况,同你们商量如何更加有效地支持你们的斗争提供了一个很好的机会。我们会尽我们的力量支持你们。在中国逗留期间,你们会了解到中共中央、党的有关部门和组织、中国政府和中国人民不但过去支持你们的斗争,将来也一定坚决支持你们的斗争,直到你们赢得最后的胜利。请你们相信,我们一定会这样做的。你们的斗争有很长的历史,据我所知,也采取过各种不同的斗争方式,你们自己也在不断地总结经验。我相信，在充分总结过去正反两方面经验的基础上，你们的斗争会更有效地开展起来。毛泽东同志曾经谈到过，斗争要靠自己进行，经验要靠自己在斗争中总结，错误要靠自己改正。同别的国家的党，以及兄弟、同志们之间可以充分交流经验，以便把斗争搞得更好。但归根到底还是要靠自己去总结经验，靠自己制定适当的政治路线。目前的非洲形势与20年前有了很大的不同。南部非洲的形势也有变化，这种变化对你们非洲人国民大会的斗争是有利的。不过由于南非的某些特殊情况，要推翻南非统治集团，斗争会是长期的、艰巨的，应当做好这方面的准备，多从困难的一面考虑问题。当然希望胜利到来得越快越好。坦博同志刚才谈到，你们在加强国内反对白人统治的斗争，对此我们感受很深。如果能够把南非各阶层人民广泛地团结起来，用各种形式同白人种族主义政权进行斗争，南非的斗争形势就会起更大的变化。在这个前提下，斗争主要靠你们自己，但正像刚才坦博同志所讲的，取得其他国家尤其是南部非洲国家的支持和帮助，也是十分重要的。你们的斗争在世界上是得到同情和支持的，在这方面白人统治者很孤立。你们争取其他国家的同情和支持，这对你们的斗争是很有利的，特别是几个邻国的支持对你们有着重要的意义。从他们的经历来讲，他们也一定会同情、支持和帮助你们的。当然，你们在斗争时也应考虑到周围国家的政府和人民对你们的期望。这样才能使他们站在你们一边，给予全力支持。在这方面，我们毫无疑问地将配合你们进行工作，而且事实上我们也一直是这样做的。再一次热烈欢迎由坦博同志率领的国民大会代表团。很高兴这次我们恢复了直接联系。我希望把这次访问作为一个新的开始，今后加强联系。最近几年我们总结了与各政党、各解放组织建立关系的经验。我们认为，各种党派、组织之间建立关系的最好办法是按照"独立自主、完全平等、互相尊重、互不干涉内部事务"的党际关系四项原则。我们同很多党交换意见,他们都认为这样做很好,有利于党与党之间的关系发展,也不妨碍相互之间交换意见,交流经验,相互援助。

坦:感谢你的介绍,我对此感到十分荣幸。可以看出,非洲人国民大会同中华人民共和国之间的关系是很好的。中华人民共和国在人类事务中处于举足轻重的地位。敌人当然希望中国站在他们一边,但你们是站在我们一边。我们之间紧密的关系对我们是一种鼓舞的力量。今天我们开始了交谈,以后还要继续这种交谈。我相信,通过这样的讨论,我们之间的关系必将进一步巩固和加强。再一次感谢你们。

乔:祝贺我们有一个好的开始。

不断增强民族团结[*]

（1983 年 11 月 5 日）

  遵照指示,我们 3 人于 10 月下旬去宁夏,参加了自治区民族团结先进集体、先进个人表彰大会。在会议中间,区党委常委同志向我们介绍了宁夏的概貌和工作情况,提出了一些请求中央帮助解决的问题。会议结束后,李学智①同志陪我们到银南川区和固原山区农村看了 5 天,访问了回汉族社员家庭,询问了群众的生产生活情况。

  党的十一届三中全会以来,宁夏党政军民各级组织坚决贯彻执行党的路线、方针和政策,在拨乱反正、加强民族团结和恢复发展生产等方面做了大量卓有成效的工作。平反了"文化大革命"造成的冤假错案,清理了历史遗留问题。培养和提拔了一批少数民族干部,在自治区和地市县各级人大常委和政府成员中,少数民族干部的构成基本上达到了与本民族人口比例相当的水平。工农业生产得到了较快的恢复和发展,1982 年同 1977 年相比,粮食总产量增长20.6%,工业总产值增长 17.5%,社会商品零售额增长 65%。城乡人民生活有了显著改善。1982 年,职工家庭人均年收入达到 521 元,比 1978 年增加 29.7%;农民人均年收入达到 232 元,比 1978 年翻了一番。今年 10 月,在自治区各族人民中广泛开展了民族团结月活

---

* 这是乔石同志与时任中共中央统战部常务副部长李贵、国家民委副主任任英就参加宁夏民族团结表彰大会情况联名向中央书记处和国务院的报告摘要。

① 李学智,时任中共宁夏回族自治区党委书记。

17

动,较深入地进行了党的民族政策的教育,并且组织川区和山区各族干部、群众的代表进行了互访,以加强相互了解,促进山川共济。

近几年来,由于自治区党政领导机关对落实党的民族、宗教政策和其他政策抓得较紧,收效较大,所以,现在宁夏回汉等各族人民和睦相处,关系融洽,民族团结不断增强,"谁也离不开谁"的思想日益深入人心。自治区民族团结先进集体、先进个人表彰大会就是在这种情况下召开的。

这次大会,由于事前做了充分的酝酿和准备,又适逢宁夏回族自治区成立 25 周年,所以开得很紧凑,很热烈,很有意义。会议开始,乔石同志代表党中央和国务院向大会表示了热烈的祝贺,表达了对宁夏回汉等各族人民的亲切关怀和问候。到会同志认真学习了党中央和国务院领导同志今年夏天视察西北时发表的重要讲话,总结交流了贯彻党的民族政策和加强民族团结的经验。大会表彰了 50 个先进集体和 200 名先进个人,讨论通过了倡议书。大会号召自治区各族人民更紧密地团结在党中央周围,携手并肩,同心同德,为开创民族团结和社会主义现代化建设的新局面,为建设团结、富裕、文明的新宁夏而共同奋斗。

当前,宁夏的政治、经济形势都很好。今年农业又获丰收。全年粮食总产量可达 27 亿斤,比去年增产 13%;油料总产量可达 7000 万斤,比去年增产 36%。种草种树有了良好开端。截至 7 月底,人工种草 44 万亩,完成年计划的 88%;上半年造林 61 万亩,完成年计划的 138%。全年工业总产值预计可完成 15.4 亿元,比去年增长 8.3%。财政收入比年度预算增长 4.4%,支出预计比年度预算减少 15%。按照党中央、国务院的决定,在做好各项准备工作的基础上,8 月中下旬开展了打击严重刑事犯罪活动的第一次行动。通过这一行动,社会治安和社会秩序明显好转,干部、群众一谈到当前"生活安宁,社会安定"的新局面,无不欢欣鼓舞,喜形于色。

但是,经济建设和其他各项事业的发展还很不平衡,也仍然存在着一些不安定的因素,有些历史遗留问题还待彻底解决,以有利于进一步密切自治区党、政府同回族群众的关系,巩固和发展安定团结的局面。从农村的情况看,比较起来,平川地区发展较快,面貌变化较大。据中卫县委负责同志说,该县川区,现在小麦亩产达八九百斤,水稻亩产超千斤。多种经营迅速发展,计有6大项40多种。群众植树造林的积极性很高,"路、沟、渠、村"四旁初步形成了林网带。社员生活有较大改善,差不多家家有余粮,户户有存款,还涌现了一批年收入在万元以上的富裕户。这些富裕户的家中大都购买了电视机和收录机,置办了大立柜和沙发,有的还买了手扶拖拉机和摩托车。川区其他各县的情况也大体相同。随着生产的发展和生活的改善,群众信任党的政策,对勤劳致富由试试看到放手干。重点户、专业户不断增多,他们都渴望学文化学科学学技术,广开生产门路,提高经营管理水平。在新的条件下,农民群众的思想、愿望和要求正在发生重要变化。

在山区,由于在农业生产中普遍推行了联产承包责任制,由于实行了五年免征免购和其他休养生息的政策,群众的生产生活状况也都有所改善,个别地方的变化也比较大。但是,至今群众的温饱问题没有解决,"穿的烂衣裳,吃的返销粮,花钱靠银行"的状况没有改变。据固原地委负责同志说,该地区在丰收年,人均产粮也只有500来斤,如稍一受灾,口粮、种子、饲料都难以维持。

为了解决山区人民群众的温饱问题,进而彻底改变贫困的面貌,自治区已初步拟制了《西海固地区农业建设规划》。其中的一项重要措施,就是建设固海扬水工程,开拓新的引黄灌区,在完全自愿的原则下,有领导有计划地组织山区最困难社队的部分群众下山开荒种田,建设新灌区。这些社队仍留在山上的群众,实行退耕还林还牧。川区荒地,水到哪里,哪里就能植树造田,就能富起来。我们参观了一个搬迁大队,确实当年开荒当年就有收获,而且年年增产,社员生活发生了很大的变化。这个措施虽然很有效,但毕竟只能解决少部分人的问题。要尽快解决山区人民群众的温饱问题,最根本的是要充分调动和发挥千百万群众建设山区的积极性,坚决贯彻执行种草种树、发展畜牧,促进粮食生产的方针。我们曾问一个老农,把荒山荒坡包给社员种草种树怎么样? 他高兴地说:"这敢情好啊!"可是,目前山区群众对这方面的方针政策很少了解。当地有的领导认为,当前最重要的是,继续清除"左"的影响,统一干部思想,广泛深入地向群众宣传党的加快山区建设、尽快治穷致富的方针政策,抓紧推行群众治山的承包责任制。李学智同志表示,要在今年冬季把宣传和落实山区建设政策问题解决好。

党的十二届二中全会公报和《中共中央关于整党的决定》公布后,宁夏广大党员、干部和群众反应强烈,各级党组织立即组织党员和党员干部认真学习。区党委定于11月7日召开全委会议,传达贯彻十二届二中全会精神,讨论部署整党工作。

我们临回京前,同李学智、黑伯理①同志谈了此行的主要印象,充分肯定了自治区近几年在各方面取得的成就。同时,就进一步加强民族工作、加快经济建设、培养民族干部、发挥老干部作用和搞好整党等问题交换了意见。

---

① 黑伯理,时任宁夏回族自治区人民政府主席。

经济体制改革是为了发展生产，提高人民生活水平*

（1985 年 5 月 13 日）

阿楚塔南丹（以下简称阿）：我们两党的关系已经恢复，将来会取得进一步发展，两三天来，你们各位领导会见并向我们介绍了许多重要情况，给了我们极大的鼓舞。

乔石（以下简称乔）：我们对与印共（马）恢复关系很高兴。南布迪里巴德①同志上次来访问，与我们的总书记胡耀邦同志进行了会谈，给我们留下了深刻的印象，此后陆续有印共（马）代表团来访，我们很欢迎你们。应该说，我们两党之间早就该有关系。60 年代我们的关系是很好的，"文化大革命"中受到了"四人帮"的干扰和破坏。

阿：他向我们作了报告。

乔：在我们两党中断关系时期，你们党发展得不错。不久前的一次大选，你们的选票减少了，这是常有的事，当然可以总结经验教训嘛！我希望我们两党关系按照党际关系四项原则继续向前发展。我们欢迎两国领导人和干部之间不断进行交流，这次你们来，在中国逗留期间可以对中国有个很好的了解。我们国家与你们国家一样，不是一次访问就能了解得了的，以后还会有机会，欢迎你们再来。

---

* 这是乔石同志在会见由中央委员、喀拉拉邦党委书记阿楚塔南丹率领的印度共产党（马克思主义）地方干部代表团时的谈话节录。

① 南布迪里巴德，时任印度共产党（马克思主义）总书记。

阿:我们来到这里非常高兴。看到我们两党恢复关系,当时我们在国内的同志都受到极大的鼓舞。南布迪里巴德同志回国之后在中央委员会会议上作了报告,我听了,当时在场的同志非常高兴,我们党与你们党之间的关系每天都在取得进展。我代表代表团全体成员邀请你们,包括您以及其他领导人访问我国。

乔:非常感谢!我们中国共产党对你们党抱有很大的兴趣,相信我们以后会有机会去你们国家访问。

阿:我们很高兴,你们党在独立自主地决定你们的问题,我们党也在这样做。

乔:我们党几十年的经验证明,必须坚持独立自主的立场。当然要根据马克思主义的基本原理,要将马克思主义的基本原理与本国的实践结合起来,必须用自己的头脑思考,我们党对印共(马)非常尊重,就是因为你们注意用自己的头脑思考问题。过去很长一段时间,不管是恢复关系前或恢复关系后,我们对你们的情况都很关注。当然,我们党与你们党之间要不断发展关系,交换意见,交流情况。但是,怎样革命,怎样做,要自己解决。中国过去所进行的斗争以及取得的胜利都是这样做的。现在看来,我们新中国成立后进行36年斗争的过程就是严格坚持独立自主解决自己问题的过程。但是,我们不能与世界分割开来,我们必须与世界各国进行经济和文化的交流。然而,怎样在中国建设符合中国实际情况的社会主义呢?这就要靠中国自己解决。我们现在的党中央特别强调这一点。按照邓小平同志的说法,就是建设具有中国特色的社会主义。

阿:是的,很好。

乔:你们还有些什么问题要问吗?

阿:在印度,人们对中国有些情况不了解。如你们的价格政策是什么?听说你们正在进行价格改革。对你们的价格改革,我们也不太了解。

乔：对这个问题，在这里我们只能作简单的回答，如果要详细说明，恐怕要用一两天的时间介绍。同时，你们还要到外地参观，可以在参观过程中进一步了解情况。

我们进行的经济体制改革最初是从农村开始的，叫做农村家庭联产承包责任制。去年的中共十二届三中全会决定进行城市的经济体制改革。这是在农村经济改革提供了有利形势和物质基础的情况下进行的。过去几年农村的情况相当好，这也许你们是知道的，说不上很富裕，但是很好。1983年和去年农业都获得了全面丰收，达到了历史上从未有过的水平。如果没有这个条件，城市的经济体制改革是不可能的。有了这个条件，城市进行相应的经济体制改革不但需要，而且迫切。城市的改革涉及很多方面，比如价格体制的改革，这是整个体制改革的关键，也是非常复杂的一步。现在正在进行这一步，要花几年的时间基本完成价格体制的改革。简单地说，就是对价格进行必要的调整，使它能够更好地反映价值，使各种产品的比价更为合理。过去理解物价稳定就是几年不动。例如，煤和粮在改革体制前几十年都未动过，为了维持这个价格不动，国家每年要给予大量补贴，都是依靠国家财政支出补贴的。房租也是这样，我们现在收的房租连用来维修房子都不够，根本不可能对建新房进行投资。连简单再生产都不够，别说扩大再生产了。价格体制的改革不是因为人民币发多了，造成了通货膨胀和物价上涨，而是使各种产品之间有个合理的比价。总的来说，就是在国家计划总的控制下，允许一定范围的市场调节。本月10日起，在北京、天津把肉类和副食品的价格放开了，标志着全国范围内肉类和副食品价格放开了。此后，猪肉的价格与基本副食品的价格会有些上升，与此同时对每个城市居民给予物价补贴，这样就不会影响人民的生活。物价放开后，农民的积极性提高了,养猪、鱼、鸭、鸡的积极性提高了。农民是根据销售情况计算其生产量的。价格太低,他就没有积极性了。去年在南方一些城市把副食品和蔬菜的价格放开了,到本月 10 日,北京、天津也放开了。大体上形成了规律,价格放开的初期,物价上涨、波动,过一段时间后,物价稳定下来。由于农民积极性提高了,产品不断增加,物价逐渐稳定,当然不是过去概念上的稳定,而是大体上根据供求关系,市场调节,产品质量有个比价。你们去广州看看就会知道,广州是一个南方城市,副食品价格放开得早,开头几天有的产品的价格成倍增长,这一下子刺激了农民的积极性,市场供应量很快增长了,物价自然而然地就下来了,逐渐达到适应供求关系,而不是采取国家统购包销的办法。根据广州、武汉等南方城市副食品调价后的情况看,物价上涨了 10%—20%,但是产品质量提高多了,老百姓觉得,比买不到东西和买质量差的东西,要更好些。当然这个工作是个非常细致的工作,做起来不像我说的那么简单。现在看起来,这一步工作的效果是好的。准备将价格体制的改革一步步做下去。如煤的价格几十年没动,不合理,有些煤矿赔本,工人与企业的积极性调动不起来。但是要逐渐调整,不可能一下子做好。还有工资制度的改革,今年下半年进行工资制度的改革,工资制度好多年没有动,有很多不合理的方面。现在工资改革的方案已经酝酿得差不多了。要想一改就成功不可能,十全十美也是做不到的。这次国家拿出几十个亿改革工资,先打下基础,为更加合理化创造条件。中小学教师的工资改革提前半年,因为他们的工资过于偏低。简单就说这些,行不行?

阿:我们很高兴听你在这方面所作的介绍。

乔:我们的价格改革是进行调整,而不是因为货币发多了而引起物价上涨。

我们的基本生活是有保证的。国家搞部分调节是为了活跃经济。国家手中掌握大批物资，对物价起着稳定的作用。对于货币的发行量，党中央、国务院都很注意，不允许随便发行。去年有段时间发多了些，后来改正了。如果在外国，这点发行量也算不了什么。我们发现了，及时指出并加以改正了。不管是整个经济体制的改革，还是价格改革、工资改革，都是为了不断调动人民群众的生产积极性，发展生产，在发展生产的基础上不断提高人民的生活水平。我们所搞的经济改革，一切都离不开这个方针。你们到广州可以看看我们的对外开放政策。我们吸收外国资本、侨资，国外华人投资或中外合资经营。在广东的特区还采取特殊政策，目的是希望加快我们国家的社会主义现代化建设。光靠我们自己建设，资金是不够的。但是引进的外资在整个国民经济中所占的比重很少，不可能影响整个社会主义经济性质。这样做有好处，利用外国资本加快我国的现代化建设，引进外国的先进技术和适合我国的管理经验。在全国来讲，这种外资所占的比重很少。我们希望再增加一点，外国投资者还不太放心，怕中国的政策将来会改变，还怕在中国投资不能赚钱。我们说我们的政策不会改变，外国投资者的合法利益我们都保证，主要目的是为了发展社会生产力。欢迎你们在实际中多看看，比光谈印象要深。

祝你们访问成功，回国后请转达中共中央对南布迪里巴德同志和印共（马）其他领导同志的问候。把我们中国共产党人、中国人民的友好情谊带给印共（马）领导同志和印度人民。

增强信心，努力把经济特区办好[*]

（1985 年 10 月 27 日）

这次我来珠海，时间很匆忙，了解的情况也不多。今年，全国都在压缩基本建设规模，看来有一点效果。还要继续压，不能松。松了，整个国民经济就会绷得太紧。过去一段时间，你们这里的外汇使用一直在上升，而国家的外汇储备一直在下降，所以，国务院采取了一些措施，控制外汇使用。但对开放城市，对特区还是留了一手的，还是要保护的。当然，问题不可能一下子都解决。你们的困难中央是知道的，所以，国务院领导讲不要急转弯，从今年起用三年时间来解决。采取这个措施很有必要，不至于使国家的外汇储备下降得太快。如果让这种情况继续下去，整个国家在经济上就会陷于混乱。你们不要以为有一个公司能对外担保贷款就行了，如果中国的外汇储备不多了，人家就会追债，到时你们珠海的日子也不好过。

一、坚持对内搞活、对外开放政策

你们特区的建设情况中央是知道的，你们目前的困难也只是暂时的。我们国家的对内搞活、对外开放的政策是基本国策，是不会变的。小平同志说"珠海经济特区好"，就是好嘛！虽然有些困难，但还是好嘛，而且还会搞得更好！有点困难也有好处，能使大家冷静一

---

* 这是乔石同志在广东省珠海市考察时讲话的一部分。

点,从全局来考虑,回顾一下过去几年的工作,想一想怎样才能把工作搞得更好一点,使特区更健康地、更好地向前发展。这样做,对特区建设还是有利的。你们要坚信,开放城市的政策不会变,特区的基本政策不会变。对特区的工作,该总结的就要及时总结,需要改进的就要改进,好的要保留,不足的要克服,努力把特区办得比过去更好。希望大家不要失去信心,不要有怀疑。你们存在的一些实际问题,我相信中央还是会想办法解决的。对于外界的一些议论,你们要进行分析。你就是搞得很好,也会有人议论,有些小小的变化他也可能说得很大。这种情况在我们内部有没有?不能说一点也没有。有的人这样说,有的人那样说。反正有一条,凡是对的就听,这对改进工作有利嘛!对减少一些盲目性也有好处。在搞特区过程中有没有盲目性?一点也没有?恐怕是有一点的。当然,我没有做多少调查研究。有的人说的话只要是为了我们好,不管他的话好听不好听,我们都要听,他也是为了执行好开放政策,希望把特区办好嘛!当然也有些说法是不对的,包括一些闲话。我们要按党的十一届三中全会、十二大的方针政策来分析,原来是对的,现在看来还是对的,就要坚持。有了缺点,不管有没有人说,都得改进。总之有一条,特区还要继续办,而且要办好。

二、企业要把产品打进国际市场

特区经济的发展,不管叫不叫外向型,都要注意一点,就是大量引进先进技术、设备,引进外资以后,要使经济持久发展下去,最主要的是使每一个企业的产品能够打进国际市场。你们这里有些产品如果拿到国内市场去,我看是可以赚钱的,因为这些东西国内市场比较少。但外汇不能平衡,因为你赚来赚去都是中国人的钱,而借的却是外汇。所以,不管办什么企业,无论如何都要把产品打进国际市场。这样,企业就能稳固地发展下去。至于一个企业的产品外销多少、内销多少,可以看具体情况来定,争取尽量多些外销,多打开一些国际市场,这应该是我们主要的努力目标。搞特区不能忘记这一点,忘记了困难就大了,就不容易搞好。总之,特区要在中央给的特殊政策指引下,争取把经济搞上去,这是首要的。暂时有点困难,我相信在党中央、国务院的支持帮助下,依靠你们自己的努力,是完全可以解决的。

关于开发南海油田,目前是有一些好消息。你们准备开发淇澳岛,如果南海油田真的搞起来了,你们这里就会很兴旺。现在希望有一点,但不敢说希望很大。

关于你们建设飞机场的问题,我相信会解决的。但我个人有一个感觉,你们暂时不要搞大的,一步一步来。这个意见不一定对。任何一个企业,包括特区都是逐步发展起来的。如果将来你们有条件搞大的国际机场就更好了,我举双手赞成。

三、特区要特别注意加强精神文明建设

特区在抓好经济建设的同时,要特别注意加强精神文明建设。如果说过去几年我们比较多地集中精力把经济搞上去,这是必要的,当然没有什么错。那么,今后在加强经济建设的同时,希望多注意加强精神文明建设。在这次党的全国代表会议和党的十二届四中全会、五中全会上,中央政治局常委的几位领导同志的讲话,都比较突出地讲了加强精神文明建设的问题,所以,希望你们今后在重视物质文明建设时,同样重视精神文明建设。如果过去在这方面不太顾得过来,有时候稍微放松了一点,那么,今后就应该加强;如果过去本来就比较注意,那就更好了,就要在原有的基础上进一步发展。特区是我们中华人民共和国的一个部分,与港澳不同,他们实行的是资本主义制度,我们实行的是社会主义制度。澳门问题怎么解决?还没有谈。大体上不会超越解决香港问题的方式。澳门实行的也是资本主义制度。虽然那里的许多人是内地陆陆续续出去的，但它们实行的是资本主义制度。我们实行"一国两制"，还是允许资本主义制度在一定时期内存在。我们内地的特区不能办成像香港、澳门那样。我们还是要坚持四项基本原则，还是要加强社会主义精神文明建设。在这方面，希望大家通过这次学习党的全国代表会议文件，把思想认识搞得更明确一些，有关这方面的工作能够更加强一些。

最近，中央发了一个文件，专门讲加强青少年教育问题。可不能让青少年一代沾染上资本主义腐朽的东西。我们上一代的老革命家搞社会主义奋斗了一生，我们现在这一代也是在为社会主义而奋斗，不是为了个人挣钱，不是为了儿女、孙子，如果为这个那就错了。我们希望青少年一代，也就是到 21 世纪还坚持社会主义道路。我们对这一点应该坚定不移。如果不加强对青少年的教育，让一些青少年犯罪继续发展下去，对我们是非常不利的。广而言之，它涉及到我们社会主义国家的前途问题，决不是一件小事，而是一件非常大的事情。加强对青少年的教育要与社会、家庭、学校配合起来，通过教育来预防青少年犯罪。青少年犯了罪后，如果是轻的，不是很严重的，主要是进行教育和挽救；如果是严重的，当然要依法处理，但这种情况希望少一点，逐年减少。青少年犯罪不是一件小事，在国际上都是一个很头痛的问题。为了下一代，为了我们的社会主义前途，我们需要创造一个有利于社会主义发展的，有利于青少年成长的社会环境。对这一点，无论如何不能含糊，我们搞特区的同志无论如何不能忘记。当然不是要我们天天去喊社会主义口号，更不是天天去跟那些外商、外国资本家去宣传社会主义，这个宣传没用。但我们思想上要明确，内部教育管理不能放松。

总之，希望你们总结一些新的经验，特区终究还是一个新的事物，特区总是要办下去的，以后会有更多的经验。我以后一年来一次珠海不太容易,但办特区、实行开放政策,我是坚决支持的。以后有机会还是要来的,来向你们学习,看你们有什么新经验。希望几年后我再来珠海时,能看到你们这里有更大的变化。我相信你们会把特区搞得更好。

在改革中求前进
在克服困难中求发展[*]

（1986 年 7 月 7 日）

6 月中下旬，我去江苏一趟，看了宁镇扬①、苏锡常②和南通市的一些地方，着重调查端正党风和社会治安工作，也顺便了解了经济工作的一些情况。

一、要保持清醒头脑，把各方面关系理得更顺一些

农业生产，全省今年夏粮原估计与去年持平或略有减产，实际收成的结果约比去年增产一成以上，净增 12 亿斤左右。主要原因是后期管理抓得紧，加上天气帮忙，产量大大增加。夏收以后，连降喜雨，夏种进度快，质量好，又为秋熟丰收打下了很好的基础。工业生产的增长速度，全省今年头两个月为 6.7%，3 月份为 9.3%，4 月份为 10.8%，1 至 5 月份为 8.8%，是逐月上升的趋势。

更可喜的是，江苏从省、市到县、乡，上上下下几乎都有一股积极探索，在改革中求前进，在克服困难中求发展的劲头。去年苏州市产值达到 215 亿元，无锡市产值达到 193 亿元，常州市产值达到 116 亿元，无锡县、江阴县、常熟市（县级市）产值都超过了 40 亿元。但他们并不满足于现状，正在积极探索进一步改革的方案，探索发展横向

＊　这是乔石同志在江苏考察后向中央书记处、国务院汇报的一部分。

①　宁镇扬，指南京、镇江和扬州。

②　苏锡常，指苏州、无锡和常州。

联系、调整产品结构和不断提高产品质量的途径,提出要"人无我有,人有我优,人优我变,人变我新"。苏锡常等市随着经济体制改革的深入进行,都迫切要求改革现行的政治体制,解决机构重叠、人浮于事、效率不高的问题,特别是要取消那些光靠向企业收管理费过日子的行政性公司,现正在进行试点。为了解决一些经济比较发达的乡镇忽视农业生产的倾向,无锡、苏州等市专门召开各种座谈会,研究如何坚持以农业为基础,促进农副工协调发展,使农林牧副渔、工商运建服各业得到全面发展,研究如何进一步采取"以工补农""以工建农"的措施,适当增加对农业机械化和农田基本建设的投资,完善为农业服务的体系,逐步建成有"稳定的农业、发达的工业、兴旺的第三产业"的社会主义新农村。

值得注意的问题是:(一)在目前原材料、能源十分紧张的情况下,有些市、县仍有盲目争项目、争投资,扩大基本建设规模的倾向。比如对港口的建设,镇江市的大港、苏锡常的张家港、南通市的南通港都想快上,而对目前可能达到的运量和今后的发展前景,还缺乏通盘的考虑和全面的论证。(二)对农田基本建设,近几年国家、地方的水利投资减少了,农民投入的劳动力、农家肥料和成本也减少了,以致在一些地方发生"水利老化"、"地力退化"等问题,这对农业生产的稳定发展是很不利的。南通市是个著名的老棉区,去年棉花单产只有六七十斤,这固然有自然灾害的问题,但与水利失修、地力破坏也是有关的。(三)产品销售渠道还不够畅通,造成一些产品的生产大起大落。比如今年猪肉、兔毛普遍卖不出去,一些地方就发生减少养猪和大杀兔子的不正常情况。我在同地方同志交谈中,充分肯定了成绩,同时也提醒他们,在经济发展和改革比较顺利的情况下,更加要保持清醒的头脑。既要对干部群众鼓劲,又要切实消化、解决存在问题,巩固已经实行的改革措施,把各方面关系理得更顺一些,特别是一定要注意控制计划外的基本建设,控制非生产性基建投资,尽力避免盲目性。

二、对乡镇企业的发展要加强引导

江苏的乡镇企业近几年发展迅速,在全省经济中占有越来越重要的地位。全省现有 8 万多个乡镇企业,600 多万职工。绝大多数是集体经营的,或通过横向联系同国有企业合营的。去年乡镇工业的总产值达到 383 亿元,占全省工农业总产值的 30.2%;上缴税金 19 亿 9300 万元,占全省财政收入的 20%;实现销售收入 307 亿 2000 万元,出口创汇 3 亿美元;实现利润总额 28 亿 3000 多万元。目前乡镇企业虽面临资金短缺、原材料和能源紧张、税收优惠减少等不利因素,但仍保持着继续发展的势头。正如当地干部所说:"年年有困难,年年有发展。"

乡镇企业的发展,有效地解决了农村剩余劳动力的出路,极大地繁荣了农村经济,促进了部分地方先富起来,并支援了农业向专业化、现代化方向发展,推进了农村交通、教育、文化和社会福利事业的发展。以无锡市所辖的 3 个县为例,去年乡镇工业产值达到 98 亿元,占工农业总产值的 90%,农民人均年收入达到 667 元,并为集体积累资金 24 亿 5000 万元,用于补农、建农资金和举办集体福利事业的资金有 12 亿之多。

我们了解情况的过程中,主要表示:一要继续积极地扶持乡镇企业的发展;二要注意加强引导。从目前情况看,需要注意正确处理好积累与消费的关系,注意适当扩大资金积累、控制消费水平。这是由于:

(一)在乡镇企业比较发达的地方,一般已占用农村劳力的 70% 左右,如果没有一定的积累,就难以应对可能遇到的暂时困难,会造成农民收入的波动。(二)目前的乡镇企业一般设备和技术条件比较落后,如果不扩大积累,聚集资金,加紧进行技术改造,不断提高产品质量,提高经济效益,就难以在取消税收等优惠条件下与大企业竞争。(三)在乡镇企业比较发达的地方,近几年农民的收入增加很快,几乎每年以100元以上的速度向上增长,有80%—90%的农民盖了新房,衣、食、住、行逐渐富裕,这种劳动致富的景象,看了确实令人振奋。只是如不加以正确引导,如不适当控制工资福利和消费水平,就会使乡镇企业失去廉价劳动力的这个最大优势。(四)目前某些乡镇有竞相搞楼、堂、馆、所等非生产性建设的趋势,宾馆、办公楼、接待室等搞得相当讲究,这方面集资、花钱过多,势必大大增加乡镇企业的负担,影响企业技术改造和扩大再生产的能力,减弱它的活力。省、市委的同志如对这些意见表示赞同,拟抓紧研究解决。

三、端正党风与经济改革是相辅相成的

江苏对贯彻中央关于整党和端正党风的一系列指示,态度是严肃认真的,工作抓得比较紧,已取得较明显的成效。表现在:查处大案要案进展较快;中央文件中指出的几股不正之风基本上刹住了;领导作风开始有了转变,省级机关组织了600多名干部到苏北基层帮助工作,各级机关也组织了大批干部深入基层,为基层服务。

他们在整党和端正党风中,强调从各级、各部门、各单位的实际情况出发,正确处理好这几方面的关系:一是重点查处大案要案与纠正各种不正之风相配合。二是祛邪与扶正相结合,既运用反面典型教育党员干部,又树立和发扬党风好的正面典型,伸张正气,以正压邪。三是端正党风与健全必要的规章制度相结合,把端正党风的成果切实巩固下来,防止风头一过,旧病复发。

他们在整党和端正党风中,还比较注意掌握政策,保护干部、

群众对改革和搞活经济的积极性。如对乡镇企业的整党和端正党风,他们就持特别慎重的态度,对法律、政策界限明确的问题(如贪污、盗窃等)就先处理;对法律、政策界限不明确的就放一放,待明确后再处理。最近,他们在认真调查研究的基础上,提出了乡镇企业整党中若干政策界限的初步意见,要求从乡镇企业供产销大部分无国家计划安排的实际情况出发,进一步划清这样一些界限:(一)划清企业在经济活动中,与其他单位组织双边或多边的物资串换和协作,低来低去,高来高去,与就地投机贩卖生产资料的界限;(二)划清在业务交往中进行必要的应酬和招待,与大吃大喝、挥霍浪费的界限;(三)划清为发展横向联系,进行技术合作,给予一定的合理报酬,与行贿受贿的界限;(四)划清企业在依法纳税和保证集体积累的前提下合理发放奖金,与滥发奖金、实物、补贴的界限;(五)划清企业的党员、干部按照经营承包合同取得合理的承包收入,与以权压价,或以承包为名,采取其他不正当手段牟取私利的界限;(六)划清改革中因缺乏经验而造成某些失误,与工作渎职,或者蓄意营私舞弊的界限。他们正在广泛地征求意见,并拟同上海、浙江等乡镇企业比较发达的省、市共同商议后,再贯彻实施。

　　正因为他们坚持了积极而又稳妥的方针,扎扎实实地解决党风方面存在的问题,所以较好地解决了党员干部中存在的两个疑虑:一个是信心。原来有些党员、干部对端正党风信心不太足,现在看到了实际的成果,信心就增强了。但有一个担心。担心搞活了的经济又搞死了,疏通了的渠道又堵塞了,特别是乡镇企业要"五求人"(原材料、能源、技术、资金、产品销售都要求人),担心把业务联系整断了,什么事都不好办。现在看到既"清除蛀虫",又"保护支柱",这种担心也就逐渐消除了。

　　我和地方同志交谈中,强调了端正党风的任务还很艰巨,需要继续抓紧,坚持下去,决不能有丝毫的松懈。端正党风与经济改革是相辅相成的。党风端正了,能推动和促进改革;改革搞好了,也能进一步促进党风的好转。对端正党风中涉及乡镇企业的问题,同意省里提出的采取特别慎重态度的意见。

通盘考虑经济体制和
政治体制的全面改革[*]

（1986 年 8 月 23 日）

原来省委安排一个日程，上午让我给常委和其他同志讲讲话，可是我刚来就讲话，什么情况也不了解，所以就把日程改了。谈谈心吧，有什么讲什么，对的供参考，不对的也没关系，都是党内同志嘛，借这个机会和大家通通气。

一、关于政治体制改革，要做些酝酿，做些调查研究

最近中央书记处和政治局原则通过了《中共中央关于社会主义精神文明建设指导方针的决议（征求意见稿）》。这个稿子是 2 月份开始酝酿的，接着由胡耀邦同志亲自参加组成起草小组，经过了比较长时间反复讨论修改，7 月份提出了第四稿、第五稿，征求了邓小平同志意见，小平同志觉得长了点。后来下决心作了一次比较大的改动，改短了，原来 2 万多字，后来改到 8800 多字。改了以后，小平同志觉得基本上可以了，改得不错。然后又在这个基础上作了些修改，第五稿提交书记处讨论。书记处用了两个半天进行讨论，原则上同意了。今年 9 月份将要开党的十二届六中全会，小平同志讲就讨论这个议题，中央全会开会的时间也定下来了。上个星期开政治局扩大会议，讨论改过后的这个稿子。中央政治局认为作为一个征求意

---

* 这是乔石同志在听取中共黑龙江省委汇报后讲话的一部分。

见稿原则上同意了,并决定发给准备参加六中全会的同志以及各部委、各省市的主要领导同志,在全国范围大概发了2000份征求意见。政治局扩大会议后,又作了一次修改,修改后的稿子就是现在发给大家的征求意见稿。耀邦同志的意见,希望在中办通知的范围之内,组织大家对这个稿子认真地、细致地、反复地阅读几遍,然后对每一个部分进行认真的讨论,提出修改意见。中央全会的时间也定了,准备开几天,正式通过《决议》。全会主要议题就是两个:一是通过《中共中央关于社会主义精神文明建设指导方针的决议》;二是关于明年召开党的十三大的决定。

前年我们在党的十二届三中全会通过经济体制改革决定以后,改革迈出了很重要的一步。这一步在全国影响是很大的,也是比较成功的,没有发生什么大的波动。小问题是有一些的。比如,有的地方蔬菜、副食品价格放开以后,在一个短时间内,菜篮子问题比较尖锐,后来都采取各项措施解决了。整个来讲,去年一年还有其他几项改革措施都是比较成功的。去年年末、今年年初就已经定了,经济体制改革今年着重是八个字:"巩固、消化、补充、改善"。总的来讲,今年准备稳一稳,巩固一下,不准备有大的改革措施出台。现在看,今年全国总的形势比较好。今天上午侯捷①同志谈了。今年整个宏观调控加强了,经济方面搞得稍微宽松一点,为明年以后的经济体制改革创造比较有利的条件。明年和后年要进行的经济体制改革,采取什么措施,多大的步骤,国务院正在商量,正在酝酿,最近连续开了不少会议研究这个问题,中心是生产资料的价格,特别是围绕着钢材的价格,要采取适当的步骤。今年下半年劳动制度的改革,这是在体制改革中一项重大改革。劳动制度的改革是很重要的,对今后搞活经

---

① 侯捷,时任中共黑龙江省委副书记、黑龙江省省长。

济,提高生产效率,搞好人才流动,加强劳动纪律,都有重要意义。这一套制度贯彻好了,对其他经济体制改革也是有好处的。如果搞不好,还是会出事的。比如子女顶替,据我知道新中国成立以后是没有这个制度的。70年代,有的逐渐搞起来了,虽然没有这个制度,但实际上在全国范围搞得很普遍。这次规定顶替一律不实行了,这个变动相当大,特别对老工人影响比较大。如果你估计不足,工作做得不充分,到时候可能出事。要把劳动制度改革这几套制度,作为一个整体,很好地在群众中间做工作,做到家喻户晓,人人都知道,甚至做到家属中去。不要因为这个问题在今年下半年影响安定团结,影响工人的生产积极性。

小平同志多次讲过,不但是经济体制改革,而且是全面的改革,包括政治体制的改革。他说,政治体制的某些方面要进行改革。这个改革看起来也是必须进行的。我在6月末向小平同志汇报端正党风工作时,他说给我们一年左右的时间,让我们做些调查研究,考虑一下,怎么样进行政治体制的改革,争取在十三大以前拿出个意见来。政治体制改革现在议论比较多,我个人意见恐怕还是多做一些调查研究,内部多研究一下。同时,跟我们全国各个方面,比如经济体制改革以及其他各个方面,结合起来通盘考虑。我们政治体制改革怎么进行好,我听小平同志讲,他还在考虑中,不是说已经有一套完整的肯定的意见了。我们对政治体制改革是不是在各个方面进行一些调查研究,做些酝酿和准备,看怎么搞好。比如说,党政怎么更好地分工,党怎么加强对全党的领导,同时更好地发挥政权机构的作用;人民代表大会制度怎么样在现有的基础上搞得更完善、更健全;法制建设怎样才能进一步加强。这些都牵扯到政治体制改革,都需要研究。当然不可能一下子全都研究透,即使用一年时间也不可能都研究透。但是可以从一些大的方面来考虑,逐渐来理顺。

关于政治体制改革,总而言之,大家要做些酝酿,做些调查研究。看应该怎么搞好。今后恐怕是上层机构权力下放,基层企业搞活,成为一个独立的经济单位。上层机关总是要精简的,还要更加强调为下层服务,为下层解决实际问题。同时,要有宏观调控。我们这么大一个国家,宏观调控管不住的话,那还是要出事的。基层权力都很大,上边又控制不住,发生失控的现象,不管哪一个部门,哪一个方面,哪一项工作,任何时候发生了失控的现象,总是要出事的。前两年已经有这个经验教训了。比如,在经济上,1984 年第四季度有两个失控嘛!我和耀邦同志讲,这一下子一年多还弄不过来。外汇今年第一季度还是直线下降的,真使人担心啊!因为天天都有外汇储备的报表,大概到了六七月份情况稍微缓和一点。所谓缓和一点就是下降的趋势停止了,外汇储备稍微回升一点,回升得也不大,而且工作非常艰巨。还比如货币投放,前年定了花 3 年时间把它消化吸收掉。今年是第二年,还没有完。因为我们国家太大,不管哪个部门,如果发生失控的现象是很不好的,会影响我们整个经济建设和改革的步伐,归根到底,影响我们的速度。

二、最高法院和最高检察院有独立办案的权力

这也牵涉到政法部门体制问题。今天上午你们的汇报提到了这个问题。政法委员会是党内的组织,检察院和法院是独立检察案件和判案的部门,其他几个部门都是国务院的,是政府部门,性质不一样。这个问题,上午也有的同志提出今后怎么搞,也得研究。我上午说了一下,中央政法委员会现在采取的是临时性办法。政法委员会是一个党内的组织,在中央书记处领导下,对重要的问题,还是一起讨论,协调一致,然后大家分头去办。各个部门,都有自己独立的一摊业务,比如公安部也好,安全部也好,司法部也好,民政部也好,都有自己独立的业务。至于最高法院、最高检察院更有自己的业务了,而且全国人民代表大会选出的最高法院院长和最高检察院检察长，他是有独立办案的权力的。政法委作为一个党内的协调机构，也还是有必要的。有些具体案件该谁办就谁办了。有些比较疑难的敏感的重要案件党内商量一下。内部商量的时候，有什么意见都可以，有一个一致意见也可以，最后在最高法院判决定案的时候，所有这些意见仅仅供最高法院参考，由最高法院自己独立判案。书记处也好，中央政法委员会也好，不干预最高法院的独立判案。现在我们采取这个办法，好像还可以，还有用，大家觉得对各个部门的工作还是有帮助的，没有多大的障碍。

三、中苏关系有所松动，我们要在中美苏大三角关系中处于更有利的地位

还有一个问题，也是同志们比较关心的，就是戈尔巴乔夫在海参崴作了一个讲话。最近中央外事领导小组讨论了这个讲话。外交部在外事领导小组讨论的基础上向中央写了个报告，这个报告中央批准了。然后，由吴学谦①同志在北京找苏联驻中国的临时代办正式作了谈话。新华社发的报道是正式谈话中需要报道的主要部分。对戈尔巴乔夫在海参崴的讲话，大概议论一下，包括小平、耀邦同志讲的意见。大体上有这么几个看法。

第一，戈尔巴乔夫的讲话是苏共新领导在当前情况下，对中国政策的比较全面的阐述。这个讲话说明苏联的全球战略没有改变，对中国的基本政策还没有发生根本性的变化。对于越南和柬埔寨问题，苏联仍然强调跟自己没有多大关系，讲话采取脱钩的办法，就是企图使越南、柬埔寨问题跟中苏关系脱钩。他讲在阿富汗要撤出6个团，大概8000人吧，主要是航空部队、高炮部队，占他在阿富汗驻

---

① 吴学谦，时任国务委员兼外交部部长。

军总数的 1/20,对解决阿富汗问题也是没什么用处的。他说要撤回在蒙古的相当大一部分驻军,是指陆军,到底撤多少他跟蒙古还在谈,估计可能逐渐地往后撤一点。当然还有一个说法,他想逐步把绝大部分都撤回去。他内部和我们透露说,他的军队帮助蒙古搞建设,主要是蒙古还需要,到底怎么样还说不清楚。他说是说了,还不会一下子都撤出去的。从阿富汗撤军来讲,是象征性地作这么一个姿态。从蒙古撤走相当大一部分军队的说法,还捉摸不定,当然是一个许诺,这个许诺他总得要做吧。同时,他减少在远东中苏边境的部队就是陆军,还没有涉及到空军及核导弹部队。通过戈尔巴乔夫的讲话,把从蒙古和阿富汗撤军以及我们同苏联正在商讨的技术合作项目公开讲出来了,苏联有两方面的目的,一是讲给中国听的,二是讲给美国听的。这个讲话跟戈尔巴乔夫上台以后其他讲话或者以前苏联领导人的讲话,是不是有什么变化呢? 是有一些值得注意的变化,变化最主要的大概有这么几个:

(1)在障碍问题上,我们提出消除三大障碍,戈尔巴乔夫这次讲话改变了苏联过去说过的老调子,不再回避从蒙古和中苏边境撤军的问题,表示了一些松动。在越南、柬埔寨问题上的语气比过去缓和了,说现在是解决问题的有利时机。他讲话以后,越南党的总书记长征,还有蒙古党的总书记巴特蒙赫都在苏联休假,还在谈。所以,他跟我们谈,说现在是解决越南、柬埔寨问题的有利时机。

(2)对我们国内进行的改革,戈尔巴乔夫的这次讲话,可以说是苏联领导人第一次在公开讲话中,对我国进行的现代化建设的方针表示理解和敬意。

(3)在经济关系方面提出扩大和加强中苏两国经济技术合作的设想,在这方面表现出更多的积极性,包括宇航合作。

(4)他第一次提出把两国的界河以主航道为界,作为原则公开加以宣布。这个问题以前是有争论的。1964年大体上接近达成一个协议，就是以界河的主航道中心线作为国界线，按现在情况看，有相当一部分岛屿得划回来。后来赫鲁晓夫把这个问题放下来了，一直放到现在，没有正式达成协议，这次戈尔巴乔夫公开讲了。对以界河的主航道中心线为国界线，按照小平同志的意见把它接过来了，同意双方认为合适的时候，恢复中苏副外长一级的有关边界问题的谈判。

第二，他讲话尽量冲淡意识形态方面的色彩，回避一些他过去一贯的主张，比如联合反帝呀，共同行动等说法。从这些方面说，戈尔巴乔夫的讲话比过去苏联领导人以及他自己过去的讲话，有一些新的值得注意的地方。按照小平同志的说法就是迈了半步，腿抬起来了，还没有踏出去。小平同志接见二阶堂进①时说，对戈的讲话我们表示审慎欢迎的态度。

第三，戈尔巴乔夫这个讲话的国内外背景。戈上台后，大家都知道他讲改革讲得很多。特别是人事变动相当大，从人事变动的情况看，他是想搞一点改革。到远东来一路也讲了不少改革。但是改革遇到的困难还是不小的。国际上来自美国的压力还是很大的。他想推行加速苏联经济发展的战略，简单说可以叫作加速战略，就是怎么样使苏联能够和美国达成一定的裁军，或者降低核武器发展速度的协议，然后他可以腾出比较多的经济力量，加速苏联国内的经济发展。推行这个加速战略，他跟美国之间进行得不顺利。为什么呢？一是美国看透了他经济上有困难，美国经济也有困难，问题也很多，但是比苏联要好一些。美国知道他再拖下去，困难会越拖越大，所以

---

① 二阶堂进，曾任日本田中角荣内阁官房长官，1972年陪同田中角荣首相和大平正芳外相访华。

就摽着他干,就不让步。最近不是很明显吗?他又宣布了停止核试验再推迟到什么时候,美国则立即声明还要继续进行核试验。所以这方面也是相当不顺利的。在这种情况下,使苏联领导人不能不从活跃中苏关系方面找点出路,借助中国这个战略性的因素,来改善苏联的内外处境。希望和中国的关系搞得松动一点,这样他国际处境也可以好一些。其他方面现在还看不出他有更大的改变,还要继续观察,看一看。

小平同志和耀邦同志同二阶堂进都讲了,中苏关系今后如何发展我们还要看一看。但是,现在这种形势对我们还是很有利的。我们应该抓住这个有利的时机,着眼于多做人民的工作。采取相应的对策,在坚持原则立场的同时,还是紧紧抓住越南、柬埔寨的问题不放,继续让苏联作出进一步的松动。同时,在策略上可以考虑采取比较灵活一点的步骤,推动苏联在消除三个障碍方面采取实际行动。现在最主要的是他让越南从柬埔寨撤军。如果这个问题能解决,其他问题就好办了。这个观点小平同志以前专门讲过好几次了。这样使我们在中、美、苏大三角关系中间处于更有利的地位,创造一个好的外部环境,更加有利于我们社会主义现代化建设。

四、搞好开放、搞活,特别是搞好横向经济联合,黑龙江的经济还可以有更大的发展

今天上午侯捷同志谈了黑龙江省经济工作情况。总的觉得黑龙江的条件还是比较优越的,潜力还是很大的,自然资源是比较丰富的。新中国成立30多年以来,我们当然有失误,有耽误的一面。但是,第一个五年计划期间,全国有156项重点工程项目,在黑龙江安排了22项,其中有重工业,有军事工业,现在还在发挥很大的作用。以后只要很好地进行技术改造,它发挥的作用还要更大。这几年,特别是1984年耀邦同志来了,他的讲话我看了。他回去以后,也听他讲了一下。这次到这里来,我又从省委借来翻了一下。我觉得从1984年到现在,黑龙江发展是比较快的,经济形势总的还是比较有利的。你们如果充分利用现在的有利条件,搞好开放、搞活,特别是搞好横向经济联合,你们的经济还可以有更大的发展,或者说这是我个人的一点希望。这一两天我匆匆忙忙看了3个国防工厂,基础还是比较好的,技术人员都是这几十年来培养起来的,中间有一段时间脱节,脱节可以想办法再补上,对现在年轻的、三十来岁的要加快培养,我看还是可以接上的。你不采取这个办法,也没有别的办法,采取这个办法,也是可以做到的。耽误的时间经过努力还是可以补回来的。如果跟各省市,特别是像上海、江苏,还有东北、华北的几个省加强横向联系,将来可以发挥很大的作用。

五、端正党风同改革不但不矛盾而且是统一的

端正党风,大家都知道有两个中办通报,一个中办通报是小平同志最近的一个讲话,发到省军级。小平同志的讲话是在中央政治局常委会上的讲话。这次常委会是我们中央机关端正党风领导小组,由我给常委作了一个汇报。另一个中办通报就是这个汇报提纲,当然简化了一点。特别是小平同志那个讲话,大家要认真地研究。他有一个总的思想,2月份给他汇报的时候,他说不错嘛!你们不到两个月做了不少事情嘛!我记得是这么讲的,至于文字怎么整理的我记不得了。这次给他汇报呢,他当然还是肯定的。但是他说,建议你们不要把成绩估计过高,你们还要继续抓下去,至少先抓两年。而且提出什么时候搞开放、搞活,什么时候就要加强法制,就要抓这项工作。端正党风有利于进一步开放、搞活,同时,也确实起到推动和促进开放、搞活,使改革沿着更健康的方向发展的作用。思想上解决了这个认识问题,实际措施也要做到这一点,这就需要在采取具体政策、掌握政策时谨慎一点,做得妥当一点。处理这些经济案件都要采取慎重的态度,实事求是的态度,查清楚以后再来定案。当然定案要依法办事,以事实为依据,以法律为准绳。实事求是,就是说有多少案件就是多少案件,是违反党纪就是违反党纪,是违反国法就是违反国法,没有限额,也没有指标。总的前提是不搞运动,不起哄嘛,一定要实事求是、扎扎实实地搞,使每一个案件都能经得起历史检验。

扶贫是我们党和政府的一项
极重要的职责和任务[*]

（1986 年 11 月 18 日）

今天来参加你们的会议，很高兴。召开全国性的扶贫扶优工作经验交流会，表彰扶贫扶优的先进集体和先进个人，这在我国还是第一次。最近几年来，在各级党委和政府的领导下，经过民政部门和各有关部门的共同努力，并得到社会各方面的支持和配合，扶持农村贫困户和优抚对象发展生产、治穷致富的工作取得了比较好的成绩。这次会议既是一次交流经验、表彰先进的大会，也是一次振奋精神、继续深入地开展双扶工作的动员大会。我代表党中央、国务院向大会致以热烈的祝贺，深切希望经过这次会议使全国的双扶工作有更快更好的发展，取得更大的成绩。

党的十一届三中全会以来，随着农村经济体制改革的深入和经济的发展，农民生活不断改善和提高，有一部分人已经开始富裕起来。我国农村呈现出一派兴旺发达的喜人局面。同时也应该看到，由于我国地域辽阔，各地区的自然条件、工作基础不同，发展不平衡，有一部分地区经济发展不快，农民生活改善不大，甚至一部分农民的温饱问题还没有完全解决。高度重视这种状况，千方百计地帮助贫困地区和贫困户解决困难，是我们党和政府的一项极重要的职责和

＊　这是乔石同志在全国扶贫扶优工作经验交流暨表彰大会上的讲话。

任务。

在我国财政经济状况不断好转的同时,党中央、国务院及时强调了在大好形势下,必须关心、帮助解决一部分贫困地区和贫困户的问题,并对双扶工作的方针、政策作出重要的指示。各级党委和政府以及党政各部门、社会各方面,特别是主管这项工作的民政部门,积极开展了扶贫扶优工作,大力扶持生产、生活有困难的农民根据当地条件,因地制宜,发展生产,走上从根本上摆脱贫困的道路。这是双扶工作的一项重大改革。经过几年的努力,随着经济建设和改革的发展,扶贫扶优工作已经在全国各地广泛开展起来,使上千万贫困户和优抚对象得到了扶持,其中半数以上的农户初步摆脱了贫困。这是一个很好的开端。

这次大会表彰616个先进集体和先进个人。你们在双扶工作中付出了辛勤的劳动,取得了优异的成绩,不愧为带领群众治穷致富、走共同富裕道路的表率。你们全心全意为人民服务的思想,满腔热情地扶贫济困的品德,是值得大家学习和发扬的。

扶贫扶优工作是一项具有重大政治意义和经济意义的工作,是社会主义物质文明和精神文明建设的不可缺少的组成部分。邓小平同志在1985年全国科技大会上指出:"社会主义的目的就是要全国人民共同富裕,不是两极分化……我们提倡一部分地区先富裕起来,是为了激励和带动其他地区也富裕起来,并且使先富裕起来的地区帮助落后的地区更好地发展。提倡人民中有一部分人先富裕起来,也是同样的道理。……总之,一个公有制占主体,一个共同富裕,这是我们所必须坚持的社会主义的根本原则。"小平同志这段论述非常重要。鼓励一部分人先富与扶持贫困户治穷致富是党的富民政策的两个方面。只有在鼓励一部分人先富起来的同时,积极扶持贫困户和优抚对象发展生产,脱贫致富,才能促进农村经济的全面发展,才能实现共同富裕的伟大目标,充分显示社会主义制度的优越性。同时,双扶工作又是人民群众互助友爱、扶贫济困的一种具体形式,有助于建立和发展社会主义新型的人际关系,促进社会主义精神文明建设。所以,我们一定要不断增强扶贫扶优工作的紧迫感和责任感,不断提高扶贫扶优工作的自觉性和主动性。

为了把双扶工作搞得更好,希望各级党委和政府一定要按党中央和国务院所要求的那样,加强领导,把双扶工作纳入当地经济和社会发展规划中去,列入重要议事日程。各地都要从实际出发,充分发动和依靠群众,建立起双扶责任制,把双扶工作真正落到实处。要有布置、有措施、有检查。要制定严格的考核和奖罚办法,把双扶成绩作为考核部门和干部政绩的内容之一。要监督各有关部门认真贯彻落实党中央、国务院规定的各项扶贫优惠政策。要动员、组织各有关部门,根据自己的条件,积极地从资金、物资、人才、技术等方面予以支持和帮助。要加强社会主义道德教育,大力提倡扶贫济困的社会风尚,结合开展建立文明乡、村、户的活动,广泛发动和组织社会各方面的力量,自觉自愿地以富帮贫,以强带弱,团结互助,走共同富裕的道路。党政各部门特别是民政部门要同各方面社会力量配合协作,在双扶工作中继续发挥积极作用。

双扶工作是一项艰巨复杂的任务。我们的希望是既要脱贫,又能较快地走上致富的道路。如果一时难以同时做到,首先要力争尽快脱贫。也就是要坚决按“七五”计划的要求,使贫困地区和贫困户,在政府和各种社会力量的扶持下,依靠群众自己的努力奋斗,在三五年内解决温饱问题。这个要求是不高的,经过努力是能够达到的。当然,要做到这一点也并不容易,需要进行大量艰苦细致的工作,要脚踏实地、一步一个脚印地去做。必须有埋头苦干、深入实际、不图虚名、讲求实效的精神,逐县、逐乡、逐村、逐户地进行具体调查,制订切实可行的扶贫措施,一项一项地付诸实施,务求达到预期的效果。在这过程中,来不得半点虚假,也不能有任何形式主义。这次来参加会议的先进单位和先进个人,最可贵的正是这种为群众办实事的精神。

　　各位代表,同志们,当前我国的政治形势、经济形势都很好,改革、开放正在顺利进行,社会主义精神文明建设正在逐步加强,这为我们做好扶贫扶优工作创造了极为有利的客观条件。只要我们能够认清形势,振奋精神,勇于探索,不断创新,齐心协力,开拓前进,就一定能够在新的条件下,使双扶工作做出新的优异成绩来。

我们很重要的一条教训
就是急于求成[*]

（1987 年 6 月 18 日）

新中国成立 38 年来，我们取得了伟大的成就，国家面貌发生了根本的变化。但我们也走了一些弯路，甚至受到了严重的挫折，其中很重要的一条教训，就是急于求成。想把国家建设得快一些，同时又希望中国的社会主义组织形式发展得越高级越好，甚至急于想赶上并超过别的国家。因为心急，就不大考虑中国是个大国，长期处于贫穷落后状态，发展不平衡，商品经济不发达等特点。结果欲速则不达，影响经济发展的速度。回顾过去 8 年走过的道路，我们对社会主义的理解比过去加深了。革命胜利前，我们对社会主义的认识来自两个方面：一是马列主义的理论著作，这无疑是正确的，但其内容是原则性的；另一个来源是苏联的建设经验。新中国成立后，我们就是据此来搞建设的。所以，我们的认识是不全面的，以为搞社会主义就是公社化和国有化。历史的经验告诉我们，要显示社会主义对资本主义的优越性，必须尽可能地加快社会主义生产力的发展。如果社会生产力的发展速度不能超过资本主义，社会主义制度的优越性就无从体现；如果不能调动劳动人民的积极性，社会主义的优越性是不可想象的。我们处于社会主义的初级阶段。我们的建设计划必须从

---

[*] 这是乔石同志在会见布基纳法索总统府国务部长孔波雷时的谈话节录。

中国的实际出发,单纯主观上想快,而不注意客观的可能性是行不通的。马列主义的普遍真理必须严格地同中国的实际相结合,这是我们总结的最重要的经验。

我国坚持独立、自主的和平外交政策,反对霸权主义和强权政治,谁在世界上搞霸权主义,我们就反对谁。我国十分重视同第三世界国家的团结、合作关系,我国愿本着"平等互利、讲求实效、形式多样、共同发展"的原则,进一步发展这一关系。我国是第三世界一员,愿与第三世界各国相互学习,相互帮助,取长补短,共同努力把友好合作关系推向一个新的水平。

党的十三大的主要议题
就是加快经济和政治体制改革*

（1987 年 8 月 18 日）

中共十一届三中全会以来,我们取得了一些成绩,经济改革从农村开始,也搞了一些政治改革,但还是初步的。我们正在准备召开中共十三大。十三大的主要议题就是改革,就是如何加快经济和政治体制改革。十三大的文件草案现正在党内相当的范围内讨论。我们的社会主义建设进行了38年,现在我们才进一步认识到中国的社会主义还处在初级阶段。这并不是一般含义上的初级阶段,而是在反复研究了中国的情况,总结了30多年的经验之后,提出这一说法的。它有两方面含义:其一,中国原是半殖民地半封建的社会,在共产党领导下取得革命胜利,走上了社会主义道路,这是完全正确的;其二,正因为中国原是半殖民地半封建社会,经济落后,所以中国社会主义建设时期可能更长,要有一个时期发展社会主义的商品经济。在这期间,任务是很艰巨复杂的,不能设想在很短时间内解决中国社会主义经济发展面临的问题。我们感到过去30多年的主要经验教训是急于求成,急于建成社会主义,往往超过实际可能性,反而影响生产力的发展。那时以为社会主义只要有全民和集体两种所有制就行了,农民有一点很少的自留地、个体经济,被认为是资本主义尾巴,也

＊ 这是乔石同志在会见法国共产党领导人拉汝瓦尼时的谈话节录。

要割掉。现在我们的想法改变了。在相当一段时间内，全民和集体所有制占绝对优势，同时允许其他经济成分存在，这对发展经济有好处。根据这一设想，起草十三大报告。十三大准备在 10 月召开，十三大前召开十二届七中全会，十三大的全部准备工作都要经全会讨论通过才能提交大会讨论。人事方面总的方向不会改变，还是坚决推行干部"四化"，包括年轻化。当然，现在要很快在中央和省一级实行年轻化还有一定困难，但比较年轻可以做到。

对马克思主义运动、共产主义运动来说，有两个问题是比较重要的。一是，取得革命胜利的、正在建设社会主义的国家，一定要树立一个美好的社会主义形象。这说起来容易，做起来不容易，十月革命以来的道路是曲折的。二是，未取得社会主义革命胜利的国家，如何把马克思主义的原则同本国实际结合起来。历史已证明，没有统一的模式。凡是照抄、照搬的都失败了。死守住几个条条，不能结合本国实际，也失败了。马克思主义的基本原则，毫无疑问是适用的，在当代也是适用的。要把这些原则巧妙地运用于不同国家的情况。我们处在东方，东方国家同西方国家不一样，需要有勇气和创造精神。对待历史问题，在总结中既要不离开历史又要超越历史，全面地看问题。

利用优势和特色，加快发展[*]

（1987 年 12 月 21 日—1988 年 1 月 2 日）

今天我主要来看看大家，简单地讲一讲。

广西我来得很少，60 年代我去河内参加国际会议，曾经路过南宁，住了一个晚上。70 年代的时候曾经陪外宾来过，主要是到桂林。以后就没有再来过。最近我有几天时间可挤出来到广西来看一看，说不上调查研究，主要是出来走一走，了解点情况。看看广西学习讨论党的十三大文件的情况，怎样结合广西的实际贯彻十三大精神以及有些什么意见，看看对从严治党、搞好党风建设、抓好党纪的工作，有什么意见，同时也了解一下政法工作方面的情况，因为政法我还管着呢。今天区党委把大家请来了，我有这个机会跟大家见个面。后天是元旦，给大家拜个年，祝大家新年身体健康，生活愉快，工作顺利。

一、广西各方面工作做得很有成绩

前天听了区党委陈辉光①同志、韦纯束②同志还有其他常委同志介绍了广西今年的情况以及过去 3 年广西政治形势、经济建设、党风和社会治安等各方面的情况，也看了几个地方，从介绍的情况看，我感觉广西过去 3 年在各个方面的工作都取得了可喜的成绩，我跟

---

* 这是乔石同志在广西壮族自治区考察期间的谈话节录。
① 陈辉光，时任中共广西壮族自治区党委书记。
② 韦纯束，时任广西壮族自治区人民政府主席。

一起来的同志都感到很高兴。这些成绩我不用多说了,你们在座的同志都很清楚。总的说来,政治上安定团结的局面得到了保持、巩固和发展,这当然是我们全自治区一切工作能够顺利进行的基本保证。所以说,政治形势从根本上来说是很好的。经济上,过去3年也取得了比较全面、持续和协调的发展。据常委的同志介绍,今年实现三个同步,到年末某些方面比过去3年翻了一番。虽然基数不大,翻一番以后也不是非常惊人的,但是在广西的条件下也是很不容易的,所以听了很高兴。扶贫工作也取得了比较显著的成绩。如1200万人口贫困地区差不多有一半摆脱了贫困,还有几百万人口地区解决了人畜饮水问题,同时对今后继续抓好扶贫工作也有个很好的打算。

广西整党工作也取得了比较好的效果,党风方面主流还是好的。大家在座谈中,对中央领导同志最近在北京主持召开的党风座谈会上提出的意见大家都同意,认识也比较一致。社会治安情况总的来讲也是比较好的。

来广西虽然只有一两天时间,我的印象是很不错的,觉得几年来特别是过去3年来广西各方面的工作都做得很有成绩,是很令人高兴的。取得这些成绩,除了党中央、国务院有正确的路线、方针、政策的指导以外,主要的还是靠广西全体党员、各级党的组织和各级政府以及其他各个组织在区党委的领导下,做了很大的努力才取得的。当然从广西的潜力来讲,人口有4000万,地域也比较大,有相当一部分资源是比较丰富的,开发的潜力是很大的。虽然同广西的过去比有了一定的发展,但从今后广西的发展前途看,我认为面临的任务还是很繁重的,还有很多新的任务,如经济建设、经济体制改革、政治体制改革、党的建设等方面,需要我们努力去完成。

过去几年区党委的领导班子,我得到的印象是:内部团结是好的;区党委跟区人民政府、区人大、区政协等几大班子,以及跟军队的团结关系也是比较好的。这个团结是我们搞好整个自治区工作的根本保证。在区党委、区人民政府以及各级组织的领导下,广西4000万各族人民群众的积极性在过去几年里进一步调动起来了,有了很大的发展,他们为广西的建设作出了极大的努力。

二、广西很好地处理了"文化大革命"遗留的特殊问题,以后要团结一致向前看

广西1983年、1984年进行了处理"文化大革命"遗留问题的工作,这个"处遗"工作我虽没有直接参加,但中央书记处讨论过,中央有些重要会议也讨论过,包括为你们区最后定的那些"处遗"政策条例的会议我参加了。我有个印象,广西的"处遗"工作总的说来是做得很好的。花这么两年时间进行"处遗",中央下这个决心是对的,现在看起来也是正确的,完全必要的。在那个时候下这个决心是适时的,再迟也不行了,比如说再拖上半年一年,我看不行。有些地方不稳定,有些问题很突出,已经到了必须马上处理的时候了。否则,广西安定团结的局面不容易维持,整个广西不容易稳定。"处遗"的方针、政策,是在中央的直接领导下确定的,这些方针、政策的贯彻执行,在大的方面也是在中央领导同志的关怀下进行的,所以成绩是很大的。"处遗"的成果,现在看起来情况也是好的。"处遗"的问题,有它的特殊性,我深切地希望作为历史的一段,逐渐地让它过去,让它在今后的实践中逐渐地淡化,逐渐地在历史上成为过去的一页。以后我们团结一致向前看,在前进过程中,碰到什么问题、需要解决什么问题就解决什么问题,不再老去回忆议论这些事情。这是我的希望。

三、广西的潜力是很大的,要一步一个脚印地往前走

我这两天跟同志们座谈,初步感到广西的潜力是很大的,以前一些开放省份、开放地区已经走过的一些路,可以供广西作借鉴,好的可以吸取嘛,走过的弯路可以避免嘛。

广西有自己的很多有利条件,4000万人口,当然人口是多了一点,今后计划生育工作还要抓紧一些。但4000万人口已经是一个既成的事实了,如果4000万人民的积极性充分地调动起来,也是一个丰富的劳动力资源,也可以做更多的事情。这里劳动力比珠江三角洲要便宜,要利用好劳动力廉价这一资源优势。关于工资、福利问题总是要提高的,但要逐步上,不要一下子上得太高,要考虑群众消费的承受能力问题。虽说物价上涨比较快,但人民手中的钱也相对地增加了,城乡储蓄额大幅度增加,消费冲击家电行业。广东已经高了,这会影响你们。要适当控制。中央有个设想,这就是如何引导消费结构的发展和构成,能否引导到造房、买房上面,这既可解决住房问题,又可调节消费结构。在改革中,要逐步解决房地产业,使之成为一大支柱。

关于扶贫工作,如果把贫困地区的经济发展起来,按照现在中央、国务院制定的扶贫方针,在经济上扶持他们发展起来,是可以有利于广西的建设事业的。贫困地区有1200万人口,也不小呀,占广西人口近三分之一了。但这些地区资源是比较丰富的,开发的余地应该是很大的。

广西这几年乡镇企业跟原来的比,是有了很大的发展,听了使人高兴,但是跟其他先进的省份来比,还有更大的发展余地。乡镇企业的活力很大,你们又有自己的海岸线、自己的海港,陆上交通也有了一定的基础,所以在党的领导下,如果把4000万人民群众的积极性充分调动起来,我相信广西今后的发展前途一定是很远大的。

当然,"千里之行,始于足下"。走路还是要一步一个脚印,一步一步地往前走。我们讲工作作风,总还是要脚踏实地、实事求是,根据中央的精神,密切结合广西的实际情况,踏踏实实地把广西建设起来。我不是不赞成广西很快地成为一个"大胖子",但是要一下子做到,不现实,提出了做不到也不好。我们建国30多年了,我们为了要"快",吃了很大的苦,吃亏也很大。每次要快,都是在我们经济情况比较好的时候。你们好了3年,听了令人高兴,但也要看到,这只是广西在经济建设方面,在党的十一届三中全会以后,在安定团结的局势下迈出了重要的一步,以后需要迈的步子还更多。条件是有的,事在人为,就要靠广西的全体党员和全区人民群众的努力了。

四、广西要同广东、海南发展横向联系

关于学习广东搞好横向联合问题,学广东不能简单地类比。广东有广东发展商品经济,尤其是商贸的历史。但你们要跟广东、海南联合,只要是正道,办法、形式可以多种多样。

向广东学习,这是你们的一个优势,但主要是通过学习,搞好横向联合。与广东合作要以联合为主,当然联合也有竞争,这对广东有好处,对你们也有好处。最好是都有一点自己的特色,互相交流,互相学习和互相促进。海南距你们这么近,你们也要加强同海南的横向联系,这样他们发展,你们也发展。

广西的工艺产品不但要有传统的风格,还要跟上世界发展的潮流;不但要搞山水花鸟虫鱼等,而且要搞西洋画。只有向外,才能增强竞争力。另外,水产馆的展品要多搞一些活的,这样更有吸引力。海豚容易养和训练,你们能不能试一试?

五、城市建设要有自己的特色

北海要根据自己的资源优势搞些外向型企业,但引进的起点要高,产品的档次要高,不要再搞生产一般性产品、技术又不先进的项目。

你们北海上有自治区领导重视,纵深有云贵川腹地,自己又有优势和特色,你们应加快发展。

北海市的基础设施比以前好多了,总的看来,你们的条件比较好,有自己的特点和优势。城市总体规划方向是好的,但在实践中难免做些调整,尤其是我们处在改革开放的年代,发展变化都很快,一个总体规划总不可能十全十美和完全实现。有调整才能实现原来规划的目的。当然,我们要尽可能考虑周全一些,城市建设开始的时候就一定要搞好规划,要有自己的特色,建筑物不宜过密,也不一定都建很高的大楼,要建成一个花园式的城市,要把土地、山坡都绿化起来。我不太赞成城市建设大批进口建筑材料,如茶色玻璃等,连建材都要进口,这不得了。我们有很丰富的建材资源,要想法子搞国内的。生产高级洁具、玻璃,可进口生产线,主要解决好质量和品种设计,但引进起点要高,开始的规模不一定要大,像你们的机场建设那样。北海市在基础设施建设方面前进了一步,对今后的发展很有利,向中央争取政策支持也好说话。北海的优势还很多,今后要发挥这些优势,将北海更快地建设起来。过去3年的成绩是很大的,但这仅是新长征的第一步。要向前看,今后的路子还很长,如果油气井上来了,石油化工发展了,铁路再一上,云贵川就会和你们连起来,你们就成了它们的出海口。铁路要提前考虑,因为不是一下就能建成的,搞起来还要两三年的时间,几年后再上就误时机了。海南岛虽有比特区还"特"的政策,但还不能一下搞起来,还要有个过程。

发扬艰苦奋斗、勤俭建国精神，加强扶贫工作[*]

（1988 年 1 月 25 日—2 月 8 日）

一、光靠扶持政策解决不了脱贫问题

过去，对全国贫困地区都是单纯的救济，结果越救济越穷，问题越来越多。这几年，湘西和全国各地一样，改变了扶贫工作的方针，采取各种比较积极的政策，主要是帮助群众发展生产，发展经济，当然，也解决一些迫切的生产、生活上的问题。这样，依靠群众的生产劳动，在国家的支持帮助之下，解决人民群众脱贫的问题。我觉得最近几年走的路子是正确的。自治州有自治州的困难，也有很多脱贫的有利条件，如果抓住这些有利条件，沿着这个方针继续搞下去，就有可能在三五年左右时间内做到基本脱贫。当然，基本脱贫后也还有一些因病残丧失劳动能力，需要救济的人。这在任何一个地区都是有的。要做到基本脱贫，我觉得国家在方针政策上，继续坚持对少数民族地区、对贫困地区进行扶持是应该的，但还是要坚持自力更生为主，依靠全州的几百万人民群众艰苦奋斗，经济一定能搞上去。光靠扶持政策解决不了脱贫问题。当然，有些政策可以再延缓三五年，但三五年以后，应跟沿海发达地区缩小差别。

湘西自治州 6000 名干部下基层，这很好。要提倡上级机关干部

---

[*]　这是乔石同志在湖南省考察期间的讲话要点。

到基层去,到群众中间去,搞调查研究,了解情况,帮助群众出主意,想办法,脱贫致富。州、县领导同志一定要自己亲自去蹲点,扎扎实实工作。党的十一届三中全会已将近 10 年了,总的形势是好的,但我们有一个问题,就是干部深入基层、联系群众这个风气不浓。县长、县委书记不是叫"父母官"吗? 做"父母官"不关心老百姓的生活,不关心老百姓的生产,不关心群众的疾苦,这"父母官"怎么做?县、州一级领导好做,也不好做。说好做,因为有点文化,又搞了几年工作,如果是一般对付对付,这也不是很难;要说难做,就是要能够把这个地方面貌改变过来,使人民生活真正得到改善,这也是不容易的。作为一级领导班子,改变本地区的面貌,解决人民群众面临的一系列经济问题,作出实际成绩来,这样,才能对人民群众作出交代,才像个共产党员的样子。

二、勤俭建国、艰苦奋斗是我们在改革开放中特别需要重视的

坚持勤俭建国、艰苦奋斗,这不影响我们的改革、开放、搞活,恰恰相反,这是我们在改革、开放、搞活中特别需要注意和重视的。勤俭建国、艰苦奋斗,并不是说要把生活搞得很克扣、很苦,个人一定要攒下多少钱去支援农民,最重要的是领导作风要搞得很朴素,多帮助群众解决一些实际困难,经济上打翻身仗,处处替人民群众着想。我们中国 10 亿多人口,国家大,地域辽阔,但农田不多,不靠艰苦奋斗、勤俭建国,怎么能够花 100 年左右的时间使国家达到中等发达国家水平? 中等发达国家目前人均 4000 美元,我们要达到也很不容易。到 2049 年建国 100 年时,人口可能达到 15 亿,人均收入相当于现在的 4000 美元,要求很高,不能小看。我们共产党人要花几代人的时间,把中国的面貌来一个改变。中国要达到人均 4000 美元是很不容易的,我们如要提出更高的要求,那就不现实,也难以做到。如果不是长期坚持勤俭建国、艰苦奋斗的方针,如果没有扎扎实实工作的作风,是不容易做到的。

三、在发展旅游业的同时,各方面的经济都要搞上去

旅游业对湘西自治州的经济发展有着很重要的意义,是可以继续发展下去的。但在发展旅游的同时,还要把农业生产、粮食生产、工业生产、乡镇企业,以及其他各个方面的经济要搞上去,否则旅游业也会受到限制。旅游所需要的资源条件和服务设施都要依靠当地解决,要到外省外地去解决是不可能的。你们地区还是有这个条件的,比如种柑橘,发展其他一些旅游需要的产品,包括手工艺品。如果经济不搞上去,粮食下来了,旅游也搞不成,无论如何不能忽略这方面的问题。旅游是很赚钱的,能广泛引起兴趣,但州、县领导精力主要还是应该放在抓生产上,生产不能放松。经济搞上去了,发展旅游业的力量也就雄厚了。短期内单纯依靠旅游把经济搞得很活,是不容易的。旅游当然要发展,自治州旅游资源有自己的特点,还可以把旅游设施、旅游环境等旅游事业继续搞好,以便每年接待越来越多的旅游者。

加快四川发展更要解放思想 [*]

（1988 年 2 月 8 日—18 日）

一、只有进一步解放思想，才能找到解放生产力的途径

当前你们正在深入学习党的十三大文件。十三大精神最主要的就是解放思想，进一步发展生产力。发展生产力需要多种因素，最主要的是靠人的因素，把广大人民群众的积极性充分调动起来。解放思想这个问题，像四川这样的内陆省份，要特别重视，当然沿海地区也有一个解放思想的问题。只有进一步解放思想，才能找到解放生产力的途径。省地县三级领导班子，除认真学习十三大文件外，还要学习党的十一届三中全会以来党的路线、方针、政策，密切联系本省本地区的情况，认真加以理解。真正用党的路线、方针、政策武装自己的头脑，在思想上就得进一步的解放。中央政策的总方针是进一步解放思想，解放生产力。在中央方针政策规定的范围内，怎么把经济搞活，这里面有很多文章可做，这要靠你们，靠大家了。

今年中央一号文件提出了一个沿海经济发展战略，这个战略把我国东部地区和中西部地区联系起来了，要抓住这个发展的时机。不仅沿海地区要进一步解放思想，内地要更进一步解放思想，在主要面向国内市场的同时，有条件的地方应该搞些东西出口。你们不能同沿海地区比，搞两头向外（指从国外引进技术、进口原材料和向外

---

* 这是乔石同志在四川省考察期间讲话的一部分。

出口产品），但思想要解放。作为一个内陆省，经济要发展，要进一步解放思想。

政法战线要不要解放思想？我认为，也需要进一步解放思想。政法战线是不是只要坚持四项基本原则就可以了呢？坚持四项基本原则是没有问题的，但是这条战线也要根据社会主义初级阶段的理论和党的基本路线来考虑自己的工作，也要跟上改革开放和经济形势的发展，跟上民主和法制建设的进程。同时，政法战线自身也需要加强改革，比如怎样对一切有利于改革开放的行为依法加以保护，怎样对不利于改革开放，特别是对严重破坏社会主义民主和法制的东西，依法严厉打击，等等。更多的是要在今后工作中去探索、创造，特别是检察机关、法院办理经济案件，都还缺乏经验，需要从经济立法上去探索。

二、四川要根据自己的特点搞活经济

四川的工作这几年搞得不错，政治上安定团结，经济在逐步发展，机构改革后各级领导班子也是比较好的。你们要在自力更生的基础上，把经济搞活一点。要在中央政策允许的范围内，解放思想，根据四川的特点，考虑还能做些什么，多想点办法。比如横向经济联系，你们是可以有作为的。四川调出的猪肉、食油、酒比较多，属于指令性计划内的，如数调出，但可以要求调进地区支援你们一些紧缺的物资，搞等价交换。计划外的可以搞协作。再如农业怎样把种植业、养殖业搞得更好？怎样利用你们的旅游资源发展经济？都可以想些办法。

农村实行家庭联产承包责任制后，农业的投入，农田水利基本建设，农用生产资料的生产供应这些问题就逐年突出了。当我们有了前面的政策后，就应该注意可能出现的新问题。现在乡镇企业发展很快，这很好，但值得注意的是有些乡镇企业把工人的工资搞得过高,非生产性建设搞得过多,眼前看,以为是好事,看远一点就有问题,这要认识得早一点。企业的个人分配搞得过多了,一是有的地方可能出现盲目追求高收入,导致土地撂荒;二是一个工厂没有一点准备金不行,前三年乡镇企业免税,三年后一纳税经济效益就下来了,成本增高,产品竞争力差,提留积累少,没有新的投入,就不能扩大再生产或缺少更新改造能力;三是个人分配超过劳动生产率提高的幅度,对宏观经济调控也不利。个人消费基金多了,就去盲目搞农村俱乐部、买高档消费品。这样搞下去,乡镇企业就没有后劲,不去搞生产和扩大再生产,是难以为继的。乡镇企业可以搞好点,但也要从实际出发,不要盲目发展。

攀枝花是个重工业城市,攀枝花市和攀钢等一些大工程就可以搞横向联系。大企业在经济上支持一下,市里也互相配合,把副食品基地搞起来,企业的供应就比较有保证。农村可以放开搞活,自己去发展,仅仅靠县里给补贴,时间长了也是个问题。工农结合,发展一些乡镇企业,建立些农副业生产基地,开始几年可能有困难,搞几年以后就好了。城市要想办法搞点轻工业、乡镇企业、大的工业,光吃财政补贴这个办法要改变。攀钢这样的大企业,要支持地方发展副食品生产基地,把攀枝花市的经济发展起来,这是巩固工农联盟的措施。

可以围绕两个"二"(指攀钢二期工程、二滩水电站)做文章,仅两个"二"建设就关系好几万人。攀枝花市人口将达上百万,要把副食品生产、轻纺工业、服务工作跟上去,也可以利用攀钢的边角余料发展乡镇企业。市里今后的发展,要通过推动重点工程的建设,把地方的经济带动起来,如果方法对头了,是有希望的。方法怎么对头,市委要研究。二滩电站建设还有很多困难和复杂的问题要处理。移民方针要改变,移民经费要用来扶持发展生产,叫他们能够在迁移地生根。我们过去几十年搞水库吃了一个大亏,就是单纯搬迁,几十年还不清旧账。所以,方针要改变,采取类似扶贫的办法,帮助他们在新的地方把经济发展起来,这样他就安定了,就不会再往原地跑。要搬迁一片发展一片,就要实行发展经济的方针。农村除了发展乡镇企业外,在稳住粮食面积的情况下,还要发展养殖业和其他种植业,还要多发展一些轻工业。总之,无论如何要把经济搞活一点,这样地方的财政才能松活一点。

今年经济工作的方针是进一步稳定经济、进一步深化改革。最近小平同志讲要把经济建设搞得更快一点,要按照这个精神去搞。经济体制改革要深化,当然还有些复杂的问题,要很好地去探索、研究、实践。农业要继续抓紧,农田要管严,经济作物和建设用地不要影响粮食作物的种植。经济要搞活,有些资金不一定非得从中央开支。有些企业从小一点开始,有了基础再搞大一点。财政问题,从全国讲,地方比中央要宽裕一些。我赞成改革,不要搞得太死,太死了不好,但又不能一下子都放,放乱了也不行。垄断是不好的,但乱竞争也是不好的,还是一致对外。

我经过几个省到四川,都碰到这样一个问题,提出财政补贴,希望中央、省里怎样支持。在可能的条件下,去争取中央和省里支持你们搞活经济,应该有这个积极性,我原则赞成。另一方面,还是要在现有的基础上想办法把经济搞上去,这就必须进一步解放思想,进一步解放生产力。如果老是目光向上,看着中央、省里怎么支持,帮助解决这样那样的问题,光作这样的争取是不行的。更主要的还是要目光向下,自力更生。搞活经济,内地省份容易攀比广东,我到广西、湖南,都要求中央给像广东那样的政策,这是不行的。内地省份还是要在自力更生的基础上发展生产,把一切积极性都调动起来。横向经济联系可以多搞一点,这方面步子要大一点。我还赞成积极发展乡镇企业,与广东、上海和沿海合作中不要老怕吃亏。只想让人家给你补,你得很多便宜,而你不跟人家互利,却希望很快把经济发展起来,这恐怕不行。

认真贯彻党的方针政策，
进一步做好西藏工作*

（1988 年 4 月 28 日）

你们在西藏坚持工作很辛苦,借这个机会向大家表示慰问,请你们回去后向西藏各族人民、各界人士、广大干部、人民解放军驻藏部队干部战士、公安干警和武警部队转达中央对他们的问候和慰问。

中央对西藏工作历来很关心。最近看了小平同志对西藏工作的一些指示和毛主席、周总理以前对西藏工作的指示,他们对西藏工作都很关心。去年 9 月底以来,在拉萨连续发生少数分裂主义分子制造的骚乱事件,更加引起了中央对西藏问题的关注。这几个月来,中央统战部和有关部门按照中央指示,一直在研究西藏问题和西藏工作。中央政治局常委会几次召开会议,专门讨论了西藏问题,总的精神是要统一认识,采取有效措施,解决一些亟待解决的问题,先把西藏局势稳定下来,同时进行认真的调查研究,进而制定真正切合西藏实际的政策,从根本上解决西藏的长治久安问题。

一、只要坚持贯彻中央对西藏的方针政策,发展生产,搞活经济,使农牧民得到实惠,西藏大局是可以稳定的

拉萨连续发生了几次骚乱事件后,引起了种种议论。我的看法是,估计西藏形势要有个基本的立足点,就是看广大农牧民的情况如

---

* 这是乔石同志在北京召开的中共西藏自治区党委常委组织生活会上的讲话。

何。几次骚乱事件中,农牧民追随闹事的很少,广大农牧区还是稳定的。从各方面反映的情况说明,党的十一届三中全会以来广大农牧民的生活是有改善的,他们对党的方针、政策是满意的,拥护的,他们不赞成并反对骚乱闹事。这就是说,只要我们坚持贯彻执行中央对西藏工作的各项方针政策,进一步领导农牧民发展生产,搞活经济,使他们的生活不断地得到改善,真正让他们从党和政府的各项政策的实施中得到实惠,那么西藏的大局从根本上说是可以稳定的。因此,我们不能因为少数分裂主义分子闹事,搞了几次骚乱,就认为整个西藏的形势不得了了。当然我们也应当清醒地看到,国内外分裂势力决不会就此罢休,他们会继续按照达赖集团的意图,不断地进行挑拨和破坏,制造事端,妄图搅得我们"不得安宁"。我们现在不是一般地谈论西藏的形势,而是要比较深入地分析和研究形势,从几次骚乱事件中得出比较深刻的经验教训。要清醒地认识到西藏分裂和反分裂斗争的长期性,要估计到今后相当长的时期内,少数分裂主义分子还要寻找各种可能的缝隙和机会,继续进行分裂活动,而且把他们的活动扩展到拉萨以外,甚至到其他藏区,有这种可能。我们必须从思想认识到实际工作中做好长期应对这种斗争形势的充分准备。由于国内外分裂势力总是要利用民族、宗教问题进行挑拨煽动,为他们的分裂活动制造舆论,力图使得分裂问题同民族、宗教问题搅在一起,使得分裂和反分裂斗争具有很大的复杂性。这就要求我们有清醒的头脑,提高斗争的策略,既旗帜鲜明地开展反对分裂、维护祖国统一的斗争,同时又要妥善地照顾到广大僧俗群众的民族和宗教感情,善于把民族问题、宗教问题上反映出来的大量的人民内部矛盾同分裂祖国这种敌我性质的矛盾严格区别开来,通过坚定正确地执行民族政策、宗教政策,妥善解决民族、宗教问题,逐步缩小分裂主义活动的市场,壮大反分裂斗争的力量。只要我们认识清楚,步调一致,方法和措施得当，坚持不懈地贯彻实施，我相信，达赖集团在西藏不仅大乱子闹不成，而且小乱子也可以减少，甚至可以避免。

二、总结经验，提高认识，改进工作

从几次骚乱事件后机关干部和职工思想上反映出来的种种问题中，可以明显地看出，由于长期"左"的指导思想的影响，在一部分干部和职工中形成了一些僵化的观念，同新的情况和斗争形势很不适应，不利于贯彻执行正确的政策。例如有的人认为西藏不经过自身社会生产力和商品经济的巨大发展，只要靠国家和各兄弟省、自治区和直辖市的大力支援和帮助，就可以顺利进入社会主义；认为不需要从西藏自身的基础和条件出发，只要照搬先进地区的经验，就可以在西藏发展各项社会主义建设事业；认为农奴和奴隶具有天然的革命性，不需要进行民主革命和社会主义的启蒙教育，就会自然而然地具有社会主义思想；认为经过民主革命和社会主义改造，群众的宗教信仰已经大大地淡薄了的想法；等等。这都是一些比较长时期在"左"的指导思想下形成的脱离西藏实际的观念，需要通过长期耐心的教育来解决。

在工作中纠正过去"左"的僵化的思想，并不意味着我们工作中不会出现另外方面的偏差。这一点在过去几年工作和去年、今年的骚乱中已经充分地说明了。我们有些工作是应该做的，如落实寺庙政策，虽没有全部落实，总还是落实了一部分，一些活佛喇嘛回到了寺庙，香火盛了，八角街也热闹了。这本来是好事，但与此同时，我们怎么加强对寺庙的管理，对喇嘛的管理，就有跟不上的地方了。我们政策放宽了，允许他们来去自由。旅游、开放是对的，但回过头看，管理能力是否跟得上，是否有那个承受能力。我们连翻译都没有，有些人到拉萨后就放羊了，有的人参与闹事。这些事我们要吃一堑长一智，作为经验教训来吸取。这种问题就不能说是"左"的问题。放松管理,没有管住等不是"左"右能讲清楚的。

在这个问题上,自治区党委应当下点功夫,花点力气,认真地根据十一届三中全会以来党的路线、方针、政策,根据党的十三大的精神,在调查研究的基础上,理出实际存在的僵化思想和其他不正确的认识,认清它们的表现和危害,指出改变这些思想、提高认识的必要性,主要通过学习教育和总结经验的方法,帮助干部特别是各级领导干部统一思想,提高认识。

三、加强团结,理顺关系,齐心协力把西藏的建设事业推向前进

30多年中正反两方面的经验证明,在西藏这样一个特殊性很大、情况很复杂、斗争很尖锐的少数民族地区,加强各方面的团结,是克服一切困难,把革命和建设事业推向前进的根本保证。

我还要讲讲理顺关系的问题。应当承认,当前西藏许多方面的关系没有理顺,汉藏民族关系有些紧张,干群关系、党群关系、军民关系等方面,都存在着一些值得注意的问题和漏洞,容易被分裂主义分子利用。关系不顺是由多种因素形成的,有政策方面的因素,有制度方面的因素,有思想方面的因素,有作风方面的因素。一般说来,除了分裂主义分子挑动的因素外,在其他各种因素中,并没有根本的利害冲突。因此,对于各方面关系不顺的问题,自治区党委要做深入细致的调查研究,具体问题具体分析,不要笼统地去讨论,也不要只用一个办法去解决问题。

当前需要特别注意改善汉藏民族关系。我们应该明确地说,藏族是我国古老的优秀民族之一,对祖国的缔造尽到了自己光荣的责任,在近代反对帝国主义侵略,维护祖国统一,捍卫民族尊严的伟大斗争中,藏族人民做出了卓越贡献,少数分裂主义分子制造骚乱,煽动分裂,是对英雄的先烈们的背叛,他们是藏族的败类,绝不能代表藏族人民。要反复教育汉族干部和群众,必须严格地划清这个界限。

同样也要讲清楚,汉族干部和工人去西藏完全是为了帮助西藏人民发展各项建设事业的。西藏各项建设事业所取得的成就,都有汉族干部和工人的心血和汗水,这是主流。固然个别汉族干部和工人干了一些损害西藏人民利益和感情的事,他们只是极少数,绝不能代表广大汉族人民。要教育藏族干部和群众,必须严格地划清这个界限。在进行宣传教育的同时,还必须通过调查研究,认真地解决具体政策上和制度上存在的不利于汉藏关系的问题。

四、振奋精神,转变作风,苦干实干,做群众的贴心人

西藏的各方面条件比起全国大多数地方要差一些,尤其自然环境比较艰苦,这是人所共知的。坚持在西藏工作,要有一种献身精神,在当前局势不很稳定的情况下,更需要有一种在困难面前坚韧不拔的奋斗精神。自治区党委领导核心的一班人要带头振奋精神,树立一种敢于面对困难,积极克服困难的精神状态,去影响和带动全体干部、工人以及广大群众,努力做好各方面工作,同极少数分裂主义分子的分裂活动进行坚决的斗争,尽快地把局势稳定下来。为此,要正确地实事求是地肯定过去工作的成绩,明确地分析发生骚乱的原因,增强搞好工作的信心;要把每个人的具体工作同维护祖国统一、增强民族团结、建设社会主义新西藏的伟大目标联系起来,使广大干部树立起高度的政治责任感,自觉地振奋精神,积极工作。

在西藏的多方面特殊性中,很重要的特殊性之一是各方面的基础比较薄弱,有的地方可以说非常薄弱,许多事情要从基础工作开始。这就要求在西藏工作的同志要有实事求是的精神,树立苦干实干的作风。提一个口号,办一件事情,都要充分考虑到实际效果。30多年的实践经验使我们看到,由于西藏的社会主义脱胎于封建农奴制社会,广大翻身农牧民作为整个社会的主体,他们的民主意识还处在成长过程之中,对党和政府工作人员的民主监督能力还很微弱,有些还需要进行一些启蒙教育和灌输。这是列宁的话,他说过需要把马克思主义灌输到工人阶级中间去。民主意识、社会主义思想也要逐步灌输。加之西藏地广人稀,高寒缺氧的艰苦环境,干部深入群众存在着一些实际困难,汉族干部由于语言不通,更难于接近群众,如果主观上再不注意,很容易滋长官僚主义,使许多工作浮在面上,不大注意实效。可以说这是长期以来西藏工作中存在的根本性的大问题之一。自治区党委应当特别重视这个问题,从制度上和工作安排上带头转变作风,努力克服官僚主义,多深入群众,听取群众的意见和要求,做群众的政治思想工作,扎扎实实地帮助群众解忧排难,做群众的贴心人,把广大群众团结在党的周围。

这里我要特别提一下的是,我们所有在西藏工作的干部和党员,都要做藏族僧俗人员的群众工作,为西藏人民的利益服务,想他们之所想,急他们之所急,一刻也不要脱离他们。我们的干部不要高高在上,做官当老爷,而要深入到人民群众之中去,调查研究,倾听他们的呼声,心甘情愿地做他们的勤务员,替他们办实事。这是我们各项工作真正在西藏扎根的根本环节,也是反分裂斗争立于不败之地的重要保证。希望自治区党委带领各级党委,制定计划,努力做到这一点,一定要做出实际成绩来。

社会主义初级阶段的理论，
是按照中国的实际提出来的[*]

（1988 年 6 月 2 日）

乔石（以下简称乔）：我简要地说一下。你们都是老同志，知道中国以前进行的新民主主义革命，当时还设想新民主主义革命在全国取得胜利以后，有一个巩固新民主主义革命的阶段。在全国革命胜利以后，我们利用比较短的时间，把新民主主义革命时期遗留的问题基本上解决了。我们设想中国社会将进入到过渡时期，过渡时期主要是完成三大改造：资本主义工商业的改造、农业的改造，还有手工业的改造。这三大改造进行得比较顺利，比原来预计的时间要短一点。回顾过去，我们党不是一点缺点没有，但总的来说是好的。1957年我们完成了第一个五年计划。在此以后，我们的社会主义建设指导思想发生了急于求成的现象，集中表现在 1958 年以后的"大跃进"①，

＊　这是乔石同志在会见由政治局委员苏吉特率领的印度共产党（马克思主义）中央代表团时的谈话节录。

①　"大跃进"：1958 年 5 月，党的八大二次会议通过了"鼓足干劲、力争上游、多快好省地建设社会主义"的总路线。这条总路线反映了广大人民群众迫切要求改变我国经济文化落后状况的愿望，但忽视了客观的经济规律。会后，"大跃进"和人民公社运动在全国范围内开展起来。其主要标志是片面追求工农业生产和建设的高速度，不断地大幅度地提高和修改计划指标，在生产关系方面急于向所谓更高级的形式过渡。"大跃进"运动，造成了国民经济主要比例严重失调，使社会主义经济遭到了重大的损失。

75

然后是 1966 年开始的"文化大革命"。毫无疑问,"文化大革命"和"大跃进"给中国的经济带来相当大的损害,无法用金钱和数字计算。在我国困难时期,苏联于 1960 年撤走了专家、撕毁合同,也给我们带来很大困难。

10 年前,我们改变了原来"左"的做法,总结了社会主义时期的历史经验,集中体现在中共十一届六中全会作出的《关于建国以来党的若干历史问题的决议》上。我们的经验集中在一点,就是在我们取得革命胜利之后,对中国原来是半殖民地半封建国家,经济发展程度比较低、比较落后这一点认识不够。在这方面也有一个客观情况,就是在 1958 年的"大跃进"之前,我们不仅在解放战争中取得全国胜利,而且在领导全国人民进行经济建设和其他方面的建设中,我们的发展也是比较顺利的。

总结了前一段的历史经验以后,我们认为,中国的经济建设必须严格确定在原有的基础上一步一步地推进。因此,我们提出了社会主义初级阶段的理论,这是严格依照中国的实际提出来的。这个提法不是中共十三大才提出来的,在此之前的中央文件中就已经提出来了。十三大不但重新提出这个问题,而且有所展开,大体估计要 100 年的时间。现在已经过去 40 年了,还剩下 60 年。我们认为,这样的估计大体上是符合中国实际情况的。因为中国很大,人口众多,科学、技术、文化都比较落后,严格地说是一个发展中国家,要改变落后状态,没有一个比较长的时间是不行的。这就要看我们今后的工作如何了。如果工作做得好,那么时间会缩短一点。可以缩短时间,是再好没有了。这是我们的希望。但是,我们在思想上要重视,"大跃进"、"文化大革命"和苏联撤走专家,对中国的建设进程造成的损害和影响是有的。历史就是历史,我们不能随意推测说如果没有发生这些事情会怎么样。在原则上可以认为,如果没有发生这些事情,那么耽误的时间会少一点,发展也会快一点。但是,我个人认为有一个根本情况,就是无论有没有这样的事情发生,都不会改变中国是在半封建、半殖民地和推翻三座大山的基础上建设社会主义的这个实际。我们不认为像"大跃进"、"文化大革命"和苏联撤走专家这些事情是不可避免的。但是,我们也不能假定在这么大的国家中,在几十年的社会主义建设中,同时又是在自己缺乏经验的基础上,不出现任何错误和走弯路。我是不是把这个问题说清楚了?

苏吉特(以下简称苏):是的,说清楚了。

乔:关于两极分化问题,这不仅是你们关注的,同时也是我们关注的问题。我们搞了几十年的革命,革命胜利后又建设了几十年的社会主义,如果最后又回到资本主义或出现两极分化,那将是老一代、我们这一代和下一代都不愿意看到的事情。但是,我们可以明确地告诉印共(马)的同志们,我们归根结底是可以防止在全国范围内出现两极分化的。我们现在的做法是使一部分人、一部分地区先富起来,进而带动其他地区共同富裕。我们引进外资、借外债、中外合资办企业,到目前为止,它们在整个国民经济中占的比例是微乎其微的,决定整个国计民生的,还是我们的社会主义经济和企业。随着改革开放的深入,我刚才所说的引进外资,中外合资办企业等还会继续发展,我们欢迎这种发展。因为它有利于中国的社会主义建设,加快中国社会主义经济的发展。我们国家是社会主义性质的国家,中外合资企业再发展也不会发展到两极分化的地步。随着改革开放的进行,有些消极的因素也会被带来,在一定程度上可以说已经被带进来了,这就要求我们加强各方面的工作,去抵制,不让它蔓延。这方面的斗争比较尖锐,但是,我们有能力对付这些消极现象。一个国家的人民如果长期处于封闭状态,这个国家的人民就会缺乏抵制资本主义的能力。我相信这一点是不会错的。如果说中国的青年人缺乏抵制外国消极因素的能力,除了我们的工作有弱点以外,还有一点就是我国过去长期处于封闭状态。我相信,只有在党的正确领导下,在改革开放的情况下,才能解决这些问题,我们会做到这一点的。你们是在资本主义制度下成长起来的共产党员,我个人也是在国民党统治下长大的,因此,我相信不会有问题。

苏:还有一个问题,就是人民公社①解散后,现在的中国农村是什么样的状况?

乔:中共十一届三中全会以后,我们认为,人民公社对调动广大农民群众的生产积极性是不利的,反而束缚了农民的手脚。在此之后,我们在一部分地区实行了家庭联产承包责任制。通过实践,农民的积极性得到很大发展,有些地区的农产品产量当年就翻了一番。道理很简单,因为农民认为除了向国家缴农业税以外,剩余的都是自己的,是在为自己种地。正因为如此,在中央没有下命令和通知的情况下,大概用 3 年时间很快在全国范围内实行了起来。在过去的 10 年中,我国粮食生产的发展就是依靠这一政策。粉碎"四人帮"以后,为了让农民休养生息,减轻农民的负担,我们继续进口了两三年粮食。但是实行家庭联产承包责任制以后,这个问题很快就解决了。

苏:是不是就这一种形式,还有其他形式吗?

乔:形式很多,但基本上是这种形式。比如拿种树来说,我们可以把树木按年数包给农民,其中包括果树,我们把他们叫作专业户。另外还有养鱼、养猪专业户,等等。这样的专业户发展非常快,有些专业户经营得非常好。由于生产发展,农村出现了相当数量的剩余劳动力和劳动时间。因此,我们在这个基础上发展各种各样的乡镇

---

① 人民公社:1958 年 8 月之后在全国农村建立的政社合一的经济组织和基层政权组织。实践证明,人民公社体制不能发挥农民的积极性,不适合农村生产力发展的要求。中共十一届三中全会后改变了这种体制,全面推行家庭联产承包责任制,并改变人民公社政社合一的体制,设立乡政权。

企业,推动了全国经济的发展。

在这种情况下,人民公社就没必要再存在了。农村的组织形式改变了,我们恢复了乡级政权,农村的基层党组织是乡党委和村的党支部。如果现在要问农民对党的农业政策有什么意见,那么他们会说:希望中央不要改变现在的农业政策。

苏:我想提一个意识形态方面的问题。我同你的同事进行交谈时,他们告诉我,在 60 年代的国际共运大论战中,有些观点是不正确的。我提这样的问题是因为我们现在仍然奉行中共 6 月 14 日声明①中的观点。另外一点就是你们如何评价 1957 年《莫斯科宣言》②和 1960 年《莫斯科声明》③两个文件? 一个月以前,我们内部在讨论戈

---

① 中共 6 月 14 日声明:指中共中央给苏共中央的复信,即《关于国际共产主义运动总路线的建议》(简称"25 条")。1963 年 3 月 30 日,苏共中央致信中共中央,提出制定国际共运总路线,并阐述苏共看法,批判中共观点。6 月 14 日,中共在《人民日报》上发表复信《关于国际共产主义运动总路线的建议》,全面论述中共关于国际共运总路线的观点,不指名地驳斥苏共的观点。

② 《莫斯科宣言》:即《社会主义国家共产党和工人党代表会议宣言》,于 1957 年 11 月 14—16 日,在莫斯科召开的 12 个社会主义国家的共产党和工人党代表会议上通过。中共代表团由毛泽东率领。《宣言》分析了国际舞台上的力量对比发生了有利于社会主义的变化,但指出只要帝国主义存在就有发生侵略战争的土壤。《宣言》强调加强社会主义国家和各国共产党和工人党之间的团结及国际工人运动、民族解放运动和民主运动的团结。指出社会主义各国要把相互关系建立在完全平等、尊重领土完整、尊重国家独立和主权、互不干涉内政的原则上。

③ 《莫斯科声明》:即《各国共产党和工人党代表会议声明》,于 1960 年 11 月在莫斯科召开的 81 个共产党和工人党代表会议上通过。中共代表团由刘少奇、邓小平率领。《声明》强调国际主义与爱国主义相结合的原则以及社会主义国家都享有真正平等和独立自主的权利,指出各党通过协商途径取得观点一致和协调共同行动的必要性。《声明》宣称我们时代最迫切的问题是战争与和平的问题,各国共产党的首要任务是争取和平。《声明》要求共产党和社会主义国家在共同关心的问题上,在国内和国际上采取共同行动。《声明》对一些重大问题实际上存在很大分歧,并错误地谴责了南共联盟。苏共在会前向各党代表团散发攻击中共的信件。中共代表团同苏共代表团进行了针锋相对的斗争。

尔巴乔夫的报告时,感到现在的情况和当时的情况有很大变化。你们对这两个文件是如何评价的?

乔:在过去的 10 年中,我们没有专门讨论国际共运中的历史事件。1957 年 12 个社会主义国家执政党通过了《莫斯科宣言》,1960 年当时的 81 个政党通过了《莫斯科声明》,它们已作为历史文件而存在。从那时以来,各国党的情况都发生了变化,整个国际共运的情况也发生了很大变化。现在还一成不变地按照那个文件来看当今的国际共运形势,恐怕就不实际了。从中国来讲,我们不能说在国际共运大论战中没有缺点,应该说我们有缺点。在国际共运大论战中,我们同一些党过去有过争论,比如同意大利共产党。现在我们在一起谈论过去的历史时,经常说我们不认为自己没有缺点,同时,我们也相信你们不会认为自己没有缺点,他们一般都同意我们的这个观点。在这个问题上,更多的是有待于各国党自己总结经验。我们主张用历史唯物主义和辩证唯物主义观点来对待历史问题,既要总结吸取教训,同时又不能离开当时的情况来理解当时的事件,站在现在的立场去看当时的情况也是不行的。我个人认为,从总的方面讲,我们是比较正确的。可是过去对国际共运,对外国党,我们往往是用自己的工作经验去看待一些问题,不管外国党所在国家的情况。虽然有些国家同中国有相同的地方,但在多数地方情况同中国不同,我们不能用中国的情况去看待别国的问题。

另外,过去有些看法,现在看起来再也不能存在了,比如以苏联为首、以苏联为中心搞集团和阵营的观点。1952 年斯大林曾提过有两个世界阵营和两个世界市场。我个人认为,斯大林所说的两个世界市场从来也未存在过。如果有些问题经过历史检验被认为是不符合实际的,那么我们也只能承认不符合实际。最近 10 年,我们特别强调的原则,就是实践是检验真理的唯一标准。现在和今后我们遵循的路线,还是实事求是,实践是检验真理的唯一标准。

苏:现在你们对原来提出的三个世界的说法有没有变化?

乔:我们没有完全否定原来三个世界的概念,但是要把它作为一个完整的理论来说,还有一些需要进一步研究的问题。比如说第一世界,就是苏、美两个大国,这没什么问题。第三世界的概念大家也比较好理解。至于第二世界就不同了,有的国家自己不承认是第二世界,认为自己是第三世界。到底哪些国家是第二世界,这不太好说,即使我们说出哪些国家是第二世界,也不容易被别人承认。如果你们注意一下,会发现我们从来没有正式说过哪些国家是第二世界。

我们在总结社会主义历史时期的经验时,也碰到了如何评价毛泽东同志的问题。我们的两个基本原则是:肯定毛泽东同志一生对中国革命的伟大贡献,以及毛泽东思想对全党工作的指导作用;同时毫不含糊地指出他晚年犯的错误。我们认为,这样做全党、全国人民和国际上都比较容易接受,也比较妥当,是一件了不起的事情。我们在分析毛泽东同志晚年的错误时,十分重要的原则就是实践是检验真理的唯一标准和实事求是。我们认为实事求是地用历史唯物主义和辩证唯物主义来对待历史人物,是一种马列主义的态度。

苏:我们已把情况告诉了朱良①同志。我们访华前,拉吉夫·甘地总理告诉了乔蒂·巴苏②同志一个信息。自然,他会要我们给予答复。他知道我们党与你们关系密切。我们回去之后要向他作出交代。

乔:感谢你们转达拉吉夫·甘地总理的口信。正如朱良同志所告诉你们的那样,我们中国方面非常希望改善中印两国之间的关系。

---

① 朱良,时任中共中央对外联络部部长。
② 乔蒂·巴苏(1914—2010),曾长期担任印共(马)政治局委员和印度西孟加拉邦首席部长。

我们两国之间存在一个边界问题,这是殖民主义遗留下来的问题。对于麦克马洪线,中国政府和人民历来都不承认它。我觉得只要中印两国互谅互让,通过耐心的谈判,边界问题是可以得到解决的。这个问题未解决前,不要发生像前年所发生的事情。前年发生的事情,朱良同志已经说过了,我不再重复了。我们虽然对此作过一些反应,但还是很克制的。已经发生了,只要他们回到原来的地方,边界就可以保持安宁。我们希望两国之间发展经济贸易以及其他方面的关系。我们同任何国家都是本着平等互利原则发展经济贸易关系的,同印度也可以发展经济贸易、文化交流和人民之间的来往,只要印方没有困难,我们是欢迎的。边界问题暂时没解决前,双方都有愿望发展这些方面的关系,我看是可以的。拉吉夫·甘地总理如能在今年或他认为合适的时候访华,我们是欢迎的,我们早就邀请他了。

乔蒂·巴苏(代表团成员,以下简称巴):我们来访华前,也就是5月28日晚11时,拉吉夫·甘地总理会见了我。同我谈了他非常希望发展印中两国之间的关系。认为解决边界问题要花时间,但可以在文化、贸易、人员互访等方面发展关系,可以在科技领域内进行合作,有些方面印度比较发达,有些方面中国比较发达。

乔:这些都可以具体商量。我们原则上都是欢迎的。我们愿意同任何国家在和平共处五项原则基础上发展关系,没有理由不同印度这样一个大国发展关系。边界问题如一时解决不了,可以耐心等待,希望不发生事情,但是原来已发生的事情,希望能解决。

巴:我回去见到拉吉夫·甘地总理,一定把你讲的这些话向他汇报。谢谢。

苏:印度人民对中国人民怀有深厚的感情,希望印中尽快改善关系,长期友好下去。

乔:我们相信这点。

中国改革现在正处在关键时刻[*]

（1988 年 6 月 6 日）

乔石（以下简称乔）：今天有机会同坦桑尼亚革命党总书记阁下见面我很高兴。我们两党、两国和两国人民之间的关系一直很好。卡瓦瓦总书记是我们的老朋友。老朋友见面总是令人高兴的。

卡瓦瓦（以下简称卡）：是的。我很高兴一到中国就见到了老朋友。

乔：我们两党、两国和两国人民之间经常交流经验，大家彼此之间都很了解，关系一直很好。我们两党、两国之间有很多共同语言。60 年代以来，我们两国在政治上一直相互支持、相互帮助。你们国内现在经济情况不错吧。

卡：很困难。目前粮食问题有了缓解，但从整个经济情况来看仍很困难。

乔：是的。国际市场初级产品价格下降影响了你们国家经济的发展。希望你们国家和人民在战胜困难方面取得更大成绩。

我们中国很大，年年有灾害。今年春天是倒春寒，接着部分省份出现严重干旱，后来普遍降雨，旱情基本结束。有的地方如福建又碰到了洪水涝灾。中国的农业收成每年都是在战胜了各种灾害后取得的。我们两国有点不同的是，中国农产品的主要市场是国内市场，外

＊ 这是乔石同志在会见坦桑尼亚革命党总书记拉希迪·卡瓦瓦一行时的谈话节录。

贸占的比重较小。而你们受国际条件影响大些。

卡：我本人对中国发生的事情非常关心，想了解一些最新情况，中国每天都在发生变化。

乔：去年我党召开了十三大，今年3月又召开了七届全国人大第一次会议。这两个大会的主要精神是进一步解放思想，发展生产力，进一步推动改革，同时实现领导班子新老交替，即实现领导干部年轻化。十三大重要决定之一是邓小平、李先念、陈云三位老一辈革命家从第一线退出。本来邓小平同志要求全退，但他们领导经验丰富，全党希望他们能留下来。经过长时间的反复酝酿，最后他们决定半退。他们不再担任中央政治局常委职务。邓小平同志当选为中央军委主席、李先念同志当选为政协主席、陈云同志当选为中央顾问委员会主任。他们在党内以及国内都受到极大的尊重。在重大问题上我们仍然请教他们。政治局成员及常委变动很大，政府其他各部门负责人也有很大变动。总之，领导干部年轻化的进程顺利。现在全国都在全力贯彻党的十三大及七届全国人大一次会议的精神，主要是进一步推动改革。现在我国改革正处在关键时刻，需进一步推动它向前发展。在此过程中，我们必须解决一些重要的棘手问题，其中最主要的是物价和工资这两个问题。我们准备下决心花几年时间解决，同时着手解决其他有关问题。当然我们会冒相当大的风险，但我们一定要渡过难关，躲是躲不过去的。我们有些有利条件，我们相信经过几年的努力，会使面临的问题得到初步解决，渡过这一关情况就会好些。当然我们以后还会遇到其他问题，以后碰到问题再逐步解决。今年我们党提出着重加快发展沿海经济的想法。现在国际条件对我们很有利，沿海地区也具备加快发展的必要性和可能性。在这方面我们面临的困难也很多，正在一步步解决。我们通过加快沿海经济发展带动中部、西部从而全国的经济发展。

社会主义新西藏的
光明前途谁也阻挡不住[*]

（1988 年 6 月 29 日）

今天自治区党委安排我同大家见见面，我感到非常高兴。借此机会，我向大家，并通过你们向西藏自治区各族人民、干部、广大党员和各界人士、人民解放军驻藏部队指战员，转达党中央的关怀和慰问。

近几年，我一直想来西藏看看，但由于种种原因未能成行。这次来到拉萨，并去日喀则、山南、林芝等地看了看，对大家工作和生活的情况有了进一步的了解和初步的感性认识。总的印象是不错的。大家在各方面都很艰苦的条件下，团结一致，努力工作，为加强民族团结，维护祖国统一，发展西藏的经济建设以及保卫国防，付出了辛勤的劳动。虽然在各方面还存在着不少困难和问题，但大家作出的贡献是有目共睹的，这一点党中央是了解的，也是充分肯定的。

关于全国的政治经济形势。（略）

下面谈谈对西藏工作的看法和希望。

我这次在西藏半个月，看了一些工厂、农村、学校、寺庙和驻藏人民解放军的一些单位，听了干部、工人、农民、教师和僧人的反映和意见，尽管时间紧促，有点走马观花，但是，得到的印象却是深刻的，也

---

* 这是乔石同志在拉萨地区地师级以上干部会议上讲话的主要部分。

是美好的。广大农牧民对我们党有很深的感情,他们真心拥护党的十一届三中全会以来的路线、方针和政策,拥护党对西藏工作的各项现行政策,珍惜来之不易的好生活和安定团结的局面,思想安定,生产积极性高,旗帜鲜明地反对分裂祖国的活动,反对骚乱闹事,维护祖国统一,维护民族团结。这是西藏政治形势好的决定性因素,是我们分析西藏形势的基本立足点。正因为这样,尽管去年9月以来极少数分裂主义分子连续在拉萨市区制造了几次骚乱事件,并没有能够对全区造成多大影响,全区的局势基本上是稳定的。同时,我们还看到,各地的广大各民族干部绝大多数坚守岗位,积极努力地工作着,整个社会秩序、生产生活秩序、工作秩序基本上是正常的;一部分干部、职工在一段时间内出现的一些思想波动,并没有影响大局,而且各级党政领导同志正在采取有力措施,进行有针对性的思想政治工作,已经和正在收到成效。今年头五个月各项经济工作的情况也比较好。在统一战线工作中,由于进一步改进和加强了同民族、宗教爱国人士进行政治协商的制度,提高了他们对党和政府工作进行民主监督的积极性,在改进工作、巩固和发展安定团结的政治局面等方面,起了积极作用。总之,当前西藏的政治、经济形势是好的,是大有希望的,我们应当有充分的信心把西藏建设好。

关于整个西藏工作问题,中央有关部门和自治区党委、政府正在共同研究,准备再开一次会议讨论一下,制定一个切合西藏实际的比较长期的稳定的方针。这里我只就当前的几个问题提几点希望。

第一,自治区上上下下,各个方面,要自觉地、主动地切实搞好团结。

西藏有很大的特殊性,情况比较复杂,当前反对分裂祖国的斗争很尖锐,加强内部各方面的团结,是做好各项工作,发展各项建设事业,取得反分裂斗争胜利的基本保证。维护祖国统一,建设有中国特色的社会主义,这是我们团结的共同政治基础,也是我们团结的目的。我们的思想和行动,都要服从这个大目标,在这个大目标下加强各方面的团结。

加强汉藏民族之间的团结是十分重要的,是各方面团结的中心环节。汉藏两个民族在长期的历史发展中早就形成了不可分离的亲密关系,现在大家的根本利益完全一致,应该更加紧密地团结起来。汉族离不开藏族和其他少数民族,藏族和其他少数民族也离不开汉族,这"两个离不开",不仅过去是这样,现在是这样,将来还是这样。加强汉藏民族团结的关键在于汉藏干部之间的团结。汉族干部和藏族干部要互相尊重,互相学习,互相帮助,互相照顾,互相支持,共同进步,共同做好工作。工作中有不同意见,不同想法,是完全正常的,应当多讨论,多交换意见,达到沟通思想,互相理解,增强团结。

在西藏加强军民团结有着特殊重要的意义。人民解放军驻藏部队在保卫国防、建设新西藏的各项事业中,发扬我军的优良传统,建立了不朽的功勋,这是大家公认的事实。在新的历史时期,新的情况下,加强军民、军政团结更加重要。在军民、军政关系中,有时在个别事情上出现一些问题也是难免的。只要从大局出发,不断主动加强军民、军政关系,就可以共同为建设西藏作出更大的贡献。

加强爱国统一战线内部民族、宗教上层人士之间的团结,是整个团结工作的一个重要方面。西藏的民族、宗教爱国人士在过去 30 多年的革命和建设工作中,同我们党合作共事,经受了种种考验,是可以信赖的重要依靠力量。当前,在维护祖国统一,反对分裂,发展各项建设事业中,他们继续发挥着应有的积极作用。我们应当坚定不移地团结他们,同时要注意促进他们之间的团结,要及时提醒他们,防止极少数分裂主义分子在他们之间挑拨离间,破坏统一战线内部的团结。

西藏和平解放后 30 年的历史经验证明,只要我们内部团结是巩固的、一致的,就有力量去克服各种困难,排除一切障碍和干扰,把工作推向前进。今天在座的同志们都是党政工作部门的领导骨干,希望大家都成为加强团结的骨干。以身作则,做团结的表率,自觉地维护各方面的团结,带头做好团结工作。凡是要求下面做到的,自己首先做到,使自己成为促进团结的模范。做到了这一点,我们在西藏的各项事业一定会顺利发展,我们反对分裂的斗争就会立于不败之地,并不断取得胜利。

第二,贯彻党的十三大精神,从西藏实际出发,以发展社会生产力为根本出发点和落脚点,做好经济建设工作。

西藏要稳定,要发展,要把各项工作推向前进,根本一环是要从发展社会生产力出发,扎扎实实地抓好经济建设工作。目前西藏的社会生产力水平还很低,商品经济很不发达。党的十二大提出的社会主义建设的根本任务就是发展生产力的指导思想,完全符合西藏实际。西藏的经济建设工作,应当认真地贯彻这个根本指导思想。西藏的经济就其主体农牧业经济来说,仍然是以自给自足为基本特征的自然经济,经不起自然灾害的摧残,加上交通不便、信息闭塞等因素,这种自然经济本身就具有明显的脆弱性、封闭性和依赖性。因此,在西藏搞经济建设,就必须分析这种自然经济的特点,摸索出一条在自然经济基础上发展生产力的路子,决不能照搬先进地区的经验。希望大家认真总结过去正反两方面的经验,在促使西藏经济由封闭型向开放型、由供给型向经营型、由自然经济向商品经济转变方面,创造出新的经验。

第三,实事求是地抓紧处理好落实政策问题。

党的十一届三中全会以后,我们党在各个方面的工作中进行拨乱反正,其重要内容之一就是落实政策,到现在已经 10 年了。就全国来说,这项工作已经结束了。由于西藏情况特殊,落实政策还有不少工作要做,应当抓紧处理好。我们落实政策,从根本上来说,是我们党自己纠正自己过去工作中的错误和失误,调整党同各有关方面的关系,调动各方面的积极因素,巩固和发展安定团结的政治局面,使大家团结起来搞建设,绝对不是否定我们过去的一切。拿西藏来说,中央决定人民解放军进军西藏,随后又签订了十七条协议,是完全正确的。西藏和平解放后,我们党领导西藏人民维护祖国统一,平息武装叛乱,实行民主改革,推翻封建农奴制度,农奴得到翻身解放;实行民族区域自治,西藏人民行使当家作主的自治权利,建设社会主义新西藏等等,取得了翻天覆地的伟大胜利。这是中国共产党和人民解放军对西藏人民作出的历史性的贡献,是谁也否定不了的。当然,我们也承认自己工作中存在一些缺点和失误,并且坚决地予以纠正。所以就要落实政策。落实政策,绝不是也绝不能否定我们所取得的伟大成绩,这是一条根本的原则,丝毫不能动摇。必须明确,我们落实政策的目的和着眼点是要有利于团结广大藏族人民,绝不是为了任何个人的需要,也不是为落实政策而落实政策。例如我们落实宗教寺庙的政策,是为了尊重和照顾广大藏族群众宗教信仰的需要,而不是发展宗教,更不是去适应分裂主义分子或他们的头子们的需要。落实政策要坚持实事求是,着重从政治上解决问题。过去确实搞错了的,要改正,但要坚持宜粗不宜细、宜简不宜繁,不能算细账,不能没完没了,也不能再拖了。总之,要尽快把这件事处理了结,大家团结起来向前看,把精力集中到搞好经济建设上来。

第四,切实加强基层党组织建设和基层政权建设。

我们是社会主义国家,社会主义事业是亿万人民群众的事业。我们的一切工作都要通过基层党组织和基层政权,为亿万人民群众所了解,所掌握,变成亿万人民群众自觉的行动,这样才能取得真正的实际效果。因此，必须认真地加强基层党组织和基层政权的建设，这也是人民民主专政的基础，无论如何不能放松，必须抓紧把它做好。现在经常在群众中做工作、每时每刻同群众接触的是基层党支部和基层政权，如果党支部不健全、基层政权不健全，就不可能率领群众贯彻党的方针政策。那么党的方针政策再好，也不可能在实际工作中产生应有的作用。希望自治区党委和政府，各级党政领导同志把这件事作为基础工作的关键一环，认真抓起来，切实做好。

第五，各级党政领导干部应当经常深入实际，密切联系群众，了解他们的意见和要求，帮助他们解决实际问题和各种困难。

密切联系群众，是我们党的三大作风之一，是我们党之所以能够领导我国各族人民从胜利走向胜利的基本条件之一。这一点在西藏有着更加重要的意义。西藏的社会主义脱胎于封建农奴制社会，在封建农奴制社会里，作为社会主体的农奴和奴隶，连起码的人身自由也没有，当然根本谈不上任何政治权利。现在他们的民主意识还处在成长过程中，对党和政府工作人员的民主监督能力还较弱。这种客观条件要求我们的党政干部特别是领导干部更要注意经常地深入基层，主动去联系群众，倾听他们的意见和呼声，关心他们的生产生活，解决他们的实际困难，帮助他们搞好生产，发展经济。同时，有意识地去培养他们的民主意识。在西藏的特殊条件下，我们的党政领导干部坚持这样去做，不仅是做好当前工作所必需的，同时也是培养和提高广大群众的民主意识的需要，希望每个党政领导干部把这件事列入自己的工作日程，坚持不懈地做下去，做出实际效果来。

第六，各级党政领导干部应当清醒地认识到，同达赖集团和国内外极少数分裂主义分子鼓吹"西藏独立"所进行的斗争，关系到祖国的统一，关系到全国人民的根本利益和西藏人民的根本利益。

从去年9月达赖在美国众议院人权小组委员会上的演讲中抛出

关于"西藏问题"的所谓"五点计划"以来,拉萨市区内连续发生了由极少数分裂主义分子蓄意制造的多次骚乱事件。他们的目的,是妄想把西藏从祖国分裂出去,搞所谓"西藏独立"。他们梦寐以求的是妄图恢复西藏的旧制度,重新把广大藏族人民推进苦难的深渊。我们必须向西藏的广大人民群众彻底揭穿达赖集团和国内外分裂主义分子的这个阴谋。我们要理直气壮地告诉西藏广大人民群众,西藏的天是变不了的,达赖集团和分裂主义分子分裂祖国的迷梦是永远实现不了的。西藏离不开中国共产党的领导,也离不开中国人民解放军。对这一点,我们每个共产党员都要有清醒的认识,都要旗帜鲜明地同分裂主义进行坚决的斗争。在这个根本原则问题上,绝不能有半点含糊,绝不能有丝毫退缩。我们还要明确指出,极少数国内外分裂主义分子,绝对不能代表广大的藏族人民,他们分裂祖国的罪恶活动,归根到底是破坏藏族和西藏人民的根本利益。他们和他们的支持者国外反华势力,谁也没有本事能够把西藏从伟大的中华人民共和国分裂出去。西藏是中华人民共和国不可分割的一部分,这个历史事实谁也改变不了。西藏只有在中华人民共和国民族大家庭中才能成为繁荣兴旺、发展进步的社会主义新西藏,这个光明前途,谁也阻挡不住。

关键是要发展生产力[*]

（1988 年 7 月 23 日）

我这次来吉林,严格说也不是第一次。1954 年我来过吉林,那时是中央调干,我从华东局来到吉林,我是第二批。那时,我曾到几个地方参观,汽车厂还正在筹建。这次来,看到长春经过 30 多年的发展,发生了很大变化。这次我来的时间短了一点,没看到的,没了解到的,还有很多。我听了吉林情况的介绍,感到吉林的潜力很大,形势很好。你们有一汽,有吉化、林业、畜牧业、养殖业的基础也很好。通过改革开放,一定会促进生产力的发展,促进经济建设的发展。

一、加快经济体制改革,闯过难关

我们国内的形势,从总体上说是好的。增产速度,财政收支,外汇储备,对外贸易等都是好的。从党的十一届三中全会到现在已经 10 年了。10 年来,我们国家发生了很大变化。这是党的十一届三中全会以后进行一系列的拨乱反正,尤其重要的是坚持改革开放的结果。从改革开放开始,我们的内外政策有很大调整,调动了各方面的积极性,促进了生产力的发展。我国的改革开放,首先是从农村开始的,农村搞活经济,起步是比较早的,从三中全会到现在,农村经济有很大发展,农村面貌的变化也是巨大的。当前,我国的改革已到了关

＊　这是乔石同志在吉林省考察期间听取吉林省委工作汇报后讲话的一部分。

键时期,经济体制改革正在深化,但我们还面临不少困难。当然,改革不会没有困难,苏联的改革也遇到许多问题。我国改革的深度广度要远超过苏联。总的讲,我们改革的形势是好的,成绩是很大的。但是,在改革开放中间确实也有些问题,甚至有些重要问题还没有解决。最主要的是一部分生产资料的价格和农副产品的价格还没有理顺。还有一些公用事业的收费问题,城市里就是水费、电费、煤气费等,还有许多不合理的问题,在全国铁路货运客运、航空运输等方面,也有一些问题,有待理顺。几十年来,铁路客货运收费一直不够合理。煤也是这样,价格没有理顺。这些问题,必须通过改革,认真加以解决,拖下去是不行的,价格问题是绕也绕不过去的。只有下定决心,加快经济体制改革,闯过难关。中央财经领导小组开会讨论物价改革问题,第一次我去安徽考察没参加,第二次我参加了,我说我赞成工资、物价改革,而且如果 4 年能搞下来就不要 5 年,如果 3 年能完成那就更好了。就是说,我们要趁现在经济形势好的有利时机,抓紧工资、物价改革。虽然现在大家有些议论,有些意见,有的人说我们党的威信有些下降,主要是物价问题、工资问题,还有党风问题、社会风气问题。但总的讲,下定决心,进行改革,我们党是有能力有力量去领导全国人民实现改革的任务的。而且现在有一个有利的条件,就是我们老一辈无产阶级革命家健在,有些大的问题小平同志他们说说话,那还是很管用的。这个方面,竹康①同志方才也讲到了。现在中央的决心已经下定了。工资改革、物价改革作为一个战略性的决策和部署,从明年开始加以解决。这一点,应该说已经定了,不会改变。当然,也要充分估计到可能发生的问题和困难,但决心不能动摇。改革的具体方案已经有了。最近国务院开了几次会议进行研

---

① 竹康,即何竹康,时任中共吉林省委书记。

究讨论,抓得很紧。原定中央政治局常委7月初讨论一下,8月份开中央工作会议再讨论一下,现在时间要往后推一推。我们要继续研究探索今后如何深化经济体制改革。要做好改革的宣传工作,现在报纸正在宣传,做改革的舆论准备。对于引起人心浮动、怕涨价抢购物资等不安定因素,要注意通过思想政治工作,加以疏导解决。另外,工资改革的调门不要太高,要看到最后到底能兑现多少。这次知识分子工资调整,要扎扎实实去做,能做多少再登报也来得及,不要登了报又做不到。中小学教师调资问题,先讲了,但拖了半年,去年又说了,有的到现在还没有完全兑现。对这些问题,我们要吸取教训,不要开空头支票,有些工作不要拖,要抓紧。当然,宣传要走在前面,但不要把调门搞得太高,搞空头支票,到时候兑现不了,实惠不多,也造成不好的影响。改革中间各方面的工作,比如具体方案的制定,中央抓得很紧。最近,一直在开会,决心不会改变。主要是方案推迟几个星期,关系不大。当前,我们各方面的工作都要配合这方面改革来考虑。比如政法工作,从今年开始就应该考虑如何在建立社会主义商品经济新秩序中得到加强,如何为工资改革、物价改革乃至整个经济体制改革的深化发展创造良好的环境,政法战线这方面的任务是相当艰巨的。

二、改革开放就是要大力发展生产力,吉林要把经济搞活

吉林省的条件是很不错的,潜力也是不小的。除了粮食生产以外,其他方面的潜力也很大。我赞成在经济体制改革中,把吉林经济搞活,在对外开放,比如引进外资、经济贸易方面都搞活。对韩贸易,我们也可以逐步搞,可以吸引外资,加快我们的经济建设。当然,引进外资,要注意效益,要用在建设上,对建设有利。你们刚才讲粮食价格低的问题,我个人是同情的。但是,中央对这个问题采取慎重的方针也是对的,不过这个问题还是要解决的。其他省也有这个意见。

我国粮食生产的形势是好的,但是登上第二个台阶是不容易的。你们要体谅国家的困难。你们省人均占有粮食是最多的了。但如果和东欧一些国家比,也不算很高。所以说,我们的粮食形势还是紧的。在紧的情况下,吉林多出口一点,也可以研究。粮食放开是对的。适当时候要彻底放开,这对登上第二个台阶是有好处的。我们整个改革是要发展生产力,如果社会生产力发展了,商品经济繁荣了,那事情就好办了。如果改革后,生产力不发展,社会供需仍然紧张,那么改革的效果就不理想。当前,社会上供需矛盾有时仍然紧张,有的商品还是卖方市场。生产力不发展,这种状况是不会改变的。粮食生产也是这样,只有大力发展生产力,才能解决粮食问题。开展生产力标准讨论,关键是要解放思想,发展生产力。今后凡是有利于发展生产力的,就可以实行,没有把握的可以试验。生产力标准与实践标准的关系并不复杂,实践标准是总的,生产力发展本身就是实践,是实践标准的重要方面,搞社会主义,生产力不发展是不行的。改革开放,就是要大力发展生产力。生产力发展了,说明我们的改革开放是正确的。所以说生产力标准、实践标准是统一的,不是两个标准,归根到底是一个标准。目前,不少地方正在进行生产力标准讨论,推动改革开放的深入。吉林可考虑结合自己的实际,按照中央的改革方案,深化经济体制改革,搞好工资、物价改革。

关于党的建设、政法工作、纪检工作、为政清廉问题,都要坚决按中央的决定去办。总之,我们一定要在今后的改革中,集中解决关键性的问题,使我国的经济建设有一个很大的发展。生产力发展了,什么问题都好办了,党风、民风、社会治安都好办了,这样才能真正实现小平同志提出的达到小康水平的第二个战略目标。我们有信心,吉林的同志也是很有信心的。

经济体制改革要闯关，
企业领导体制要转换[*]

（1988 年 8 月 5 日—11 日）

刚才,立功①同志、森浩②同志和茂林③同志都讲了很多全省的情况。我有一个印象,就是山西从党的十一届三中全会以后,特别是最近几年,经济还是比较稳定地增长。在山西原来的基础上,发展得也还是比较好的,比较快。当然,发展中的问题还是不少,这在哪个省都难免。你们有你们的特点,有你们的问题。今天听几位同志比较系统地谈了一下,以前我也接触过一些情况,主要是和我工作有关系的或我看到的一些材料,了解比较零碎。中央一些重要决定的贯彻,省委抓得还是比较认真、比较扎实的。党的建设,包括思想建设、组织建设和党风建设,省委领导和有关部门抓得也还是比较紧的。当然,这方面今后还需要继续加强。总的有这么个印象,山西各个方面的工作发展是比较好的。经济重点是搞煤炭,其他各个方面也在研究,也在逐渐地发展。比如乡镇企业,原来可以说没什么底子,这几年上来了。

一、加深和加快经济体制改革,要进一步解放思想

中央关于加快经济体制改革及价格体制改革的决定,政治局专

---

* 这是乔石同志在山西省考察期间同省领导的谈话节录。
① 立功,即李立功,时任中共山西省委书记。
② 森浩,即王森浩,时任中共山西省委副书记、山西省省长。
③ 茂林,即王茂林,时任中共山西省委副书记。

门讨论了两次,后来发了一个中办通报,中央的意见是一致的。在这以前,中央财经领导小组、中央政治局常委会议都讨论过,大家意见是一致的,一些老同志的意见也是一致的。你们知道,小平同志今年上半年以来,一直在讲这个问题,改革就是要冒点风险,就是要胆子大一点,不要前怕狼后怕虎,就是要闯关,闯过这个难关,以后的事情可能就要比较好办一些。经济体制改革、工资制度改革等等,这些方面的问题要下决心解决。这一点没有什么变化。今后几年,全党要集中力量,把经济体制改革及有关的一系列改革措施落实好,要闯过这个难关。

1983年机构改革,全国都按照干部"四化"方针调整领导班子,省、地(市)、县各级领导班子都有比较大的变化。退下来的老同志,当然也是很好的。这些同志过去做过很多工作,政治经验比现在新提上来的干部更丰富一些,但年龄总是一个客观规律,随着年龄的增长,精力总是受点影响,像省、地(市),特别是地(市)、县,如果再不搞年轻化,对工作影响就更大了。这方面情况我感到也是比较好的。现在全党都在研究思考如何进一步贯彻党的十三大精神。你们结合山西目前的状况和以往的经验,抓住今年中央提出的加快沿海地区发展的战略,进行关于生产力标准的大讨论。这个讨论我看是很必要、很有益的。这个讨论,跟过去实践是检验真理的标准的讨论是一致的。实践是检验真理的标准的讨论,不仅对解决当时的问题是非常必要的,而且对我们在今后长时间里始终按照实践是检验真理的唯一标准这个原则来办事,具有重要意义。我这个意见在起草党的十二届六中全会决议(就是关于精神文明建设的决议)的时候已经讲过了,并在决议中写进了这个观点。我当时说得比较明确,现在都是管用的,对以后的同志和领导班子也是管用的。因此,我们当前还是要坚持实践是检验真理的唯一标准这个原则。如果要集中到一点,集中到一个中心点,那就是如何发展生产力,如何进一步解放思想,进一步解放生产力,用生产力的标准来看待我们全部的经济工作以及上层建筑的改革。经济体制改革、政治体制改革都是以这个标准进行的。现在我们大家都在进一步解放思想,解放生产力,集中的一个目标就是更好地按照党的基本路线,按照社会主义初级阶段的理论把国家整个经济建设起来,把具有中国特色的社会主义建设起来。当前最迫切的问题,就是进一步加深和加快经济体制改革,同时搞好政治体制改革。

二、在改革中加强党的领导,适应新的情况,企业党委要转变职能

我们党是十多亿人民的核心领导力量。如果党不建设好,怎么能实现率领全国人民完成"四化"建设的繁重任务呢?怎么能实现带领人民把改革开放搞好呢?关键还是要靠党本身,这不仅因为我们四项基本原则第一条就是要坚持党的领导,而且现在我们在整个改革事业中迫切需要加强党的领导,加强党在群众中的核心领导作用。党的建设要适应新的转变。党的十一届三中全会以后,党的建设处在一个新的巨大的转折时期,从中央一直到基层党组织,都要在思想上、组织上和实际工作中适应新的情况。

企业法规定实行厂长负责制,实行这个制度我认为是一个很重要的改革。我们从新中国成立以后,基层生产单位、厂矿企业的领导体制问题始终没有很好地解决。所以这次体制改革,变动是相当大的。50年代学苏联经验,曾经在一部分企业搞过,叫做一长制。到了1956年,开党的八大的时候,一长制被否定了,然后就实行党委领导下的厂长负责制。党委领导下的厂长负责制,仅从这个名称来讲,和我们党的传统观念,也好像能联系得起来。党委领导就意味着集体领导,集体领导下的厂长负责嘛。但是实行的结果,问题很多。两方面都不利。对于企业的生产指挥、经营管理、提高经济效益、及时解决生产中间不断发生的各种问题，都没有益处。总的来讲，对发展厂矿企业的生产，搞活经济都是不利的。另外一方面，对于加强党的工作，加强党的领导，也是不利的。你算一算，我们从50年代推行党委领导下的厂长负责制以后，党委管了一些什么事呢？一是包办代替了相当一部分厂长的工作，厂长的一些职能由党委书记来办了；二是很多行政上顾不过来的事，都弄到党委来了。党委真正搞党的工作，不是说没搞，精力和时间也是有限的。那么现在，我们从十一届三中全会以来一直在探索，工矿企业的领导体制到底怎么搞，到底怎么好。探索来，探索去，就是要实行厂长（经理）负责制，企业的整个生产经营活动以厂长作为行政指挥中心来展开。我们根据几十年的经验，这个体制不改革，不理顺，是不行的。厂长、矿长、经理的责任是很重大的，厂长现在肩负的责任是两个方面：一个方面主要的是生产和经营活动，主要精力要把生产经营搞好；另外一个方面，既然厂长是一厂之长，他对企业的思想政治工作，也是有责任的。当然，重点主要还是把生产搞起来。我们讲生产力标准，这个标准在厂矿里边再明显也没有了，就是要提高厂矿的生产效益。虽然两方面都要负责，但是，主要精力还是要放在生产经营这方面。

这样党委的职能就发生了很大的变化。我认为对这个变化，如果正确理解，我们在观念上要改变一下，这对于加强党的工作是有利的。厂长对生产经营全面负责也要体现党的领导，因为我们是社会主义性质的厂矿企业，为了发挥企业党组织的作用，党委书记如果兼上行政副职，他就可以在集中力量把党的工作搞好，克服党不管党，改变党的工作薄弱、党员素质下降这种状况的同时，对企业生产经营和管理上的重大问题实行有效监督。当然这首先要解决党委领导同志思想观念上的问题。如果党委领导思想还是老观念，觉得过去党委权力大,一切说了就算,生产上的问题厂长都来问我,现在我权小了,有些问题我说了不能算了,就感到不舒服不习惯,那恐怕就不能适应这个新的情况了。如果观念上改变过来了,那么党委的工作就应该更好做了,可以集中主要的精力加强对党员的领导,加强对党员的教育、监督,提高党员的素质,提高党员领导干部的素质,使党组织在企业真正发挥核心作用和战斗堡垒作用。这个核心作用和战斗堡垒作用,不是依靠下命令,不是依靠行政手段来实现,而是依靠坚强的思想政治工作与坚强的党组织工作,依靠每一个党员的先锋模范作用。党的工作如果说单纯依靠权力,追求谁权大,谁权小,依靠行政命令的办法去实现党的任务,这本身就是错误的,是和党的观念格格不入的。我们建党已经 67 年了,我们从建党以来不是依靠命令在人民群众中发挥领导核心作用。党执政几十年了,有的同志大概对依靠权力、依靠命令、依靠行政办法做工作惯了,总是喜欢说了算,而不是想办法做艰苦深入的党员思想工作、组织工作,不是想去做艰巨的职工群众思想政治工作,真正把职工群众带动起来。要真正把职工群众带动起来,就必须要每一个党员都走在职工群众的前面,真正在生产第一线充分发挥作用。办企业、搞建设还是要有吃苦在先、见困难就上这个精神。没有这个精神你怎么搞好企业。要每一个职工发挥这种精神,我们党员不带头,你怎么发挥作用啊?好像一个战斗连队一样,你在战斗情况下,连长、指导员,连队的班排干部,不以身作则,不冲锋在前,那么,你怎么能调动全连的战士去冲锋陷阵?所以不怕苦、不怕累还是需要的。更需要强调的是,我不是依靠党员这个招牌,不能因为我有了这个招牌你就得听我的。在企业没有行政指挥权,这样做就更需要依靠艰苦的思想政治工作,通过每一个党员的模范作用,用党员的实际行动,来带动全体职工,保证把整个矿、整个厂都搞好。这个保证作用没有的话,党不能起战斗堡垒作用,你一个厂,就靠厂长下命令就能把生产搞好吗?不可能吧。当然,我们目前情况下厂长都是党员,即使不是党员,他也是在整个党的政策、方针指导下工作的,他也离不开党的领导,他也要按党指引的方向去工作。如果他要做一个胜任的、社会主义的厂矿企业的行政领导,他就必须这样做。这样,厂长起厂长的作用,当好厂长,也是在党的保证监督作用以内的要求。

当然这里还有许多具体工作要做。企业中的重大问题,行政领导应当听取党委意见,同党委商量,厂长不能个人说了算。例如人员调动,特别是调动主要干部,他一个人不可能把干部、员工情况全都了解清楚,所以还要听听党委的意见,听听行政各个职能部门的意见,也要听听群众组织的意见,比如说工会的意见。有些问题还是要具体商量的。同样党委的工作,也不可能离开行政领导的支持与合作。而且,实行厂长负责制,厂长本来就有这个责任,也是厂长任务的一个方面。他不是花主要时间,但总得花一定时间来考虑这个工作。厂长和党委两方面目的一致,都是为了共同把工作搞好。

另外,还有很多其他方面的工作。一个是厂矿里的不正之风,靠谁监督,首先是靠党委来监督。这个观念要有比较大的转变,逐渐适应这个转变。要通过艰苦的努力,把党的工作转变过来,转变到真正党要管党,加强对每一个党员的领导,使党在企业里边发挥保证监督的作用。改革时期,思想政治工作、组织领导工作,任务是很繁重的。特别是加快改革,逐步建立社会主义商品经济新秩序,这个要依靠谁来保证?当然是全党来保证。在一个企业里面,每一项重大决策,党员要很敏感,都要走在前面,保证通过全体党员和党员干部,结合企业的实际情况,实现好每一个改革步骤。每一个改革步骤都要首先做好党员思想工作,给他们介绍清楚,从思想上解决问题。党员的思想问题解决了,党员在周围群众中进行工作,这就可能真正把改革的设想,特别是今后几年把改革措施一项一项地实现。同时,经过改革,使党在基层的建设得到加强,使党员的先锋模范作用得到加强,就能适应新情况。所以,做党委工作的干部,思想上要有一个大的转变,不能有失落感。失落什么呢?什么也没失落嘛。只是做了一些改变和调整,原来不顺当、不适合、不利于更好地更快地发展生产力,不利于党委加强思想政治领导、组织领导和纪律等等的问题,经过现在这样调整以后,不利可以变为有利。所以党委书记、基层党的专职干部的思想要转变,同时工作方法也要转变。你不是非常繁忙地作为一个企业的中心人物,不是一天到晚对企业生产中间发生的种种问题都要去处理,这部分工作转到行政方面去了。当然也不是都不关心了,发生重大问题,例如发生重大安全事故,总得大家齐心协力配合解决。日常的生产经营工作你管得少了,就可以集中精力把党的工作搞好,真正钻进去,越来越深入,越来越具体化,这也就可以真正把整个企业的群众团结在党的周围。

工会工作我不多讲了。基本上是党对工会实行政治领导,充分发挥工会自己的作用,依靠工会的实际工作,使每一个工人感到工会是他自己的组织。工会真正成为群众组织这个转变相当大,这方面的经验教训相当多啊!最突出的经验教训是波兰。波兰是把党领导的工会搞垮了,党也几乎搞垮了。这个教训相当深,虽然是外国。把工会改变成真正的群众组织,才能使职工工作搞得更活跃。对工会工作,党要鼓励支持他们按党的政治方向前进,鼓励支持他们开展群众需要的工会活动。

我们党有一个好传统，
犯了错误自己总结自己纠正[*]

（1988 年 9 月 17 日）

  新中国成立后这 30 年中，中国发生了十年"文化大革命"，我们有失误。1978 年中共十一届三中全会以后的十年，情况发生了变化。我们花了几年时间总结了新中国成立以来的经验，包括对毛泽东同志的评价。我们充分肯定了毛泽东一生中对中国革命、建设和中国共产党的伟大贡献，也指出了他晚年的错误。在指导思想方面主要是"左"，这种"左"在"文化大革命"中发展到登峰造极的地步。"左"表现在各方面，在经济方面主要表现是急于求成，对中国原来的落后基础和现实状况认识不足。十一届三中全会后，总结了以前的经验教训，这十年中经济发展较快，当然也还有许多问题留待以后一步一步地解决。在访问期间，你们可看到我们还存在许多问题。中国太大，要建设成一个中等发达的社会主义国家是不容易的。我们设想，到本世纪末，实现国民经济在现有基础上翻两番的目标。即使按照我们的设想达到了这个目标，人均收入 800 美元，在世界上还是比较低的。在下个世纪花 30 至 50 年争取建成一个比较发达的国家，当然困难还很多，决不是一切都顺利，但我们党有决心扎扎实实

---

* 这是乔石同志在会见由总书记席尔瓦率领的斯里兰卡共产党中央代表团时的谈话节录。

地向既定目标前进,以后你们将会看到我们的发展。我们对社会主义建设很有信心。只有社会主义才能救中国,中国有十多亿人口,只有社会主义才能解决面临的经济、社会、文化教育等各方面的问题。我们党有几十年历史,作为十多亿人口大国的执政掌权的党,这是一个历史性的成果。我党在民主革命时期有过许多失误,其中最大的失误是"左"的错误。新中国成立后执政中最主要的失误也是"左"的错误。但是,我们党有一个好传统,这就是犯了错误,自己总结,自己纠正。今后也不能保证不发生任何失误,我们希望少一点、小一点,有了失误能及早发现、及早纠正。

治理整顿是为了进一步深化改革[*]

（1988 年 11 月 18 日—29 日）

中央关于治理经济环境、整顿经济秩序、全面深化改革的决策是正确的和及时的,决心是大的,干部、群众对党的十三届三中全会精神是拥护的。现在,除了一些具体问题外,一个普遍需要注意的问题是,有些干部群众感到信心不足,这种心理状态,同他们过去的一些感受有关。比如说,上面宣布了不准铺张浪费,可过一阵子又搞了起来。群众有个老经验,好像什么事情共产党都是抓那么一阵子,风一过又回到原来的样子,问题没解决,甚至出现的问题更多。如果是这样,群众就没有信心。群众就是看我们做得到做不到,能不能动真的、来硬的。一项重要决策、重要工作,不要搞一阵风,不要虎头蛇尾,只要我们坚持不懈地抓下去,抓出成效来,就可以增强干部和群众的信心。要耐心做工作,做工作最有说服力的是过去十年改革开放的成就。过去十年的实践证明,改革开放是正确的。改革开放确实加快了我们国家的建设进程。我们一再肯定党的十一届三中全会以来的路线、方针、政策,原因就在于此。

一、正确理解治理整顿与改革的关系

在治理整顿工作中,要教育和引导广大干部群众,正确理解治理整顿与改革的关系。改革的方针不能变,具体的步骤可以调整。治

---

* 这是乔石同志在湖北省考察工作期间讲话的一部分。

理整顿是为了给深化改革创造良好的社会、经济环境,使改革开放进一步深入下去。治理整顿搞好了,全面深化改革就有了一个良好的社会环境,再加上其他方面的工作跟上去,全面深化改革才能进行。反之,如果治理整顿搞不好,深化改革就没有办法进行,特别是一些关键性的改革措施就难以下决心推行,这就影响到整个改革和经济建设事业进一步发展。因此,治理整顿是改革本身的要求,有些措施本身就是一种改革。比如"粮食大战",个别地方已经出现"卖青苗"的现象,不解决行吗?"上游物资"在一定时期内的行政管理是必要的,这是在改革开放中总结实践经验所感受到的。一下子都放开不现实,也做不到,现在管起来也是一种改革。我们这么大个国家,宏观调控方面所必须采取的一些措施,在今后一段时间内要越来越明确。有些措施经实践证明是必需的,还得坚持下去,对一些有效的办法要制度化。当然,总的方面还是要放开搞活。改革无"回头路"可走,不改革就没有出路。治理经济环境、整顿经济秩序决不意味着停止改革。这一点要在干部的思想中搞得非常明确。经济方面能走老路吗?不行!政治体制改革能走老路吗?不行!

现在世界上许多国家,比如苏联和东欧其他国家都在改革。我前一段到东欧一些国家看了一下,东欧普遍反映不改革不行,不改革问题会越积越多,苏联现在就已经感到有这个问题。相比之下,我们国家改革的层次是比较深的,成绩也是比较显著的。

进行治理整顿,不是说改革发生什么问题了。小平同志说,改革十年来,我们大的错误没有,小的缺点不断地有。我很赞成这个观点。改革是前人没有做过的事业,在推进这么伟大的事业中有点缺点,是可以理解的。

现在发现了一些问题,及时进行治理整顿,目的是为了总结经验,使改革更加顺利健康地深入下去。某些改革措施放缓,是为了集中时间搞好治理整顿,使整个改革事业更深入进行下去。十年改革,我们的成绩很大。现在,国民经济、人民生活水平正处于不断上升时期,这正是我们全面深化改革的有利时机。如果把这一大好时机错过了,不抓紧时机进行一些重大改革,把整个改革的框架建立起来,那今后将越拖越不利。我原来是主张价格、工资改革快一点的。今年3月中央政治局常委开会,我说,花5年左右的时间搞这个改革,我双手赞成。有一条,希望能仔细算一下,如果能4年完成,就不要搞5年。到了八九月份,有些情况证明自己主观想法跟客观实际不符合,对很多情况还了解不够。面临八九月份那样的情况,谁能反对治理整顿? 在这种情况下,你不进行治理整顿,还要再搞下去,这可能吗? 不可能的。价格、工资改革步子放缓一点,我觉得也是必要的。如果还要急急忙忙地搞这样大幅度的改革,不仅治理整顿没搞好,还可能引起人心波动。当前延缓某些改革措施,是为了腾出一些时间来,把治理整顿搞好,并不是说改革要停止或是出了什么问题。不要认为治理整顿与改革是两码事,不能把这两方面对立起来。这一点也要跟同志们讲清楚。

要扎扎实实搞好治理整顿工作,必须采取得力措施,压缩基建规模和社会集团购买力。基建战线过长,始终是个老毛病。需要长期抓下去,不控制不行。西方评论说我们是"投资饥饿症",争投资,基建战线总是拉得很长,原材料缺乏,资金不足,结果通货膨胀,膨胀了又不容易收缩,收缩一阵子又开始膨胀,如此循环。中央1985年就提出"软着陆",用3年时间把基建规模压缩下来。结果怎么样呢? 3年时间不到,又膨胀到现在这个程度。中央一再要求压缩基建规模,但听说现在有的地方还在挑灯夜战,争取在12月底以前投资量达到50%,目的是争取把项目保下来。如果现在还采取新的"上有政策、下有对策"的态度,有令不行,有禁不止,那就不是一般批评的问题了。基建投资要砍掉 20%,500 亿元要真正砍。省、地(市)、县的党委和政府思想要高度一致,同时要加强检查,该停的"楼、堂、馆、所"要坚决停。有的"半拉子"工程,刚开工就被砍下来,从你这个局部来看,觉得有点可惜,吃亏,但从大局来看,不这样做不行。要是大家都采取各种办法不砍或者少砍,那明年基建投资的 20% 就压不下去。现在喊"经济过热",主要是指基建规模过热。要用两年时间把过热空气压下去。两年治理整顿之后,要吸取过去的经验教训,继续抓。明年就是建国 40 周年了,基建再不能像"打摆子"一样,一会儿冷,一会儿热。太热了不行,否则就难以为继。社会集团购买力也非压不可,态度要明确,措施要得力。如果集团购买力压下来了,市场供应状况也会改善。

治理经济环境、整顿经济秩序要搞好,光靠一些打击办法还不行,其他方面的配套工作要跟上去,特别是农业这个基础要加强,工业在提高效益的前提下保持一个恰当的速度。要设法解决好供需矛盾,解决好流动资金、原材料供需矛盾。对各种违法乱纪案件一定要查处,态度要坚决,搞得彻底一些。我赞成自查的办法,在自查的同时,上级部门再组织抽查。严格一点,认真一点好。

二、抓紧抓好农村工作,从政策上保证农民利益

农业仍然是国民经济的基础,粮食是基础的基础,农业搞不好,其他事情就不容易搞好。所以,农业很重要,很关键。贫困山区更应当注意农业的问题。

种粮棉,有个国家利益问题,农民算账总觉得划不来,这是事实。当然,我们也要从政策上想点办法,尽量让农民少吃点亏。目前群众讲点怪话,发点牢骚,如"千元尿素万元膜,两万元钱一吨药"之类,事实上存在这种现象。要耐心地去做工作,多想点办法帮助解决。要增加生活必需品、副食品生产。今年,湖北有的地区灾情很重,粮食还是增产,创历史最好水平,这是很不容易的。说明各级党政领导和人民群众做了很大努力。现在中国的农业很大程度还是靠天吃饭。明年的气候怎样很难预料。不能大起大落,将来要有一个稳定的基数。大家下决心艰苦奋斗,加倍努力,做好工作,再加上一些措施跟上去,争取明年有一个好的收成,这个客观的可能是存在的。种棉花经济效益差,大家都去搞棉纺,这方面利益分配要调整。明年棉花生产不能大滑坡,中滑坡、小滑坡也不行,相反还要力争上游,争取增产增值,要有正确的政策,这是非常必要的。

要挖掘潜力,解决收购资金问题。粮食价格这么便宜,农用生产资料供应情况也不好,你一定要人家缴那么多粮食,然后又打"白条",这对明年农民生活有影响,对农业生产的影响也很大。因此,农产品收购打"白条"要尽量避免。已经打的"白条"要早一点兑现,一时不能兑现的要向群众讲清楚,到时候尽快兑现。要给农民解释,讲清道理,说明我们对现金调剂晚了一点,耽误了一点时间,现在要想办法调点现金。再不行,党政机关或小金库要做点贡献,把农民这一块给解决了。还是要挖掘潜力,内部要挤一挤,人民银行要挤,各个部门也要挤,两方面的工作都要做。省、地(市)、县都要从整体利益着想,顾全大局,把分散在各方面的现金集中起来,力争在短时期内把"白条"问题解决了。

目前流通领域比较混乱。一个问题是利用平价议价之间的差价,从中捣鬼。对这个问题要查彻底一点、坚决一点。再一个问题是农业银行信贷员公款私存,贪污利息,对这样的案件要公开地严肃查处。

加强农村工作,要为农村提供科技服务。科技人员下乡搞技术承包,至少有两方面好处。一方面可以推动大专院校、科研单位深入基层,理论联系实际,促进教育改革、科技改革;另一方面可以服务生产,促进生产。科技人员下乡搞技术承包,如果搞得好,相应给他一些奖励,这个农民也容易接受。因为他的工作比在学校、研究单位要辛苦一些,工作量也大些,这跟党政机关办公司是两码事,不能混为一谈。

近几年,湖北抽调大批机关干部下乡挂职锻炼,这很好。因为党政机关干部总的还是多了,要尽量多下去一些,只有好处,没有坏处。下去的干部自身可以得到锻炼,联系实际,联系群众,带领群众劳动致富,这对基层也是一个很大的帮助。我们也可以从下去的干部中间培养锻炼出一些优秀的人才,这也是发现干部、发现人才的一个办法。同时,机关派一些干部下去,机关与下面的关系也就密切了,对转变机关作风大有好处。

乡镇企业要保护,要发展,要注意引导。这两年治理整顿,乡镇企业的发展速度可能要受点影响。除了违背改革精神或者是难以为继无法搞下去的,总的还是要保护,要发展。除了保护发展以外,还要注意加强引导,引导它遵纪守法,正当经营,使它的发展方向符合国家总的发展需要。现在乡镇企业贷款有些困难,因为有个通货膨胀问题。乡镇企业的困难要具体分析,有些问题要帮它解决。当然,我们全部包下来解决也做不到,要他们自己千方百计地去克服困难。如可以集资入股、搞股份制,农村集资的潜力还是有的,但不要搞强迫命令。只要经营好了,比存钱还好,还可以分红嘛!总之,乡镇企业要保护,要发展,要注意引导。个别的严重违法乱纪,该处理的要处理,这不影响整个乡镇企业。

要逐渐形成具有自己
特色的企业精神*

（1988 年 11 月 21 日）

二汽给我印象最深的是：它的建设过程以及现在这个规模，确实经历了一个非常艰难的过程。二汽是在"文化大革命"前筹备、"文化大革命"期间逐渐建设起来的。而这一期间恰恰是我国经济建设最困难的时期，二汽全体同志经过自己的努力，把这些困难都克服了。

1984 年，我曾在云南边境上走了几千公里，山路上都是"东风"牌卡车。我就向司机同志打听，问这车怎么样，大家都说不错，反映都很好。后来从事实上来看，这种车还是很成功的，在全国范围内被普遍承认了。当然，一汽也有它的历史功绩，它生产的"解放"牌卡车，在我国相当时间内起过很重要的作用。

现在，我们国家正处于进一步深化改革、进一步推进现代化建设的过程中，有许多困难，二汽的改革也正是从困难中逼出来的，是搞得比较成功的。二汽现在已经成为一个系统，而且成立了一个以二汽为主力的企业集团。即使以后有了一个以一汽为骨干的企业集团和一个以二汽为骨干的企业集团，那也不算多，即使有了三四个也不一定算多吧！

---

* 这是乔石同志在考察湖北第二汽车厂（二汽）时的讲话。

111

中国的汽车工业,从无到有,是一件大好事,是一个很大的跃进。现在已经有了一个底子,再进一步达到国际水平,还需要有一个飞跃过程。希望二汽继续本着过去艰苦创业、锐意改革的精神,在现在的基础上继续前进,争取在本世纪内达到你们预想的目标。中国是世界大国,中国的汽车工业应该有自己的汽车支柱企业,我看有一两根支柱还不一定够。将来,应该生产出完全适合自己情况、自己需要的各种型号的汽车,当然,目前的重点还是要先解决大众的需要。小批量的,比如高级轿车、大吨位载重车可以放在第二步,能解决当然更好,但毕竟这个数量少。现在对外交往的路子宽,将来逐渐解决一批也不难。先把大众需要的解决了,以后解决小批量的也不会很困难。

企业要逐渐地形成一些好的作风,这点很重要。学校有校风,工厂最好也有一点厂风,有一点"厂的精神"。日本有些工厂也讲这种精神,比如丰田公司就把这种精神叫"丰田精神"。二汽有自己特殊的经历,起步虽然比一汽晚,经历要比一汽曲折一点,困难大一点。你们都是过来人,要很好地把以往的经验总结一下,逐渐在全厂形成一个为二汽的发展而奋斗的精神。我相信,这种精神还可以比"丰田精神"更好一点,它终究还是资本家雇佣劳动力嘛!我们终究是社会主义企业嘛!在精神上,我们终究应该比它强一点、比它高一点嘛!我相信二汽可以逐渐总结出这方面的经验来。

要研究改革开放带来的新情况*

（1988 年 12 月 31 日）

明天就是元旦了,趁这个机会,向北师大全校的师生员工拜个年,问候大家新年好。

大家刚才说的,我觉得很好,希望加强党的领导,希望党的建设搞得更好一些,这种愿望是完全对的。你们对具体问题讲得很客气,很克制,比你们所听到的,温和多了,我不觉得有过火的地方。对大家提的问题,这么短的时间,我不可能都回答,但总应有个信息反馈吧。

一、党的十一届三中全会以来 10 年,我国发生很大变化

我国从 1978 年底党的十一届三中全会到现在已整 10 年了,10 年来国家变化是巨大的,改革总的来讲是不错的。从农村经济体制改革,到城市经济体制改革、政治体制改革,直到党的十三大,发展都是比较快、比较好的。我这些年来对苏联、东欧还有其他社会主义国家,没有更多的研究。但公认的是,我国这 10 年来发展是比较快的,取得的成绩是相当大的。一个十多亿人口的大国基本解决了吃饭穿衣问题,这不是小事,是一个世界性大事,是了不起的成绩。如果不进行改革,是没有可能的,我记得十一届三中全会讨论时,第一条就是要进口粮食,解决城市供应粮,当时还没讲包产到户。1980 年才

---

* 这是乔石同志在北京师范大学座谈会上的讲话。

开了一个小口子,在边远山区的"三靠队"①可以试一试包产到户。这样一搞,那些穷队,一下子生产成倍地上去了,农民积极性一下子提起来了,有的一年就打了翻身仗。这样逐渐地用了3年时间,搞了包产到户。我们自己,不要说农村的支部书记、党员,就是在北京工作的领导干部的思想也是逐步打通的。还是通过实践,1984年进行城市经济体制改革,当时关于城市经济改革的决议中,对最主要的问题还是谈到了。同时,我们逐步地对外做了调整,对内搞活经济,恢复了农贸市场。对外开放,对内搞活,加快了国家经济发展的速度。同时吸收引进了外国资金、设备、技术来加快国内经济建设。50年代末,3年困难时期,大家饿肚子还苏联的债。我的体重当时掉了29斤。还清了苏联的债,我们都很自豪,既无外债,也无内债。1977年南斯拉夫铁托总统来华访问,第二年中共派代表团去南斯拉夫,作为代表团成员,我也去了。铁托讲,外债是可以借的,但不要失去控制,资本主义的东西有些还是可以利用的。这才认识到借一点外债也可以,这样思想才开放了。其实"文化大革命"前也没有完全封闭,我们封闭主要是对资本主义国家,因为他们对我们封锁,我们反封锁;对苏联没有封闭,我们是同盟关系。现在和过去不同的是同资本主义国家普遍来往。当然形势也变化了,我们恢复了在联合国的合法席位,同美国、日本也建交了,这样局面就打开了。在农村经济发展的基础上,城市经济也发展了。最近北师大一些老师去过苏联吧?到过苏联的人说苏联商品供应不足,特别是蔬菜,市场还不如我国沿海城市。当然我们什么东西用人口一比就没有多少了。苏联虽然底子厚,但经济发展慢,戈尔巴乔夫很注意我们的经验,所有社会主义国家都承认我们发展是快的,从全国范围上讲基本上解决了温饱问

---

① "三靠队",指"吃粮靠返销、生产靠贷款、生活靠救济"的农村贫困生产队。

题,当然沿海开放地区的发展不只是解决温饱问题。总之,我们今天取得的成绩,要归功于党的十一届三中全会以来路线的正确。实践证明改革开放是正确的。

改革开放,把计划经济改成商品经济,每一步都是复杂的,都要冒风险。但回过头看,确实正如小平同志的两句话:十年来大错误没有犯,小缺点是不断的。当然小平同志是从战略上讲这个问题的。仔细琢磨,十年来在大的方面没有犯错误。但小的缺点错误并不是不值得重视。这个总的评价我是赞成的。改革开放中出现了一些新的现象。如搞经济特区,又如农村乡镇企业发展很快。全国乡镇企业是 8 千万人。我们还提出大农业的概念,按这个概念农业还要向更深的方面发展,现在乡镇企业的产值几乎占农业总产值的一半,很了不起。当然政府给优惠,但它的经营机制好,有利于搞活经济。有的农村乡镇企业一年的产值上亿,几个亿,机制比国营大企业灵活,发展是相当快的。乡镇企业问题也有,管理跟不上,税收跟不上,有些问题还没有来得及进行立法。1985 年我到广州去,那时广州有 50 万流动人口,产生了市场管理的问题,什么地方可以摆摊,什么东西可以经营,什么东西不可以经营,就要去管,要有个办法。我对广州的同志讲,你们这里产生了发展中的新问题,就要去管嘛。乡镇企业原料没保证,他们有的企业用烟酒、票子,送礼来获得原材料,但我们的干部如果收受这些东西,就会腐败。

二、改革的深入既要坚持党的领导也要改善党的领导

总的讲,我国处在大的转变时期,改革开放带来新的情况,我们党的各方面工作要跟上去深入下去有一个过程,要在理论上探讨研究。关于党的建设,小平同志对大的问题讲得很明确。从严治党早就说了,1979 年就讲坚持党的领导,一直在说,这是毫不含糊的。1980 年,他讲要加强党的领导,为此要改善党的领导。为什么改善,因为现在面临许多新的情况,不改善不适应不行。我去上海遇到交大一位老教授,他的讲义是几十年前编的,如果在比较停滞的、封闭的环境中过日子是可以混下去的,如果是在开放的、日新月异的环境中就不行了。党的领导要改善,领导的方式、方法也要改。现在更多的同志有了说话机会,搞政治运动是不行了,这个教训是太多了,动不动大批判、搞运动不行。十一届三中全会后,做了一些系统的总结,集中表现是《关于建国以来党的若干历史问题的决议》。解决了对毛泽东同志的功过评价问题。至于今后历史学家怎么评价、研究,那是今后的事,在当前是对的。对领袖人物的评价宜粗不宜细,比苏联对领袖人物评价好。对历史问题宜粗不宜细,苏联这方面把握就差。我们解决对领袖的评价问题是比较好的,很多第三世界国家很关心中国如何对待毛主席,后来《关于建国以来党的若干历史问题的决议》出来后,他们是很欢迎的。中国改革的深入,有很多问题,党的领导是必须要坚持的,同时也要改善党的领导。马克思主义毫无疑问是要坚持的,但也要发展。坚持和发展马克思主义要统一于实践,统一于实践是检验真理的唯一标准,离开实践检验的坚持是不行的,100年前写的东西,每一句都坚持,坚持不了,列宁的每一句话都坚持也不行。基本原理要坚持,但要结合实际。

三、要研究在新形势下如何加强党的领导

坚持社会主义道路,也是坚定不移的,但要结合中国实际,现在我们要充分认识我国处在社会主义初级阶段,按初级阶段情况进行,不能搞搞就性急,就加快,几十年来的经验是欲速则不达。坚持是要坚持的,刚才同志们讲到社会上、理论界的各种议论也是好现象,也有不好的地方,但不能抓辫子、打棍子,要想些新的办法,老一套是不行了,要讲道理把人说服。民主党派有发展不是坏事,总的讲民主党派的工作,"文化大革命"后恢复了。在共产党领导下多党合作共事,在我国是好的政治制度。现在民主党派参政比解放初不是多了,而是少了,不能人为地限制,而是要加强党的领导。

中国现在的制度是好的,私有经济有点发展,雇工也有。有雇工就有获得剩余价值的问题,不承认也不行。但因此就把有些党员带头办私企说成剥削分子,都从党内开除,这也不行。人家会说共产党的政策变了,这是很敏感的问题。小平同志1983年讲,这个问题再看几年;这两年又说,不能影响我们的基本政策。中国的经济搞来搞去还是社会主义为主体,我们领导头脑要清楚。有人办了工厂、雇了很多人,又没有违法,就开除或劝退,人们会发生错觉。

昨天,党的教育工作会议刚结束,最近又要召开计划工作会议、政法工作会议,还要搞党建研究班。大家一起研究,不是来开会,而是研究如何加强党的建设。省委书记、副书记,地委市委书记,研究在新形势下如何加强党的建设。北师大是一个老单位,你们也可以研究,今天我听了许多关心和爱护党的声音,但要注意新情况,解决面临的新问题。现在反映党风不正,我一直讲党风的问题。对干部子弟,社会上有一些流言,两方面都有,你们听到的不知有什么根据没有。如扎扎实实有材料的,我们不管是谁的子弟,我们的态度是王子犯法与民同罪。

大家的生活清苦,教育经费不够,大家很克制,没有讲。要慢慢解决,我也不能开空头支票,十多亿人口的家不好当。希望大家克服一下。大家坚持在这种条件下工作,关心党的事业,是难能可贵的。希望以后的情况有所改善。

在改革开放中探索出一条
符合中国实际的道路 *

（1989 年 3 月 3 日）

我来陕西的次数是比较多的，60 年代、70 年代因为外事方面的需要到过延安、西安，现在情况和那时候完全不一样了。1984 年朝鲜领导人金日成同志来的时候，前一段是小平同志陪的，后一段是耀邦同志陪的，我也一起来了。但是陪外宾总是局限性很大，日程都是安排好的，时间也比较短。这次抽一个空隙，出来看一看，了解一下情况。

一、在治理整顿中进行产业结构调整

党的十三届三中全会以来，全国的形势总的说是好的。三中全会的传达贯彻，中央很重视。各省市、各地方，也是很认真、很重视的。中央、国家有困难，大家都是顾全大局的。贯彻三中全会精神，现在不能说已经取得了全面的、了不起的成绩，但是初见成效还是可以说的，整个趋势也是好的。今年是比较关键的一年，今年坚持搞好了，明年也搞好了，如果坚持下去，我相信情况是可以有比较好的改变的。治理整顿实际上是把一些比较迫切的改革措施推迟了，必要的时间毫无疑问是要花的，但是时间搞得太长了，对改革也不是很有利的。比如价格体系改革，工资制度改革，这些改革如果不抓，总还

＊ 这是乔石同志在陕西省考察时听取省委汇报后的讲话节录。

是个问题。当然,这个事情只能实事求是,心急也是不行的。治理整顿,坚定不移地坚持两年,如果需要,后年继续搞下去。把这个搞好了,本身就是为以后进一步深化改革创造有利的条件,同时有一部分也是改革本身的问题。比如说,在治理整顿中进行产业结构的调整,这本身也是一种改革。治理整顿中采取的措施,有一些是带有临时性质的,有些是行政措施,长远来讲怎么搞,还要进一步研究,还要看看。有的效果好,对进一步深化改革有利,那就可以逐渐地把这些措施向加强宏观调控方面发展。我们的计划经济搞了几十年了,现在提出有计划的社会主义商品经济,我个人理解,我们这么大的国家,不能没有宏观调控。事实上,没有哪个国家不考虑宏观调控的。无论搞市场经济也好,搞商品经济也好,现在所说的有计划的商品经济的计划,不是斯大林时代的那种无所不包的国民经济计划,这样的计划实际哪一年也没有做到过,统得很死,对我们的经济发展是不利的。但是,要发展商品经济,要搞活,宏观方面又不能失控,三中全会以前就有这个情况,证明不能失控。我提过建议,我们这么大的国家,如何加强宏观调控希望多做一点研究,宏观上几个大的问题要控制得住,企业搞活就可能容易一点。如果说一搞活就失控,一失控就行政干预,来回这样搞也不是办法。行政干预多了就容易死,一道命令下去什么东西要专营,然后再一道命令下去什么东西都要管,搞得多了,下边就死了。发票子也是这样,一控制到处就没有票子了,当然,一部分企业,包括乡镇企业、国营企业、个体经营者,都有一部分资金沉淀,在那里睡大觉,为的是要买东西的时候方便。资金一沉淀都得全面紧张,包括这种心理状态也是资金紧张的原因,否则那么多的票子怎么都没有了呢?我最近看到一个材料,一个企业把资金用个人的名义存在银行里。所以还是要坚持把治理、整顿搞下去,争取搞好;同时在搞好的过程中,注意产业结构的调整,把企业机制逐渐地搞活,提高经济效益。中国发展社会主义商品经济必须有宏观调控,连小国家都有的,波兰、匈牙利都有。没有强有力的宏观调控,就不敢放活,否则要放出乱子来的。另外一方面,宏观调控不能完全理解为行政干预,统统依靠行政手段,总还是要有符合经济规律的一套办法,这套办法我们还有待于研究,逐渐加强。经济过热有各种原因,宏观调控不力是一个问题。压基本建设战线已经压了 3 年了,去年 8 月份还是这么个问题。三中全会以后压了 300 亿元,但实际上有一部分是没有开工的,或是刚刚开工的,压 500 亿元还要花相当大的气力,如果压 500 亿元以上就更艰巨了。那么这个钱从哪里来呢?国家计划上的项目没有多少油水,钱也不多了;但是下边还是有钱,有的地方、有的单位还是突击加工,挑灯夜战。

二、要认识中国经济发展的艰巨性、长期性和复杂性

中国经济发展要和社会主义初级阶段联系起来看,不要企求在一个极短的时间里很快地改变面貌,这是长期的,比较复杂、比较艰巨的。比如工程建设不能一味追求脱离实际的高标准,这个问题我不是现在说的,1985 年我在广东就说过。在座的可能都到深圳看过,深圳有座 50 多层的大楼,我那时去的时候快完工了,一走阶梯我就问,你这个阶梯的花岗岩是从哪里来的,他们说是从意大利进口的,我说连基本建设的石料都进口,这怎么得了。当然中国的花岗岩到现在为止磨光的面确实不如意大利,这是事实,但中国的花岗岩、大理石原料多得不得了,我们现在引进一些项目,还出口了一些花岗岩、大理石。我说基本建设要使用大量的原材料,如果依靠从国外进口,那就建设不起。中国幅员辽阔,资源按 10 多亿人口一平均就不多了。就是煤炭资源现在看来是很丰富的,包括陕西,按人口平均也是很丰富的,但是也有个怎么利用和怎么合理开发的问题。三中全会提出要过几年紧日子、苦日子。我现在有个想法,恐怕在整个社会主义初级阶段,我们对建设事业的艰巨性和复杂性要有足够的认识,思想上才能有准备,不能动不动就一哄而起,搞得很热。当然,热不下去了就要凉,但凉一阵子看起来情况好一些了又热起来了。如果说热起来的事都是中央提倡的,这有点冤枉,但宏观没有调控好不能说中央、国务院没有责任。大家恐怕要有思想准备,中国要改变面貌,短时间全国范围都能很快地实现,这做不到。民主革命时期,我们认识到中国革命的长期性、艰巨性、复杂性、发展的不平衡性,头脑冷静了,认识清楚了,工作也就更有把握了。思想上有这个准备,比没有这个准备要好得多。但是思想还要化为行动,这就是说在建设方针上,自力更生、艰苦奋斗不能丢,高消费不能提倡,特别是在上边工作的同志不能提倡高消费,消费要有一定的控制,提倡高消费,一会儿是西装热,一会儿又是什么热。西装我不反对穿,我也穿,可以顺乎自然,但也不必人为地去提倡。我说的这个问题和思想认识有点关系,我们总想比较快地把国家建设起来,但是中国资源按照人口平均不是那么丰富,而是比较紧张,甚至比较贫乏,在这样的情况下,我们建设不可能很快。思想准备长一点,如果实际结果短一点,这不是都很高兴嘛。有一年毛主席说过,如果计划提前实现了,我被批评为右倾机会主义,我也很高兴。为什么呢,提前实现了谁还不满意啊!民主革命,我们从 1921 年建党,到 1949 年新民主主义革命在全国取得胜利,这在世界上应该说时间还是短的,但是我们说民主革命的长期性说了多少年。社会主义建设以后,我们不大说艰巨性、长期性、复杂性了,但实际更艰巨。我们党成执政党了,要考虑如何执好政。

要把社会主义商品经济新秩序建立起来,需要有一套宏观调控的办法,同时把企业的机制搞活,把这一套办法摸索得比较完整,恐怕得花相当长的时间。这不是组织几个人关在房间里议一议,起草几个文件就可以做到的,这要通过实践。当然,只要坚持搞下去,不管是目前的治理整顿,还是今后长期的国家建设,我还是充满信心的。三中全会前的工作会议一结束,我就说,这个会开得好,之所以好就是大家顾全大局。三中全会以后的情况也是不错的,所以只要认真抓,坚持不懈地抓下去,有很多问题就可以逐步地解决。不要对前途有任何怀疑,我们中国的改革开放是可以走出一条符合中国实际的,同时会很快把中国"四化"建设搞起来的,有中国特色的社会主义道路。信心应该有,但着急不得。

共同把西藏的事情办好*

（1989 年 3 月 27 日）

　　班禅大师不幸圆寂，不仅对藏族人民，而且对祖国大家庭都是一个不可弥补的重大损失。中央对班禅大师有很高的评价：伟大的爱国主义者，著名的国务活动家，党的忠诚朋友，藏传佛教的杰出领袖。班禅大师的遗物以及其他必须办的事情，中央专门作了研究，由中央有关部门和自治区党委、政府按照藏传佛教的仪轨处理好。

　　中央对西藏自治区始终是非常关心的，今后也不会因为班禅大师不在了而有丝毫改变。正因为这样，在座的各位责任就更重大了。牵涉到西藏的民族、宗教以及其他各方面的问题，要靠大家多想办法，跟党合作，共同把西藏的事情办好。

　　党的十一届三中全会以来，中央对西藏制定的一系列方针、政策是正确的，是不会改变的，要坚定不移地继续贯彻落实。我们也希望大家共同合作，把中央已经制定的政策贯彻好。以后遇到重要问题，还要随时同大家商量。

　　中央对达赖喇嘛的态度是一贯的。除了西藏独立问题不能谈以外，其他问题都可以谈。我们现在仍然坚持这个原则。我们希望达

---

*　这是乔石同志在同出席全国两会的西藏自治区人大代表和政协委员座谈时的发言。

赖喇嘛能改变现在的立场,放弃搞西藏独立,回归祖国。为此,我们同他一直保持着接触。

分裂主义集团打着西藏独立的旗号,在拉萨一再策动骚乱,搞打砸抢烧,还通过外国势力,一再施加压力,破坏安定团结的局面,企图达到西藏独立的目的,这是绝对不能得逞的。

拉萨最近骚乱后,国务院决定在拉萨市实行戒严,是非常必要的。这对于稳定拉萨局势,打击分裂主义势力和打砸抢分子的反动气焰,起了重要作用,受到了广大爱国人士和僧俗群众的热烈拥护。

大家提到的关于西藏的党风和干部作风问题、经济建设、加强教育问题,以及其他各方面的问题,我们准备进一步研究,能解决的就及早解决。

中国不改革没有出路[*]

（1989 年 3 月 31 日）

在这次两会上，人大代表、政协委员都讨论得相当不错。对大家讨论的问题，我也想谈谈个人想法，与大家一起探讨。

治理整顿工作从去年开始已有半年，可以说已取得了初步成绩。今明两年还要搞，如果时间不够，还要继续搞下去，关键是今年。代表们都已说了，一定要把治理整顿搞好。党的十三届三中全会以后，我也在想一些问题。经济方面发生的问题，今天我不多讲了。我作为政治局的一个同志，虽然我分工不管经济，但有的事情发现了，听到了，没有及时向政治局反映，我也是有责任的。共产党员嘛，有了缺点，有了错误，就改。

最近，我一直在想一个问题，我们社会主义建设从 1949 年开始，到今年正好 40 年，取得了很伟大的成就，大家基本上都是承认的。因为只要稍微了解一下，1949 年全国解放，中华人民共和国成立以前，中国是一个什么状况，我们这里很多老同志是知道的。这 40 年我们的成就是很伟大的，总的发展速度是不慢的。当然，我们也犯了这样那样的错误，特别是像"文化大革命"那样的错误。这是应该不犯或少犯的。如果不犯或少犯错误，中国经济发展速度可以更快些，社会主义优越性会显得更突出更明显些。但中国终究是这么大的一

---

* 这是乔石同志在参加全国两会上海市代表团全体会议时的发言。

125

个国家,要 40 年功夫完全改变中国的全部面貌,从物质建设上来讲,达到或接近世界上现在那些发达的资本主义国家的水平,即使没有犯任何错误,也是做不到的。所以,我个人的结论是,中国人民 1949 年后逐步走上社会主义道路,是没有走错的。只有社会主义才能救中国,这是对的。我们这个制度是有巨大的优越性的。我们的缺点是,40 年中由于各方面原因,特别是指导思想上一些偏差,造成了很多的失误,影响了我们的发展,使我们的社会主义制度优越性没有更充分地发挥出来。

一、我国社会主义时期最基本最重要的经验教训就是急于求成

党的十一届三中全会后,我们总结了经验,把过去的错误改了。但是十一届三中全会以来的 10 年也不是一帆风顺的。有的同志在这次两会上提出了一些问题,这些问题提得很对。你看,我们大概有三次调整吧。一次是 1981 年,一次不小的调整。然后是 1984 年、1985 年又冒了,1986 年党中央领导同志提出花两年三年时间搞"软着陆",也是带有调整的意思。这个调整没搞完,1987 年、1988 年又冒了。去年 9 月中央工作会议与党的十三届三中全会,又重新提出治理整顿和全面深化改革。老是有这个问题,有的同志说我们总有一种急于求成的状态。这作为一种心理状态来讲,是可以理解的。因为中国这么大的一个国家,底子又这么薄,贫穷落后,我们好不容易进入社会主义社会了,谁都希望能建设得快一些。但作为指导思想、指导方针是不行的,这方面的经验教训已经太多了。党的十一届六中全会决议总结了我们社会主义时期最基本最重要的经验教训,就是急于求成,跟民主革命时期我们党的历史经验基本类似。民主革命时期也有一个急于求成的问题,那时候叫"左"了,如王明路线。当时也有右的,也有"左"的,主要是"左"的,危害最大是"左"的。所以,我在想这是什么道理,老有这个历史现象,看来作为党的领导人或者国家领导人在指导思想上怎么搞得更端正,这是应该吸取经验教训的。但另外一方面,也不完全是中央领导的问题,比如说,砍基本建设战线,我发现中央控制的基本建设大项目,已没有多少可砍的。再砍下去,就影响 90 年代,影响整个经济发展的后劲。当然也不是说绝对不行,还可以研究一下,想办法再砍一些。但地方上、企业里边这个劲头很大,到处都在盖房子。一有机会,你一放松,它就会冒上来。这使我想到我入党时受到的教育。我入党不早,但也是很年轻时入党的。入党不久就得到党内教育:中国革命要分两步走,第一步是新民主主义革命,第二步是社会主义革命;中国社会的性质是半殖民地半封建社会;再有就是中国革命的特点是长期性、艰巨性、复杂性,还有发展的不平衡性。直到现在,我还记得这几个特性。现在我们党的十三大已明确提出中国建设是处于社会主义初级阶段,这个初级阶段已过了将近 40 年,到今年国庆就是 40 年了。但初级阶段还没有过去,还有 60 年,一共大概 100 年。这个时间很长,这个时间比民主革命 28 年长得多,长好几倍。所以,中国社会主义建设,即使是社会主义初级阶段的建设,也是长期的、艰巨的、复杂的,它在各个不同发展时期还是不平衡的。要承认这种特性,不承认这种特性就容易折腾。这个问题不光是中央领导要承认,而且还要大家都有这个看法才行,否则容易折腾。党的十一届三中全会以来的十年,没有政治运动的折腾。但经济上,经济体制改革因为客观上没有经验,国家又那么大,如果一个疏忽、一个不注意,就容易发生各种各样的失误,而一旦失误必然会导致损失。所以,是不是大家应该树立这个思想。十一届三中全会后有的老同志提过,即使发展速度慢一点,但是不发生大的挫折,积累下来速度可能还是会比较快的。而相反,老是搞冒了,搞冒了就回头。放慢了,情况好一些再快,再要快又做不到,又得放慢。如果老是这样,总是要吃亏的。当然,从整个来讲,我们现在的情况,建设速度不能放得太慢。放得太慢,问题非常多。所以,我很担心今年工业速度"滑坡",这种现象不能说一定不会有。如果工业速度滑得太厉害也不是闹着玩的,问题会相当多,社会也不能安定。所以,保持一定速度是必要的。但是过快了,实践证明也不行。

党的十三大后也有人提出,在初级阶段要求应该放低些,有许多问题可以推到后面去解决,反正是初级阶段嘛。这有点讲怪话的味道。但是,初级阶段要求低了是不行的。特别对党来讲,前人没有搞过,包括改革开放都是很艰巨的,要有充分思想准备。这对党员的要求不是降低了,而是必须更高才行。民主革命时期,党对共产党员的要求不是低的,相反是高的。特别是在战争年代,是要党员随时准备作出个人牺牲的,一直到付出生命。社会主义建设时期,除了这个思想准备外,还要准备长期坚持自力更生、勤俭建国、勤俭办一切事业的方针。这个方针,我记得在讨论精神文明建设决议时,基本都写上了。写上了就是要去做的。这个想法,我曾对有的地方同志讲过。经济社会发展不平衡性在各个阶段都是存在的。沿海地区的发展事实上比内地快,人们的收入一般也比内地高。内地同志,特别边远地区的同志是有点意见的。他们说我们的差距现在不是缩短了,而是拉大了。从过去 10 年来看,恐怕事实就是这样的。比如说,沿海地区与新疆、与西藏的差距,恐怕是拉大了。所以,太强调差距也不利,我们终究是这么大的国家,一个多民族的国家。

二、把教育放在更加重要更加突出的地位

最近小平同志讲到教育问题。去年两会后,政治局会议上专门研究了两会期间提出的意见,意见是各种各样的,但我觉得对教育方面的意见是比较大的。今年全国政协会上,钱伟长①代表民盟中央

---

① 钱伟长,时任全国政协副主席、中国民主同盟中央副主席。

就中国教育问题在大会上发了言,其他各个民主党派领导人也讲了很多教育方面的问题。我觉得,确实是要进一步加深对教育问题的重要性和严重性的认识。当然,即使对教育问题认识很充分,也不能在最近两三年内一下子把教育面貌都改变了,因为现在也没有这样的条件。但是,如果我们有充分认识,我们就要想办法在整个国民经济发展中,把教育放在很重要的位置。小平同志最近讲,10年来最大的失误是教育。粉碎"四人帮"后,小平同志一出来工作,就自告奋勇地去抓教育。1984年党的十二届三中全会讨论城市经济体制改革时,通过了一个文件,讲了10个问题。小平同志对这个文件评价很高,也很高兴。现在看来,这个文件还是很好的。说我们社会主义建设没有任何理论指导,这是没有道理的。至于说理论深入研究不够,这也是事实。那次小平同志还说,整个党的十二届三中全会决议,最主要的一条是要尊重知识、尊重人才,实质上也是教育问题,也是知识分子问题。这次小平同志又讲了这个问题。所以我觉得对于教育问题,我们是要重新认识,加深认识,把教育放在更加重要更加突出的地位。至于教育怎么办好,现在大家的看法比较一致,并不认为光靠国家财政就能把教育办好,而是要依靠各方面的努力,依靠整个社会的力量。刚才,苏步老①说,要从家庭教育开始,全社会共同努力,来提高全民族的素质。这确实是个很大的问题。提高全民族素质与教育为"四化"服务是一致的,没有什么矛盾。因为,我们要建成四个现代化,而民族素质又处于非常低的状况,是不能想象的。

三、要在实践中认真研究、探索党的建设问题

党风和社会治安的任务是相当重的。为什么有这么多违纪违法

---

① 苏步老,即苏步青,时任全国政协副主席、中国民主同盟中央副主席。

现象,不能怨改革开放,也不能单纯地怨过去封闭。新中国成立后17年,我们是处于比较封闭的状况,加上"文化大革命"十年,27年处于比较封闭状态,这是事实。十一届三中全会以来的十年,逐渐进行经济体制改革,实行改革开放。我们整个一代人,除了旧社会过来的,还知道旧社会的事,其余比较年轻一点的一些人在封闭情况下就很单纯,等到窗子一打开,新鲜空气进来了,苍蝇蚊子也进来了,人们就会受到很多影响。这在大转变时期,很难完全避免,问题是要想办法解决。党组织完全要恢复到30年代或者50年代的状况,恐怕不太现实。不是我们这些人不行,我们这些人无非年纪老了,身体差一些,但至少思想上还能理解,还能够接受。问题是我们后面一代、二代、三代人,他们的想法不一样。所以要从党的建设,从社会治安、社会风气,一直到家庭生活抓起。家庭生活不是说有代沟吗?确实上一代人讲的话,下一代不能很好理解,有时语言也不一样。我听我的孩子讲,三十多岁人讲话与二十多岁人讲话就不一样,二十多岁人觉得三十多岁人老框框多。我听了孩子的话后想,四五十岁、七八十岁的人与青年人的差距就更大了。所以要完全恢复过去老的做法也不行,需要寻找出一些新的办法来。党的建设怎么搞法,我们这些人也没多少办法。我们商量一下,经中央同意,在今年年初,办了一次有部分省市区党委书记、副书记,一部分地委书记,还有少数退下来的老同志参加的"党的建设研究班"。研究了4个星期共28天,没有框框。我在开班时说,党的状况到底什么样,请大家讨论,有不同意见都可以摆。最后对党的状况有一个大体的估计,应该怎样改进和加强党的建设,大体上也有一些想法。但这个研究没有完,探索真理还没有到头,没有穷尽。按照恩格斯的说法,马克思主义只开辟了探索真理的道路,而不是穷尽真理。我们也要继续在实践中调查研究、探索,需要花相当长时间,争取把党的建设搞好。大家要有信心,但我的看法,党的建设要在短期内解决一切问题是做不到的,特别是有好多问题是长期积累下来的。

我们必须要加强基层的各方面工作。基层的党的建设,我已经一再提了。我离开中央组织部时,还作了几句不深入的检讨。我说,我任组织部长一年零两个月,工作忙于搞班子调整,党的组织建设抓了几次,但没有抓紧,留给后任了。确实,党的基层建设是党的一切工作基础。基层的政权建设也重要。你们上海可能基础好一些,但仍必须加强建设。治安方面,综合治理很重要,但综合治理也要依靠基层。没有基层,任何工作都是空的。所以加强基层党、政、工、团、街道各方面的建设工作,是非常必要的,尤其是农村。因为在农村,从人民公社到乡村建设,经过了一个巨大转变。在这个巨大变化过程中,有的支部书记找不到支部委员,党员找不到支部领导。这样的基层组织不加以整顿,不抓紧解决问题,它就涣散了,不起作用了。但根据党建研究班讨论的经验,基层组织只要一抓就灵。认真抓,基层还是可以搞好的。党的基层组织有 270 万个,其中有一部分不好。这个问题牵涉到上面,我觉得县以上领导干部都要关心基层,包括大学这个基层。大学这些年党的工作弱了,我非常同意苏步老的意见,大学党的组织要真正加强。再不加强,将来大学到底培养什么人才,都值得怀疑了。这是不行的。工厂基层也要加强,把所有基层都加强了,我们工作才有根底。

四、要从全面深化改革中去找出路

讲讲中国的改革问题。我只想讲一条,现在改革碰到了困难,但改革开放总方针还是正确的,还是要坚持。现在治理整顿,出于不得已,采取了一些临时措施,其中行政措施多一点。大家困难一点,尤其是企业困难更多,难以忍受,但大家只能忍受一点。为了把整个大局搞好,只能这样。我认为中国不改革没有出路。从长远来讲,中国面临的问题要继续从全面深化改革中去找出路。有的同志说,会不会回到老路上去,我觉得回不去了,不能再回去了,只有一条出路,就是把改革坚持下去。坚持下去,能不能搞成?只要齐心协力,把我们全党力量、全社会力量很好地动员起来,是能搞成的。无非是有些困难嘛,无非是一些事情指导不太恰当。我们发现了就改,改了就好。你要每一项措施都很恰当,也难啊。因为不知道怎么改革,现在的改革是从来没有搞过的事。小平同志讲,改革等于第二次革命。上次小组会上,大家讲去年唱了一个"四季调",这个批评听听也好。我总感到,如果说一个改革措施,原来不那么太恰当,现在改得更恰当更符合实际了,恐怕还是应该欢迎的吧。小平同志对改革有一个总的估计,就是说,10年来我们的基本路线和政策是正确的,小的错误和小的失误是不断的。当然,他老人家是从战略高度来看这个问题,他觉得这些都是比较小的具体的失误。他没有不承认这个失误,他是承认这些失误的,但这总还是小的失误,这类失误以后还会有。最近,他见乌干达总统,有一个谈话。他在那个谈话中说,我们执行的路线、方针、政策是正确的,因此大错误没有犯,但小错误不断,最近又出现了新的失误。要用几年时间,把它解决就是了。他也讲了,最大失误是教育不够。他还说,如果讲责任,当然现在领导班子也是有份的。这个问题李鹏总理在政府工作报告中作了自我批评,但主要与我们这些老人有关。我们现在政治局同志没有讨论这个问题。他主动出来承担责任,意思就是在改革过程中间,这样那样的问题是容易发生的。我们对待失误的态度,应该是发现了错误就赶快纠正,不要掩饰,不要回避。把错误纠正过来,就能为我们经济发展创造更好的条件。因为没有经验,就要犯错误,今后也还会犯。我们还是有希望的,只要全国人民思想统一了,治理整顿也不难。我是挺有信心的。

改革必须坚持,对此,有两个问题比较重要。一个是要重视和研究怎么把这么大的国家宏观调控能够搞好。吴大琨①同志,你是经济学家,你有资格说话。当然,大家都要研究。比如金融调控,我在去年就发现美国、日本比我们强,我们有一段时间有点失控。还有其他宏观调控问题。我认为,有计划的商品经济,首先是能宏观调控的商品经济,能有控制能力的商品经济。如果说,宏观上有调控能力了,我们什么都不怕。底下搞活了,再出多少问题,我们也不怕,总有办法应对。如果宏观失控了,那就麻烦了。我们也开生活会,在生活会上我就提了这条建议。

另外一个问题是,经济还要搞活,不能走回头路。搞死了不行。如回到过去50和60年代无所不包的国民经济、计划经济,恐怕不行。我相信,如果按照中央现在确定的方针做,治理整顿就可搞好了。

最后,我讲点感想。我这个人的命运,大概同志们难以想象。有的同志可能觉得,你这个人做官越做越大了,好像挺得意的吧。其实,只有我自己知道。1982年把我选进中央书记处当候补书记,我是没有思想准备的。我想到差不多年龄,还是看点书、搞点简单工作算了。领导层次越高,工作越复杂,任务越艰巨。当然,我的愿望没有实现。后来叫我当了将近一年的中央办公厅主任,然后又叫我去当了中央组织部长。组织部长搞了一年多,然后1985年又叫我搞政法,当了政法委员会的书记。这些,我事先并不知道,事后再说也不行了,组织已经决定。咱们共产党员总是要服从组织嘛!而且我这次服从组织,因为这是小平同志等常委决定的。政法工作我过去没有搞过,再讲困难也没有用。

① 吴大琨,经济学家,中国人民大学教授、第七届全国人大常委。

　　我拉拉杂杂地谈到这儿,感想式的,有不对的地方,请同志们提出,我注意改正。我也只是作为上海市代表团一个成员发言,供参考。这是我真心实意的话。

经济建设仍然是我们
现在的中心任务*

（1989 年 10 月 13 日—18 日）

一、党的十一届六中全会决定今后不再搞政治运动,要维护安定团结的政治局面

建设具有中国特色的社会主义,非常需要一个稳定的社会环境。在国际上要争取一个有利于我们的和平环境,在国内必须有一个稳定的安定团结的政治局面。如果一个国家乱糟糟的,社会老是动动荡荡的,怎么搞改革开放,怎么搞经济建设。我们必须维护安定团结的政治局面,必须保持我们社会的稳定,否则什么都谈不上。我们要看到新中国成立到现在这 40 年,除了党的十一届三中全会至今这十年以外,过去一个相当长的时期,不断搞政治运动,到最后搞了十年"文化大革命"。十年"文化大革命"是很大的动乱,这是大家都知道的,有很多同志印象是非常深刻的。党的十一届三中全会之前,我们吃亏,是受"左"的思想指导,离开了马克思列宁主义和毛泽东思想的正确轨道。因此使我们社会主义建设受到相当大的损失。这个问题我们在党的十一届六中全会做了总结,决定今后不再搞政治运动,一定要维护全党全国安定团结的政治局面,一定要专心致志地搞经济建设,把我们国家经济搞上去。搞了十年现在又出现极少数人要

---

* 这是乔石同志在陕西省考察期间的谈话节录。

在中国照搬美国或其他西方国家的那一套,或者想在中国照搬苏联、波兰、匈牙利那一套。这些我看都不行,都是严重脱离中国实际,同中国人民的意愿、中国的实际国情根本相违背的。但是,要处理这个问题也确实是够复杂的。这里面的经验教训是很深刻的。我感到全国的工人、农民,全国的知识分子,是主张安定团结的,是主张集中精力搞好"四化"建设,建设有中国特色的社会主义的。过去 10 年日子过得好好的,如果再继续 10 年、20 年、30 年下去,国家就会欣欣向荣,可以搞得很好。如果又像"文化大革命"那样,那能把国家搞好吗?这个道理非常简单。极少数人想在中国实行全盘西化,或者抄袭苏联、东欧模式,这都是不行的。中国还是要从中国自己的情况出发,按照马克思主义的基本原理走中国特色的社会主义道路。这个问题,在进一步学习、贯彻党的十三届四中全会决议和江泽民同志的讲话中,要再进一步加深认识。我们已及时解决了在北京发生的那场"政治风波",现在要反思,总结经验教训,今后在思想上、在各方面措施上,要加强工作,预防发生这种社会动荡。这不是不可避免的,是可以预防的。

怎么搞好安定团结,怎么维护好社会稳定?这里有很多工作要做,要从基层开始进行解决。比如北大发生什么问题就要从北大开始解决,不能动不动就到社会上去。工厂里如果发生什么问题,就要在工厂党组织的领导下解决。上面的领导要及时加强帮助和指导,不要等闹到街头上去了才去处理。政法战线是人民民主专政的重要工具,从这次事件看,需要加强,公安武警力量需要加强。解放军是维护国家安定的最主要的力量和支柱,同时也是抵御外来侵略的一支主要力量。但我们不能有单纯依赖解放军的思想,在一般情况下动不动就用解放军,也不是一个办法。总的还是要依靠基层,力争把问题解决在基层。政法战线各个专业部门也要和广大群众相结合。

群众性的保卫组织一定要搞好,搞好了就可以起很重要的作用。用工人管城市,农村治保组织管农村,还可以解决警力不足的问题,这也是走群众路线的一种形式。各方面都要想办法,基层党的组织要搞好社会治安的综合治理。

二、把发展经济摆在中心地位

经济是中心,这是党的十一届三中全会就确定了的,党的十三届四中全会对此没有改变,我们要牢牢抓住这个中心。当然要坚持四项基本原则,要坚持改革开放。但是归根到底,还是要把有中国特色的社会主义,把社会主义的四个现代化建设搞起来。小平同志在6月9日讲话中谈到,要我们冷静地思考一下过去,冷静地思考一下未来,冷静地思考一下我们原来确定的三步走对不对?坚持四项基本原则对不对?改革开放对不对?小平同志还明确地说,这些都是对的,是正确的。我们主要的问题是在坚持四项基本原则和改革开放这方面存在"一手软、一手硬"的问题。所以还是要把发展经济摆在一个中心地位。这个中心不抓上去,二次翻番就会有影响,社会主义的优越性也不能充分发挥。当然,讲社会主义的优越性,可以用40年取得的成就作说明。我们是11亿人口的国家,解放初期只有5亿到6亿人口,现在差不多是翻一番。在人口问题上,我们是有经验教训的。但是,经济上40年总的发展是快的,我们有大量材料说明社会主义制度是有极大优越性的。在全世界人口最多的国家里,解决了人民群众的温饱问题是非常不容易的。没有解决温饱问题的地区,现在还有,只是在全国范围来说不占很大的比重。但是要更进一步说明我们社会主义的优越性,还是需要我们自力更生,埋头苦干,艰苦奋斗,搞它几代人的时间,使我们的国家真正达到中等发达国家的水平。到那个时候,社会主义优越性才更有说服力。

农业是很重要的。农业始终是我们经济的基础,而粮食是基础的基础。这一点,我看在很长时间里是改变不了的,因为人口本身就说明了这一点,中国人口实在太多,耕地相对来讲实在太少了。11亿人口如果自己不能解决粮食问题的话,世界上没有哪个国家能帮助我们解决。如果粮食问题没有解决好,那么社会稳定、工农业发展、改革开放,都无从谈起。中国的农业到2000年上第二个台阶,是一个非常困难的问题,越往后困难会越大。将来要拖后腿的首先是农业。所以我们不要小看农业。在农业生产条件比较好、基础比较好的地方,不能忽视农业的发展问题,还是要继续争取把农业生产搞得更好一些;条件比较差、困难比较多的一些地区,也要想办法把农业搞上去。我想如果我们继续发挥广大农民群众的积极性,农业是可以搞好的。家庭联产承包责任制、包产到户,不能轻易改动,还是要完善、稳定。在这个基础上,有些地方如果有条件可以试验性地搞一些规模经营。过去10年经济发展那么快,首先是从农业开始的。今后我们进一步发展经济,还是不能忽视农业。

经济要搞上去,工业不能滑坡,我想这是可以做到的。对乡镇企业,该保护的还是要保护,搞倒买倒卖,浪费能源、浪费材料,不起好作用的,那就要砍了。至于偷税漏税,可以加强税收工作。乡镇企业,各地情况不完全一样,沿海地区跟中部地区和西部地区也不完全一样,要从实际出发,要加强引导和管理。这个不在于多说,在于踏踏实实地做。首先是该稳定的要稳定,然后有条件地指导发展。避免过去那种部分地区乡镇企业盲目发展、引导不够、管理不够的现象。地方工业该发展的要发展。要加强调查研究,实事求是,减少盲目性。这样,会有利于地方工业的发展,也有利于整个地区经济的发展。今年治理整顿总的来看,效果是好的,总的趋势还是向好的方向发展。但困难还是很多的。要有一个基本的看法,就是改革开放带来了比较快的经济发展,这是毫无疑问的,这个成绩是很大的,是大家都看得到,在日常生活中也感觉得到的。在治理整顿过程中,有些地方紧一点,比如资金紧张,困难是有的。有的困难,可以当作我们改进经济工作、调整经济结构、搞好机制、提高效益和加速资金的周转的机遇来看待。当然国务院也在考虑给点润滑剂推动一下,但完全靠上面拿钱是做不到的,因为通货膨胀不能再继续了,必须加以制止。现在社会上滞留资金是比较多的,这是全国统计结果所表明了的,所以要依靠中央大量发票子的日子不能再过了。在全面收紧之后,不该紧的也紧了,应该适当放宽一点的也紧起来了,这种情况也是有的。这是因为宏观调控这个问题很复杂,国家又大,难免会发生一些问题。我们应当在目前条件下,积极想办法解决困难和问题。要注意掌握好产业政策。要帮助重点企业解决一些实际问题。

三、要树立长期艰苦奋斗的思想

要准备过几年紧日子。紧到什么程度?当然不能和三年困难时期相比。我们过去十年的日子过得还是松了一点。现在一收紧,有些不习惯。我看不单是过几年紧日子,而且要树立一个长期艰苦奋斗的观念,我们国家搞建设,还是要自力更生,艰苦奋斗,特别是各级领导要有这种思想。任何时候都不能放松,这松不得。因为中国11亿人口,你一松,到下面就不知成了什么样子了。长期树立自力更生、艰苦奋斗、勤俭建国的好作风,这样中国才有希望。这个问题,我1985年到广东时就讲过。我到深圳去,参观一个50多层的大楼,上面有个旋转厅,材料是从美国进口的,这个楼所有的石料都是从意大利进口的,石料确实不错,磨得光光的。学习人家的先进技术,我是赞成的,也是应该的。但是每一幢楼都用进口材料,那还得了!不光是广东,其他地方也有这个问题,甚至装修工程也请香港和澳门的工人来搞。我在广东问一个澳门工人,他一个月工资是7000元港币,这种花费是不适合我们中国目前经济发展状况的。当然,我们现在说的自力更生、艰苦奋斗,绝不是要搞闭关自守,而是在改革开放的情况下,以自力更生为主,还要搞对外经济合作,国内还要搞横向经济联系。我们现在说的艰苦奋斗,既不是红军长征时候那样的艰苦奋斗,也不是延安时期、抗日战争时期那样的艰苦奋斗,生活毕竟是好多了。但是还得保持这个精神,还得保持这个传统。因为国家大,浪费不起呀。比如说,我走到哪个地方,发现银行的大楼盖得都很漂亮,钱是哪里来的?归根到底都是国家的。我没有借这个机会去批评银行的意思。别的不少单位也都在盖楼房。但是盖得太多了,跟国力不相称。我们要准备过几年紧日子,同时绝不能理解为只需要艰苦奋斗几年,熬它两年、三年,以后就可以铺张浪费了,绝不能这么理解。自力更生、艰苦奋斗、勤俭建国这一条,要长期坚持下去,不坚持中国就没法建设好。党的优良传统,还得要保持。现在虽然个人生活已经好多了,和战争年代没法比了,但我们是执政党,是公家人,要多替国家着想。我们共产党人,共产党的干部,共产党领导的政府官员,都要为人民服务,都得给国家多省点钱,以有利于建设和发展。这40年的经验证明,经济稍微好一点,我们有的同志就容易忘乎所以,头脑非常容易发热,这个几乎是40年来的带规律性的现象。比如农业稍微好一点,就出现这个问题。1984年农民"卖粮难",就说粮食多了,其实是一个低水平的过剩,根本就不存在买方市场,粮食市场变成买方市场还早得很。其他农产品和轻工业产品也没到那个时候。这个基本国情是明摆着的。这几年,更应该注意这一点,就是这几年度过了,经济搞得顺当了、好一些了,也不能搞"大干快上"。我们这几年虽然没有说"大干快上",实际上还都是想快,你说谁有一个方针要搞这么快,其实也没有。但大家互相一攀比,都急得要命,都要搞,这也是不行的。中国的基本国情说明,中国的建设是长期的,需要长期艰苦奋斗,才能逐渐地有成效,逐渐地发展起来。各个地方情况不一样,沿海地区、中部地区、西部地区的情况不一样,就是沿海也有贫困地区。在一个省、市范围以内情况也不完全一样。要从实际出发,就是稍微好一点的地区也不能忘记我们这个基本国情。

最后,我要强调一点,我们要注意政策的稳定性和连续性。江泽民同志的国庆讲话讲了很多问题,这些问题总的有一个精神,那就是注意政策的稳定性和连续性。我主张各方面的政策,没有什么特别重要的原因,不能轻易改变。因为这些政策是过去10年来在小平同志的指导下制定的,这些政策10年来是受人民群众欢迎的,而且人民群众是在实践这些政策中间得了益处的,我们有什么理由改变这些政策?我们只有坚持这些政策,才有利于全国的稳定,也才能把各方面的工作真正搞好。从今年春天到现在,小平同志的历次讲话,一再强调这个问题,包括最近同李政道①的谈话,也突出讲了这个问题。这个问题是很重要的。江泽民同志的讲话体现了这种精神。这是我们集体讨论的,不光是中央政治局常委讨论过的,中央政治局扩大会议也讨论了,还征求了各地各部门的意见,所以是代表集体的意见。当然,也不是说所有的政策都一成不变了,任何政策在实行过程中,总还要根据实际情况不断完善。

----

① 李政道,美籍华裔物理学家,诺贝尔物理学奖获得者。

改革开放的方针政策不会变[*]

（1990 年 1 月 20 日—27 日）

一、坚持"一个中心、两个基本点"^①的基本路线，不断摸索、总结经验，使改革开放搞得更好

我这次到佛山来，整个印象不错，你们发展是比较快的。我1985 年来广东，也到了珠江三角洲，看了一些地方，这次看到的情况跟前几年相比，你们又有了很大的发展，你们刚才也介绍了，10 年来，全市工农业总产值已经翻了两番半，各方面工作都是不错的。这证明"一个中心、两个基本点"的路线是非常正确的。今后按这样的路子走下去，经济就会继续比较快发展，甚至可能比这 10 年发展得更快一些。党的十三届四中全会、五中全会，特别是小平同志在几次全会上的讲话，明确指出我们今后"一个中心、两个基本点"的路线、政策不变。国家要发展起来，建设有中国特色的社会主义，首先就要把经济搞上去，把生产力发展起来。否则，国家就稳定不了，建设有中国特色的社会主义就根本没有希望。苏联和东欧各国，他们道理讲得很多，立法搞得很多，他们有些立法也是好的，我们有些立法还不够，但他们经济没有搞上去，人民群众没有得到实惠，其他就很难

---

*　这是乔石同志在广东考察期间谈话的一部分。

①　"一个中心、两个基本点"：1987 年中国共产党第十三次全国代表大会提出的党的基本路线的核心内容。"一个中心"，指以经济建设为中心；"两个基本点"，指坚持四项基本原则，坚持改革开放。

谈得上了。实践证明,我们"一个中心、两个基本点"的路线是正确的。在坚持一个中心的同时,要坚持两个基本点,两个基本点缺一不可。如果不坚持四项基本原则,那不就乱了吗?国家就要改变方向,改变颜色,那是非常危险的。如果不坚持改革开放也不行。我们40年的经验证明,不搞改革开放,经济建设和其他各项事业就难以发展。所以,我们的改革开放政策不会变,今后还要进一步改革开放,而不可能回到闭关锁国的老路上去。如果不开放,不进行交流,不引进外资,不向发达国家引进先进的科学技术,不注意研究他们的先进经济管理、科学技术管理,包括宏观管理和微观管理方面值得我们学习的东西,我们国家就不可能有很快的发展。然而,我们国家这么大,总要有个宏观的计划、宏观的管理。不注意商品生产,不注意市场调节,这是不对的。我们要在不断的实践过程中摸索经验,把改革开放搞得更好。我们过去在宏观管理上,包括全国的宏观管理和地方的宏观管理,出现了一些缺点,所以要花一点时间治理整顿。治理整顿的目的是要为改革的深入和健康发展创造必要的条件,把改革开放更好地进行下去,所以,决不能因为治理整顿而否定改革开放,或者以为改革开放的政策变了。

去年是治理整顿比较困难的一年,今年是治理整顿关键的一年。国务院的同志告诉我,困难主要是今年上半年,如果上半年能够搞好,今年整个工作就可以搞好。佛山市在一年多来的治理整顿过程中,已逐渐找到了一些新的出路,如调整产业,引进外资,特别是发展外向型企业。通过治理整顿,使企业搞得更好,这是可能的。今年整个情况,总的来说还是比较困难的。刚才你们说到的流动资金紧张问题,中央是知道的,所以去年第四季度放了1200多亿元,但到你们佛山市恐怕就没有多少了。你们说在治理整顿中有些政策规定不要搞一刀切,这意见是对的,但怎样才能使我们在宏观管理上既管得住,又不搞一刀切,还需要寻找一些办法出来。另一方面,你们搞实际工作的,特别是在省、市工作的同志,该反映的情况还是要反映,该提的问题和建议还是要及时地提出来,这是我们党的实事求是的原则。至于问题提出来后能否解决,则由中央全面来考虑。

二、经济建设要按照持续、稳定、协调发展的方针进行

根据过去 40 年的经验,在经济建设上不能追求太快的增长速度。在 40 年中,第一个五年计划大体上可以,提前一年完成了计划,而且完成得不错。以后在很长时间里,除政治上的折腾外,经济上波浪式发展,反复折腾比较多。其中最主要的问题就是不注意从实际出发,没有控制、掌握适当的发展速度。这个问题全国要掌握,地方也要掌握,速度太快了,最后是欲速则不达,又要回过来调整。十年来,我们改革开放政策是非常正确的,经济各方面发展是很好的,成绩很大,如果说有什么缺点的话,就是这个问题没有解决好。对此,中央首先要承担责任,各省、市包括沿海的和内地的,也是有责任的,各地自己日子稍微好过一点,就想快点发展。大家都希望快,结果就超过可能了。从全国来说,今后经济长期都能像这一两年治理整顿期间这样,保持 5% 的增长速度,累计下来也就不慢了。在治理整顿以后,沿海地区还可能稍快一点,内地可能稍微慢一点,但全国如果能长期持续保持这个发展速度,我们在 90 年代实现第二个翻番是没有问题的,搞得好,还可能超过一点。在这中间,沿海开放地区肯定要比内地发展快一点,因为两者条件、原来基础不同,发展是不平衡的。现在让沿海地区发展快一点,是全局的需要。今后到了某一个时期,让沿海地区发展慢一点,其他地区发展快一点,同样也是全局的需要。我还有个想法,如果沿海地区发展快一点,是不是可以通过横向经济联系或其他途径,在一定程度上带动中部、西部地区的发展。总之,如果大家对经济建设有一致的认识,自觉坚持长期持续、稳定、协调发展的方针,就可以把工作做得更好,避免走弯路和不断的调整。

佛山市条件比较好,发展很快,希望今后各方面工作在现有基础上搞得更好,发展更快一些。要把国际横向联系搞得更广泛一些,只要我们思想不变质,这个不可怕。从全党来说,极少数人在改革开放过程中思想变质是难免的,但只要绝大多数人能够经受住改革开放的考验,我们就可以把社会主义建设好。我们社会主义制度优越于资本主义制度,这是肯定的。但要使社会主义的优越性更加明显,使更多的人承认、觉悟到这一点,还要靠我们继续去实践。我看我们坚持不懈地按照“一个中心、两个基本点”的路线、政策搞下去,到本世纪末或下个世纪二三十年代,社会主义的优越性就会得到更充分的发挥,看得更清楚,使更多的人更加信服。

我们的政策没有变,也不会变。改革开放不仅不变,而且还要进一步改革开放。改革开放怎么能变呢? 我们没有地方变,变到哪里去啊?!

三、造林绿化改善了生态环境,农民也找到了致富的门路

林若①同志在你们从化县太平镇办造林绿化点,抓了几年,成绩不小。当然,这主要靠你们村里的党组织、行政组织和广大群众的共同努力。实践说明,在你们这个地区的荒山,只要下决心,是可以改变面貌,绿化起来的。

劳动致富,党的政策没有变,关键在于大家努力。我刚才在你们这里看到的情况是挺好的,很有发展前途。你们山上都种上了树,不仅搞了绿化,改善了生态环境,而且经济效果也很好,农民从中找到了致富的门路,改变了精神面貌。这对国家、集体和个人都是非常有利的。你们省、县、镇、村都在这方面做了大量的工作,收到了良好的效

---

① 林若,时任中共广东省委书记。

果,今后应继续搞下去,搞得更好。

四、改革开放需要安定团结的社会环境

农民希望社会安定,这和中央的想法是一致的。中央极为重视社会的稳定,把它作为今年压倒一切的任务。中央历来强调稳定,党的十三届四中全会、五中全会以后,一直是坚持这个方针。在这方面,大家不必有太多的顾虑。工人、农民、解放军、其他劳动人民以及绝大多数的知识分子都不赞成乱,如果有人要闹事,我们完全可以依靠广大人民群众,吸取过去的经验,采取有效措施,妥善地加以解决。

我记得我 1985 年来广东时,你们顺德县搞社会治安责任制,是搞得比较好的。在整个改革开放过程中,需要社会安定团结,希望你们总结经验,继续努力,把社会治安工作搞得更好。现在工人、农民都要求改善生活,都要求有一个安定的生产环境和生活环境,我们有责任把社会治安搞好。只要依靠党的领导,依靠人民群众,把人民群众的积极性调动起来,社会治安是可以搞好的,外来的一些不良影响是可以在我们的土地上解决的。当然,这是一项长期的任务,不是一两个月,一两年就能解决的。对外开放中引进外资,搞中外合作,本身就会不可避免地带来这样那样的问题,恐怕不单我们这代人,以后好几代人都会不断地碰到这个问题。要建设好有中国特色的社会主义,就要在党的领导下,坚持人民民主专政,坚决抵制和克服各种不良影响,把社会治安抓好。

今年是治理整顿关键的一年,困难比较多,特别是刚才顺德县北滘镇党委书记说的流动资金紧张问题,是个较大的困难。如果流动资金稍微松动一点,你们日子就会好过一些。现在大家都要过紧日子,所以主要靠你们自己想办法,把出口创汇搞好,争取使流动资金能够稍微过得去。今年尤其是上半年,困难可能比较大,要把企业搞好,恐怕关键在于调动企业广大干部职工的积极性,共同努力克服困难。

要在改革开放中经受考验和锻炼[*]

（1990 年 2 月 10 日—16 日）

一、稳定的基础是经济，经济稳定首先是农业稳定

保持社会的稳定，稳定压倒一切，不稳定就什么也搞不成，这是小平同志多次讲过的。稳定的基础是经济。经济不稳定，社会就不可能稳定。经济稳定首先是农业的稳定。农村形势较好，只要继续认真抓下去，农业稳定还不至于有大的问题。而工业这一头要非常重视。市场疲软、资金紧张、停产半停产，工人有一部分放长假，这是一个非常不安定的因素，很不好，要认真解决。现在如果市场疲软的时间久了，停工半停工的面大了，待业半待业、放长假的时间长了，就可能出现问题。你给他放长假，每月发 50 元的生活费，他一天到晚没事干，这不光是国家的经济负担和劳动力的浪费，而且是不安定因素。因为，有些职工特别是青年职工没事干，就要到社会上找这个找那个，谁知道他干什么？对这个问题要具体分析，逐个逐个地解决。恐怕主要的还是企业要抓产品结构的调整。我前一段去广东佛山，那里的企业产品结构就调整了，结构调整后生产的产品大多是出口的新产品，打开了销路。

农村政策要稳定。家庭联产承包责任制要长期搞下去。规模经营，有条件的地方可以逐步发展，但要慎重，在群众自觉的基础上水

＊　这是乔石同志在河北省考察期间同省领导班子谈话的一部分。

到渠成地搞。一定不要引起农民的动荡不安。家庭联产承包产生于60年代初期,有好几个省搞,当时效果就很好。但后来挨批,一批20年,"文化大革命"中批"三自一包"①更厉害了,农民不敢说话。党的十一届三中全会后普遍实行家庭联产承包责任制,效果是好的,现在也还有很大的生命力。我们的农业基本上是靠天吃饭,农民搞家庭联产承包自己承担了风险,收入多一点也是应该的。有的地方、有的环节如浇水、除虫可以搞一些集体的统一的服务,但家庭联产承包责任制不能随意去动,不能恢复过去那种搞集体化的做法。慢慢来,将来农村经济发展了,条件成熟了,很自然地采用一种什么适当的形式,不能搞快了、搞急了,不然肯定要出事。乡镇企业有的方向实在不对头的可以逐渐地调整,加以引导,但不要使它萎缩。

社会治安就是要综合治理,稳定是全党的任务。不是某一条战线的事。全党的工作都要考虑,都不能忘记保持社会稳定的问题。治理整顿,企业关停并转、优化劳动组合,这都是必要的,但同时要考虑不要造成太大的失业率,以至于成为影响社会稳定的因素。对社会治安,党政都要负责,党委还是要出面。要在党的统一领导下搞好综合治理,长期坚持下去。要加强基层,加强基层的治保民调组织。要依靠群众,对一些群众自治组织,要有人管,有困难时要支持,使他们真正能够活动起来,发挥作用。普法教育也要坚持搞下去。

二、大学不要再扩大招生,多办些中专比较现实

改革开放政策我们要长期坚持下去,国外不好的影响不可能没有。关键在于我们能否管住自己的队伍,这是在改革开放中必须经

① "三自一包",是对"自由市场"、"自留地"、"自负盈亏"和"包产到户"的总称,是在1960—1962年进行经济调整时,在我国部分地区,为改变人民公社"一大二公"做法,尽快恢复农业生产和改善农民的生产和生活条件的一种试验。当时取得了很好效果,但在"文化大革命"中被批判为"修正主义路线"。

受的一个考验和锻炼,不是今年、明年的问题,而是一个长期的问题。学校是敏感点,最容易受国外影响。如果不做好学校的工作,它还会慢慢地影响到工厂、农村。因为工厂有青年工人,农村初、高中毕业生也慢慢地成为骨干了。这是关系我们国家长治久安的问题。大学必须加强管理。现有一些大学的管理太松,世界上哪个国家包括资本主义国家的大学都没有像我们这样松松垮垮的。当然资本主义国家也有乱七八糟的学校,只要花钱,混一下也可以,但是比较正规的学校没有像我们的大学这样松的。另外,大学生还是要接触社会实际,即使不到工厂劳动,去参观一下,请老工人讲一讲也是有好处的。十八九岁、二十来岁的人,社会知识很贫乏。对我们国家的历史,有的学了又忘了,有的根本没有好好学。各行各业都有人作弊,文凭可以买,这种现象美国有,国民党时期也有。大学挂个牌子,不上课,光收费、发文凭。有的大学教授,临考试前学生请他吃饭,或者送点礼,他给学生的分就高一些,就毕业了。这都是资本主义、封建主义的那一套,不是好现象,非常腐蚀人。我主张大学不要再扩大招生,搞那么多,还包分配,搞得很乱。大学办那么多分校,实际它也管不了。中专可以搞得多一些,这比较现实。

三、在改革开放中要学会把宏观调控同微观搞活结合起来

总的来说,我们还没有学会如何把宏观调控与微观搞活很好地结合起来。某种程度上还是一抓就死,一放就乱,一乱就搞急刹车。烟酒调价,一看销路好就大幅度涨价,结果闹个滞销。北方的棉花、南方的苎麻、甘蔗也是这样。1984年棉花多了,就把所有的奖励政策都取消了,结果跌下去几年上不来。苎麻过去高价收购,湖南涨到八块多,后来又跌到一块多,维持不了。在改革开放、治理整顿中,我们都要认真研究这类问题,提高调控能力。

对企业经营者的分配问题不应该无条件地讲,不能离开时间、地点、具体条件。该拿多少,要看合理合法性。从总的原则来讲,一部分人先富起来,这在中国是不可避免的。但先富起来的必须是合法经营、照章纳税,在法律法规允许的范围内先富起来。如果离开这些,不是劳动致富、不是靠正当经营致富,而是非法、违法致富,那就要管。分配不公的问题要想办法解决,首先要解决那些相差非常悬殊的部分。比如个体户,个体户经营如果有违法经营、非法所得,搞得非常大,这应当首先解决;如果是合法经营,但偷税漏税了,也要依法处理;如果他是正当经营,又照章纳税了,收入高点那也是允许的。机关与机关之间,干部职工工资、奖金收入非常悬殊的不多,但也确实有。这个问题是值得研究的。

南水北调,搞引黄工程对整个华北地区是有很大意义的。如果投资十多亿的话,数额不是很多的,应该搞,要争取"八五"计划能考虑上。这要国家统筹考虑。

在稳定中求发展[*]

（1990 年 2 月 26 日）

（朱镕基①：我们汇报完了，乔石同志，请你给我们作点指示。）

你不要说指示啊！我历来不大喜欢讲指示。我赞成在中央工作的同志到地方，个人发表意见能随便一点，地方上听意见也能随便一点，两相方便，所以不要叫指示。除了中央正式发的文件，叫指示或者叫通知以外，个人发表的意见，符合当地情况，符合中央精神的，对大家有帮助有启发的，当然可以说；就是没帮助、没启发的，我的意见是说说也无妨，可以一起讨论嘛。这个问题我在 1987 年就讲过的，那次尚昆②同志也在。所以，随便说说，作为个人的意见。

一、对国际形势要冷静观察

国际形势嘛，没有更多好讲的，中央全会上还要讨论一下。同志们都知道苏联戈尔巴乔夫的变化。这次苏共二月全会，争论得非常厉害，最后"行动纲领"算是通过了，曝光了，这就看得比较清楚了。归纳起来，就是想走社会民主党的道路。到底怎么走法，走得成走不成，现在还很难说，到我们开党的十三届六中全会的时候，我估计也很难说。就是再增加些时间，恐怕也很难说清楚。所以，我是非常赞成小平同志的这个意见，就是不要忙着下结论。我是星期五来的，临

---

* 这是乔石同志在听取上海市委工作汇报时的讲话。
① 朱镕基，时任中共上海市委书记。
② 尚昆，即杨尚昆，时任中共中央政治局委员、中共中央军委副主席、国家主席。

151

来之前,星期四上午,找我讨论准备提交十三届六中全会审议的文件,我说结论性的、论断性的话少说一点,因为形势在变化之中。苏联形势在变化,东欧的形势也在变化,一个是西方资本主义和平演变的活动,另一个有戈尔巴乔夫的影响或者干预,再加上它内部的各种各样的问题,尽管表现形式、步骤并不相同,但都处在变化之中。国际形势对我有不利的一面,特别是"政治风波"以后,以美国为首的资本主义世界对我国进行制裁,施加压力。东欧和苏联的形势变化,客观上对我们也有不利的方面,这是事实。但是,不利的方面到底有多大,要冷静地考虑考虑。西方在考虑,苏联、东欧在考虑,我们也得考虑。我们要冷静地观察。从苏联、东欧看,在发生变化。从苏共中央二月全会看,大体上有一点眉目,看得比原来清楚一点,无非是搞社会民主党那一套,叫做人道的民主的社会主义。但是它到底能走到哪一步,到底怎么发展,还要看,现在到开十三届六中全会没几天了,我估计一下子还说不准。苏联也好,东欧也好,国内一大摊子问题怎么解决啊?我看他们自己也说不清楚。就是说得清楚了,那些西方国家投资者是否也这样看,那还是另外一个问题。东欧、苏联的政局还是在动荡之中,现在还看不到稳定趋势。不管怎么说,总有对我们不利的一面,这个应该承认,做足够的估计、足够的准备。但另外一方面,我个人有个看法,世界还是充满矛盾的。总的趋势比较明显,没有特殊的情况,世界大战打不起来,特别是原子战争打不起来。苏联也好,美国也好,同中国的关系,我的看法,不会搞绝。中国虽然还是一个发展中的国家,第三世界国家,但是块头比较大。如果我们国内工作做好了,稳定了,它能把我们怎么样?如果国内乱糟糟的,那么,你怎么也说不响。

我认为世界还是充满矛盾的。东方不亮西方亮,到处有矛盾。全部联合起来对付中国,或者中国被围困,我们打不开局面,这我不太相信。相反,我觉得苏联现在怕我们,它知道我们在内部骂它,戈尔巴乔夫也知道。但他希望我们不要公开,不要公开骂他。所以,我向江泽民同志建议,无论如何不要公开点名,因为一点名,就比较麻烦,特别是对最高领导人。(陈国栋①:那就再搞论战了。)是啊,再搞论战,这事就麻烦了,我们对此已有经验教训了嘛。人家是人家的经验,他总结不总结经验,我们不管;我们有我们自己的经验,总应该汲取过去的经验教训。我觉得,总是还有些矛盾可以利用的。改革开放的政策要继续下去,我觉得这没有问题,我们可以打开这个局面。这是我的一个看法,国际形势我简单说这几句。大概六中全会准备的文件也很难把事情都说定了,因为事情本身在发展、变化。

二、在稳定中求发展

关于经济建设,中央的意见是稳定压倒一切。刚才你们三位老同志和市委同志讲的我都赞成,还是要稳定中间求发展,政治、经济各方面都要稳定,我们采取的步骤要有利于稳定,越来越稳定,而不是有利于动乱或动荡,如果动荡,对国家,对经济建设都是非常不利的,会使"四化"建设只能推迟而不能加快,这是必然的。小平同志说过,好端端一个很有希望的中国,如果搞得乱糟糟的,怎么进行建设?所以,发展也只能在稳定中求发展。既然在稳定中求发展,发展的速度应该汲取过去的经验教训,不要急于求成。我是赞成这几年发展速度可以稍微缓一点,比如说5%或6%;往后调理好一些,争取稍微快一些。快,我看也就是7%或多一点,不要搞得太高。这个不仅是我们党的十一届三中全会以后的经验,而且是新中国成立后40年来的经验。贪快,结果还是欲速则不达。在经济上,过去每一次出

---

① 陈国栋,时任中共上海市顾问委员会主任。

问题都是急于求成吃了亏。除了经济以外,比如说经济体制改革、政治体制改革,也有这样一个问题,我也赞成稍微稳一点。稳一点,比冒好。我赞成刚才同志们提的这个意见。

三、上海要力争上游,开辟新的出路或途径

上海开发浦东的规划,我看了一下,拜读了。具体内容当然还可以再修改。上海不能向下滑,只能力争上游,要开辟新的出路或途径。浦东开发,当然要有些配套政策,我是赞成的。现在我不分管经济,经济问题讲不出多少意见,道涵①同志还是一套一套的,我说不上。但是,我去看了,今天又听了,我是赞成的。(朱镕基:你也是搞经济出身的。)都忘了。现在整天都是什么案件,什么违纪的违法的那些事,还有党校的事。你们这个规划我赞成。建议你们在李鹏②同志来上海时多向他汇报。小平同志已经说话了,小平同志的话不用说好多遍,说一遍就行了嘛!我相信是管用的。这次邹家华③等同志来上海,就很支持浦东开发。浦东开发跟深圳、广东不矛盾。当然,我有一个非常不成熟的想法,回去和他们搞经济工作的同志说说,我觉得现在 14 个开放城市,上海也算在 14 个里边了。要让上海能够有个机会赶上来,因为上海潜力比较大。(陈国栋:这是一个全国经济战略布局问题。)对,布局问题。都撒胡椒面,还继续像原来那样搞法,恐怕不行。(朱镕基:你这意见不是个小意见,是个大意见啊!)我只能讲大而空的、大而不当的话,具体的没资格说啦!(朱镕基:这是很大的意见,我们非常拥护你这个意见。陈国栋:这个好,说到点子上了。就是这个问题,因为这话我们也不好讲。)不知道依

---

① 道涵,即汪道涵,时任中共中央顾问委员会委员。
② 李鹏,时任中共中央政治局常委、国务院总理。
③ 邹家华,时任国务委员兼国家计划委员会主任、党组书记。

林①同志怎么想,回去有机会和他商量商量。你们几位(指陈国栋、胡立教②、汪道涵同志)多做点工作啊,空话有时候也得说啊,多说几遍也好。(朱镕基:你们几位常委说了就不是空话了,一说就定音了。)我定不了音,这是实在话。我有这个想法,什么道理呢?从党的十三届四中全会以来,我们一直说改革开放政策不变,没改过,但人家还在观望,到底是什么原因,就是人家看你有什么动作。像王永庆③的投资,上海浦东的开发。小平同志说过,要有几个动作说明,要有几个大的项目。四中全会时,他一是关心经济不要滑坡,再一个是要做几件扎扎实实的事情,说明我们的政策没有变,改革开放的政策没有变。(陈国栋:我们向尚昆同志讲,全国要有一个经济战略布局,要明确把上海摆在什么战略位置上。朱镕基:你是提出这个问题了,乔石同志回答了这个问题。)从发展看,上海还是很有希望的。如果中央给一点必要的条件,逐步给也可以,上海的发展就会比较快。(朱镕基:我插一句话。开发浦东要"老区老办法,新区新办法",这并不影响我们对中央的贡献。因为我们跟北京、天津不一样,他们是比例分成,让出一块等于是挖了中央的。我们是定额上交,不存在挖中央的问题,通过其他税费的渠道实际上交额度是逐年增加的。我们这个办法,不会让中央作出大的牺牲。当然,有些问题,比方说,银行的配套资金,引进外资要向中央要求多给一点支持;产品内销,允许我们占一点市场份额,但是对上海讲起来,都会是有节制的,我们不会躺在中央的身上,不会影响全局。)不会躺在中央身上,这没问题。中央在这方面不会有什么怀疑。大家也不要有什

---

① 依林,即姚依林,时任中共中央政治局常委、国务院副总理。
② 胡立教,时任中共中央顾问委员会委员。
③ 王永庆,台湾著名企业家,台塑集团创始人。

么顾虑。恐怕要多呼吁一下。

四、上海原本是远东金融中心,现在要把金融搞活

现在上海这些成就,都是新中国成立 40 年来发展起来的,因为解放初期的情况我大体上还记得。当然,从全国来讲,当时上海做的贡献比例是很大的,比现在还大。有一个问题,就是金融的发展,你们的报告中也提到了。(朱镕基:这条是最重要的一条。)上海本来是远东的金融中心,而且在世界范围内有影响,后来逐渐搞死了。汇丰银行过去在上海吧? 外国银行能否引进来,金融怎么搞活,特别是怎么把外资吸引进来,这大有学问的。这个问题,我赞成小平同志的意见,胆子要大。胆子不大,干不起来。(朱镕基:许多外国人给我这个信息,包括那个格林波尔,他说,你这条能做到了,是向全世界发一个信号,中国是要进一步开放的,对增加外国人投资的信心会有很大影响。我就是怕这一条通不过。其他比较好办一点。)这一条广东也没有吧?(朱镕基:有,深圳有 14 家外资银行。)深圳搞活金融还差远了。上海可以多琢磨琢磨,怎么把金融搞活一点。原来有经验,现在又过 40 年了,更有条件了。(陈国栋:目标打出去,起点还是稳步前进。)

就讲这些吧,我没有别的意见了。

人们的认识往往赶不上实践，这是经常出现的历史现象*

（1990 年 3 月 10 日）

一、苏联、东欧形势发生变化，要冷静观察

我们互相交换意见、交流情况，我们把我们了解的情况毫无保留地向你们介绍；你们把你们的情况也向我们介绍。无论是东欧形势，还是苏联形势，发展变化得那么大，那么激烈，都会不可避免地引起所有共产党人和社会主义国家同志们的关注。看来，虽然事情变化很快、很激烈，但是，事情还在继续变化中，比如说，苏共二十八大将会怎样呢？二十八大以后还会怎样呢？还得看一看。东欧各国情况不一样，像波兰、匈牙利变化是比较早的。有的国家一直坚持不搞改革，最后就发生了突然变化，无法控制。

这种变化，好像也受到相当的外在压力。当然，任何外在的压力都通过内因起作用，正如毛泽东主席过去讲过的：外因通过内因起作用。所以，最好我们暂时还是冷静观察为好。

你们都知道，世界上一成不变的事情是没有的，因为历史本身在向前发展，我们面临的情况当然是不断变化的。有些事情经过实践证明，现在看起来还是比较正确的。比如对领袖人物作用的评价，不

---

* 这是乔石同志在会见由总书记南布迪里巴德率领的印度共产党（马克思主义）代表团时的谈话节录。

管怎么说,总是要采取历史唯物主义的态度对待;对于党的革命斗争历史和历史上的其他一些问题也必须采取历史唯物主义的态度来对待,也就是放在当时的历史条件下,进行马克思主义的分析和总结。凡是经过实践证明,现在看起来是不正确或不完全正确的,我们就要改变我们的看法;凡是经过实践证明是正确的东西,它必然有强大的生命力,我们当然应该坚持。就我们中国来说,比如1981年我们党的十一届六中全会通过了《关于建国以来党的若干历史问题的决议》,对毛泽东同志作出了正确的评价。现在看起来这个文件大体上是好的,但它作为历史文件,今后还要经受实践的检验。对于历史上我们作出的结论、确定的方针政策,恐怕也都是这样的情况。

二、社会主义建设时期,看起来要比马克思、恩格斯、列宁所设想的时间要长

我们在过去10年的改革中遵循一个原则,我们叫做"实践是检验真理的唯一标准"。我们所说的实践当然是社会实践,革命斗争实践,或者是科学社会主义建设实践。看起来,社会主义建设时期比马克思、恩格斯、列宁所设想的时间要长一点。革命导师在当时情况下,把革命前景设想得稍微短一点,这是常有的事,正常的事情。但是,革命实践证明,各国共产党要取得本国革命的胜利,不是很容易的。社会主义国家要取得社会主义建设的胜利,以至于过渡到共产主义,都不是很容易的事情。我们在1921年建党后,一共花了28年的时间民主革命取得了全国胜利。现在看这28年是比较长的,但我们后来的建设时间要比夺取政权的时间长得多。过去认为中国这28年的斗争是非常困难、非常曲折和非常复杂的,这当然是对的。但是,现在看起来,革命胜利以后进行社会主义建设更复杂、更困难、需要时间更长。这是我们老一辈以及我们现在的很多同志在新中国成立初期所没有想到的。我们认为,这些变化说明建设社会主义比原来设想的更复杂、更艰巨,时间比原来设想的要长。人们的认识往往赶不上实践,这是经常出现的历史现象。但是,只要符合人民的愿望、要求,符合社会发展的客观规律,社会主义最终是会取得胜利的。我们这些为共产主义事业、社会主义事业奋斗的人,终究不是为了去剥削别人,压迫别人。即使我们前进的道路上有再多的困难,我们也还是为了人民的解放,为了社会主义事业的胜利。当然,不管经过多么曲折复杂的过程,社会主义代替资本主义是不以人们的意志为转移的,但道路肯定是曲折的。资本主义在世界范围内确立巩固地位,前后花了几百年的时间,它毕竟是一种剥削制度代替另一种剥削制度。社会主义和共产主义用没有任何剥削的新制度代替资本主义,当然不会比资本主义更简单、更容易。这条道路具体应该怎样走,我们的导师都没有给我们写下来,只有依靠我们自己,依靠我们导师确定的原则和总的方向,结合本国的实际情况进行奋斗。道路是曲折的、复杂的,但我相信,社会主义终究要代替资本主义。

三、资本主义可以延缓矛盾,但不能根本解决矛盾

我相信资本主义国家还会发展,它们会采取措施缓和矛盾,但根本矛盾解决不了。整个资本主义世界充满矛盾,资本主义国家可以采取措施延缓矛盾,但不能根本解决矛盾。18世纪时,资本主义国家有百万富翁,现在有亿万富翁,这个问题如何解决?资本家获得的社会财富,现在给白领阶层、工人多一些,但自己拿的更多。他们资金多,到处寻找占领市场。私人垄断占有制一点没变。第三世界照样贫困,当然同100年前比,第三世界国家也有发展,但工人阶级仍然贫困。

美国、西欧和日本三者之间的矛盾不能解决,斗争会更激烈。因为他们有很多资金、商品,商品如不销往他国就要扔到大海中去。东欧的变化,尤其是德国的变化,矛盾变得更尖锐了。日本如走上经济、军事大国,首先与美国有矛盾。世界是充满矛盾的。

南南应该加强合作。但一些第三世界国家经济落后,如一些非洲国家,在经济上要发展,遇到很多困难。

西方经济学家很早就说过,第三世界国家发展经济不能依靠苏联。有一段时期,苏联对印度援助多,帮助印度建了钢厂,苏联想通过援助影响别国。西方国家也是这样,因为它们是资本主义国家。

西方国家对第三世界国家投资,必然加速第三世界国家经济发展,加速这些国家资本主义发展进程。但在我们国家不会出现这种情况,我们加以控制。前些年,有些发展中国家经济发展甚至比中国快,但财富分配不一样。在资本主义国家,财富被少数人占有,在社会主义国家不是这样,因为所有制不同。

实际上现在我们同西方国家进行贸易更多些。这可能很难在短时期内改变,因为我们需要西方的先进技术,需要向这些国家销售更多产品。

我们愿意同印度搞好关系,过去的不愉快已成为历史,今后应该采取向前看的态度。我们的外长访印就是本着这种原则。在克什米尔问题上,我们确实要考虑巴基斯坦的利益,但也不想损害中国与印度正常关系的发展。你们一直在为中印关系正常化而努力,我们不但对此情况很了解,而且十分感谢。

改革开放取得的成绩说明了
社会主义的优越性*

（1990 年 3 月 23 日—28 日）

一、经济工作一条很深的教训就是一统就死、一放就乱

保持稳定是一个非常重要的问题，是全党的事情，要靠各条战线、各个方面来抓，全党来抓。政治稳定的基础是经济上的稳定，经济不稳定，政治就不会稳定。所以，我们要坚持搞好治理整顿，千方百计地克服困难。同时，保证政策的稳定性和连续性，使经济建设保持一定的增长速度，整个经济不要滑坡。对于这个问题，你们在全省范围内能够采取什么措施就采取什么措施，不要等到非解决不可的时候再去解决。现在是待业人数最多的时候，全国 300 多万，这个问题不能当成小问题看，要看成是大问题，不能含糊。上个星期，我到先念①那儿去看他，谈到了当前形势的问题。我说，主要是稳住经济。先念同志表示赞同。不要以为不滑坡就算是稳住了，要保持一定的速度，没有一定的发展速度不行，没有增长不行，那样肯定要出问题。在这个问题上警惕性要高一点，管经济工作的同志、管工业的同志都要注意这一点。企业的问题和农村的问题不一样。农村有一部分人到城市搞包工，现在没活儿干就回去了，回到农村他们可以继续务农，但是，工厂无论如何不能停产，国有企业、大中型企业的工人

---

* 这是乔石同志在辽宁省考察期间讲话的节录。

① 先念，即李先念，时任全国政协主席。

161

是靠干活儿吃饭,没活儿干怎么能行呢?他们没有事干就要想别的事情。工人的收入总是下降也不行,这会影响全家的生活。因此,今年的稳定,第一条就是看能不能使经济不再滑坡了,如果经济问题不及时解决,就可能闹起来。这次李鹏总理在人代会上作的政府工作报告中已经讲了,要全面恢复托收承付①。这个问题解决了,企业的流动资金会好一些。当然,具体执行起来还要有一个过程,是件复杂的事情。几十年来,我们在经济工作中有一条很深的教训,就是一统就死,一放就乱,这一点我们要注意。经济上还有什么问题,要一个问题一个问题去解决,解决不了的要向国务院反映。

二、现在改革开放不是搞过头了,而是要继续搞好

关于苏联、东欧的问题,在党内要做点工作,不要引起混乱。有好多变化是我们不可能一下子弄清楚的,即使完全弄清楚,真理完全在我们手里,但他们也不一定听我们所说的。所以,应当冷静观察、稳住阵脚、沉着应付,这是对的,不沉着应付不行。我们要超脱一点,稳妥一点,集中精力把自己的事情办好。小平同志说,只要不爆发第三次世界大战,我们就埋头把中国的经济建设搞好,即使打第三次世界大战,战争没打到我们头上,我们也要坚持把中国建设好。现在社会基本上是稳定的,一个重要的原因在于从党的十一届三中全会以来,我们坚持改革开放的方针,使经济建设发展得比较快。没有改革开放,现在是什么情况就不好说了。我们强调稳定的目的是要把我们国家建设好,是要把经济建设搞上去,所以,必须坚持党的十一届三中全会以来的路线、方针、政策,必须坚持四项基本原则,必须坚持改革开放。前一段杨尚昆同志有一个讲话我很赞成。党的十三大报

---

① 托收承付亦称异地托收承付,是指根据购销合同由收款人发货后委托银行向异地付款人收取款项,由付款人向银行承认付款的结算方式。

告还要学习,基本路线是十三大制定的,还是要全面贯彻。现在改革开放不是搞过头了,而是要继续搞好。真正按小平同志设计的去干,把经济搞好,社会主义的优越性才有说服力。过去 11 年来,改革开放取得的成绩说明了社会主义的优越性。中国这么大的国家,能解决吃饭穿衣问题,工业基础搞到现在这样一种程度,是很不容易的事情。当然我们也有失误,但我们可以改正,党的十一届六中全会已经作了总结。党的十一届三中全会以后,我们的改革是很了不起的,90年代不能吃 80 年代的老本,还要向前跨越。小平同志说,21 世纪的时候达到中等发达国家的水平,才能体现社会主义的优越性。所以,经济非搞上去不可。我们要始终坚持以经济建设为中心,始终坚持四项基本原则和改革开放。如果停滞不前,那就意味着倒退了。

与韩国搞一些民间的贸易,这没什么问题,能搞的就可以搞,吸收韩国的技术,对我们的技术改造有好处。签证可以采取变通的办法。我们国家有 3 个省跟韩国的关系多一些,吉林、山东还有辽宁。贸易不可能不搞,民间贸易涉及一个办事处的问题。我个人的看法迟早是要设立的,在没设立之前,还有一个照顾大局的问题。

要加强节能工作,我们国家的耗能量太大,这个问题一定要抓好。要注意解决环境污染问题,最重要的是把烟囱管住,把水管好,还要把城市绿化搞好。

当前正在进行治理整顿,困难很多,但建设还要抓紧。基本建设现在开了一些口子,李鹏总理在政府工作报告中讲到了,除了楼堂馆所外,可以搞一些基本建设。

这几年,我们有些工作的盲目性太大,比如彩电、冰箱等生产线引进得太多。我们一定要搞自己的国产产品,提高国产化程度,搞好进口替代。凭我们国家现有的科学技术水平,好多问题是可以解决的。

三、要发展乡镇企业和个体经营

你们辽宁搞乡镇企业的条件好。乡镇企业,靠国家各部委管也管不了,只要方向对头,合法经营,照章纳税,搞多少也没问题。增加对农业的投入,主要靠乡镇企业,这实际上是靠农民自己投入,靠人民群众。

个体搞运输的人,把菜从农村拉到城市批发,只要依法经营,照章纳税,自己解决运输工具问题是应该允许的。如南方的柑橘、香蕉大量积压,运到东北,运到辽宁不是很受欢迎的吗?个体经营没有说不允许,作为社会主义经济的补充嘛!像这种贩运完全靠国营部门根本不行。问题在于用什么办法管理得好一点,又不要管死了。把税收健全起来,如果没有税收调节,就分配不公了。对于一些问题,有时说得紧一点,有时说得松一点,传下去了在社会上就有影响。你们该让他们办的就让他们办,不会由于搞一点私人经济就改变我们国家的社会主义性质了。否则,解决就业的问题就很困难。因此,要鼓励自谋职业,否则经济搞不活,对老百姓不利,对就业不利,对市场供应也不利。但是,我们要加强管理,严格税收,照章纳税。

四、全党一致,各条战线配合,保障社会稳定

公安战线总的情况是好的。全国政法工作会议刚刚开完,很快就要向你们传达,希望你们全体公安干警把今年的工作搞好。我们国家只要全党一致,各条战线配合,社会的稳定是可以保证的,鞍山的情况说明,这一点是可以做到的。现在社会上的案件增加,警力不足,任务繁重,但只要我们依靠党政各级领导,依靠公安干警、武警战士的共同努力,是可以把工作做好的。要依靠群众,加强与人民群众的联系,依靠群众的智慧解决群众最关心的问题。我们要把政策跟群众讲清楚,让群众掌握政策,运用政策解决问题,同时,自觉地接受群众的监督。我们的各种办事制度要尽量公开,让群众监督,如果都

能做到这一点就好了,否则群众不会相信我们。所以搞好警民关系,从严治警,还是非常重要的。我们的警察跟资本主义国家和其他社会主义国家不一样,我们最大的优势就是跟群众的关系密切,如果我们失去这个优势,就不好开展工作了。希望你们在新的一年里取得更大的成就,特别是上半年要抓紧工作。

要以更大的力度推动改革开放[*]

（1990 年 4 月 16 日—21 日）

一、在经济建设中要防止大起大落，不能一会儿热、热得不行，一会儿冷、冷得不行

这次到江西来，在南昌、九江等地看了一些工业、农业的项目，跟一些基层干部和地、市、县的领导同志有点接触，在景德镇跟官正①同志谈了一下，到南昌后跟致用②同志也谈了一下。刚才官正同志又介绍了江西工作的情况。我觉得江西的形势和全国的形势一样，总的来讲是稳定的。到江西来我所听到的，是人心思定。

全国的经济形势也在逐渐稳定。现在治理整顿是取得了比较明显效果的，对经济稳定起了很好的作用。我们搞经济工作，不论是过去搞计划经济，还是现在搞有计划的商品经济，都不是非常有经验的。而且我们国家基础比较差，像毛主席讲的是"一穷二白"。现在虽然经过 40 年的建设，不能老是说"一穷二白"，但至少也还是一个比较落后的大国。改变这么一个大国的状况是很不容易的。在我们干部中间，往往有一种思想，就是希望建设搞得快一些，总想发展得快些。因此，急于求成的思想在干部中间有相当普遍的基础。但是，积 40 年的经验证明，急于求成是不行的，必须扎扎实实地在中国现

---

① 官正，即吴官正，时任中共江西省委副书记、江西省省长。

② 致用，即毛致用，时任中共江西省委书记。

有的基础上逐步发展,必须非常冷静地估计我们的国力和现实的可能性。这样来掌握我们国家的发展速度,掌握每一个省、自治区、直辖市的发展速度,才能解决在经济建设中一会儿热、热得不行,一会儿冷、冷得不行的局面,防止大起大落。急于求成的思想问题如果不解决,后果一定是大起大落,高速度发展几年,然后又得要治理整顿,或者叫调整。党的十一届三中全会以前,从"大跃进"开始的经验教训,大家都是知道的。十一届三中全会以后,也出现过几次类似的状况,经济发展稍微顺利一点,我们估计就比较乐观,或者说偏于乐观,然后就想发展快一点。这个问题不解决,经济就难于持续、稳定、协调地发展,经济稳定就始终不容易实现。我们搞计划经济、宏观调控,虽然搞了几十年,但是我们还是缺乏搞好宏观调控和微观搞活的经验。怎么做到既能微观搞活又有宏观调控?这样一种经济体制还处在一个创造过程中间,目前还缺乏经验。经济上的反反复复、大起大落,往往表现在宏观调控方面搞得不怎么太好。过去有一句老话,叫做"一统就死,一放就乱"。所以,在这方面怎么总结经验,使我们的经济能够稳定地发展,这是至关重要的问题,不仅是当前的问题,而且也是今后长期的问题。

要摸索出一条路子,能够使经济持续、稳定、协调地发展。今年第一季度,有的省市出现负增长的情况。不但大家担心,党中央、国务院也很关心,因为事关全国的稳定。现在看来,经济没有一个必要的增长速度,也会造成不稳定。这个必要的增长速度,从十一届三中全会以来全国的情况看,大体上是每年增长5%、6%、7%,有时候可能高一点,治理整顿期间低一点。速度太高了,事实证明是不行的,但速度太低了,也是不行的。如果按照十一届三中全会以来这样的路子发展下去,国家局势就可以比较稳定地向前发展。总而言之,在治理整顿期间也好,经济发展时期也好,大家都要冷静一点。

江西总的形势是比较好的,虽然有困难,但总的来讲,是在困难的条件下,通过治理整顿取得了成绩,得到了发展,这当然是很好的,希望这种势头保持下去。

二、中心任务还是要发展社会生产力,把经济搞上去,这点无论如何不能动摇

从去年下半年到今年,中央几次研究,经济要稳定发展,必须保持党的路线、方针、政策的稳定性和连续性。如果政策多变,那么就难以说稳定。比如说,如果谁想改变目前农村的家庭联产承包责任制,那非乱不可,根本谈不上稳定。当然现在没有人说要改变。"只要政策不变,我们就放心",这个话农民已经说了10年了,他们最关心的就是家庭联产承包责任制的稳定。家庭联产承包责任制是不是永远不能变呢?当然不是,这要看今后形势的发展,生产发展到一定水平,群众要求变的时候,也是可以变的。现在也不是完全不变,要不断地完善,完善本身就有变的内容在里头。但是你要是现在就去改变这个制度,问题就大了。

党的十一届三中全会以来的一系列基本政策,要保持连续性和稳定性。因为实践证明,这些政策是好的,群众是拥护的,效果是显著的。

中央关于经济建设的总方针、总路子,还是小平同志一再讲的,特别是去年"政治风波"以后一系列重要讲话中所充分阐述的,归纳起来,还是十一届三中全会以来逐步形成并由党的十三大阐明和确立的党的基本路线。中国总的发展方向,发展路子不能变,这个不变是个很大的稳定。坚持"一个中心、两个基本点"不能变,要长期坚持下去,这对中国的"四化"建设,对整个90年代的发展都是极为重要的。现在要考虑90年代的问题,考虑实现第二个翻一番的问题。前一个10年我们翻了一番。第二个翻番的任务,只要我们下决心,是可以实现的。中心任务还是要发展社会生产力,把经济搞上去,这点无论如何不能动摇。不紧紧地抓住发展社会生产力,国家还有什么希望呢?这是我们要集中解决的一个问题。我们不是批判过"四人帮"的"宁要贫穷的社会主义,不要富裕的资本主义"的观点吗?小平同志关于"贫穷不是社会主义"等一系列论述就是针对"四人帮"的观点讲的。社会主义还是要发展,还是要富裕,社会主义跟资本主义的本质差别,就在于不是依靠人剥削人的制度,而是依靠人民群众的创造性劳动,来发展社会生产。目前让一部分地方、一部分人先富起来,最后还是要逐步达到共同富裕。这才能真正显示出社会主义的优越性。

要继续坚持改革开放。中央关于改革开放的总方针是不会变的,还要以比较大的力度,采取重要的举措,推进改革开放。比如说吸引台资,现在台湾的资金大概有 800 亿美元。在福建吸引的外资中,台资占了 60%。今年,台湾的化学工业大王王永庆准备在厦门投资开发,在台湾影响相当大。上海搞浦东开发区,带动整个上海的发展。辽宁提出开发辽东半岛,山东开发烟台地区。沿海地区的开发一直没有停止过,对其中出现的一些问题,正在深入研究,逐步解决。你们江西虽然不是沿海省份,但是你们靠近沿海省份,沿海省份的发展,长江流域的发展都离不开你们江西。广东、福建跟你们的关系很密切,上海跟你们的关系也相当密切。沿海地区的进一步开放,对江西的发展必将十分有利。所以,改革开放不但要继续下去,而且要采取一些重要的措施,使改革开放搞得更好,更有效,以加快我们国家的"四化"建设。

这里,还牵涉一个国际形势问题。关于苏联、东欧的形势发展,我觉得还是要严格按照小平同志的思想去对待,还是要冷静观察。不管苏联、东欧的形势怎么变化,我们还是要按照小平同志的指示,竭尽全力搞好我们自己的建设。小平同志有一个很重要的观点,几年前他说过,只要不打世界大战,我们就要集中精力搞经济建设。后来他又说,即使打起世界大战,只要不打到中国的土地上来,还是要集中精力搞好经济建设。这就说得很透彻了。当前,世界充满着矛盾,我们要利用这些矛盾,集中力量发展我们自己的经济建设,把国内的事情办好。

三、要充分发挥中央、地方两个积极性

发展经济,光靠中央不行,还要充分调动各地积极性,跟中央一起考虑问题。克服困难也要发挥两个积极性。在治理整顿期间,中央要注意不断地吸取、研究大家的意见,改进宏观调控方面的工作。地方也要发挥积极性,你们发现什么问题,除向中央反映以外,要在有条件的范围内,尽量想点办法,千方百计地克服困难。在一个省、一个市范围以内,调节的余地还是会有的。整个经济工作,还是要像毛主席讲的那样发挥两个积极性。刚才官正同志在汇报中说到,要靠自己救自己。当然,有的是中央定的事情,你们自己解决有困难,但是在可能的范围内,你们要想一切办法解决你们面临的问题,同时也可以向中央反映,这样有些问题是可以逐步解决的。比如,现在有一些企业停工半停工,工人待业半待业的问题,要逐步地加以解决。这项工作很具体,一般号召是不行的。如果全国集中起来有几百万人没有事情干,即使他们吃饱了饭,也要骂娘。这也是一种不安定的因素,而且是一种非常大的浪费。因为国家正处在建设时期,有几百万劳动力有劲没地方使,这样社会怎么安定得了呢?怎么谈得上稳定呢?当然,你们江西的数字不很大,但也要认真解决。国务院也在想办法。李鹏总理在政府工作报告中所提出的几个措施,我估计能解决一些大中型企业的问题,解决一部分其他工业企业的问题,农业方面的问题也可以解决一些。总而言之,在治理整顿期间也好,在经

济发展时期也好,我们都要依靠和调动两个积极性。现在你们的困难主要是粮食压库,库容量不大,农民手中还有粮食没有入库。从全国来说,发展农业的任务还很艰巨。你们的困难还是暂时的,局部的。粮食的压力首先来自人口的压力。到本世纪末,全国人口至少是在 12 亿 5 千万,每年净增 1500 万,10 年就是 1 亿 5 千万。这是小平同志一再说的几个大账之一。当然,你们的困难,我回去也会向中央作进一步反映。

我说还是两个积极性,一方面是争取中央帮助,在江西的建设方面多给一些条件。另一方面,有些事情暂时争取不到的,你们也要实事求是地目光向下,把自己的积极性调动起来,这样,江西的发展会大有希望。江西农业的基础确实很不错。我到红星去看了一下,光抚州地区就有 500 万亩可以开发的丘陵山地,听官正同志讲全省还有 5000 万亩可以开发,江西这方面潜力还很大,可以搞很多事情。当然也还是要费功夫的,最低限度需要劳动力投入,还需要一些资金。沿海地区的开发必然会对江西产生影响,你们可以通过发展横向经济联系,把江西进一步开发起来。两个积极性的发挥,对加快江西的建设也是很重要的。

四、密切联系群众是我们党的"三大作风"之一,是共产党人世界观的一个根本点

你们省委刚刚开完了全会,贯彻党的十三届六中全会的决定,最重要的是要扎扎实实抓落实。毛主席说过,密切联系群众是我们党的"三大作风"之一,而且还是我们共产党人世界观的一个根本点。因为,我们的世界观就是辩证唯物主义和历史唯物主义,历史唯物主义的一个根本观点,就是历史是人民群众创造的。从这个观点出发,我们任何时候也不能脱离群众。在革命战争年代,我们和群众的关系是比较好的。如果不依靠人民群众,包括各族人民群众,我们怎么能取得革命胜利？新中国成立后，如果说我们能够不断地取得一些成就，归根到底，还是依靠人民群众，依靠我们党的路线、方针、政策比较对头，符合人民群众的利益，有利于调动人民群众的积极性。如果说我们有什么失误，走了些弯路，造成了一些损失，归根到底，是我们有时候路线、方针、政策上有缺点，不完全符合人民群众的利益，不利于调动人民群众的积极性。为什么十一届三中全会以后搞家庭联产承包责任制取得那么大的成效？1980年中央发的文件，只说贫困山区、"三靠队"可以搞家庭联产承包责任制的试验，这个口子开得很小，但很快就发展起来了。家庭联产承包责任制在三年困难时期，有些地区是实践过的，比如安徽就搞过，都给批掉了。这次只开个小口子，大概前后三年多一点时间，全国都实行了，不仅促进了农村经济的发展，农民生活本身也得到比较大的改善。我们的改革是从这里开始的，然后逐渐扩展到城市，扩展到其他各个领域。在改革过程中，作为领导来讲，有时候会有考虑不到的地方，有时候会有这样那样的失误，要完全避免也不容易做到。但是有一条，如果我们能密切联系群众，依靠群众，我们的事情即使有点办得不那么好的时候，群众会有反映，我们会听得到。如果没有密切联系群众这个根本条件，那就很难说了。比如说十年"文化大革命"时候，说是群众运动，实际上是运动群众，一连搞了十年，结果是"十年内乱"。所以，密切联系群众，搞好党风建设，要从根本上、思想上解决问题。12亿5千万人民，绝大多数是支持我们的，团结在我们党的将近5000万党员的周围，国内经济上的暂时困难是能够克服的，国际上有点限制和压力是可以解决的。

我国各民族都要牢固地树立
谁也离不开谁的思想[*]

（1990 年 5 月 17 日—20 日）

这次来内蒙古看了不少地方,有许多认识和感受。来之前,我对内蒙古大的方面、主要的情况是知道的,但不详细,这次听了看了以后印象加深了。当然,尽管看了不少,听了不少,但还是很有限的。

我对内蒙古总的印象不错,几十年发展得很快,比如包头,过去我来过,现在的变化很大,包钢的发展也很快。包钢如果再搞几个分厂,再搞几种产品,产值就会更高,经济效益就会更好。这次听包钢同志讲,他们从"八五"到"九五"期间钢铁产量要发展到双 500 万,这就是说还有新的、更大的发展,我想内蒙古各地和各行各业都是一样的。内蒙古解放前的基础比较差,这些年发展得比较快,这就是我这次对内蒙古的印象。内蒙古的领导班子不错,我听反映说,大家相互处得很不错,这是很可贵的。

一、内蒙古地区位置很重要,首先要考虑确保安定团结的大局稳固

内蒙古地区位置很重要,你们考虑问题首先要考虑稳定的问题,在干部问题上尤其要注重政治,以确保安定团结的大局稳固。

维护安定团结的政治局面始终是内蒙古各项工作中第一位的任

---

* 这是乔石同志在内蒙古自治区工作会议上的讲话和同自治区领导谈话的一部分。

务。内蒙古在这方面有着优良的传统。乌兰夫①同志作为我们党的第一代革命家,在漫长的革命历史中,为内蒙古人民的解放事业,为中国的解放事业作出了很大贡献;新中国成立后又为内蒙古的发展、繁荣和稳定做了大量工作。内蒙古的局势,除十年"文化大革命"的特殊时期外,总的看是比较稳定的。中央的精神能得到认真的贯彻和落实,各民族之间和睦相处,民族团结搞得很好。新中国成立以来,即使在十年"文化大革命"中,内蒙古也没有出现大的民族、宗教问题。民族关系在几个少数民族自治区中是好的。希望今后我们能把这个好的传统保持和发扬下去。特别是当前,保持和发扬这个好的传统,对于全国的稳定,对于内蒙古的社会经济发展都有好处,都十分重要。内蒙古是民族区域自治地区,这里的汉族人口又比较多。广大汉族干部群众和各少数民族干部群众要更紧密地团结起来,各民族都要牢固地树立起谁也离不开谁的思想。这样,内蒙古的各项事业才能稳定地向前发展。

稳定地发展各项事业,最重要的是必须保持党的十一届三中全会以来的一系列方针政策的连续性和稳定性。不能大起大落,不能急于求成。党的十一届三中全会以来的大政方针不能轻易改变。当然,有一些需要随着形势的发展不断改进完善,但大的方向不能变。各族群众和干部都认为十一届三中全会的政策是好的,他们不希望这些政策变。农村的家庭联产承包责任制已经在广大农民中深入人心,如果轻易变动就会引起大的社会不稳定。又如乡镇企业政策也不能改变。有的地方乡镇企业出了些乱子,但从总体上看,乡镇企业的发展在壮大农村集体经济中起了很大作用。对于个体经济,我们

① 乌兰夫,曾任内蒙古自治区人民政府第一任主席、国务院副总理、全国人大常委会副委员长、国家副主席。

党也有政策。个体经营者中出现的问题,要妥善解决。主要是要求他们依法经营、照章纳税,要对他们加强管理监督、加强思想政治工作。对个体经营者管理不好,容易使他们偏离方向;但不允许个体经济发展,也会引出社会问题。总之,党的方针政策保持稳定性和连续性,政治稳定、社会稳定才有可靠的保障。

二、内蒙古潜力很大,基础也比较好,振兴内蒙古经济很有希望

党的基本路线是"一个中心、两个基本点"。坚持这条基本路线,首先要把国民经济搞上去,这样才能真正建设好具有中国特色的社会主义。现在80年代翻一番的任务已经完成了,但是必须看到,90年代再翻一番,在本世纪末实现第二步战略目标,任务还十分艰巨。其中,最艰巨的任务是把农业搞上去。农业是国民经济的基础,到本世纪末,农业再上一个新台阶,不拖国民经济的后腿,又要适应人口的增长,任务确实很艰巨。现在我国每年净增1500万人口,到本世纪末就要净增1.5亿。如果农业特别是粮食搞不上去,吃饭问题怎么解决?所以农业是基础,这个基础打不好,轻工业、重工业的发展就要受到牵制,就会拖整个国民经济的后腿。十一届三中全会以后,由于我们在全国推行了新的农村经济政策,农业有了很大的发展,广大农民对家庭联产承包责任制十分欢迎,大部分农民正在走上勤劳致富之路。但也有一部分地区,像你们乌盟的一些地区,脱贫的问题还很突出。看来农业搞不上去,一部分人的温饱问题也难解决,而且,农业只解决一个吃饭问题,没有更大的发展,完成第二步战略目标,实现整个经济的起飞也是不可能的。整个经济不发展,其他事业就无法发展,像今天大家谈到的政法队伍的"硬件"建设就无法从根本上搞好。所以从长远打算,一定要把农业抓上去,内蒙古在这方面潜力很大,基础也比较好,社会也比较稳定,只要我们调动一切可以调动的力量,发挥各个方面的积极性,内蒙古的农业振兴很有希望,内蒙古的整个地区经济的振兴也很有希望。

三、我们要利用世界上存在的矛盾,搞好自己的建设

世界充满着矛盾,我们要利用这些矛盾发展经济,搞好自己的建设。我们要在坚持和平共处五项原则的前提下,继续搞好改革,搞好对外开放。小平同志说,只要第三次世界大战打不起来,我们就一心一意地搞自己的经济建设,即使第三次世界大战打起来了,只要打不到我们这儿,我们还是要一心一意搞建设。我们说利用矛盾,实际上是要争取一个建设的环境,争取世界有一个缓和的局势,以有利于我们经济和各项建设事业的发展。今后,我们在世界上不同其他国家结盟,当然,我们还是要依靠第三世界的,还是要紧紧地同第三世界站在一起。不过我们的力量有限,不可能给予别国大量的援助,但是我们在政治上要体现他们的愿望,要为他们说话。同时我们也要给予一些必要的援助。

在国际问题上,只要我们按照小平同志指出的路线坚持下去,国外敌对势力想孤立我们是孤立不了的,当然也可能会有些影响,但不会很大。下个月西方国家要讨论我们的最惠国待遇问题,讨论结果如何,现在还难说。如果取消了,对我们的经济发展是会有些影响的,贸易额大概要少七八十亿元,贷款可能受到限制,特别是世界银行的贷款,一是利息低,二是归还时间长。取消这样的贷款对我们当然不利。我们正在做工作,希望向好处发展。

去年以来,台湾商人来福建投资的不断增加,特别是台湾巨富王永庆草签了福建大额投资以后,在台湾的影响很大。这个决心别人不敢下,还是小平同志下的,是非常正确的。最近上海浦东开发区发展不错,规模很大,可以带动上海其他地区的经济发展,姚依林同志讲需要几百个亿。

不管国际风云如何变幻,我们坚持改革开放的政策决不能变,这样我们翻两番的目标就一定能实现,我们的综合国力一定能增强。对国际上有些问题的想法和处理,我们要慎重。党和党之间要坚持党际关系的四项原则,我们在四项原则的基础上来处理同各国政党的关系。我们同印度好几个政党有联系。在世界上我们同260多个政党有联系,包括英国工党和法国社会党。我们党过去同法国社会党领导人密特朗的关系不错,"政治风波"以后他对我们的态度不好,经过七斗八斗,他最近也有变化。比如他要把军舰卖给台湾,我们提出反对的声明以后,他们取消了这个合同,这对他们是有损失的,可见他也在让步。

四、纵观我国40年的发展,失误主要有两个,一是"大跃进",二是"文化大革命"

民主革命时期,经过28年的艰苦奋斗,我们建立了社会主义共和国,为了打江山我们牺牲了几千万人。新中国成立40多年,我们的社会主义建设事业也取得了举世瞩目的成就。这么大的国家,这么多的人口,我们基本解决了人民的温饱问题,这在世界上是没有第二个国家的。在革命和建设事业中,我们的党、我们的事业之所以不断发展壮大,根本的一条就是全心全意地为人民服务,给人民办实事。当然,我们在工作中也有不少失误,如果没有这些失误,我们会发展得更快一些。对过去工作中的问题和失误,我们应当本着历史唯物主义的态度认真总结经验教训。在我们党的历史上有过两次最大的批评与自我批评,一次是民主革命时期党的若干历史问题的决议,一次就是党的十一届六中全会决议,主要是对"文化大革命"历史教训的深刻总结。

纵观新中国成立后的40年,我们的失误主要有两个:一是"大跃进";二是"文化大革命"。不过不管怎么说,我们的成绩是伟大的,我们这么样一个贫穷落后的国家,有了今天这样的基础,是不容易的,这就是伟大成绩。没有共产党的领导,中国人的吃饭问题就难以解决。经过几十年的努力,我们不仅较好地解决了吃饭问题,而且有了人造卫星、原子弹、导弹等尖端技术。这些科技成果的取得,是老一辈知识分子用心血和汗水换来的。党的十一届三中全会以来,在小平同志的思想指导下,坚持四项基本原则,坚持改革开放的方针,我们前进的步子是大的,成绩是显著的。

五、作为执政党,如果作风不过硬,党风不好,党的事业就难以为继

关于联系群众的问题,你们要下功夫来抓,步子要扎实一点,千万不能搞形式主义。对各级党组织来讲,最重要的一条就是我们所做的一切都必须符合广大人民群众的根本利益。特别是党的领导机关、领导干部,当领导、作决策一定要符合人民的利益,符合实际。什么是实际? 面向广大人民群众就是中国最大的实际。我们搞经济建设,发展生产,在各种因素中最重要的是人的因素。密切联系群众,调动广大人民群众的革命热情和积极性,这是我党取得民主革命胜利的根本条件之一。新中国成立40多年成就的取得,如果没有广大人民群众的积极参与是不可能的,当然也不会有改革开放10年来的成就。所以要深入实际,深入基层,深入群众,真正代表和维护广大人民群众的利益,这样才能制定出正确的政策,才能激发出广大人民群众建设社会主义的热情。加强党同人民群众的密切联系,不是应付眼前困难的消极的权宜之计,而是政治上巩固党的领导、巩固社会主义制度的需要,是党的根本宗旨所要求的,也是为了把广大人民群众紧密地团结在我们党的周围,紧紧依靠最广大的人民群众,坚持不懈地贯彻执行党的路线、方针和政策,把我们的经济建设事业和其他事业搞得更好。

当前,联系群众最重要的是到基层去,到群众中去,做好事办实事,不要搞一阵风,不要搞形式主义。要直接到群众中搞调查研究,为群众出主意想办法,踏踏实实、真心真意地为群众解决实际问题。现在有一种现象,有的干部只对上级负责。尊重上级,这当然是对的,但是不能只唯上,更重要的是要对人民群众负责。上面做出了决策,首先要了解群众怎么说、怎么看,在实践决策过程中群众有什么问题,对决策有什么改进、有什么补充等等,这些都是我们的干部应该时刻注意的。对于群众反感、损害群众利益的事,坚持不做;对于严重脱离群众和群众反映大的问题,该处理的一定要严肃处理。因为你是共产党而不是国民党。比如纪检部门、政法部门的"说情风",近几年十分严重,作为领导部门、领导干部,就应带头抵制"说情风",积极支持他们秉公执纪,秉公执法,秉公办案。否则,群众就有权对你不满意。再比如你用公款吃喝,挥霍国家财物,群众就有权批评你。人民群众这种权利是党的性质和根本宗旨所决定了的。有些人对用公款吃喝不以为然,我们说这不是一个吃多吃少的问题,而是他脱离群众,政治影响太坏。所以,联系群众就要从这些具体的实事抓起,真正把党风建设好,把党的三大作风和自力更生、艰苦奋斗精神发扬光大,一代一代传下去。现在人们的生活水平普遍提高了,生活条件比过去好多了,但是艰苦奋斗的精神不能丢,要长期坚持下去。这个问题关系到社会主义事业的前途。作为执政党,如果我们的作风不过硬,党风不好,党的事业就难以为继。

六、搞好民族团结,解决好宗教问题

全国的民族团结从总体上看是好的。内蒙古的民族团结搞得也是好的。今后要继续按照党的民族政策,解决好民族工作中的实际问题,进一步加强各民族的团结。从当前的情况看,一些少数民族地区仍然有不安定因素,有的地方还比较严重。因此,消除社会不安定因素在边疆少数民族地区显得十分重要。

与搞好民族团结、做好民族工作紧密相关的一项重要工作是要妥善处理好宗教问题。总的原则应该按照宪法,坚持信教自由和不信教自由,承认合法的公开的宗教组织,反对和打击非法的地下宗教势力和活动。特别要注意防止国外宗教势力对我国的渗透和直接插手我国宗教问题。民族问题和宗教问题关系比较密切,在少数民族地区,解决好宗教问题对做好民族工作会产生积极作用。

总的说还是要按照党的宗教政策办事,允许群众有信教的自由,也允许群众有不信教的自由。关键是加强教育,教育他们爱祖国,引导他们建设社会主义。在宗教问题上,要注意掌握分寸,既不要太"左"了,又不能鼓励宗教热。但对宗教的秘密活动要十分重视,对反动宣传要坚决打击。对有些有历史意义和文物价值的寺庙,该保护的要保护,该维修的要维修,让它发挥正常的作用。

总的来说内蒙古的工作是不错的,内蒙古的潜力也是很大的。你们的民族团结工作搞得很好,有不少经验,希望你们按照中央提出的方针,踏踏实实地搞下去。经济要继续稳步发展,经济不发展,民族团结也搞不好。在经济工作中要防止大起大落,要强调稳步发展,我们国家今后 10 年如果按平均年增长 6% 的速度计算,到本世纪末就可以再翻一番了。目前我们要特别注意抓好粮食生产,到 2000 年全国人口可能达到 12.5 亿,粮食生产必须上一个新台阶,现在不注意这个问题,到那时粮食必然要拖国民经济的后腿。今后 10 年是不会打第三次世界大战的,我们要把精力用在发展经济上,发展粮食生产上,争取使我们的农业跟上来,使我们的国民经济保持一个持续、稳定、协调发展的势头。

没有全国的稳定，
什么事情都办不了*

(1990 年 6 月 23 日)

对贵州的情况过去了解一些,这次来看看和听汇报后,更增加了对贵州的认识。从介绍的情况来看,大家的看法同我们的看法差不多。贵州目前的形势,同全国一样,政治稳定,经济稳定,社会稳定。省的领导班子比较团结,这对稳定贵州的局势很关键。贵州处于内地,过去同外面的交流不多,现在多了一些。贵州发展的潜力是很大的,不但矿藏丰富,工业的潜力很大,农业的潜力也不小。只要按照党的十一届三中全会以来的路线、方针和政策,坚持不懈地抓下去,你们争取提前一两年实现第二个经济翻番的目标,是可能达到的,我赞成你们提出的这个奋斗目标。利用这个机会,我谈几个问题。

一、要充分认识稳定的重要性

中国如果不稳定,这不是个小问题。为什么说稳定是压倒一切的? 这是因为,没有全国的稳定,没有安定团结的政治局面,一切都谈不上,什么事情都办不了。没有稳定,经济发展、经济体制改革、政治体制改革等都谈不上,对外开放也谈不上。我们吃过不少动乱的苦头,中国的近代史可以说是一部充满着内忧外患的动乱史。新中国成立以来,在党中央领导下,全国的面貌发生翻天覆地的变化,取

---

* 这是乔石同志在贵州省考察时听取省委、省政府工作汇报后的讲话节录。

得了伟大的成就,但"文化大革命"使我们国家陷入了动乱,国民经济到了崩溃的边缘。粉碎"四人帮"以后,特别是党的十一届三中全会以后,我们党重新确立了马克思主义的路线,这才恢复了全国的稳定。中国的稳定,不仅关系到中国社会经济文化的发展,而且关系到亚洲的稳定,甚至关系到世界的稳定。小平同志说:"中国不稳,世界就不会稳。"①如果中国不稳定,对亚洲、对世界都是个很大的不稳定因素。我们切不可小看这个问题。现在东欧、苏联出现不稳定,这些国家如何发展,还说不清楚。但从目前情况看,东欧、苏联出现不稳定,有西方资本主义国家推行"和平演变"的因素,也有他们内部的因素。我们国家去年春夏之交发生的"政治风波",在邓小平同志等老一辈革命家的支持下,得到了处理。现在看来也是不得不这样处理。我们要防止乱,把不安定的因素消灭在萌芽状态,需要研究出一整套的措施和办法。无论从国内来讲,还是从中国在国际上的作用来讲,中国需要稳定,中国必须稳定。稳定对我们来讲是很关键的问题,只有稳定才能发展。这个问题要毫不含糊,要向所有干部讲清楚,向广大群众讲清楚。绝大多数群众是赞成稳定的,是拥护我们维护社会稳定的,维护社会稳定是得人心的。稳定需要长期保持,维护稳定的工作要长期抓下去。我们要实现社会主义现代化,至少还需要几十年,不保持长期的稳定,是实现不了社会主义现代化的。要在稳定中去发展经济,深化改革,加强社会主义民主和法制建设。在稳定的问题上,要反复教育全党,教育各级干部和各族群众,要反复向群众宣传稳定的重要性。

二、稳定的基础在于把经济搞上去

实现经济持续、稳定、协调发展,要进一步搞好治理整顿和深化

---

① 邓小平同志在 1990 年 6 月 1 日会见香港企业家包玉刚时的谈话。

改革，这是毫无疑问的。但在搞好治理整顿的同时，必须同时注意发展的问题。中国这样一个大国，没有一定的发展是不行的。如果总是有几百万人处于待业半待业状态，这是不行的。待业人员，大、中学校毕业生分配，以及新增的人口，都得消化，不仅要使他们有饭吃，而且要使他们很好地成长起来。如果没有一定的发展，这些问题就难于解决。据说贵州前段时间还有 3 万多人待业，最近可能减少了。那么多人没有活干，没有事情做，生活就是个问题，也会引发许多问题，这本身也是人力资源的浪费。经济要发展，改革要深化，改革就要促进有计划商品经济的发展。

三、保持稳定必须坚持政策的稳定性和连续性

只有坚持政策的稳定性和连续性，经济才能持续、稳定、协调发展。党的十一届三中全会以来，我们国家取得了巨大的成绩，实践证明十一届三中全会以来的路线、方针、政策是得人心的，是正确的。"一个中心、两个基本点"的基本路线不能变。四项基本原则要坚持，改革开放要搞下去，经济发展还是中心，经济上不去，就什么问题都难以解决。主要的方针、政策也是不能变的，如农村的家庭联产承包责任制就不能变，如果变了农村就乱了，生产力就要受到破坏。我们说不要轻易变动，是指现在的政策适合现阶段生产力的发展。随着生产力的进一步发展，政策也需要不断完善和发展，但采取的步骤必须慎重。为什么这样说呢？我们历史上有过经验，有些不适应生产力发展的东西搞了几十年，还以为是正确的。1962 年安徽等省就出现了"包产到户"，但后来批"三自一包"批了很多年。1980 年中央才开了个小口子，结果家庭联产承包责任制仅在三年半的时间里就在全国推开了。现在看来，家庭联产承包责任制对调动 8 亿农民的积极性起了很大的作用。主要的政策不能变，这个思想要明确。政策需要不断完善和发展，这个也要明确，如种子、化肥、水利、植保

等,一家一户办不了事,需要由集体来搞好综合服务;又如,有的地方根据实际情况,搞规模经营的试验,也取得了成效,这些都需要不断完善和发展。

四、无论国际风云如何变幻,我们要坚持把自己的事情办好

小平同志最近会见包玉刚时说过,现在是中国历史上一个难得的机遇,不要丧失这个机会。我们要利用现在这个机遇,把经济建设搞上去,如果不利用这个机遇,太可惜了。小平同志曾说过,只要不打第三次世界大战,我们就集中精力搞建设,后来又说,即使第三次世界大战打起来,只要不打到我们的本土上,也要坚持搞建设。这是对世界形势进行正确分析后作出的决策。我们要争取一个和平的国际环境,这有利于我们搞好建设。我们对苏联就是这样,即使苏联共产党变成社会民主党,我们也要在"独立自主、完全平等、互相尊重、互不干涉内部事务"的党际关系四项原则的基础上同它来往;即使苏联变成社会民主党执政的国家,我们也还要同它在和平共处五项原则的基础上发展国家关系。现在苏联不稳定,正在变化,从愿望来说,我们希望它稳定。希望它沿着社会主义方向前进。现在苏联内部有许多困难,也很乱,但我们不能管,也管不了,人家也不会听我们的。对美国干涉我们的内政,我们当然要坚决顶住,但它毕竟是西方发达国家的头,我们也还要同它来往。所以,无论国际风云如何变幻,我们要注意把自己的事情办好。

五、沿海与内地都要有意识地发展横向联合

总的来说,我们的目标是共同富裕。我们不能搞贫穷的社会主义。在党的十三届三中全会召开前,小平同志曾经讲到沿海与内地的关系,大意是:目前沿海发展得快些,这是全局的需要;到以后一定时期让内地发展得快一些,这也是全局的需要,最终的目的是达到共同富裕。最近小平同志会见外宾时也谈到了这个问题。只有共同富裕,社会才能长期稳定,贫困的人多了,犯罪就会增多,这也是不稳定因素。共同富裕是目标,但不可能同时富裕。因此,目前沿海发展快一些,对全局是有利的。最近中央批准了上海浦东地区的开发,这对全局也有利。但即使是沿海地区,也不是都这样搞,都这样搞也做不到,并不是所有沿海地区都具备这种条件。上海历史上曾是世界上少有的三四个大城市之一,从各方面的条件看,它比较好。如果每个省都要这样搞,最终就会一个也搞不了。总的来讲,沿海发展快一些,可以辐射到内地,对全国有利。可能在一段时间里,差距稍有拉大,我们的领导干部要心里明白,只要对全国全局有利就行,对下面的同志要做好工作。但在发展沿海的同时,要带动内地的发展,加快内地的开发。内地要围绕沿海的发展去发展。如果沿海和内地都有意识地发展横向联合,内地发展的潜力还是大的。从这个意义上来说,沿海的发展不仅不会影响内地的发展,还会带动内地发展,关键看你如何去做工作。无论是沿海,还是内地都要注意从实际出发,量力而行,不能急于求成。至于"八五"期间你们要争取多少项目,可尽量去争取,最后能列进去多少算多少。国家的支持是一方面,另一方面要依靠群众,自力更生,艰苦奋斗,加强横向联合。除争取国家多给资金、项目外,决不放松自身的努力,这样经济就可以发展快一点。

六、要注意正确把握政策

最后,我再顺便讲三点意见。一是处理去年"政治风波"的问题,要注意正确把握政策。对青年学生的处理要慎重。对党内问题的处理,也要注意分寸。党内干部有错误、缺点,也要认真分析,正确定性。政治问题同生活问题、经济问题不一样,政治思想问题更为复杂,处理要慎重一点,这样做从长远看有利于团结。二是干部下基层的问题。总的形势是好的,群众的反映也是好的。许多下去的同志决心很大,为群众办了不少好事、实事,很受群众欢迎。但要注意,这项工作不能搞形式主义,不能搞虚张声势,要扎扎实实办事,解决实际问题。也不能搞一阵风,要长期坚持下去。如果大批人下去了,声势很大,可很少解决实际问题,这样做效果就不好。干部下基层要长期坚持,具体的人可以轮换,形式可以多种多样。三是廉政建设和反腐败问题。这要长期坚持不懈地抓下去。既要肯定好的、宣传好的,也要认真查处严重违法乱纪的。要注意舆论的导向,宣传好的不要说得十全十美,批评坏的也不要无限上纲,要实事求是。总之,正面的、反面的都要抓,宣传报道以正面宣传为主。

抓住机遇，一心一意
把经济建设搞上去[*]

（1990 年 7 月 2 日）

这次到江苏主要是参加周恩来铜像揭幕仪式。从连云港过来，一路上沈达人①同志谈了一些情况，也听了一些地方的汇报。省委常委的汇报材料，省纪委、省政法工作的有关材料，我昨天都看了。总的来讲，省委的想法和工作跟中央的指示精神是一致的。党的十三届四中全会、五中全会和六中全会精神，你们都在认真贯彻执行之中，而且能够结合江苏的具体情况比较好地贯彻落实，经济形势逐步有所好转，局势进一步稳定，加强党同群众联系的一些措施也在得到落实，还有其他方面的工作也取得了进展，总的情况是好的，所以没有多少意见可说，主要是说说这几天来的一些想法。

一、更好地创造有利于我国经济发展的国际环境

我觉得在整个 90 年代，我们的国家仍然要继续贯彻党的十一届三中全会以来的路线、方针、政策，争取在一个比较有利的国际环境中，建设有中国特色的社会主义，使国家经济在 90 年代有较大的发展，达到小平同志讲的第二个台阶，国民经济再翻一番。现在国际上

---

* 这是乔石同志在听取中共江苏省委工作汇报后的讲话节录。

① 沈达人，时任中共江苏省委书记。

的形势总的是趋向缓和,是有利于我们国家进行建设的,世界大战暂
时打不起来,这一点现在看起来更明显了。新的世界大战打不起来,
但当代世界也出现了新的矛盾和变化,主要是苏联、东欧局势对我们
的影响不小,要有足够的估计,但也还在变化当中。世界仍然充满着
矛盾,面对多变的充满矛盾的国际形势,我们可以利用。这就要看我
们如何认识、利用这些矛盾,更好地创造有利于中国建设的国际
环境。

我们的对外政策仍然是独立自主的和平外交政策。集中精力把
自己的事情搞好,把经济搞好。对东欧、苏联发生的事情,还是冷静
观察,不要像过去那样搞"九评"①,论战不解决问题。苏联仍然是军
事政治大国,我们希望它向好的方向发展。但不管苏联发展到哪一
步,我们还是要坚持国家关系所遵循的和平共处五项原则,搞好睦邻
友好关系。

二、要继续推进改革开放

关于同美国以及同其他西方国家的关系,去年"政治风波"以
后,这些国家对我们搞制裁,现在逐步有所松动。对此,我们一是要
坚决顶住,二是要确保国内局势稳定。中国如果乱起来不得了,不只
是国内问题,还是世界问题。当然,将来如果发生同类事情怎么处理
是另一个问题。将来遇到什么情况,我们采取什么办法可以考虑,可

---

① "九评":即九评苏共中央公开信。1956 年苏共二十大后,中苏两党在国际共
运一系列重大问题上发生意见分歧。1963 年在中苏两党会谈期间,苏共中央
于 7 月 14 日公开发表了《给苏联各级党组织和全体共产党员的公开信》,信中
就中苏分歧、对斯大林评价、南斯拉夫问题、民族解放运动、战争与和平和国际
共产主义运动的团结等问题全面地对中共的观点进行攻击。中共党报党刊
《人民日报》《红旗》杂志从 1963 年 9 月至 1964 年 7 月发表了 9 篇编辑部文
章,对苏共的攻击进行了反击,因而称为"九评"。从而开始了中苏公开论战,
也称国际共运大论战。

以总结经验，研究解决得更好些。

中国共产党没有因为东欧的剧变受到大的影响。去年"政治风波"之后保持国内局势稳定，要继续坚持改革开放的路线，把自己的建设搞上去，这本身具有国际意义。中国的社会主义事业是很有希望的。

现在要珍惜、保持全国的稳定，争取保持几十年，国家发展的构想，就可以实现。中国的发展，中国综合国力的强大，是很有希望的。所以一定要稳定，一定要抓住当前的机遇全力搞好经济建设。正如小平同志说的，只要世界大战打不起来，我们就一心一意把经济搞上去。后来他又进一步说，即使打起仗来，只要不打到我们头上，我们就坚持以最大的毅力，下最大的决心，发展生产力，搞好"四化"建设。他还指出，我们要在下个世纪中叶实现第三个战略目标，即达到中等发达国家水平，只有到了那个时候，我们才能说，我们真的搞了社会主义，才能够说社会主义优越于资本主义。因此，经济建设不搞上去不行。综合国力强大了，对第三世界也是一种贡献。我们是第三世界一个成员，要尽点义务。我们只有把经济建设搞上去，才能有地位，有发言权。

三、首先要把大中型企业搞好，同时发挥乡镇企业积极性

江苏过去11年来发展比较快，一个重要的原因，就是把经济搞活了，乡镇企业发展很快，特别是苏南。本来担心乡镇企业在这次治理整顿中会滑下来，现在看来还是有生命力的，当然还要加强领导，加强管理，予以正确引导。另外，个体经济也是我国当前社会经济不可缺少的组成部分，我在上海也谈到，国有大企业有优势，个体经济有自己的特点，不要把两者对立起来。个体经济可以成为国有经济的有益补充，只要合法经营，照章纳税（包括调节税），就可以发展，可以允许经营者多一些收入。经济建设，江苏要继续保持前10年发

展的势头,首先要把大中型企业搞好,同时把乡镇企业搞好,发挥它的积极性,减少盲目性。经济上其他问题,你们提出的意见,我原则上都赞成,但要考虑现实的可能性。你们的想法和要求可以提出来,可以争取。

四、江苏要利用好上海浦东开发的机会

上海浦东对外开放,江苏、浙江紧靠上海,可以充分利用这个机会发展起来。我是支持上海浦东开发的。80 年代是对广东、福建实行对外开放的倾斜政策。广东靠港、澳、台近,海外来商谈生意的多,又有倾斜政策,所以发展比较快。但广东的工业基础不如上海,90年代应继续扩大开放,上海浦东是重点。上海有雄厚的基础,开发浦东,改造上海,推动长江三角洲,以至整个长江流域。上海改造、发展起来,对江苏关系非常大,影响更直接。上海浦东开发,小平同志是支持的。这次决心大,大家比较一致,有些重大措施逐步酝酿,逐步出台了。浦东开发,要靠大家支持,在支持的前提下加强合作。昆山开发区对外开放,我没有什么意见,你们可以争取。

欧亚大陆桥要真正成为国际运输线,不光是阿拉山口的接轨问题,接轨以后并非就是畅通无阻了,还有很多条件需要解决。当然连云港有不少有利条件,逐步进行建设,可以充分地发挥作用。但建设要有一个过程。上海决定浦东开发后,沿海都想搞开发区,这是不可能的,有个逐渐发展的过程。即使是上海浦东真正开发出来,起码也要 10 年左右的时间。国家不可能对所有地区都实行政策倾斜。毛主席说过,没有重点,就没有政策。我们要做好思想准备,做到实事求是。总之,不要急于求成、一哄而上,发展要有一个过程,当然我赞成快一点,积极争取缩短这个过程。我想,现在是否可以从两个方面做工作:一是继续搞好科学论证,进一步了解情况,研究问题,把论证工作搞得更合理、更全面一些;二是要充分估计可能遇到的困难,对欧亚大陆桥的形成,恐怕有些情况我们还没有完全弄清楚,中间可能会有一些障碍。连云港的优势是有的,成为"东方桥头堡"是可以争取的。但对西北铁路,还有苏联以至欧洲这段铁路,要继续进行研究。

中国坚持走社会主义道路
是人民的选择*

（1990 年 7 月 22 日）

　　我代表中共中央热烈欢迎由总书记契塔·巴苏率领的全印前进同盟代表团访问中国,我预祝代表团在我国的访问取得圆满成功。

　　中印两国都是大国,按人口来讲,两国是世界上人口最多的国家。同时,中印两国又是邻国,在历史上有过共同的遭遇。我们衷心希望中印两国的国家关系、两国政党之间的关系以及两国人民之间的关系不断得到发展。我们相信,经过我们两国的共同努力,我们两国各方面的关系是可以得到很好发展的。

　　你们党希望发展同我们党的友好关系,希望发展中国和印度两国之间的友好关系,你们的这些想法跟我们的想法是一样的。非常感谢巴苏同志刚才转达了维·普·辛格总理和古杰拉尔外长关于发展中印两国友好关系的良好愿望。我也请巴苏同志回国后转达我们党和国家领导人对维·普·辛格总理和古杰拉尔外长的良好祝愿和亲切问候。

　　我们也希望通过和平的办法解决中国和印度两国之间存在的各种问题,从而发展我们两国之间的友好合作关系。我们相信,只要我

---

*　这是乔石同志在会见由总书记契塔·巴苏率领的全印前进同盟代表团时的谈话节录。

们双方坚持不懈地用和平办法,我们之间存在的问题是可以逐步得到解决的。当然,有些问题可能困难多一点,这就需要更大的耐心。但我们相信,即使是困难比较大一点的问题,最终也还是可以得到解决的。比如边界问题是两国之间比较困难的问题,但我们相信,只要我们双方都有共同的和平解决的愿望,而且坚持不懈地探索具体的解决方式,最后,这个问题也是可以用和平的方式加以解决的。我相信,我们的外交部长在访问印度的时候已向贵国政府转达了这方面的意思。我们认为,在两国边界问题没有解决之前,这个问题不应妨碍我们两国其他各个方面关系的发展。我们觉得中国和印度之间其他各个方面的关系发展潜力还是很大的,无论是经济方面、文化方面、科学技术方面,还是其他方面,都有很大的发展潜力。在当今这个世界上,中国跟印度之间没有任何理由不加强双方之间的团结和友好合作关系。当然,涉及到一些具体问题还需要有耐心,一步一步地解决。从中国方面来讲,这样的耐心还是有的,我们决不愿意使正在发展的中印友好关系受到不好的影响。

刚才巴苏同志还谈到印度和巴基斯坦之间的关系。我们也希望印巴双方用和平的方式解决两国之间存在的问题。我们跟你们这样讲,跟巴基斯坦也这样讲。你们知道,前不久巴基斯坦人民党主席努·布托夫人访华的时候,我跟她会谈时也表达了这样的愿望。首先,双方都采取克制的态度、冷静的态度,不要加剧紧张局势;然后坚持不懈地商量,探索解决问题的具体办法。我们相信,只要双方有共同的解决问题的愿望,只要双方坚持不懈地沿着和平的途径寻找解决问题的办法,总还是可以解决的。印度也好,巴基斯坦也好,中国也好,我们都是发展中国家,都面临着发展自己国家经济等各方面的繁重任务。我们同属第三世界国家,我们没有理由在第三世界国家内部发生很多纠纷,妨碍我们自己的发展,妨碍我们自己的进步。那样也不利于我们集中全力处理国际上的很多麻烦问题。在这方面，我们两党的认识是比较一致的。

对前一时期东欧发生的变化以及苏联改革中间发生的问题，我们是非常关注的。应该说外部对这些国家实行"和平演变"起了相当大的作用，当然我们也在考虑它们内部的因素，或者是经济体制改革没有搞好，积累了一大堆问题，或者是根本不进行改革，在国际形势发生了很大变化的情况下还固守原来那一套。这些都对它们最近的变化产生了很不利的影响。但这件事情今后到底怎样发展，我们主张还要继续冷静观察、研究，现在看来要回到原来的状况恐怕很难。整个东欧国家都面临着很多矛盾、困难和问题，这些矛盾、困难和问题怎样解决还要继续看。

刚才巴苏同志还谈到了国际共运的问题。从马克思、恩格斯发表《共产党宣言》到现在已有 142 年的历史了。社会主义国家的出现，即使是从俄国十月革命到现在也只有 73 年的历史。一百多年也好，七十多年也好，在世界或人类发展的历史长河中间也只是很短暂的时间。现在还看不出有任何足够的根据说明马克思、恩格斯奠定的共产主义学说已经过时，也看不出有任何足够的根据证明社会主义在世界范围内的实践已经统统失败。资本主义世界的发展已有三百多年的历史，现在有些资本主义国家至今还保留了封建主义的尾巴，或者叫封建主义的残余。那么，社会主义国家在世界上只有 73 年的历史，碰到一些曲折、困难和走一些弯路，看起来也难以完全避免。当代世界上的很多根本矛盾在马克思、恩格斯以及后继者的著作中都作过分析，我们还不能说这些矛盾都已经得到完全解决了。事实上也并不是这样。因此，不能说资本主义就是最好的制度，它就应该"万岁"了。至于社会主义在实践中碰到一些曲折，有客观原因，也有主观原因，这些都是可以总结的。我们现在还相信，至少我们中国共产党人还相信,只有社会主义才能解决当代世界的很多根本矛盾。中国人民于 1949 年取得了全国解放,走上了社会主义道路,至今已有 40 年的历史了。回顾过去 40 年,我们取得的成绩是伟大的,但我们也确实有过一些失误,有些失误也实在不小。但总起来讲,我们不认为中国共产党和中国各族人民于 1949 年所进行的选择在方向上是错误的。我们将继续坚定不移地沿着社会主义方向前进,继续坚定不移地建设符合中国实际情况、具有中国特色的社会主义。至于过去历史上,包括最近十年我们取得巨大成就中间,我们有过的任何失误,我们都不否认。我们不但公开承认,而且坚决改正我们有过的每一个失误。我们相信,只要我们按照现在中央制定的战略部署搞下去,就一定能够把中国的社会主义建设好。不管世界上发生任何变化,我们始终认为,只有社会主义才能救中国,中国的经济建设问题也好,科技发展问题也好,文化发展问题也好,无论哪一个方面的问题,也只有中国共产党领导下的社会主义制度才能解决。我们清楚我们面临的困难是非常多的,我们不想闭上眼睛不承认这些困难。我们认为,今后在建设社会主义过程中我们还会遇到各种困难,也还会发生或者大一点、或者小一点的失误,这些现象都是正常的,因为社会主义毕竟是前人没有搞过的,没有现成的模式可以借鉴。我们相信,只要我们沿着目前选择的道路继续前进,我们就一定能够克服和解决我们现在存在的困难和问题。中国之所以坚持走社会主义道路,这是中国人民的选择。中国共产党的领导是历史形成的,在中国革命斗争的历史中,形成了中国共产党领导的多党合作和政治协商制度。你们可能知道,在中国除了共产党之外,还有八个民主党派,这些民主党派支持和拥护中国共产党的领导。现在我们党又面临着繁重的社会主义经济建设任务,我们党的宗旨和根本任务代表了 10 多亿中国人民的根本利益。中国共产党人不是为了当官,不谋求中国人民利益之外的任何私利,而是全心全意为人民服务。当然,我们也不排除和否认我们有的党员和干部会有各种各样的缺点和错误,我们有决心解决这些问题,只要我们有决心就能够解决这些问题。在中国,没有任何人能够代替中国共产党,无论是过去、现在还是将来都是这样。如果离开中国共产党的领导,谁能承担起建设中国这样的繁重任务呢? 只有中国共产党才能肩负起这样繁重的任务,为中国人民开辟广阔的社会主义前景。

要认真贯彻党的民族政策
和宗教政策[*]

（1990 年 7 月 28 日）

　　我到新疆来过几次，一直没有到南疆去。今年抽出一点时间到南疆的几个地州看了一下，也比较匆忙，了解的情况不多。谈一点个人的想法，不一定对，供自治区领导同志作参考，也作为和同志们的谈心。

　　一、要真心实意地创造一个比较好的建设环境

　　我是 23 号到新疆的，当天下午，宋汉良①同志和其他领导同志介绍了情况，着重讲了巴仁乡事件及有关经验教训。我感到自治区党委、驻疆人民解放军、公安、武警都是全力以赴处理巴仁乡事件的，解决得比较迅速，效率比较高。南疆我没有来过，对那里的实际情况缺乏具体了解。1987 年处理西藏拉萨骚乱问题，当时我也还没有去过西藏，1988 年抽出半个月时间到西藏跑了几千公里，有了一点实际知识。

　　来新疆后，除了听介绍外，我翻阅了一下自治区党委三届十五次全委扩大会议上几位领导同志的讲话。感觉新疆同全国一样，政治形势和经济形势总的是稳定的，新疆的各民族干部、工人和农牧民群

＊　这是乔石同志在新疆维吾尔自治区考察时的讲话节录。

①　宋汉良，时任中共新疆维吾尔自治区党委书记兼新疆军区第一政委和新疆生产建设兵团第一书记、第一政委。

众都希望新疆保持稳定,希望党的政策保持稳定性和连续性。我觉得自治区党委的领导同志,像宋汉良、铁木尔·达瓦买提①等同志工作是努力的,对党的十一届三中全会以来的路线、方针、政策是坚决拥护的,并力求结合新疆的实际情况加以贯彻执行。王恩茂②等老同志对他们的工作也是关心和支持的。在巴仁乡事件发生以后,你们给中央的报告很及时,党中央、国务院、中央军委作出了决定,自治区党委、政府、驻疆部队坚决按照中央的指示,迅速解决了巴仁乡事件,这对稳定新疆的局势意义是很大的。回过头来看,巴仁乡事件酝酿的时间比较长了,如果我们能早一点发现,更早一点预防,可能更好一些。事后,自治区党委结合巴仁乡发生的问题,根据党的十三届六中全会关于加强党和人民群众联系的决定精神,充分准备,开了全委扩大会议。自治区几位主要领导同志在这次会卜的讲话,总的精神是好的,通过巴仁乡事件,对反映在我们党的建设、群众工作以及反对民族分裂主义斗争中存在的问题,进行了比较全面的总结,而且提出了今后要吸取的经验教训。总的来说,大家在这些方面,以及在稳定的前提下集中全力把新疆的经济建设上一个新台阶,我认为大家的认识是一致的。

40年来,新疆在党的领导下,经济建设成绩是很大的。特别是过去11年来,新疆的经济建设事业发展很快,党的十一届三中全会以来的路线、方针、政策在新疆实施的结果是好的,各民族的同志希望新疆稳定,希望把新疆的稳定局势保持下去。这方面我的印象是很深的。

小平同志讲,现在是中国历史上一个难得的机遇,不要丧失这个

---

① 铁木尔·达瓦买提,时任新疆维吾尔自治区人民政府主席。

② 王恩茂,时任中共新疆维吾尔自治区顾问委员会主任,曾长期担任新疆维吾尔自治区党和军队主要领导职务,后当选为全国政协副主席。

机遇。这是建立在中国大陆有一个较稳定的环境,经济和各方面有一个较快的发展这个基础上的。许多人不懂得这是中华民族的机遇。如果我们不抓住这个机遇把中国建设起来,对中华民族是一个极大的损失。稳定对于国家的发展,对改变中华民族的现状非常重要。现在世界发展是很快的。如果我们不紧紧抓住现在这个时机,丧失了机遇,就对不住后代。小平同志讲:"中国在10多年内实现目标的唯一条件是安定的国际、国内环境,离开这条,就没有希望。"我们是要真心实意地创造一个比较好的建设环境。我们只有真正在发展方面不断取得进步,本世纪末达到第二个战略目标,下世纪中叶实现第三个战略目标,才能显示出社会主义制度的优越性。不论别的国家和地区发生什么问题,只要我们自己保持稳定的环境,把我们的建设事业发展起来,我们才能对人类作出较多的贡献。中国的稳定,中国的发展,关键在于我们自己要做好工作,我们自己不能搞乱,要对世界负责任,这是中华民族应该承担的责任。今年以来,中央一再强调稳定压倒一切,防止发生任何影响稳定,妨碍稳定,引起动乱的事情。通过贯彻进一步治理整顿和深化改革的方针,克服了许多困难,国民经济正在向比较好的方向发展。今年夏粮总产量达到9935万吨,比去年增产559万吨。工业生产正在逐步回升,上半年的工业总产值是9254亿元,按可比价计算,比去年同期增长2.2%,幅度不大,但已经改变了负增长的局面。调整以后,这也是不容易取得的。现在物价涨势已经减缓,对外贸易保持顺差,外汇储备也正在增加。

二、反对民族分裂主义的斗争,关键是要把经济搞上去

新疆的形势总的来讲是好的,农牧业现在看很有希望取得第十三个丰收年。夏收比较好,春季接羔育幼也比较好。当然对秋粮还要继续努力。今年上半年,新疆的工业与去年同期持平,市场供应是丰富的,物价稳中有降,这是好的。但是经济发展从全国讲也好,从新疆讲也好,存在的问题还是不少的。经济效益还不是太好;财政困难还不少,从某种程度上讲还有所增加;市场仍然有一定程度的疲软。现在新疆的待业人数不少,兵团的待业人数也不少,这个问题很值得注意。我到各地,都问到待业人数问题,20来岁的年轻人待在家里没事干总不好。全国加起来有几百万,有的讲甚至上千万。当前面临的困难是不少的。

反对国外反动势力渗透的斗争,反对民族分裂主义的斗争,这些斗争要取得胜利,关键还是要把经济建设搞上去。如果我们的经济搞上去了,再加上强有力的思想政治工作,这样我们维护民族团结,反对民族分裂的斗争,维护全国的稳定,加快社会主义经济建设进程就有希望、就有把握。

保持稳定,主要是保持政策的稳定性和连续性。总的来讲,党的十一届三中全会以来的路线、方针、政策是得人心的,群众希望继续下去,不要改变。党的基本路线、基本方针政策是正确的,对维护稳定和加快经济发展是有利的,当然也需要在实践中不断发展和完善。

关于新疆的稳定。中央对几个边境省区,特别是邻国比较多的边境省区的稳定是非常关心的。今年3月份江泽民同志专门开了一天会谈了这个问题。新疆与多个国家相邻,问题比较多,但只要我们坚持正确的方向,把各民族人民团结在党的周围,继续发展经济,再大的问题也能解决。当然,我们的头脑必须清醒,外来的影响要正确对待,对分裂主义活动必须警惕。巴仁乡事件和拉萨发生的骚乱都说明这个问题。新疆与许多国家接壤,这些国家都有自己的问题,我们不干预别国的内政,但要加强我们内部的团结,加快我们的经济建设。对各种不好的影响要提高警惕,要心中有数。我赞成边境贸易放开一点,当然边境一开放,来往就多,问题也会随之产生,但只要我们国内是稳定的,经济是向上的,头脑是清醒的,对外交往就会有利于我们。反之,就会出问题,就会有人钻空子。我们要维护和发展现在的好形势,对国内稳定和对外关系都有利。

三、要坚持加强同各族人民群众的联系,坚持建设社会主义

讲一讲加强党的领导,加强党同人民群众的联系,坚持建设有中国特色的社会主义。这个问题,对党内来讲是带有根本性的问题,我们要长期坚持加强党同人民群众的联系。只要我们党不脱离人民群众,我们的事业就会不断地得到巩固和发展,我们就可以立于不败之地。不管国际上发生多大的变化,我们自己搞好了,建设有中国特色的社会主义事业就大有希望。

大家都知道苏联、东欧发生的事情。东欧形势在短时间内发生了剧烈变化,确实有西方国家长期搞"和平演变"的因素,从内部原因来讲,也由于这些国家的党,或者改革没有搞好,或者根本不搞改革。一个基本的问题是这些党脱离群众的情况比较严重。苏联也存在着类似的问题。所以,根据世界社会主义国家的经验,我们需要加强党的建设,加强党的领导,加强党同人民群众的联系。

关于党的领导问题,我很赞成铁木尔同志在全委(扩大)会议上讲的,中国共产党的领导地位是在长期的革命斗争实践中逐步形成的。简单地讲,是历史形成的。因为除了中国共产党,没有哪一个党能领导全中国各族人民去推翻"三座大山"。只有中国共产党来领导,才解决了这个问题。现在,要领导中国人民建设有中国特色的社会主义,搞现代化建设,我看离了中国共产党谁也搞不了。坚持党的领导是社会主义事业的客观需要,中国社会主义建设事业需要这么一个强有力的政治领导力量,核心力量。没有这样一个强有力的政治力量,核心力量,十一亿人民怎么团结,怎么沿着社会主义的航向前进? 当然,中国共产党要坚持自己的领导地位,必须加强领导,改善领导,包括加强同人民群众的联系。

建设社会主义是我们的目标。只有在中国共产党领导下,只有实行社会主义制度,才符合中国人民的根本利益。只有社会主义才能解决我们的经济建设、科学文化建设,以及其他各方面建设中面临的问题。离开社会主义,就什么都谈不上。当然,我们的社会主义在实践的过程中间不是没有缺点的,包括中国共产党的领导,也不是没有缺点的。中国共产党从建党以来,犯过大大小小的错误,但都是自己纠正了。像发生"文化大革命"这么大的问题,毛主席晚年出现的问题,我们在小平同志和其他老一辈革命家的领导下,自己纠正过来了,顺应了民心民意。即使在刚过去的 10 年中,小平同志说了,我们没有大的失误,但小的失误也是不断的。这些失误也是由我们自己解决、自己总结的,顺应了民心民意。在这方面,小平同志和其他老同志起了非常重要的作用。我们的社会主义制度,现在也不是很完善,也有这样那样的缺点。这方面,我们也在不断总结经验,不断完善。比如说,过去 40 年或者过去 10 年中,在经济建设上,急于求成可以说是反复出现的,有时甚至很严重。去年党的十三届四中全会,通过总结经验,我们感到,中国这么大一个国家的建设,不能急于求成。经济只能在稳定中求发展,只能稳定地、持续地、协调地发展,不能追求很高的速度。如果急于求成,就会脱离中国实际,脱离中国现有的基础,反而会影响建设的发展,不符合人民利益。当然,经济建设保持一定的速度,还是必要的,也是完全可能的。

四、基层党的建设是我们一切工作的基础

党的建设,很重要的就是党的各级领导班子的建设。加强这方面建设,加强各级领导班子的团结,这是党的建设的重要环节。团结有一个中心,要有一个共同的理想,就是建设社会主义,取得中华民族彻底的翻身,最后是解放全人类。党的十一届三中全会以来,加强领导班子的团结,是有牢固的基础的,同时也是非常迫切需要的。各级领导班子的团结,是全党团结的关键,也是搞好党的各个方面工作的关键。对此,我们要有高度的自觉。

加强党的建设,非常需要加强党的基层建设。过去多年来,我们基层党的组织建设抓得不够紧,某种程度上有所放松。有些基层组织软弱、涣散,甚至不起作用,这个状况在各省、区、市不同程度上都存在着,这个问题比较大。还有一个问题是加强基层政权的建设。基层政权建设跟党的建设是不能截然分开的。比如说,乡一级的党的组织如果是涣散的,乡一级的政权建设就难以搞好。基层的治安保卫工作,综合治理工作,离开了基层党政建设的加强,是搞不起来的。基层的治安工作最主要的依托,还是基层党组织、基层政权组织,没有它们,光依靠公安、政法系统解决不了这个问题。基层政权建设是我们人民民主专政的基础,基层党的建设是我们党的一切工作的基础。说联系群众,归根到底,首先还是靠基层组织联系群众。如果我们绝大多数基层组织搞好了,再下决心有计划地把少数存在问题的基层组织解决好,党的工作就有了扎实的基础。我在路上跟宋汉良同志、铁木尔同志讲过,我说,做州委书记、县委书记、市委书记的同志,现在是既好做也不好做。说好做,现在的同志比较年轻一点,精力充沛一点,文化水平稍微高一点,讲话作报告,送往迎来,他都能很快熟练起来。说难做,是指真正深入基层,扎扎实实地联系群众,为人民群众办实事,每年都能说得出来替人民群众办了多少实事,做到这一点,也很不容易。当然,中央一级,省、区、市一级都有这个责任,都应该这样做,但特别是地、州一层,县市一层的干部,更要面向基层,经常在基层生活,把基层工作做好,密切联系人民群众。如果全党全国都这样做,我们党的工作就有了扎实的基础。

五、要认真研究、贯彻好党的民族政策和宗教政策

讲一讲反对分裂主义,不断巩固和加强各民族的团结的问题。

我们国家是一个多民族的国家,在新的形势下,我们要坚定不移地执行中央新中国成立初期就奠定下来的民族政策,就是民族区域自治的政策。我们全国有56个民族,虽然人数有多有少,地区不同,都有各自的特点,但我们坚持各民族都一律平等,同时对少数民族地区实行民族区域自治。党的十一届三中全会以来,我们又制定了民族区域自治法。这个自治法,正在逐步地贯彻落实。当然回顾这几十年,特别是"文化大革命"期间,我们在贯彻民族区域自治政策的过程中,还有这样那样的缺点。但总的来讲,这项政策实践证明是好的,是正确的。现在已经用法律的形式给它固定下来了,我们更应该进一步贯彻好。我们说的"两个离不开",这也是民族政策的一个重要部分,因为各个民族都在不同的条件下为祖国统一的大家庭作出了自己的贡献。汉族人数多,经济、文化比较发达,正因为这样,汉族更应该注意团结各少数民族,一起把祖国建设好。

实行民族区域自治是我们的特点。世界上民族问题解决得好的国家不多。用狭隘的民族意识来解决民族问题,是解决不了的。真正要加强民族团结,除了共产党的领导和社会主义制度以外,我们的经验,就是搞好民族区域自治。苏联搞加盟共和国的办法,从实践情况来看,问题也很多。我认为我们的民族区域自治政策,经过40年的实践,根本上是好的,不仅汉族人民拥护,各少数民族的广大人民群众也拥护。在少数民族中间,有极少数搞分裂主义的人,他们在本民族中间也是不得人心的。对民族区域自治政策我们还需要继续努力贯彻,不断改进工作。几十年来,我们培养出了一些优秀的少数民族干部,今后希望能够再多出一些少数民族的马克思主义者,就是能用马克思主义的立场、观点和基本原理来对待民族问题的干部。加强民族团结当然要反对分裂主义。我赞成你们自治区党委全委(扩大)会议上提出的搞好稳定,必须坚决反对民族分裂主义的意见。

要把这个斗争继续进行下去。虽然搞民族分裂主义的是极少数,但我们要保持高度警惕。民族工作有很多方面,我对此缺乏深入研究。新疆这方面有很多比较好的经验。我们要相信,任何一个少数民族的绝大多数,根本上是好的,要相信这一点。西藏前几年思想比较乱,我问过西藏的领导同志,他们说十一届三中全会以后,西藏农牧民的生活有了明显的改善,他们对党的政策是拥护的,是反对分裂主义集团的。我对此印象很深。所以,要搞好民族团结,我们还是需要相信和依靠绝大多数的各个民族的人民群众,相信和依靠各个民族的劳动人民。因为劳动人民构成各个民族的绝大多数。在这方面,地方工作的同志,驻新疆的人民解放军,新疆的生产建设兵团是有很多经验的。生产建设兵团在新疆是很重要的稳定力量,兵团的同志也很注意做好少数民族的工作,注意认真贯彻党的民族政策。我这次到南疆军区看望,也得到了同样的印象。我们从各方面做好加强民族团结的工作,同时也必须坚决反对搞分裂主义活动。这个斗争的警惕性,任何时候都不能放松。另一方面,外来的坏的影响,我们任何时候也不能放松警惕。这样,才能不断促进和加强我们国内各民族的团结,才有利于我们国家的建设和社会稳定。小平同志说,我们现在有很好的机遇,我们在90年代要抓紧工作,要比80年代更好,那我们到本世纪末,情况就会好得多。我这次到南疆几个地区看,他们都感到过去10年南疆有很大发展。当然,过去整个40年都是有相当大的发展的,但过去10年发展得更快一些,这是事实。我们今后会发展得更好。反对民族分裂主义这根弦,我们任何时候也不能放松。我相信,在共产党的领导下,中国解决民族问题,可以解决得比其他国家更好。不要以为资本主义国家解决了民族问题,我不这样看。资产阶级搞资产阶级革命时,是打着民族的旗帜,也打着民主的旗帜,但归根到底,它既不能代表民族的绝大多数人民的利益,也不能搞好真正的民主。所以斯大林在苏共十九大开幕词中,专门讲了两个旗帜的问题。他说,民族的旗帜资产阶级把它丢掉了,我们应该把它举起来;民主的旗帜资产阶级把它丢掉了,我们也应该把它举起来。当然斯大林在实际行动上没有做到,这方面是有经验教训的。

再一个和民族问题有关系的是宗教问题。马克思主义关于宗教的理论,希望大家多作一点研究,因为民族地区宗教问题比较复杂。马克思主义关于宗教方面有一些很好的论述。宗教问题,我们始终要按中央的宗教政策,按宪法规定去贯彻执行。巴仁乡的问题,除了民族的因素以外,也是利用宗教来搞分裂活动的。所以,很值得我们警惕。宗教是人类生活中一种很复杂的社会现象。十一届三中全会以后,我们一直注意落实党的宗教政策,也有过正式的中央文件。这些文件基本上还是好的,现在宗教界也还是能够接受的。当然我们具体执行中间,该注意的问题还是要注意。总的方向上,我们不能去提倡、去发展宗教的狂热。所以,我们在对外交往方面头脑要清醒,要警惕不能让那种狂热的教派传到我们这里来。新中国成立40年以来,在宗教政策上我们还是比较慎重的,总的来讲,宗教政策执行得还是好的,当然"文化大革命"中发生一些问题。过去10年来,我们在落实宗教政策方面做了大量的工作,各民族信教的群众总的是满意的。对宗教上层人士凡是爱国的要很好地团结,也要尊重他们。前天下午我在喀什到清真寺去了,他们对我很尊重,我对他们也很尊重。宗教问题在很长时间里,是一个比较复杂的问题,要解决好。当然,我们不能去提倡发展宗教,但是用简单的办法也解决不了问题。我们党的各方面工作搞好了,绝大多数群众包括信教的群众,是会为社会主义奋斗的。因为中国的经济建设问题也好,其他问题也好,归根到底要依靠社会主义来解决,靠别的都不行。

合理开发当地资源，
加强同沿海地区的经济联系*

（1990 年 7 月 29 日—8 月 3 日）

30 年前听说青海湖有一种鱼叫湟鱼,是无鳞的。一转眼,30 年了。今天是星期天,打扰大家了。现在青海的政治、经济形势总的来讲是比较稳定的,这一点是不错的。希望青海的同志要十分珍惜这种稳定的局面,继续保持这种形势,这对青海今后的建设是非常必要、非常有利的。

一、一个中心就是要把经济发展起来,加快生产力的发展

当前,稳定是压倒一切的任务。没有稳定的局面,什么也干不成,经济建设、文化建设、人民生活改善,都是一句空话。稳定不仅是中国社会主义建设所必需的,也是中国人民根本利益所在。因此,我们要加深对稳定重要性的认识。要保持稳定,我们还要继续做工作,要经过长期努力,把目前稳定的形势维护下去。这样,才能谈得上用更多的时间和精力,把我们国家比较快地建设起来,发展起来。

稳定的一个重要问题,就是要创造和发展有利于加快建设有中国特色的社会主义步伐。建设有中国特色的社会主义必须坚持"一个中心、两个基本点"。这条基本路线符合中国的国情,是完全正确的。一个中心就是要把经济发展起来,加快社会主义生产力的发展。

＊　这是乔石同志在青海省考察期间的讲话节录。

我们应该抓住现在稳定这个有利时机,把经济建设搞上去。小平同志讲,对中华民族来说,这是一个机遇,是多少年难得的一个机遇。我们有责任让中华民族尽快富强起来,把社会主义祖国建设好。同时,两个基本点也不可偏废。"一手硬、一手软"的状况不改变,会影响我们的经济建设。这个教训是深刻的,我们应当记取。特别要坚持四项基本原则,在民族地区要警惕和反对民族分裂。

政治稳定的一个重要问题是各级领导班子的团结,特别是党的核心的坚强团结。如果不团结,势必增加内耗,牵制力量,影响稳定发展。领导班子搞好团结,对带领各族人民搞好社会主义建设非常重要。要把加强基层党的建设提到议事日程。党的基层建设是整个党的工作和党与人民群众联系的基础。州、地、市、县的领导干部要把深入基层、联系群众作为重要工作来抓,要善于总结、推广基层党的建设经验。各级领导要在自己的工作岗位上扎扎实实为人民办事,做出实绩。我们看干部,就要看是不是人民的勤务员,真心实意为人民群众工作。干部如果脱离群众,不廉政求实,我们这个党怎么能建设好?所以,要把深入基层、联系群众、为民办事作为考察干部的重要标准。

二、青海要开发钾肥生产,调整毛纺产品结构

你们谈到青海兴建一个年产 10 万吨合成氨厂,你们能不能与南方化肥生产能力大的省作一些交换?我在格尔木钾肥厂也说了,我们国内对钾肥的需要量是很大的,现在即使质量达到要求或者比进口的质量稍差一点,但数量是远远不够的,所以钾肥生产还得要发展,一定要把我们国内的钾肥生产搞上去。目前由于各种原因,暂时销不出去,但一定要保持发展的速度。否则,这种东西拉下来,将来吃亏就大了。归根到底,我们还是要以依靠国内产品为主。

除了大的钾肥生产企业继续发展以外,另外可以搞些小的钾肥厂,比如说作为乡镇企业这样规模的厂,这个国务院也不同意吗？当然乡镇企业开采钾肥,不能破坏和影响整个盐湖资源有计划的开采,不要搞得很乱,不要造成破坏性的开采,国务院也没有因此而规定不允许集体开采,能源部也没有这样说。我们的盐湖资源也是很大的,有一部分集体开采,我看说有影响也是不大的。你们可以将这个情况给有关部门说一说,也可以请主管这项工作的同志到现场一起研究一下。钾肥生产总的要有利于资源开发,这方面地方利益和国家利益是可以统一起来的。也符合调动"两个积极性"的原则。搞一些小的企业,把集体力量加上去,加强必要的领导,不会伤害大的钾肥生产企业,大的还会发展。这方面你们要积极争取。

青海的毛纺工业生产遇到很大困难,我想你们能不能作一些产品结构调整？产品结构要根据市场需要,及时调整,我看这个比产业结构的调整稍微要容易一点。因为,产业结构的调整必然要有相当的投入,时间也长一点,困难也就多一点。产品结构的调整,要稍微容易一点,而且见效也比较快。这次我到新疆参观和田毛纺厂,我看他们的产品,同北京、上海、天津相比,差距还比较大。但他们告诉我,搞薄形的、妇女用的产品,好处理一些,成本也低。据我看,他们的花色品种也还不能适应市场需要,总是那样几种颜色,老产品还在生产,市场疲软,销不出去的就由国家包销。实行包销,可以保护生产,这也是不得已的办法,但商业部门收下来后,压库压得厉害,而且几年一过,这些产品是不是还有销路,还说不准。不要说别的,就说彩电现在也是销售疲软,但是直角平面的彩电在哪里都能吃得开,还是有人买,但型号、品种稍微不那么时兴的,买的人就少,压得就比较厉害。与其是这种情况,你还不如把销售价格特别是零售价格适当作一些调整,现在产品脱手了,比你压它几年以后还没有销路再处理要好一点。卖好价钱当然好,但产品不适销对路,你不把它收购上来,工厂就要停产,工人就要待业半待业;如果你收购下来,库房也没有那么多,几年以后,有些东西就更销不出去了,我们应当看到这一点。现在把价格适当调整一下销出去,可能比放它几年以后再销好处更大一些,但是对财政可能有影响,什么事情都十全十美也难。这个问题牵涉到我国价格制度,因为现在搞社会主义有计划的商品经济,既然是有计划的商品经济,就要适当考虑市场的问题,商品生产以后,要在市场实现其价值。商品按照供求关系,按照质量、花色品种,价格之间的差距适当拉大是不可避免的。你买农副产品,早市时价格就贵一点,等到上午 12 点再去买,价格就便宜一点,销售的个体商贩和农民都懂得这个道理。我们新产品出来,比较受欢迎的时候,价格适当高一些,有一些已经背时的商品,或者很快就要背时的商品,价格稍微低一点,适当拉开一点,对销售有好处。现在不像过去,过去几十年我们统购统销,物资供应也不怕疲软,你爱买不买,反正我就是这个东西。服务态度不好,也有这个原因,独家经营,你不爱买拉倒,我工资照拿,服务员很硬气,现在那样搞就不行了。服务态度有思想政治工作方面的问题,也有经济方面的原因。

三、内地要想办法通过横向经济联系,通过各种渠道,吸取沿海发展的成果

关于内地同沿海的差距问题,我的印象,第一个五年计划总的来讲是好的,当时经济工作有一个指导思想,全国经济要合理布局,沿海虽然还继续搞,但要想办法把有些重点企业放到内地来。这个想法在当时条件下,也没有什么不对,因为当时我们处于封闭的情况,沿海同内地差别是有,但在可能条件下,缩小沿海同内地的差别,这个想法也没有什么不对。现在情况有点变化,实行开放政策以后,沿海的发展比较有利,不是沿海的任何地方都有利,但相对来讲,有些地方还是比较有利。如广东,离香港、澳门很近,应该支持它快点发展。占领香港、澳门市场,对我们非常有利,而且还可以通过港澳到资本主义国家去。广东有经济发展比较快的地区,相对也有慢的地区。去年春节以前,我去看了一下,粤北山区的有些农村还是比较贫困的。福建也一样。过去 10 年,厦门确定为特区,福州又搞了开发区,这样,发展稍微快一点,但同广东比距离还比较大。广西更不要说了,广西意见也比较大,它也有出海口,但它的出海口比广东就差远了,广西有些产品要依靠广东销售到港澳,因为渠道在广东手里。广西说,渠道不要在广东手里,我说你一下子做不到啊! 商业渠道的问题很复杂,现在做不到,只能合理地分利,暂时先这样做。所以,广西跟广东的差距相当不小。现在台资找出路,找到比较多的是福建,去年一年,一直到今年上半年,福建吸引台资的势头一直不减,吸引台资到内地来,不是说不可能,但大批吸引台资则不现实。港澳、日本的投资除了广东、福建以外,最感兴趣的地方是辽宁。韩国投资兴趣大的一个是山东,一个是辽宁,特别是延边自治州。这就必然形成沿海发展较快的局面。1987 年我跟李先念同志到欧洲去,经过乌鲁木齐时,李先念、王恩茂在同我聊天时说,现在这样发展下去,沿海同内地的距离可能要拉大,李先念同志对此也很重视。这个问题近期内还比较复杂,因为吸引外资到内地,很不现实,加上历史上外国资本进入,它先是在沿海地区,造成内地历史上就比较落后一点,经济发展也比较慢一点。因此,到 1988 年党的十三届三中全会,小平同志说了一个意见,大概的意思是,现在沿海先发展起来,这是全局的需要,因为我们不可能同时富裕,同时发展。我的想法,沿海也不是每一个省都一样发达,也还有区别,以后到一定的时候,沿海稍微放慢一点,帮助内地发展起来,这也是全局的需要。当然,恐怕短期内沿海能加快发展,总还是有好处的,它有条件加快发展,它同内地的差距就会拉大一些。但是,内地怎么办,我个人有个想法,内地是不是也可以想点办法,因为整个国家还是一个整体,想点办法通过横向经济联系,通过各种渠道,来吸取沿海发展所取得的成果。比如上海,在 90 年代可能是沿海发展的一个重点,上海的技术力量非常雄厚,重工业,轻工业,各个方面都很雄厚,但过去这些年也拉后了。虽然拉后了,但上海工业生产的效率同全国相比,大概还是最高的。如果全国工业生产效率都能提高到同上海一样,那么经济不是翻一番的问题,当然,我也知道这个很不容易,有人员素质等各方面的原因。但上海发展快了,必然会影响长江三角洲,同时,又会辐射到整个长江流域,甚至于全国,有很多事情上海还在发展中间,它必然要加强同全国的联系。

你们省就近的新疆我刚去过,南疆潜力也不小。新疆接壤 5 个国家,跟苏联的地方贸易现在正在发展,而且在经济方面大体上我们有个印象,某些方面我们比他们占优势。新疆在全国来讲,不是一个很先进的地区,但它对外贸易的潜力还不小呢!如果横向经济联系加强了,充分发展起来了,跟青海的发展就有关系,当然这有一个过程。沿海地区发展快一点,现在看来是一个事实,内地也要支持沿海的发展,同时,内地也要通过各种办法,抓紧使内地发展起来。因为内地有内地的优势,好多原材料在内地,至于价格不合理,我们可以进行改革嘛!这个问题总要逐步想办法解决的。当然经过 1988 年那么一次,大家都很谨慎。慎重还是应该的,但价格体制不改革是不行的,通过逐步解决,90 年代就会发展得更快一些。现在国内搞活经济,全国范围的联系在这 10 年中,比以前大大增强了,这总是有利的。

四、搞好民族团结,处理好宗教问题

青海民族区域自治政策执行是好的,今后要争取贯彻得更好。青海是多民族地区,把民族关系处理好,对全省的稳定至关重要。绝大多数人民群众是愿意搞好民族团结、愿意稳定的,不愿意搞分裂。

搞分裂的只是极少数人。因此,我们要保持清醒的头脑,对坚持搞分裂的人作坚决的斗争。

宗教问题是一个很复杂的问题,需要采取十分慎重的态度。在各地调查研究时了解到,宗教这些年来有所发展。我们一定要注意按照宪法规定执行好宗教政策,允许人民群众有信教的自由,但也有不信教的自由。我们要加强群众中的思想政治工作,不要漫无边际地支持、发展宗教。

塔尔寺是我们国家重点文物保护单位,历史很长,所以维修、保护工作还是应该进行,但是现在维修的任务比较重。西藏布达拉宫的维修任务就很大,前年我曾去看过,确实需要维修了,国务院决定专门拨款进行维修,国内外影响很大。你们塔尔寺的维修也很需要,我来以前就听说了,特别是今年地震以后,有的墙壁裂缝很大。我们回去后商量商量,各个部门大家都关心一下,争取逐步得到解决。

五、班禅活佛灵童转世,要严格按照喇嘛教教规来办,还要经过中央政府批准

班禅活佛灵童转世的一套宗教仪轨是很复杂的,而且要以西藏日喀则的扎什伦布寺为主,由他们严格地按照喇嘛教教规来办。大体上查了一下,活佛的转世,还要经过中央政府批准,清朝就是这样,国民党时期也是经过中央政府同意,布达拉宫的石碑上就写着大清皇帝万岁万万岁!因此,转世灵童要经过中央政府的同意。在具体做法上,我们要严格按照宗教仪轨来办。这样,大家就没有疑义了,中央批的时候也就比较好办。我们如果不认真搞,达赖也想在那里搞,但他在国外,得不到中央政府的批准,没法合法。

维护稳定，经济是基础[*]

（1990 年 8 月 28 日）

　　这一段中央没有会，我抽出七八天时间来河南看一看。很多地方没有走到，看了一些地方，也是走马观花，浮光掠影，对情况了解得不够深入。同沿途一些地、市的同志接触了一下，但匆匆忙忙，也没能更多地跟他们座谈。尽管如此，我还是有一个突出的印象，这就是跟 20 年前我在豫东干校劳动时的情况比，河南有了相当大的变化，特别是农村，变化更大。我在豫东的时候，老百姓吃的基本上是地瓜干，有点菜，也是地瓜叶子。那时，一年一个人大概分到 60 斤麦子，除过年过节包顿饺子外，其余时间主要就是吃地瓜。住的房子也很差，土坯打的墙，上面盖的草顶，而且熏得很黑，有的人家连板凳也没有。现在，老百姓主要吃地瓜干的日子基本上过去了，主要是吃细粮，房子和屋里的陈设也比过去强多了。这次我虽然没到豫东去，但也听说现在和过去大不一样了，现在吃的主要是面食。总的说，农村的面貌有了相当大的变化，农民的生活比过去有了很显著的改善。也可能我看到的都是比较好的，就是打一点折扣，变化也是很大的。我想这主要还是党的十一届三中全会以后的变化。一路上听了侯宗宾^①等许多同志的介绍，今天又听了今年以来河南工作情况的全面

---

*　这是乔石同志在听取河南省委汇报时的讲话节录。

①　侯宗宾，时任中共河南省委书记。

介绍。总体上,我觉得很好,说点个人的看法,供同志们参考。

一、维护稳定经济是基础

当前的国际形势说明,世界是充满矛盾的,而且矛盾是错综复杂的。现在世界总的趋势仍然是缓和,世界大战在相当的时期内打不起来,当代国际社会所面临的和平与发展两大主题没有改变。就国内形势来讲,首要的是维护社会稳定,稳定是压倒一切的,不稳定什么事情都办不成。现在是我们中华民族奋起的十分重要的机遇,我们必须抓紧这个机会把国家建设好,中国就可以在已经提前完成的第一个翻番的基础上,实现第二个翻番,并争取在 21 世纪中叶实现第三个翻番。如果不注意维护稳定,所有这一切都无从谈起。关键是国内要稳定,小平同志说,如果大陆不稳定,就可能发生内战。"文化大革命"乱了 10 年,经济到了崩溃的边缘。我们一定要记住这个教训,无论如何不能再乱了。《关于建国以来党的若干历史问题的决议》也强调了这一点。从全国来讲,各条战线都为维护稳定做了大量工作,总的形势是好的。从整体来看,根据现在的情况,今年继续保持安定团结的政治局面,我觉得还是有信心的。当然,我们要始终坚持不懈地把各方面的工作做好,不是嘴上说稳定就可以稳定的,必须扎扎实实地做大量工作。你们采取措施消除不稳定因素,这很重要,做得也是很好的。做法上各地可以不完全一样,但总的来讲,一定要维护稳定。这不仅是一个省市的问题,也不仅是北京的问题,牵涉到全国,都应该沿着这个方向去做。稳定的局面一定要继续保持下去。

要维护稳定,经济是基础。如果经济不能在现有基础上不断地向前发展,稳定问题就令人担心。例如,待业半待业的人数如果不断增加,那就很值得注意。我每到一个地方,都要问待业半待业的人数有多少,怎么解决。因为这个问题不解决好,不但对人力资源是一个很大的浪费,而且待业半待业的大多是二十来岁的年轻人,时间长了会成为一种不安定因素。要想解决这个问题,必须把经济搞上去,就业率才能增加。经济不能滑坡,这不是现在提出来的。党的十三届四中全会之前,小平同志就提出了这个问题。所以,无论如何要千方百计把国民经济搞上去,这个任务是很艰巨的。经济要上去,农业是基础,特别像河南这样的省,不能忽视农业的基础地位。尤其是粮食生产,是基础的基础,一定要把它搞好。人口问题,对我们的压力很大。原来统计每年要增加 1500 万人,差不多相当于一个中等国家的人口,现在的统计比这还要多。到本世纪末,12 亿 5 千万人口能不能打得住? 我看很难。这次人口普查初步统计,你们河南就达到了8500 多万,山东、四川再增加一些,全国还不知会增加多少,人口压力愈来愈大。我们这个国家,如果粮食依靠进口是根本没有出路的。世界上没有任何一个国家供得起中国的粮食需求,我们也没有那么多的钱去买那样多的粮食。党的十一届三中全会的时候,中央考虑到农民粮食比较紧张,生活比较苦,决定每年进口一定数量的粮食,使农民有几年休养生息的机会。这个政策是正确的,当时不这样做不行。但是,随着人口的增加,如果不进一步把农业的问题解决好,整个经济发展就谈不上,社会稳定也谈不上。所以,如果农业上不了新的台阶,就会拉整个 90 年代经济建设的后腿。现在各省都在从大农业的角度考虑深化农村改革,力求在搞好计划生育的同时,使农业生产有一个大的发展,使人均粮食的增长速度超过人口的增长速度。这个任务是相当艰巨的,但可能性还是有的,我在河南看了之后,觉得有这个信心。

二、坚定不移地保持政策的稳定性和连续性

十一届三中全会以来这 11 年,中央的一系列方针、政策,都是在老一辈革命家特别是小平同志指导下制定的,我们还要坚定不移地坚持下去,保持政策的稳定性和连续性。这是牵涉到基本政策和路线的问题,不能轻易改动。坚持基本路线,还是"一个中心、两个基本点",过去发生的"一手硬、一手软"的状况必须改变,也正在改变。经济建设这个中心一定要坚持下去。像乡镇企业,包括集体经济在内,对于河南这样的省来说,不是太多了,而是要在总结经验的基础上有计划、有领导地继续发展。对于个体经济也是这样,要看到它不仅能解决一部分人的就业问题,而且在手工业以及流通领域,对社会主义经济都是必要的补充,否定它,对我们的经济发展是不利的。在现阶段,个体经济不能取消,比如在农副产品的市场供应方面,搞得不好,市场就会非常紧张。尤其是鲜活商品供应,很多是靠个体户在那里奋斗。个体经济的存在,有它的必要性。当然,个体经济的经营者必须依法经营,照章纳税,政府部门对他们要加以引导,加强管理,要建立健全税收制度,防止个体经济消极的一面。如果在正当经营的范围内,有些人多赚了一点钱,我们也不必过多地考虑。发展乡镇企业、集体经济以及农村的规模经营,一定要着眼于进一步调动农民的积极性,着眼于进一步开发农业生产的潜力。这里讲的农业不光是指粮、棉、油、烟、茶的生产,而是指的大农业。农村是可以稳定的,并在稳定中不断地向前发展,走出一条适合中国国情的社会主义农业发展的道路。

三、我国经济每年增长速度保持在 5%、6% 或 7%,就不会出大问题

今年是治理整顿、深化改革的关键一年。这两年治理整顿的效果比较明显,宏观调控有所加强,当然有些问题还没有完全解决,有待于进一步研究。中央也正在研究怎样把治理整顿、深化改革进一步搞下去。刚才宗宾同志讲,要在深化改革方面多下些功夫,这一点我赞成。有些问题要通过治理整顿进一步解决,有些该改革的要继续稳步地改革。鉴于过去的经验教训,太急了不行,急于求成往往适得其反,最后还得来一个调整,严重的甚至要大调整。但是,不保持一定的速度,不注意提高效益也不行,因为我们国家大,不抓紧目前比较有利的时机,把经济搞上去,不使改革进一步深化,对于我们今后的发展是非常不利的。当然,具体怎么搞,可以进一步研究,采取一些稳妥的措施。深化改革要在治理整顿的条件下逐步进行,要加强研究,探索出一条比较稳妥、切实可行的改革路子来。我曾经说过,我国的经济在 90 年代每年应该增长 5%、6% 或 7%,保持这个速度不会出大的问题。片面追求高速度的做法,无论如何要废除。

四、河南的建设,要从河南的实际出发

刚才侯宗宾同志谈了一些想法,我听了以后总的感觉很好,当然也可以再进一步研究。河南确实有自己的特点,人口那么多,土地面积又有限,如果说有潜力的话就是要把现有的耕地经营得更好一点。这里山坡地的潜力,还是相当大的,但要搞好也不容易。如果把全省的荒山秃岭全部解决了,就很不错了。河南的丘陵山区大概占全省总面积的 40%,不管搞什么,总而言之要把它开发出来。广东的同志提出消灭荒山秃岭,河南要一下子做到这一点可能有困难,只能一步步来。从大农业的范围来讲,从改进整个生态环境来讲,这个工作总是要做的。河南不是沿海地区,沿海地区过去 11 年经济发展比较快一点,跟中部、西部地区的差距在一定程度上拉大了。我们总的目的是走共同富裕的道路,但是,现在沿海地区发展快一些,是全局的需要。内地去代替沿海做不到。但是,内地也是可以发展的,在沿海发展的同时,如果挖掘内地的潜力,加强横向经济联系,办法还是很多的。黑龙江搞边境贸易,1986 年 8 月我去那里的时候,他们开了一个全国 100 多个城市参加的横向经济联系的会议。那个时候的边贸主要是苏联方面不点头、不开放。现在听说都开放了。我们改革走到了他们前面,经济上搞得比他们活,占了一定优势,边境贸易是有前途的。我上个月到新疆去,跟那里的同志讲,你们要利用这个优势,把边境贸易搞起来。当然其中也有复杂的问题,例如那些反动的、狂热的宗教影响,那些狭隘民族主义的影响,都要严防,这些东西不能带过来。在这方面,我们一定要清醒,要坚决,不能含糊。现在新疆和苏联接通了铁路,联系就更多了。我们的产品到苏联还是能占领市场的,他们的东西也实在不够。你们河南鲜蛋、肉的出口主要也是面向苏联。所以中部、西部地区经济发展也还是有很大潜力的。上海搞了一个浦东开发区,中央和国务院都是很支持的,应该说首先是小平同志坚决支持。我去上海时,市委领导同志向我谈工作,后来主要谈浦东开发区的问题,当时我就表示赞成。沿海的倾斜政策也可以再研究一下,在浦东搞开发区的设想一提出来,大家都很有兴趣,但沿海地区都要搞开发区,都要像浦东一样,恐怕也不行,做不到。通过搞浦东开发区,把整个上海改造过来,大概需要 10 年的时间,需要相当大的一笔投资,国家还要给一些必要的政策。各地都像上海一样,不可能,要有重点、有步骤地发展。但是,上海搞好了,肯定会辐射到长江三角洲以至于全国。

山区要结合当地实际，
探索自己的发展路子*

（1990 年 10 月 10 日—17 日）

一、正确认识当前的经济形势

看当前的经济形势要看到两个方面。一方面，党的十三届三中全会制定进一步治理整顿和深化改革的方针到现在已经两年了。应该说这两年贯彻这个方针的成绩还是明显的。通货膨胀得到了有效遏制，这是很不简单的。开始不少同志对十三届三中全会提出的"明年物价上涨指数要明显低于今年"的目标信心不太足，现在我们确实做到了，物价平稳，整个经济也是稳定的，而且正在向好的方面发展。我们要充分认识这个成绩。另一方面，当前经济形势仍很严峻，困难还相当大，有些问题还没有完全弄清楚，一些深层次的问题还需要进一步研究并采取有力措施加以解决。今年以来，党中央、国务院采取了一系列措施，收到了一些成效。但是真正解决问题还需要一个过程。同时要看到，困难也有困难的好处，在困难条件下可以磨炼干部、磨炼企业、磨炼党组织。

二、山区开发要立足本地，从实际出发

十一届三中全会以后，提出了大农业的概念，大大开阔了我们发展农村经济的思路。山区开发必须充分发掘自己的潜力，才能脱贫

---

* 这是乔石同志在湖北、安徽大别山区考察期间的谈话节录。

220

致富。要把潜力开发出来，光有好的政策还不行，还要省委、地委、县委根据本地的实际情况，贯彻落实好这些政策，摸索出一条更加具体的、切合当地实际的发展路子来。山区在研究经济开发的时候，借鉴外地的经验是需要的，但一定要立足本地，因地制宜，切不可去同大城市、同沿海地区盲目攀比。因为山区条件差，起步难。忘记这个特点，脱离实际，照抄照搬外地的做法，效果会适得其反。

贯彻中央文件精神，也要从实际出发。中央文件是指导全国工作的，我们国家这么大，各地情况千差万别，文件只能是谈共性的东西多，不可能把各地的具体特点都照顾到。这就要靠各省、地、县的同志，按照文件规定的总的方向、原则、精神，结合本地的实际情况具体贯彻落实。

三、深入基层，联系群众，多办实事是各级领导干部的基本功

目前行政开支过大，财政负担很重。解决这个问题，一方面经济要搞上去；另一方面机构、人员要精简。机构膨胀，摊子过大，人员太多，光浮在上面开会、发文件，效率就不会高。有的机构不一定所有的地方都设。上层领导机关的干部要多下去，特别是年轻、有文化的干部要更多地到基层去接触实际，加强锻炼。艰苦条件下更能锻炼干部。现在一些年轻干部，从学校出来直接到机关工作，又很少深入基层、接触实际，这不是培养青年干部的好办法。我接触到有的年轻干部，他们对实际情况了解甚少，说起话来空泛议论比较多。这除了没有很好地学习马克思主义外，主要是缺乏实际锻炼。应当提倡年轻干部到基层去锻炼。贫困山区是锻炼人的好地方，年轻干部在这里不仅可以磨炼意志，而且可以深入地了解中国的国情，在同群众共同改变山区落后面貌的过程中增长才干，使自己成为有真才实学的人。

我们讲密切党和人民群众的联系，很重要的一条就是要深入基

层,调查研究,不浮在上面,不做表面文章,坚决克服形式主义。扎扎实实地替老百姓办事,千方百计把经济建设搞好,把党的建设和各方面的工作做好,这是我们党最根本的一条,也是各级领导干部必须具备的基本功。没有这个基本功,领导工作是做不好的。

组织大专院校、科研单位同贫困地区挂钩,进行科技扶贫和委派科技副市长、科技副县长、科技副乡长、科技副镇长,这种办法很好,应给予充分肯定。科学技术对于贫困山区的经济开发具有十分重要的作用。大专院校、科研单位开展基础理论研究是必需的,但同时要重视抓好应用科学技术的研究和推广,要组织更多的科技人员特别是年轻的科技人员下厂下乡搞科技服务。服务项目搞好了,促进经济发展了,科技人员的实际知识会得到充实,收入也会增加,比长期蹲在上面好。不管哪个学科,就理论讲理论讲不清楚,因为理论是从实践中总结出来的,还需要回到实践中去检验、提高。

四、坚定不移地贯彻执行党的十一届三中全会以来的路线、方针、政策

这些年来我们在经济建设上所取得的成就,包括山区扶贫开发取得的成绩,都是与党的十一届三中全会以来所确定的路线、方针、政策分不开的。因此,必须保持这些方针、政策的连续性和稳定性。农村家庭联产承包责任制、山林承包责任制、山区扶贫开发政策、科技兴农政策和大农业的概念等,都是在改革开放思想指导下从实践中概括出来并随着实践的发展逐步深化的。我们必须继续沿着改革开放的道路前进,否则中国的经济是没有出路的。不管有多少困难,这条路必须坚定不移地走下去。

现在农民关心政策的稳定,最重要的是稳定家庭联产承包责任制。家庭联产承包责任制是党的十一届三中全会以来党在农村的一个大政策,直接关系着9亿农民的积极性。如果在这个问题上动摇,就会犯错误。决不能认为家庭联产承包责任制的作用已经发挥完了。因地制宜地发展乡村集体经济力量、加强服务体系建设是必要的,这也是为了更有利于调动农民的积极性,更有利于稳定和发展家庭联产承包责任制。各种政策措施的出台,都要有利于完善家庭联产承包责任制。还有山林承包制,也是经过相当长时间的酝酿和调查研究才确定下来的,是有生命力的。当然,在实际执行过程中需要不断总结经验,进一步完善。

大别山区的扶贫工作已经取得了可喜的成绩,但是应当看到,这些地区的经济还比较脆弱,一些已经脱贫的农户一遇自然灾害还有可能返贫。未脱贫农户的工作难度还很大。我们要下大力气继续抓好扶贫工作,不能满足现状,要在发展中巩固现有的成绩。"逆水行舟,不进则退",扶贫工作决不能放松。我们必须继续坚持党的十一届三中全会以来的路线、方针、政策,在现有基础上,通过深化改革,进一步搞好贫困山区的经济开发,这样才能巩固已经取得的成绩,使贫困山区的扶贫工作不断向前迈进。

大别山区的变化,证明党的路线、方针、政策是正确的,广大群众希望保持稳定。决不要过一段刮一阵风。特别是贫困山区,底子比较薄,相当程度上要靠天吃饭,工作的难度比平原地区和经济比较发达地区大得多,经不起折腾。没有稳定的方针政策,没有扎扎实实的工作,对于贫困山区的脱贫致富会产生极大的消极影响。过去的经验教训我们要记取,不能再因为领导工作指导上的失误,造成灾害性的后果。贫困山区还没有解决温饱的要继续解决温饱问题;已经解决温饱的,要在现有基础上巩固,在发展中巩固。只要保持政策的稳定性,通过持续不断、扎扎实实的工作,就可以达到稳定脱贫。从长远的方面来说,贫困山区真正要致富,还要更长时间。致富就是要达到或接近小康水平,要到本世纪末下个世纪初才能达到,没有这么长时间的积累和发展是做不到的。因此,我们要有长远的规划,一代一代地干下去。总之,党的十一届三中全会以来制定的、受人民群众欢迎的、有利于脱贫致富的一整套方针政策,实践证明是好的、是正确的,要坚定不移地执行,不要轻易改动。执行正确的路线要有坚定性,摇摇摆摆就没法执行好。

五、增强商品经济观念,发展山区商品经济

过去我们扶贫主要是问寒问暖,送钱送衣送粮,这样搞救济,效果也有一些,但不能从根本上改变贫困地区的面貌。1985 年以后,中央把扶贫工作的立足点放在扶持经济开发上,取得了明显的成效。实践证明,这条路走对了。湖北的同志准备在今年再次召开山区工作会议,研究如何进一步做好山区扶贫工作,我很赞成。

山区开发除了政策要稳定外,还要有一个基本的生产方针,一定要从实际出发,根据土壤、气候等各方面的条件全面规划,有的还要经过试验,取得经验,不能搞大呼隆,不能不管条件如何统统一起上。实践证明是正确的方针不要随意改变,走对了的路子就坚定不移地走下去,不能今天一个主意,明天一个主意。

由于各种原因,山区干部群众的商品经济观念比较淡薄。要破除过去那种种田只为自己填肚子、栽树只为自己修屋烧柴的自然经济观念,要不断发展商品经济。除了要继续抓紧粮食、棉花生产之外,尤其要注意发挥山区优势,搞好其他种植业、养殖业,大力发展多种经营,在这个基础上办好加工工业,有条件的地方还可以发展采矿业等。具体怎么搞,都要从本地实际出发。比如封山育林,封了证明效果是好的,整个生态不一样了,不封就是不行。总之,山区的潜力不小,只要路子对,坚持不懈地抓下去,经过较长时间的努力,发展起来不一定比其他地方差,应该争取逐渐跟上全国中等发达地区的发展步伐。大别山区的干部、群众应当有这个信心。

六、解决好粮食收购问题,保护农民种粮的积极性

我国是农业大国,粮食是很珍贵的。现在到处叫卖粮难,经营粮食吃亏。这个问题必须解决,根本办法是把粮价逐步理顺。粮价波动大,不利于稳定。从当前讲,一是要实行保护价,二是要敞开收购,三是坚决不打白条子。要采取多种办法,国家财政拨一点,地方财政挤一点,把农民要卖的粮食收购上来。这当然会有困难,地方各级能解决的要尽量解决,该反映的还可以向上级反映,但决不能伤害农民种粮的积极性。去年粮食丰收,农民手里本来就存有多余的粮食,今年又丰收,一定要把农民手中多余的粮食收购上来,宁可上面困难些,也要保护农民种粮的积极性,保护农民的切身利益。"谷贱伤农"在历史上就有过,我们决不能这样做。现在我们还是要靠天吃饭,只能以丰补歉。伤害了农民的积极性,明年要争取粮食丰收就会受到影响。当然,单纯地就收购讲收购也不行。还要想多种办法,下决心建设一些临时仓库,多储备一些粮食,并搞好粮食的加工增值。

七、农田基本建设要坚持不懈地抓下去

近年来各地的农田基本建设取得了很大成绩。我很赞成你们抓好今冬明春的农田基本建设。这项工作抓好了,对于改善农业生产条件,争取农业迈上一个新的台阶,具有重要意义。资金的情况今年第四季度要比去年好,但也不要等钱下来了再行动。冬闲时间并不长,一晃就过去了,应当及早着手组织。事实证明,抓紧与不抓紧大不一样,松松垮垮就很难改变面貌。农田基本建设不仅今冬明春要搞,今后还要坚持不懈地抓下去。但是一定要从实际出发,讲求实效,千万不能搞形式主义的大呼隆,劳民伤财的事绝不能干。

八、基层组织建设关键在于领导班子

不管是工厂还是农村,基层组织特别是党组织都起着非常重要的作用。这几年关于加强基层党组织建设说得不算少,问题在于具

体落实。基层组织建设,关键在于领导班子,特别是基层党委书记、支部书记,一定要选好。要选那些有事业心的、真正能为人民办事的人,不能选那些一有便宜就占、吃吃喝喝混日子的人。凡是不能实现带领群众战胜贫困、实现脱贫致富任务的班子都应该充实、加强或者进行必要的调整。如果基层的支部书记、党委书记都比较得力的话,那么我们的各项工作就好办得多。基层党组织大量的工作是做群众工作,做思想工作,但不能光开会、务虚,不解决实际问题是不行的。农民是最讲实际的,要在讲大道理的同时,真心实意地关心群众的疾苦,为群众多办实事,带领群众脱贫致富。这样才能得到群众的衷心拥护,才能使群众感到有奔头,基层党组织和党员的作用才能更好地发挥出来。

山区的各级干部一定要有长期坚持山区工作,带领群众自力更生、艰苦奋斗的思想准备和精神状态,否则就不可能改变贫困山区的面貌。干部的精神振作起来了,就可以把人民群众带动起来。现在,山区没有解决温饱的群众人数虽然少了,但脱贫的难度却很大,有些人一下子解决不了,比如呆、傻、痴、残这些人,这就需要我们的党组织和党员去帮助他们。

九、发扬老区人民的光荣革命传统,用新长征的精神把山区建设好

大别山区这几年扶贫开发取得了很大的成绩,这是很不容易的。但是我们不能满足,不能松劲,只能继续向前,使整个山区经济进一步发展起来,才能真正巩固已经取得的成绩。在解决温饱的基础上,要进一步脱贫致富,改变山区落后面貌,路程还很长。可以说,初步解决温饱问题,只是万里长征走完了第一步。

大别山区是老苏区,在革命战争年代,大别山区人民为中国革命付出了极大的牺牲,作出了巨大的贡献。整个战争年代,这里红旗不倒,党组织的活动没有间断过,与人民群众一直保持着血肉联系。我们要发扬革命先辈艰苦奋斗的精神,把大别山区建设好,这是我们义不容辞的责任。应当承认,同平原、城市相比,山区开发更困难一些,工作条件更艰苦一些。但比起当年举行农民暴动,比起长征时的情况,现在条件好多了,存在的困难也算不了什么。而且我们明确了发展的道路,也就是邓小平同志提出的建设有中国特色的社会主义道路,并有了一条正确的路线和一系列方针政策,这就更坚定了我们克服困难的信心。从某种意义上讲,彻底改变我国贫穷落后的面貌,建设具有中国特色的社会主义,这是在新的历史条件下进行的一次长征。我们一定要继承和发扬老区人民的光荣传统,以新长征的姿态,自力更生,艰苦奋斗,克服一切困难,坚定不移地沿着这条道路走下去,想一切办法把山区建设好。希望大别山区的各级领导认真总结这些年的成功经验,结合各地已经探索出来的路子,制定出切合山区实际的规划,经过五年、十年、几十年的努力,把山区建设成为富裕的社会主义新农村。山区各级干部要有这个理想,要有开阔的襟怀,要有强烈的事业心。在山区开发建设中,争取上级的扶持是必要的,但最根本的是依靠山区各级党组织,发扬红军长征的精神,愚公移山的精神,带领群众去艰苦创业。应当在这个过程中,锻炼党的组织、党的干部,密切党同人民群众的联系。对党内不适应新长征需要的、掉了队的干部要教育,教育不好的就要调整或处理。对腐败分子要坚决清除,使党的建设和精神文明建设搞得更好。我相信我们大别山区的共产党员是能够带领群众改变山区面貌的。事在人为,只要我们有一个好的精神状态,发扬大别山区人民光荣的革命传统,长期艰苦奋斗,一定能够使山区建设不断向前发展,并且一定能够在建设有中国特色的社会主义事业中有所作为。

这次到大别山区来,看了几个市、县。总的印象是,十一届三中

227

全会以来,大别山区的扶贫开发走上了一条正确的道路,贫困的面貌正在逐步改变。正如列宁所说:"坚冰已经打破,航路已经开通,道路已经指明。"①只要我们扎扎实实地继续干下去,山区人民脱贫致富、进而达到小康水平是大有希望的。

---

① 列宁在 1921 年纪念十月革命胜利 4 周年的讲话。

只有深化改革，发展才有出路[*]

（1990 年 11 月 15 日）

经济工作是党中央非常关心的一项中心工作。从党的十一届三中全会以来，总的来说，我们的经济建设有了发展，不管有多少缺点，小平同志说叫小失误，有了发展是事实。全国如此，各地区也如此。重庆的发展也不慢，特别是新的开发区，有相当大的变化。成绩主要是重庆党政领导和全体人民在 80 年代共同努力所取得的。90 年代怎么把经济搞活，在总结 80 年代经验的基础上要比 80 年代搞得更好，这是我们要研究的很大的一个课题。我们要把国家和整个社会的稳定坚决地维护下去，坚决地沿着党的基本路线，也就是沿着"一个中心、两个基本点"，建设有中国特色的社会主义道路走下去，把经济建设搞上去。没有这个，别的就不能稳定。80 年代提出的两个翻番任务中的第一个翻番已经提前实现，90 年代看怎么提，或者是搞得更好一些，这是我们当前要着重研究的问题。

对目前的经济形势怎么看？我感觉还没有弄清楚。大家都说了，票子发得多，效益这么低，财政亏损严重。问题在哪里？上次的经济工作座谈会前，我们开会开到半夜，感到问题也没有弄清楚。这些年我没有专门搞经济了，根据个人的想法，经济相对集中，目前是需要的，但步子怎么走，要研究。因为国家困难，有许多牵涉到今后

---

[*] 这是乔石同志在四川考察时听取重庆市工作汇报后的讲话节录。

229

的发展，不但是90年代，而且涉及到今后。相对集中，国家有一定的财力，对影响全局的事就可以办。但这要有一个过程和方法。要强调发挥两个积极性，也就是毛主席在50年代强调的中央和地方两个积极性，不能只强调某个方面。经济工作座谈会，虽然后来不叫总结，都是个人发言，但还没有把一些问题说死，还要继续研究，这样好一些。我是赞成的。

现在的经济形势，还是相当严峻的。问题到底在哪里？把哪个"扣子"解开了经济才能活？这个问题比较麻烦，还在研究。我想，总会有办法解决的，但只靠北京的同志不行，还要靠各地的同志，大家来想办法。治理整顿是需要的，但总的来说要深化改革，不深化改革不行。你们提出的城市经济体制改革，这也是一个深化改革的问题。只有深化改革，多方面的发展才有出路。例如，粮油价格问题，已经扯了许多年了，如不深化改革，农民种粮的积极性就会受到挫伤。工业产品都压到仓库里了，或者是搬到商业部门积压了，好像生产增长了，回升了，但是产品都压在那里，压几年就要变质。怎么办？国家、地方和企业都赔不起。政治经济学有一条，就是产品要实现其价值才行，这是最基本的常识。问题在哪里？建议大家研究研究。我个人认为，还是要从深化改革入手，才能解决问题。

市场要启动起来。只靠国家拨款不行。今年国家已经拨了好几次款了，一个是解决"三角债"，一个是解决流动资金，一个是企业的技术改造，还要结合住房改革，建职工宿舍。在农村，农民的盖房可以放开一点（总的不违背《土地法》，不占耕地，有统一规划就行），这样，市场逐渐就会活起来。否则，农民不买东西，市场怎么搞活呢？金融、外贸体制也需要深化改革才有出路。

去年北京等城市发生了一场"政治风波"后，西方国家搞制裁，我们抵制住了。现在，我们国家的形势是稳定的。苏联、东欧还在动荡，还在变。不论他们如何变化，即便世界上只剩下中国一个社会主义国家，我们也不怕，只要我们党是为中国人民服务的，把中国的经济建设搞上去了，谁也推翻不了。但是，我们要把事情越办越好，使群众满意，不是说非常满意，而是说要使群众从比较不满意到比较满意。

当然，在深化改革的同时，还要继续开放。现在，谁也没有说不开放。小平同志说，现在是几百年难得的机遇。我认为，这有很深的含义。最近他又说了，我们一定要抓住这个机遇，把经济搞上去。当然，摆在我们面前的问题非常多，困难也多得不得了。但是，必须把问题的症结搞清楚才行。从国务院对明年的计划看，好像有些地方还在放，能放宽一点，日子总是好过一点。如技术改造资金，除国家外，地方上能够解决的，我赞成自己也解决。不是要调动两个积极性嘛！要力争今年过去了，明年有所改善。

重庆是西南的重镇，又是长江上游的经济中心，要有一个发展过程。广东就是有个珠江三角洲，浙江是宁波，江苏就是苏南，辽宁就是辽东半岛，还有一个沿海地区。开发区要增加有困难，但要有两个积极性，加强横向联系，经济发展的余地仍然不小。长江流域也可以逐渐充分地利用起来，但需要进行整治，使其有大的发展，还要有一个过程，逐步发展是非常现实的。长江上游的客观条件是好的。重庆作为一个老城市，负担不小，但潜力也不小。在 90 年代，充分发挥你们的主观能动作用，是能够搞得很好的。地方能够搞的，中央鼓励你搞。如果样样都要中央划圈，那就困难了。

贫困地区要树立长期自力更生、艰苦奋斗的思想*

（1990 年 11 月 19 日）

过去几年,你们地区扶贫工作取得了相当大的成绩,绝大部分解决了温饱或初步解决了温饱,这个成绩很不容易啊！虽然碰到伏旱又返贫了一部分,但自 1985 年以来用经济开发的办法,比过去单纯的救济来解决贫困地区的问题要好一点。经济开发有很多方面,搞养殖业、种植业、改良种子,逐渐在保证粮食增产的条件下,发展多种经营,搞经济作物,搞农副产品的初级加工（精加工要求高了一点）。光依靠几颗粮食不行。

扶贫工作,要多方面地搞经济开发,在发展的过程中逐渐巩固下来。你们讲要提高抗灾能力,这是对的,也起了一定作用。但农业在长时间里要完全摆脱靠天吃饭很困难,这就要依靠多种经营发展,才能解决问题。将来还有一部分人解决不了问题,就是少数的残疾人,我们是社会主义社会,总得想办法养起来。总之,都应该从多方面想办法开发经济,其中包括乡镇企业、地方工业。你们刚才已经谈到了,这些我都赞成。

省委在目前阶段直至整个 90 年代,对贫困地区的扶贫政策不改变,我也觉得最好不要改变。因为现在这个状况不是很稳定、很巩固

———————

* 这是乔石同志在四川考察时听取万县地委工作汇报后的讲话节录。

的,需要继续向前发展一个时期。除了争取国务院、省委更多的经济投入,我觉得你们地区、你们县还得树立一个思想,这就是长期自力更生、艰苦奋斗的思想。所谓自力更生,不是万事不求人,而是什么事情都必须在你这个地区、你这个县的实际来考虑,怎么样依靠自己的力量,依靠党的组织力量,带领群众脱贫致富,顽强地工作,长期坚持,目光向下。

地县两级领导要带头做起,多体谅基层,多跑基层了解情况,多讲自力更生、艰苦奋斗。这个长期不能丢。我们党的优良传统,除了三大作风以外,就是自力更生、艰苦奋斗。奋斗的成绩不错啊!奋斗出一个社会主义的新中国,推翻了"三座大山"。过去40年我们有许多失误。党的十一届三中全会以来对这些失误进行了总结,有的已经改正了,有的正在继续改正。比如山林的破坏,要恢复不是说一句话作一个决定就能办到的,森林要长起来,需要时间,我们自己干的事情,总结了经验教训。整个来讲,你们川东地区还是有条件的,这个问题,地区领导重视,县的领导重视,一直到区、乡、村支部。昨天晚上我给区里的同志主要是讲支部工作问题,支部当然很关键。把支部书记选好,他有这么一股热情,事情就好办。困难统统往上交,这不解决问题。更主要的是自力更生、艰苦奋斗。

我们说过几年紧日子,这个要求不高。大家想多争取些资金,使经济发展快一些。但是另一方面,该花的钱,该办的事,是不是都完全正确?总而言之要靠自力更生,把你们地区、县的经济发展起来。领导班子要带头,"八五"期间、"九五"期间,整个90年代,要把面貌改变过来。过去犯过的错误我们不再犯就是了,共产党这一点不错,自己犯的错误自己改正。山林破坏了,我们把它恢复起来。我到大别山区看,他们大概再搞三四年就覆盖完,我走的一路基本上都封山了。听说你们也封山了,封山就能治林了,什么用材林啦、薪炭林啦,还有灌木、草皮覆盖。农业经济视野要开一点,把经济开发搞起来,光靠粮食是不够的。当然粮食是基础,粮食的重要性毫无疑问。四川又是以农业为主,粮食占很大比重,这当然没有问题。在继续搞好粮食生产的同时,要把经济开发搞起来。

基层组织建设跟经济建设关系很大。现在实行家庭联产承包责任制,家庭承包后,人比较分散了,加上过去一些年搞包工队、到外面去劳动、挣钱,或者是贩卖、贩运一些东西、做生意,这样支部书记、支部委员就找不到了。现在要他收拢也不容易,但不收拢不行,不收拢就要通过改选支部来解决,按照党章规定发展一些具备条件的人入党。要把党的基层组织建设搞得好一点,扎实一点。怎么搞得好一点?乡一级、村一级的乡镇企业要有计划发展一点。你们这个地方乡镇企业不是太多,而是不够,跟沿海地区的乡镇企业无法比。当然过去 10 年沿海有盲目发展的一面,现在可以总结经验教训。你们搞乡镇企业,应从实际情况出发,从本地条件出发来搞。这跟基层党的建设很有关系呢!为基层党政工作提供一个稍微好的物质条件,说话就有人听了。乡财政没建立起来,百分之百地依靠思想觉悟、依靠土改以来的老干部不行。要有乡镇企业的发展,乡镇经济实力的增强。当然,这丝毫不能影响而是应有利于家庭联产承包责任制。如果要动家庭联产承包,那可是大问题。在这个条件下,怎么把乡镇企业发展起来,把乡财政建立起来。否则,你支部也抓不起来,开个会、办个事都有困难。比如水要统一管起来,改良种子要统一管起来,科技兴农、科技人员下乡,这些都要组织嘛,光一家一户不行。你种柑橘,也有一个统一管理,搞有偿服务。当然不要去敲农民,不能因为农民生活稍微有点改善,就眼红。有偿服务,农民是能够接受的,这不是增加他的负担,而是帮助他增加产量。像这样一些工作,有利于帮助基层的建设。乡镇企业、乡财政这类问题,关系都非常大,牵涉到整个基层党的建设和政权建设。否则,再过 10 年,老的土改干部都不在了,我们将来靠谁呀! 所以,一定要抓点典型,到基层去跑跑,听听基层的意见,多搞点调查研究,想方设法把基层建设加强起来。

扎扎实实走有中国特色的社会主义道路*

（1990 年 11 月 21 日）

一、进一步深化改革，放宽视野搞好农村经济开发

这次我到川东地区看了看，四川确实很大，省里任务很重，省最好能小一点，重庆的同志也有这个看法。如果有利于经济发展，省小一点也可以考虑。涉及行政区划的变动影响较大，短时间内可能还解决不了。如果三峡工程要上，主要还得依靠四川、湖北两省，像移民问题等要早做考虑，要搞一些经济林木，搞一些乡镇企业。

就我看到的涪陵、万县两个地区，脱贫致富取得了相当大的成绩。但靠天吃饭的状况还不能在短时间内改变，中国的贫困面还是很大的。这次我反复讲自力更生、艰苦奋斗的精神，我越看一些贫困山区，越觉得必须坚持这一点。那些比较发达的地方，也有贫困山区。去年我到广东去了一趟，有些山区比这里好一点，但是也不富。福建的闽西，有相当广泛的地区还是比较穷的。我从井冈山下来，到江西的赣南看了看，那儿也相当穷。但可以肯定，这些地方都是有发展前途的。江苏的苏南还可以，到苏北去看就不一样了。浙江也是这样。就是沿海地区，也有比较穷的地方。当然四川面大点，开发起来困难大一些。按照你们这里的实际情况，用愚公移山的精神进行

---

* 这是乔石同志在四川省考察期间的讲话节录。

236

开发,坚持下去是一定会见到成效的。

今年农业丰收,形势较好,但又出现卖粮难、卖猪难、农民增产不增收的问题。9亿农民的积极性决不能挫伤,国家再困难也要照顾好农民这一头。要坚决执行国家储备粮制度,用保护价把农民需要卖的粮食收起来。农民卖猪难的问题,也要多想点办法帮助解决。调动农民的积极性,还必须深化农村改革。农村完善双层经营责任制①也好,壮大集体经济也好,都必须坚持联产承包责任制这个基本前提,都必须有利于调动农民的积极性。1956年,我们在农村划分了中农、上中农、下中农,提出了要依靠贫下中农,当时觉得很好,现在看来不一定合适。因为这样一来,人们都不愿意当上中农,也就不利于鼓励农民勤劳致富。把勤劳致富的作为我们的依靠对象是符合社会主义原则的,允许一部分人先勤劳致富也是对的。当然,搞两极分化不是我们的方针。家庭联产承包责任制本身就是集体经济的一种形式。粮食生产不能放松,但光靠人均几分耕地是不行的,粮食再调价也不是办法。还要搞多种经营,发展经济作物,比如蚕桑、柑橘等。还有就是搞养殖业,比如养猪、养羊、养鱼。否则农民连零花钱也解决不了。农村主要应是发展一些乡镇工业、建筑业、商业以及其他第三产业。在农村经济林木、经济作物、畜牧业进一步发展后,就需要加工,这就提出了发展乡镇工业的要求。建筑业在我们国家总是需要发展的,现在需要不断提高技术水平。商业、服务业等第三产业随着经济的发展也会有新的需要。农村的小集镇建设在经济规划以后,也可以发展。科技兴农也是必须搞的,但不能敲农民。搞有偿服务必须使农民增加粮食产量,增加收入。

---

① 双层经营责任制:改革开放后我国农村集体经济组织的经营体制,实行以家庭联产承包经营为基础和集体统一服务相结合的农业双层经营体制。双层经营,既发挥集体统一经营的优越性,又调动了农民生产积极性。

人力资源不能只要懂科学技术的,即使是文化程度低,也能干活,都是我们宝贵的劳动力资源。中国要建设起来,需要的劳动力投入非常大,需要把我们现有的劳动力很好地利用起来。劳动力也是中国一个了不起的资源,我不是说人口越多越好。但是现在已经形成这样一个局面了,就要开发,充分发挥作用,这样中国的建设就可能快一点。现在你当区委书记、区长,当县委书记、县长,都得考虑和解决这个问题。恐怕从现在到我们的下一代,农民始终是中国的主体,是建设社会主义的主要力量。农民安排不好,我们国家的事难以办好。因为农业是国民经济的基础,农村又有 9 亿农民。

"七五"计划以来用经济开发的形式扶贫效果比较好,要在发展经济中把扶贫工作的成果巩固下来。农业在相当长一段时间内完全摆脱靠天吃饭不容易,要有一个作长期自力更生的思想准备。不是万事不求人,是要依靠党和群众的力量,目光向下,强调艰苦奋斗,把视野放宽一点搞经济开发。当然,这是很不容易的。比如,长江的开发说起来是很有希望的,但恐怕短时间达不到。长江上游在你们四川境内还有 3 万多人的砍伐队呢。上游的水土流失,大部分就出在森林砍伐上。现在有人说长江流域有点接近黄河了,主要原因是砍伐森林,还有一个原因是基本建设。

农村个体户也可以发展一点。个体户靠自己的努力赚钱,如果赚得多一点,只要上面加强管理,让他们照章纳税,是没有什么可怕的。农民盖房的问题,在把好不占耕地、合理规划的前提下,可以鼓励支持。当然也还要考虑得周全一点。广东、江苏的农民盖房已换了三代了。农民有了钱第一位还是盖房,然后是买家具、家电,这样市场就活跃了。中国最大的消费市场还在农村。现在大城市的人口多,首先是北京、上海人多,重庆也 300 万人了。其实 30 万至 40 万人,或者 30 万至 50 万人之间的中等城市是比较好的。小的乡镇、县城,可以适当发展。中央也是提倡的,因为商品经济越发展,越需要同周边进行商品、经济、文化方面的交流。我到法国一个市里去,市长在办公楼里接待我,各方面的条件并不怎么好,城市就5万人。城市里职工宿舍要有计划地修建,我是主张建的,但要结合房改。

应该用大农业的观点从各方面发展农村经济。各地要因地制宜,按照当地实际情况,有什么优势,适合什么,就发展什么。农村经济的发展,工作是艰巨的,但潜力也很大,只要我们把思路打开了,还可以发展得更快一点。现行的农村基本政策决不能变。党的十一届三中全会以来的路线,实践证明是正确的。世界上的事情不是绝对不变的,都是不断向前发展的,但是决不能轻易改变一些带根本性的基本政策,决不能因为强调合作制和集体经济而动摇我们的联产承包责任制。这不是秀才写文章,读起来很通顺,听起来很好听,就能解决问题的。我们写过许多好文章,可是没有解决问题。不久前,政治局开会讨论了一个关于农业的文件,总的讲,这个文件是很好的。但我也感到对10年实行的责任制还肯定得不够,许多问题还需要进一步研究。我从这次川东之行感觉到,我们的市、地、县、乡,有些事还是有条件做的。比方在搞好粮食生产的同时,把其他种植业、养殖业搞起来,把乡镇企业发展起来等。这些年全国乡镇企业有所发展,但从中部和西部地区看,不是多了,而是不够。我在陕西时,到汉中去看了,也给他们讲过这个话。

二、充分调动中央和地方两个积极性,集中力量把经济搞上去

当前全国政治形势是稳定的。要保持政治形势的长期稳定还必须把经济工作搞好。小平同志讲要抓住当前难得的好时机,集中力量把经济搞上去。党的十一届三中全会以来不管工作中有多少缺点,但总的说来经济发展是快的,提前两年实现了经济翻一番的目标。现在的问题是如何将90年代搞得比80年代更好。这是一个很大的课题,各级领导都要认真进行调查研究。

现在经济上困难不少。毛主席50年代讲发挥中央和地方两个积极性,现在我们还是要强调发挥中央和地方,包括企业、群众两方面的积极性来克服困难。比如,市场启动,光靠国家拨款是不行的,一方面,要把金融的宏观调节作用发挥好;另一方面,地方、企业都要认真抓好产品结构调整,抓好技术改造,抓好产品质量。只要产品适合群众需要,还是有销路的。基本建设除了国家重点抓能源、交通、原材料工业项目外,民用建筑还是可以发展的。把农民盖房也纳入压缩基建的"笼子"是不合适的。只要把住一不要占用良田耕地,二要有个统筹规划,农民多盖房有什么不好呢。城市采取多方集资,同时与房改结合,发展居民住宅,群众也是高兴的。这样,又可以把建筑、建材带起来。粮食价格要理顺,现在是一个好时机,决心大一点就一步到位。一时下不了决心,可以分两步走。否则将来中国农民不种粮食了,财政也负担不了。在调动地方积极性的同时,适当集中一点财力还是很需要的。步子怎么走,还需要研究。因为国家很大,有好多牵涉到国家长远发展,不仅是指90年代,还包括21世纪经济发展后劲问题。经济上适当集中,国家有一些财力,能够把一些影响全局的大事情干起来,还是应该的。但是,办法上要注意,要有利于调动地方的积极性,集中也要考虑有一个过程和有比较妥善的方法。

目前的经济形势还是相当严峻的。最严峻的还在于弄不清楚到底问题出在哪里?"八五"计划和整个90年代的规划还在研究之中,我想总是可以解决的。光靠北京的同志不行,还得靠大家调查研究,出主意想办法。我觉得现在有些方面,还需要继续治理整顿。但总的讲,应该强调深化改革。不深化改革是不行的,工厂产品压在库里,库存压不下了,转到商业部门积压。国家也出了钱了,工厂也在生产,报表反映生产在增长、回升,实际上产品还压在那里,经济没搞活,压上几年也会变质的。总得要有个解决办法。产品的价值总是要实现才能成为商品的,这是政治经济学的最基本的常识。我个人意见,还是要从深化改革入手。市场要启动起来,光靠国家拨点款恐怕不行,我到处在呼吁技术改造,国营大中型企业,主要搞技术改造。加工工业,重点也是搞技改。现在要把技改放到很重要的位置上。我们的产品,关键是后处理,要把技术改造的重点放在这里。住房改革还是应当继续进行,还有金融、外贸体制改革等。

三、要扎扎实实地走完全根据中国的实际情况出发的社会主义道路

归根到底,我们中国要共产党干什么?在新中国成立以前就是为了争取人民的解放、民族的解放,就是要推翻"三座大山"。中华人民共和国成立后,还要党干什么,最主要就是要领导人民把社会主义的中国建设好,就是要搞现代化建设。1956年党的八大报告中,主要就是讲这点,可是后来很快被丢掉了。所以,我们走了不少弯路,最主要一点就是我们主观思想脱离了中国的实际,想在一个很短的时间内把中国的面貌完全改变。搞"三面红旗"①,造成很严重的后果,出发点还是想很快就建成共产主义。"文化大革命"是想通过意识形态以至于整个上层建筑领域的革命,把中华民族的繁荣富强问题解决了,当然这解决不了。党的十一届三中全会决议已经总结了这段实践经验。所以,有时候小平同志也说,幸亏有一个"文化大革命"。这当然不是说"文化大革命"好。因为说来说去"文化大革

---

① "三面红旗":指1958年中共中央提出的"鼓足干劲、力争上游、多快好省地建设社会主义"的总路线和"大跃进"、人民公社。

命"确实是一无是处,但是"文化大革命"也考验了我们党,考验了我们绝大多数干部。我们党员的绝大多数,干部的绝大多数是好的。另外使我们得到了一个反面教训,就是无论如何不能脱离中国实际,无论如何不能急于求成,无论如何都要扎扎实实地走具有中国特色的、完全根据中国的实际情况出发的社会主义道路。从党的十一届三中全会到党的十二大、十三大后的整个 11 年,应该说发展是巨大的,成绩是举世瞩目的。

世界上有一些社会主义国家,现在政权已经不在共产党手里了。这些国家发生的事情,有他们自己党历史上的原因。这些国家在经济建设中不能说一点成绩都没有,但归根到底是没有搞好,或者是僵化,不搞改革,或者是改革搞错了方向,把经济方针搞乱了,所以搞成今天这么一种局面。苏联是第一个社会主义国家,已有 73 年的历史了,现在内部问题也很多,要稳定很难。首先没有一个正确的思想路线,不能实事求是地总结过去。能不能把过去的教训真正总结吸取,逐渐走上一条正确的道路,摆脱目前这种困难状况,现在谁也说不准,仍然需要继续观察研究。

所以,革命胜利了,中华人民共和国成立了,搞社会主义还需要共产党领导人民,坚决相信和依靠人民,依靠全党的团结,全党同志的艰苦奋斗,保持我们战争年代以及整个社会主义革命和建设时期那些好的光荣传统,沿着党的十一届三中全会以来的路线,沿着有中国特色的社会主义道路,坚定不移地走下去,把我们的国家建设得更加繁荣昌盛。要走多少年呢? 我们已经走了 11 年,第二步至少走它10 年。到本世纪末,实现第二个战略目标后,还要继续走下去。要几代人,我现在还回答不出来。总之,只要有愚公移山的精神,总归是能解决中华民族繁荣富强的问题的。中国这么大,这次普查人口是 11 亿 6 千万,如果 11 亿 6 千万人民自己不能在共产党领导下,在经济上打一个翻身仗,真正把具有中国特色的社会主义建设起来,我们共产党还存在干什么? 怎么对得起中国人民?

要坚持党的基本路线,建设有中国特色的社会主义,实现党的任务,关键是要把党建设好。没有中国 5000 万共产党员团结奋斗,中国是不会有凝聚力的。党员如果不起作用,当然也是不会有凝聚力的。党的各项工作都要靠基层去落实,基层建设搞不好,党的任务也实现不了。我们的党政基层组织和部门都要把为群众办实事,把为群众服务作为第一位的任务。我非常主张县级以下的领导同志,要经常深入群众,深入基层,把党的政策与群众见面,听取群众的意见,如果有不合适的地方,我们要及时修改。各级领导都应该深入基层。但我觉得县以下领导特别需要这样做。我们建党明年就 70 年了。党在大革命时期靠工人下去发动农民,很多人是党派去的。陆定一①同志是个大学生,他家是很有钱的。大革命失败后他到了一个纱厂,在那里发动工人群众。当然还有其他同志,都是党派下去的干部。除了主要依靠工人阶级以外,知识分子也是我们党必须依靠的。在大革命时期,老一辈的知识分子主要是搞勤工俭学的一批,以及像董老②、林老③、毛主席等老一辈。抗日战争时期,参加到革命队伍中的知识分子就更多了。对中国的知识分子不要因为学生一闹事就不信任。绝大多数知识分子是拥护共产党,坚决搞社会主义的。对有些小青年也要看到另一方面,主要是我们教育不够。小平同志早就讲过,学生的问题主要是我们教育不够。所以不要因为学生一闹事,就把知识分子都看扁了,因为搞社会主义

---

① 陆定一,曾任中宣部部长、中央书记处书记、国务院副总理、全国政协副主席。

② 董老,即董必武,中国共产党创始人之一。曾任国家副主席、代主席。

③ 林老,即林伯渠。曾任陕甘宁边区政府主席。新中国成立后,任中央人民政府委员会秘书长,全国人大常委会第一、二届副委员长。

离不开知识分子。

四、落实宗教政策应加强管理,加强思想政治工作

宗教有这么几个问题要注意一下。"文化大革命"打掉宗教寺庙,党的十一届三中全会后落实政策。实践证明,打掉寺庙是不行的,因为群众还信教。落实政策,原则上是允许信教,但决不是鼓励信教。落实政策应加强管理,加强思想政治工作。真正信教的,让他到教堂过宗教生活。这是信仰问题,不是行政命令改变得了的。思想政治工作薄弱使这个问题更容易发生。基层工作做不好,就会发生问题。宗教活动只能在教堂、寺院进行,不允许在大街上。有些外国的狂热教派,对外交往中无论如何不能引进来。有一段,想到一个中东国家争取援助,对方就要求建一个神学院,这不能引进来。引进来不行,旅游可以,但来传教的就要警惕。要管,就要真正管起来。对达赖,我们还是坚持他愿回来就回来,但搞分裂我们反对。群众自发建的寺庙,不要再打掉了。喇嘛庙可以控制编制。要让信教的年轻人去上学,有义务教育法,要做工作。要把思想工作跟上去,加强引导和管理。落实宗教政策要搞,但也不能没完没了,无非是"文化大革命"中一些问题解决一下。现在应该说落实宗教政策已经差不多了。活佛转世,应由中央政府批准转,达赖转的我们不承认。宗教问题要想得远一点、深一点,特别不要交给一些方法简单的同志去搞,否则会脱离群众。

中国进行社会主义经济建设
必须从中国实际出发[*]

（1990 年 12 月 7 日）

坦桑尼亚人民是中国人民的兄弟姐妹。我们毫无保留地把我们成功的经验和失败的教训告诉你们。中坦两党、两国和两国人民的友谊是已故毛泽东主席、周恩来总理和尼雷尔主席共同缔造的,我们两国是兄弟国家。

中国的改革开放已过去 11 个年头,虽然也存在一些问题,但确实已取得了很大成就。看来,我们的政策和措施符合中国的国情,但中国地大人口多,要取得经济较大的发展,尚需做出努力。中央正在研究"八五"经济发展计划,"七五"计划已提前两年完成了奋斗目标。90 年代将继续坚持改革开放,完成邓小平同志提出的第二步奋斗目标,任务是艰巨的。

我国的社会主义经济建设已过去了 41 个年头,取得的成绩是主要的,但也有深刻的经验教训。总结过去的经验,我们进行社会主义经济建设必须从中国的实际情况出发,一步一个脚印,踏踏实实地进行工作,不能急于求成,欲速则不达。这方面的经验教训是深刻的。在今后的经济发展中,我们将沿着"持续、稳定、协调"的方向发展。

---

[*]　这是乔石同志在会见由中央委员、书记处社会服务书记蒙盖拉率领的坦桑尼亚革命党代表团时的谈话节录。

我们不害怕当前国际上的风云变幻,我们有 5000 万党员,全国有十多亿人民拥护和支持我党的方针政策,如果他们有什么希望的话,就是希望我党的改革开放政策不要改变。改革要靠自己,靠自己的努力,中国人口多,依靠外国是搞不起来的,只要把全国人民的积极性调动起来,社会主义建设定能成功。

你们在沿海地区访问时看到了中国改革开放的情况,在吸收外资方面内地也有。外资在中国国民经济中只占一小部分,仅占 10%以下,可是对加快中国经济的发展是有利的。从国外投资中,我们可学到科学技术和管理企业的经验。当然,国外资本家看到中国的市场很大,通过投资可推销他们的产品。他们来投资是想挣钱的,只要他们不干涉我国内政,遵守有关规章制度,依法纳税,在合理的范围内所挣到的钱,我们是允许的。我们从中可以增加建设资金,提供劳动就业机会,这对合作的双方是有利的。然而,在同他们打交道时,我们一些无经验的人,有时也会上当受骗的,因此在合作中我们要不断完善有关法规。同时,在吸引外资中,我们还需创造一个有利的投资环境,在宪法和法律容许的范围内,尽量为外资创造一个有利的投资环境,在这方面我们将继续坚持下去。

坦桑尼亚的国情与中国不尽相同,我们介绍的情况仅供你们研究时参考,要结合你们的情况去做,希望坦桑尼亚的经济建设不断取得进展。中坦两国同属第三世界,国家的底子薄,我们都有同样的心情,总希望经济能发展快些,但实际工作只能一步步地做,切不能幻想一步登天。

简要说说东欧形势问题。东欧形势剧变,有其内因和外因,主要是经济未搞上去,经济建设未能从本国情况出发,有些党未进行改革,有些党严重脱离人民群众。经济不发展就带来政局不稳。同样,没有稳定的政局,经济的发展就无从谈起。

你提到中坦经济合作问题。我们两党、两国的友好合作要继续巩固和发展下去,这对第三世界都有利。我们的合作是很好的,在教育等方面的合作可继续进行探讨,以促进两国友谊的不断发展。

社会主义必须
使人民群众富裕起来[*]

（1991 年 1 月 9 日—21 日）

最近十多年来,山东省在党中央、国务院的领导下,各级党委和政府认真贯彻党的路线、方针、政策,紧密结合山东的实际,在党的建设、经济文化建设、社会治安综合治理等方面,进行了卓有成效的工作,各项事业都有了较大发展。山东的人民群众好,党组织也比较好,上下精神状态也不错。经济上有了一定实力,资源比较丰富。我看山东很有发展前途,很有希望。事在人为。从现在的情况看,山东提前实现翻两番是有可能的。

一、认真贯彻落实党的十三届七中全会精神,集中精神把经济搞上去

十三届七中全会通过的关于"八五"计划和十年规划纲要建议的决定,经过多次修改,集中了全党的智慧,是一个好文件。文件规划了今后 10 年我国社会主义现代化建设的总体目标,是指导我们今后 10 年工作的纲领性文件。贯彻落实十三届七中全会精神,是全党目前的中心任务。大家要认真学习研究文件,结合实际抓好传达贯彻落实。

80 年代,我国社会主义现代化建设取得了巨大成就。这一点,中国的工人、农民、知识分子是亲身感受到的,世界上也是公认的。

---

[*]　这是乔石同志在山东省考察期间的讲话节录。

248

党的十一届三中全会以来党的路线、方针、政策,党的十三大概括的党的基本路线,是正确的。路线正确不正确,归根到底要用实践来检验。我们说党的基本路线正确,就是因为实践证明它是正确的。在小平等老一辈领导同志的带领下,我们党纠正了"文化大革命"那样严重的错误,走出了一条建设有中国特色社会主义的道路。这是付出巨大代价以后才有的。"文化大革命"什么好处也没有,但它从反面教育了我们中国共产党人,认识到必须探索一条新的路子,无论如何要把中国的经济搞上去。如果经济上不去,社会主义制度的优越性就无从谈起。因此,必须把发展经济作为中心任务来抓。

有人说资本主义也可以把经济搞上去。当然,资本主义经过几百年的发展以后,一些资本主义国家经济比我们发达,这是事实。但是资本主义是在残酷剥削压迫本国的工人阶级、劳动人民,以及残酷剥削压迫殖民地、半殖民地人民这个基础上进行原始积累发展起来的。我们是依靠长期的自力更生、艰苦奋斗进行建设的,性质是不一样的。所有制和分配制度也完全不一样。资本主义实行私有制,分配是按占有生产资料的多少进行的,自然是贫富两极分化。当然,当代资本主义同几百年前比较,有了发展和变化,但它的社会根本矛盾没有变化。

社会主义要体现优越性,不把经济搞上去是不行的。小平同志提出一个著名观点:"贫穷不是社会主义"。社会主义必须使人民群众富裕起来,这个富裕不是少数人的富裕,而是共同富裕。为了达到共同富裕,应当允许一部分地区、一部分人先富起来。这个路子,80年代的实践证明是正确的。当然我们也有一些小的失误。对于失误应该总结经验,加以纠正。但归根到底,小平同志带领我们闯出的这条道路,现在证明是完全正确的。国际上所有社会主义国家中,现在我们处境比较好,就是因为我们找到并坚持了这一条正确的道路。如果"文化大革命"后,我们不走这一条道路,大家想一想会是一个什么局面。这一段历史越往后就会看得越清楚。

90年代，我们要继续坚定不移地坚持党的基本路线。经过实践证明是正确的路线、方针、政策，我们都要坚持。在已有的基础上进一步发展我们的经济，实现第二步战略目标。在山东各地听说可以提前实现第二个翻番，济宁市提出到本世纪末可以翻三番，我很高兴。应当有这个雄心壮志。我们这些人不为中国人民办更多的事情，把国家建设得更好，在经济上打翻身仗，怎能使中国更好地立于世界民族之林呢？90年代对我们国家来说是至关重要的。由于我们奉行独立自主的和平外交政策，我们有可能争取到一个有利于我国建设的较长时期的和平国际环境。我们要抓住这个机遇，专心致志搞建设。希望大家按照十三届七中全会的要求，坚持党的基本路线，踏踏实实地干，努力发展生产，推动我国经济在90年代上新台阶，实现第二步战略目标。当然，这么大的国家搞翻番，任务很艰巨，困难是很多的。但只要我们满怀信心地去干，是完全能够做到的。要树立信心，要有积极进取的精神。总之，一定要抓住目前这个难得的历史机遇，把经济搞上去。

二、全力以赴把国内的事情办好，特别是要把党建设好

社会稳定是把经济搞上去的重要前提。我们要像保护眼睛一样维护安定团结的政治局面。同时，要着重把党的建设搞上去，要注意培养发展年轻党员。现在，无论是农村还是企业，生产第一线的年轻党员比例下降。党员老化是全国比较普遍的问题。这个问题如果不很好地解决，就会影响党组织的战斗力。山东有老区的革命传统，党的基层组织状况大体上是好的，但也要注意解决党员老化的问题。要保证党员队伍一茬一茬接上来，否则，将来就不好办。我们这些人到90年代结束时就比较老了，最年轻的也五六十岁了。不抓紧培养年轻党员、年轻干部，社会主义事业怎么继承下去？这个问题大得很。当然，

片面强调年龄是不对的,特别是提拔干部,不能片面强调年龄。但年龄问题也不能认为是个小问题。人总是要老的,必须把新一代培养起来。

四项基本原则必须坚持,其中坚持党的领导,非常重要。这个问题小平同志在 1980 年就强调过。要加强党的领导,就必须改善党的领导。社会在发展,中国的国情、政治经济条件、人们的思想情况都在发展变化。我们党也要有新的创造、新的发展,以适应新的情况。

要切实把党的基层组织建设好。党的基层组织建设工作,中央和省委当然要抓,但市委、地委、县区委更要花大的精力去抓,把基层组织真正建设成为战斗堡垒。所谓战斗堡垒,就是带领群众发展经济,发展科学文化事业,搞好社会治安综合治理等,一句话,就是带领群众为建设有中国特色的社会主义而奋斗。党的基层组织建设好了,整个工作就有了依托和基础。各级党委和政府一定要坚持不懈地加强基层建设。

三、形势好了,一定要保持清醒头脑,做好稳定工作

这次政法委在烟台召开会议,重点讲一下社会治安综合治理问题。烟台、枣庄的经验很好,很有启发。目前我国社会是稳定的,政治是稳定的,经济也是稳定的。但现在只能说是基本稳定,如果搞不好,比如农业出了问题,就可能影响社会的稳定。即使农业丰收了,经济发展了,也会出问题。大家记得,1957 年、1958 年农业形势不错,但头脑一发热,又搞"大跃进"、"大炼钢铁"①,结果适得其反,使

---

① "大炼钢铁":1957 年 11 月,毛泽东主席提出要在 15 年左右时间内在钢铁等重要工业品产量上超过英国。于是,在"以钢为纲、全面跃进"的口号下,钢铁生产指标越提越高。1958 年 8 月中共中央政治局扩大会议,通过了《全党全民为生产 1070 万吨钢而奋斗》的决议,掀起了"全民大炼钢铁"运动。全国几千万人一齐上阵,大炼钢铁成为压倒一切的中心任务,结果耗费了巨大的人力和资源,各行业之间的比例关系严重失调。

经济发展遭受到严重挫折。后来"文化大革命"期间"左"的一套发展到了极点,给国家和人民造成了一场灾难。小平同志在中国的转折关头,带领我们开创了一个新的局面。没有这一条,现在的日子不知怎样过。所以,形势好了,我们也一定要保持清醒头脑,继续做好稳定的工作。

搞好社会治安,要靠党的领导。经验证明,通过综合治理,把社会治安网络建立健全起来,巩固下去,可以把发案率压到比较低甚至最低限度。现在看,要想不发生案子,完全达到夜不闭户、路不拾遗的程度,还做不到。随着经济的发展,会出现许多新问题。一些地方经济发展比较快,但出现的问题也不少,社会治安方面问题相当多。随着党政基层组织不断加强,综合治理工作不断加强,社会稳定可以做得好一些。维护社会稳定是长期的任务,综合治理都要长期坚持下去。政法战线在维护社会稳定中担负着繁重的任务,一定要同各方面密切配合,共同努力,进一步做好工作。山东不少地方的社会治安综合治理搞得不错,你们要认真总结推广先进经验,进一步加强民主与法制建设,作出更大的成绩。

四、进一步做好扶贫工作

沂蒙山区、鲁西北还比较贫困,要打好经济上的翻身仗,主要靠当地的人民群众自力更生,艰苦奋斗,发展生产,但省里也要给予扶持。省内经济较发达地区要在不太影响本地经济发展的前提下,更好地支援贫困地区,要拉一把,帮助他们尽快脱贫。首先帮助他们解决急需的问题,如饮水问题。然后再帮助他们发展农业和工业项目。沂蒙山区人民在革命战争年代作出了巨大贡献,我们有责任、有义务帮助他们脱贫致富。沂蒙山区、鲁西北地区在经济上有了较大发展,整个山东的经济实力就会进一步增强,就会发展得更快、更好。

中国的改革和经济建设
必须稳步前进*

（1991 年 2 月 5 日）

我们过去 11 年中的经济发展同我们所坚持的改革开放政策是分不开的。毫无疑问,在 90 年代我们将继续坚持改革开放的政策。

当然,中国有中国的情况,中国有中国的特点,比如我国去年的人口普查结果,中国拥有 11 亿 6 千万人口,约有 1 亿左右的文盲。这仅仅是中国的基本情况之一。还有很多很多这样那样的情况,这样那样的问题。因此,我们在改革开放的时候,在吸取世界各国的先进经验的时候,我们决不能脱离中国的现实情况。我们为什么特别强调稳定的重要性呢? 因为只有稳定才能提供一个比较好的经济建设环境,为经济体制改革和政治体制改革创造一个良好的条件。中国人民在近代 100 多年间,饱经动乱之苦。在中华人民共和国成立以后,从 1966 年到 1976 年,我们又经过了整整 10 年的动乱,当时我们叫"文化大革命",这场动乱没有给我们带来任何好处。所以,中国不能乱。应该说这一点是好理解的,因为世界上只有和平才能发展,才有利于世界各国的经济建设,如果发生战争,就谈不上发展,谈不上经济建设。同样的道理,中国如果不稳定,也就谈不上发展,谈

---

* 这是乔石同志在会见由中央领导机构成员玛丽亚·马尼亚尼·诺亚率领的意大利社会党欧洲议员代表团时的谈话节录。

不上经济建设。中国的经济体制改革、政治体制改革,中国的民主和法制建设都要坚定不移地坚持搞下去。关于这一点,请诺亚团长和代表团其他成员不要有任何怀疑,也请你们回国后转告意大利社会党和欧洲议会的朋友们。但是我们必须谨慎地按照中国的实际情况来搞,不能引起混乱。你们知道世界上有各种大船,最大的军用船是航空母舰,最大的石油运输船达 50 多万吨,这些大船在海上行驶的时候,驾驶人员必须十分谨慎。当然,中国远不是一条大船所能比得了的,我们国家大、人口多、情况复杂,因此,我们改革也好,经济建设也好,都必须稳步前进。

我们的目标是社会主义的共同富裕。中国的经济发展和现代化建设取得了巨大成就,但在中国这么大的一个国家里使所有的地方同步发展是不可能的。我们鼓励沿海地区和一些有条件的地区发展得快一点,但这绝不等于我们不管中部和西部地区的发展。去年一年我在我国的中部和西部地区考察了不少地方,同沿海地区相比,这些地区还存在着明显差距,但在过去的 11 年中,这些地区也有了比较快的发展,有了很大的进步。我相信,随着整个中国经济的发展,经济发展的这种不平衡状况可以在一个比较长的时期内逐步消除。

刚才代表团的维尔特马蒂先生还谈到年轻人要求急一点的问题。这也是事实,但有两种不同的看法:一种是如果你要急一点,那你就踏踏实实地多做一些工作,尽快把国家的经济建设搞上去,这样做谁也不会有异议。另一种是如果你要求急一点,而不脚踏实地工作,只是想在很短的时间内使中国达到西方发达国家或者达到美国的水平,我说这是不现实的。其实这很简单,没有更多的道理可讲,只要你到中国各地走一走、看一看,就可以知道中国有多大,它的发展需要多长时间。当然,年轻人跟他们的父母不一样,他们的脑子简单一点,需要教育,需要帮助。他们思想活跃一点当然是好事,但我们现在要让他们更多地知道中国各方面的情况,使他们对中国的国情有一个正确的认识。另外,任何一个国家的发展历史上都有过很困难、很艰苦的阶段,美国也有,意大利也有。问题是怎样渡过这个阶段。

我们非常感谢你们代表团对中国抱有积极友好的情谊。我相信,通过你们代表团的来访一定会促进意大利社会党和中国共产党之间的友好关系的发展,一定会促进欧洲议会同中国人大之间友好关系的发展。在欧洲议会,我们有许多朋友,而且有不少老朋友,他们为促进欧洲同中国的友好关系的发展作出了努力。对此,我们向他们表示感谢。我们不想让别人勉强地接受我们的想法,我们也不想让别人都同意我们的看法。但我们愿意坦诚地、平等地同所有朋友交换意见,增进彼此之间的了解和友谊。

我们希望你们相信,中国在继续深化改革的过程中,一定会加强中国的民主和法制建设。刚才我也讲过了,就是在中国做任何事情都不能离开中国自己的国情。在这方面我们已经有了很多很多的经验。中国共产党从成立到现在已经走过了将近 70 年的历程,我们的基本经验,就是办任何事情都必须从中国的实际情况出发。

要使中西部地区较快地发展起来[*]

（1991 年 2 月 9 日）

来了总要说几句，讲点个人意见，供你们参考吧。

西双版纳我在 10 年前就来过，现在各方面都发生了很大变化。热带作物也有相当的发展，从旅游以及各方面经济情况看，比起沿海还是正在发展中间，至于速度嘛，跟你们自己过去比应该说还是不慢的，总的印象还是比较好的。党的十三届七中全会精神正在贯彻、落实过程中，你们根据省委的指示，想争取在 1995 年实现第二个翻番，我是赞成的，我支持你们下这个决心。内地省份只要有条件，做到发展稍快一点，是应该力争的，因为本来内地与沿海从解放前就存在着相当的差距。解放后，有一度我们曾经想拉得平一点，虽然这个努力也有一定的效果，但说实在的，只有一些重点，比如说，钢铁工业的布局，倒是稍好一点，原来我国只有一个鞍钢，还有上海有一个炼钢厂，后来武钢、包钢、酒泉、攀枝花都有发展。11 年来，搞改革开放，沿海地区发展比较快一点，因为它原来有较好的条件，稍微加一点基本建设，把基础设施搞得好一点，发展得就比较快。内地要困难些，如果先在内地发展，我看事实上也做不到。比如云南在新中国成立后交通事业的发展，我觉得还是不慢的，修了那么多公路，我们比较过，恐

---

* 这是乔石同志在云南省西双版纳州考察时听取州委工作汇报后讲话的一部分。

256

怕在全国还是少有的。因 1981 年我到云南来，沿边疆到瑞丽、大理再回昆明，约 4400 公里，给我印象最深的是放火烧山，刀耕火种，好像怎么讲也难解决。那时，我是管外事的，情况了解不多，跑了 4000 多公里，我们印象公路还是修得不少，有些大山上，盘山道虽然急、陡一点，但公路还是修起来了。当然，要发展航空事业，修铁路，还不太具备这个条件。这些交通条件都不具备，别人怎么能进来呢？所以，80 年代我们重点在沿海地区，现在的重点事实上也还在沿海地区，这是难以避免的。但是我们也不能忘了中部和西部地区，也要想办法在发展沿海地区的同时，使中、西部地区较快地发展起来，免得差距越拉越大，因为西部地区地域很辽阔，少数民族也很多，开发的条件也很困难。如果差距大了，经济上、政治上各方面的矛盾是会出来的，因此，现在就注意考虑，争取中、西部地区经济发展得快一点。党的十三届七中全会讨论的时候是涉及到这个问题的，小平同志讲话也涉及到这个问题了，现在就应该考虑到这一点。但是，现在马上就下决心把中心转移到内地，条件不具备，同时也还需要有一个相当的发展，这对全国都有好处，不是光沿海地区局部的问题，也是关系到全局的问题。如果在这个同时，西部地区能够争取经济发展快一点，差距不要越拉越大，这个可能性我看是有的，要在内陆地区现有的条件，现有的资源，现有的劳动力的基础上，自力更生、艰苦奋斗，力争发展得快一点，同时也包括引进一些可能引进的外资。

要发展横向经济联系。刚才不是说到跟老挝的来往嘛，与老挝外贸发展了，光云南的产品可能还不够，总还要有一些其他沿海地区的产品，全国各地的产品都可以。现在黑龙江、新疆发展了，新疆跟苏联的五个加盟共和国接壤，跟他们来往后，需要的商品不仅是南疆自己能生产的，这是不够的，它又经过横向联系，加强了边贸。黑龙江的边贸开始得比较早，这几年搞得比较欢了，这样也发展得比较好,比较快。所以利用开放政策,发展口岸贸易、边贸,同时把国内的横向经济联系加强起来,这样对内地也是很有利的。内地跟沿海也是相对而言的,从海岸线来讲,它是沿海,从边境线来讲,你不也是边境线,也有口岸吗?采取积极的态度,发展快一点,我是赞成的。胡耀邦同志那年来,他也是想发展得快点的。当然,脱离实际的快是不行的,踏踏实实地争取使经济发展得快一点,这是好的,这样也符合十三届七中全会的精神,总而言之,还是要利用现在的有利时机、国际国内的条件把经济搞上去,这是非常重要的,是关系到我国各族人民的根本利益的,也牵涉到社会的稳定,因为社会稳定的基础在于经济的发展。

要加强各级党委的领导。这个问题中央也讲得非常多了,特别是基层的领导。基层有什么问题,关键在于这个基层党委和支部的领导班子强不强,领导班子是不是积极工作。抓基层,主要靠县来抓,所以州县的领导同志要把目光,把更多的精力,甚至于主要的精力放在抓基层上,把基层搞起来、抓好。我们的党员全国有 5000 万,数量真不少,也有的同志说太多了,多不多我不管,但是有一条,在生产第一线(农业、工业、商业)的党员比例在很快地下降,而党员的老龄化问题也非常值得注意。到了 55—60 岁以上就不在生产第一线了,难以带领群众生产、劳动致富,这非常需要引起我们注意。这一点,从 80 年代看,解放军的连队搞得好一些,因为解放军有一个老传统,就是毛主席过去讲的,支部建在连上,坚持这么一个传统。如果一个乡基层党组织很薄弱,人越来越少甚至于没有党员了,这样怎么发挥作用,怎么带领群众劳动致富?应该明确我们党的一切工作基础在基层,依靠的是基层,跟群众的联系最主要的是基层,像我这样昨天去跑一跑,老百姓当然很热情,对我也有鼓舞,这当然很好,但太不够了,没办法跟人家深入谈心。这恐怕跟接待外宾也差不多了,有的方面比接待外宾还厉害,为什么呢? 警卫工作、站岗放哨的都不少,对于外宾,有时还没有那么严呢! 这样的做法,从联系群众来说,我看是很不够的,州县可不能这样做。我这次来的时间很短,当然我也希望尽量搞实在点,尽量能够多接触点群众,但最好不是为了上电视去接触群众。我说实话,你们应该经常深入基层,加强各级党的建设,特别是党的基层建设非常重要。

改革开放犹如
逆水行舟，不进则退[*]

（1991 年 4 月 25 日）

　　我讲一些个人意见，如果符合你们的情况，就供你们参考，如果不符合的，你们还是按照中央的方针和当地的实际情况来办。这样，我说话也自由，你们也不受约束。所以，以不叫指示为好。

一、进一步发挥好自身优势

　　我 1987 年到浙江来的时候就想到温州来看一看，没来成，这次从宁波到温州，总的印象，我觉得是比较好的。刚才李泽民[①]同志已经讲了省委的工作情况。看来省委的领导班子是团结的，与中央是保持一致的。至于具体工作上，可能有这样那样的问题，但总的来说，工作还是按照中央指引的方向，不断地落实，踏踏实实地去做。我的印象是比较好的。温州的情况，我们才来这么两天时间，了解还是非常肤浅的。但总的印象，我觉得温州也是比较好的。我一直听说温州的经济在党的十一届三中全会以后发展得比较快，这是好事，不是坏事。同时，温州和其他一些地区，比如同珠江三角洲、苏南地区等相比，有自己的特点。1987 年来浙江前后，我听到一些关于"温州模式"的议论。但是我考虑，在改革开放、不断探索的过程中间，

＊　这是乔石同志在浙江省考察期间听取省委、省政府领导汇报后讲话的节录。

①　李泽民，时任中共浙江省委书记。

要把哪一个地方的经济发展方式、方法固定化，说成一种模式，总觉得不是太好。当然，做经济研究工作的同志，为了研究探讨方便，这么说说也没有什么不可以的。我的这个想法，上次跟薛驹①同志讲过，跟省里的其他同志也讲过。不管模式不模式，总的来讲，在十一届三中全会后，温州经济发展是比较快的。个体经济的比重大一些，在分配方面也就向个体方面倾斜多一点，也是比较自然的。这两年，在治理整顿的过程中，温州在省委的领导下，注意总结 80 年代的经验，继续坚持搞活经济、改革开放，同时对有些需要加以改进的方面，逐步地有计划地加以整顿和改进，这样可以使温州的经济发展得更健康、更全面一些。我来后看到商业市场是比较活跃的，有自己的特色。至于分配方面，今后在现有基础上逐渐探索一些更合理的分配方法，加强宏观的引导和必要的管理，这对经济发展有好处。近两年来，温州的经济虽然经历了一些困难，但是在省委领导下，它的发展更加健康了，以后的方向也更明确了。当然，在经济发展过程中间，总还会有这样那样不足的地方，不足的地方今后要注意改进。比如说城市建设，基础设施，还是要进一步加强，环境卫生也要搞得更好一些。另外，国有、集体、个体企业互相之间的关系怎样搞得协调、更顺一些，企业的经济效益和产品质量怎么进一步提高，这些方面都要做工作。社会治安要进一步搞好，也得做好工作。温州要成为一个重要的港口城市和出口口岸，还有大量的工作要做，需要付出很大努力。

你们要加强与上海的联系。在开发浦东、建设上海港的同时，把北仑港利用起来。这么现成的条件，这么好的深水港，应当充分利用。这对上海的开发、浦东的开发，包括浙江的发展，只会有利。有外商经过几年的考察，打算投资 36 亿美元，在北仑搞一个大型石油

---

① 薛驹，曾任中共浙江省委书记、浙江省顾问委员会主任。

化工项目,如果他是独资的,原料从外面来,有北仑港的条件,产品又外销,只要他自己决心不变,我们还是尽量争取。

二、专心致志地把经济搞上去,关键在于落实

现在我们全党正在贯彻落实党的十三届七中全会精神。全国人大通过了"八五"计划和十年规划纲要。七中全会总的精神已经变成国家的意志,在全国范围内贯彻。"八五"计划和十年规划纲要,主要特点是积极、稳妥,是在 80 年代的基础上进一步向前推进,符合我们分三步走的战略目标,也符合十一届三中全会以来党的基本路线和各方面的基本方针、政策。我们要充分认识 90 年代的任务是非常繁重和艰巨的。80 年代我们取得了很大成就,90 年代我们要继续坚持"一个中心、两个基本点"的基本路线,在 80 年代成就的基础上实现第二部战略目标。80 年代,我们基本上摸索出了适合中国情况的、符合建设有中国特色社会主义的一整套路线、方针、政策,这是很不容易的,是付出了一定代价的,也发生过某些失误,但是一条好路子毕竟摸索出来了,现在证明基本方面是好的。那么,90 年代,我们就要在这个基础上继续加以丰富、发展和具体化,有很多实际问题必须在这 10 年中逐步地一个一个加以解决,不能等到 21 世纪再来解决。这是我们这一代人面临的不可推卸的任务。

经济建设和改革开放犹如逆水行舟,不进则退,不仅倒退没有出路,停滞也是不行的。如果我们没有这个紧迫感,各项工作不抓紧,问题积累下来,将来要解决就更困难,矛盾会愈来愈大。比如经济体制改革,里面有很多问题,如价格体制、物价双轨制、工农业产品比价,不理顺怎么行,工资制度不进一步改革怎么行,经济立法不跟上去怎么行呢!还有社会主义精神文明建设、民主法制建设都要加强。当然中心还是把经济建设搞上去,经济搞不上去,其他很多事情都办不好。又比如大中型企业的技术改造,如果现在抓不紧,不是尽可能多地完成一些技术改造，那么到了21世纪，有些行业像机械、电子、纺织等，就会跟世界发达国家的距离拉得更大了。有一些重大的建设项目，不在90年代抓紧时间干，也不行，到时候没有后劲了。所以拖是拖不得的，停留是停留不得的，只能抓紧时机，力争上游。其他方面都有类似的情况。我们现在正面临着中华民族几百年不遇的机遇。我们一定要紧紧抓住这个难得的机遇，专心致志地把我们的经济建设搞上去，把建设有中国特色的社会主义事业推向新的胜利，这不仅对我国，对世界也有很大的意义。而90年代又是非常关键的10年。

七中全会已经确定了90年代的目标和任务，现在的关键就在于落实，各个方面抓落实，各条战线抓落实，各个地区抓落实，把已经确定下来的事情，结合本地区本部门的情况，在实际工作中认真、坚决地贯彻下去。在落实过程中，我们现在的"八五"计划和十年规划纲要还不可能是十全十美的，今后必然还要不断补充完善。我们希望，经过全党全国人民的艰苦奋斗，能在90年代打开一个更新的局面，沿着有中国特色的社会主义道路再向前迈进一步。如果经过踏踏实实的工作，能够发展得更快一些，这当然是大家所期望的。事在人为，就看大家的努力了。

三、充分调动一切积极因素

关于地方和中央的关系，50年代毛主席就提出，全国一盘棋，充分发挥中央和地方的两个积极性，要充分调动一切积极因素，包括每一个人在内。

我们的基本政策还是要保持连续性、稳定性，因为这些政策实践证明是好的，是能够调动积极性的，为什么要丢掉呢？不仅不要丢掉，还要把它搞得更好。比如说，家庭联产承包责任制，是不是可以在现有基础上搞得更完善呢？我认为是可以的。中国人是很勤劳、很聪明的,可以创造很多办法,把家庭联产承包责任制搞得更完善、更好。家庭联产承包责任制要继续完善,这是上了中央文件的,中央领导同志的认识是一致的。在继续完善、搞好家庭联产承包责任制这个基础上,还要逐渐地在有利于进一步调动农民群众积极性,有利于在完善家庭联产承包责任制的基础上,发展乡村的集体经济。这一条我看做得到。但是不要去做影响农民积极性,甚至违背农民意志、脱离实际、强迫命令的事情。只要注意做到这一点,适当地发展集体经济,确实是当前需要的,而且没有妨碍,只会有利于更加完善家庭联产承包责任制,给农民提供更多的服务、更多的帮助、更多的指导,这没有什么坏处。

乡镇企业,在浙江经济中是很重要的一块。对乡镇企业的深入分析,要靠浙江的同志。浙江的乡镇企业还是要稳定,同时在稳定中求发展。加强对乡镇企业的领导,理顺各方面的关系,特别是其中那些带有骨干性的企业,对今后经济发展有重要作用的,首先要抓紧扶持。至于那些不太合适的部分,继续存在下去有困难的,想办法适当地处理,因为它本身也维持不下去。乡镇企业,船小掉头快嘛,你给它指出方向,调整还是比较快的。

个体经济的发展,是十一届三中全会以来的方针、政策的一个重要方面。十一届三中全会决定允许开放集贸市场,允许农民把自己的剩余产品拿到集贸市场上去卖,然后个体经济才逐渐发展起来。所以,对个体经济也有一个政策的连续性问题。记得1956年开党的八大的时候,米高扬①带代表团来,他到上海看了一下,很高兴。他说你们到了半夜还有挑馄饨担的,在我们苏联都割得光光的了。我

---

① 米高扬,苏共领导人。曾任联共(布)中央政治局委员、苏共中央主席团委员、苏联部长会议副主席、第一副主席,苏联最高苏维埃主席团主席。

们后来把个体经济当成资本主义尾巴也都割光了，馄饨担也没有了，农副业生产甚至连自留地都搞光了，这有什么好处？没好处，这是实践已经证明了的事。个体经济是社会主义公有制经济的一个必要的补充，在现阶段也可以说是不可替代的。我看了温州一个夜市，就有这个感觉。如果每个城市都有这样的夜市，我看也并不坏呀！当然一下子也不见得做得到。夜市上东西都是很鲜活的，价格也不太高。个体经济，你把他搞死了，这部分人的就业问题也不好解决。对个体经济主要是加强引导和管理，要求他们依法经营，照章纳税。当然问题总是会有的，有了问题就解决嘛！

四、在深化改革中不断调整，同时确保社会稳定

为了把经济搞上去，必须坚决维护安定团结的政治局面，维护社会稳定。任何不稳定的因素，我们都要注意到，都要想办法加以解决，争取解决在基层，解决在萌芽状态。要实现"八五"计划和十年规划，首先要把经济搞上去，这是基础。同时，必须坚决维护好社会稳定。维护稳定，我认为是全党的任务，全社会的任务，各级政府的任务，各条战线的任务，各人民团体的任务，大家都要维护社会稳定。否则，乱糟糟的，怎么有计划地搞经济建设？怎么搞治理整顿、深化改革？在整个90年代以至今后比较长的时期内，主要还是深化改革，也要不断地搞调整。在深化改革进程中间，调整还是不断会有的，因为深化改革本身就带有调整的因素。在这个过程中，小的错误、小的缺点也难免，工作不足之处那就更多了，因为国家太大，一个省就够大的了。我们有缺点就改，尽可能解决在基层，一定要确保社会稳定。各种不稳定的因素，我们都要及时加以解决，这是一个长期的任务，这根弦不能没有。因此，总的讲，维护稳定的任务，发展经济，建设社会主义现代化，坚持改革开放，坚持四项基本原则的任务是长期的。

五、搞好企业要调动工人积极性

搞活大中型企业,一要深化改革,二要有个好班子。企业的生产指挥、经营、销售等,这都是厂长的事。思想政治工作、党的工作、共青团的工作、职工代表大会,这些事情,主要靠党委来领导。这个分工可以明确。党政之间要注意密切配合,有一些不协调的意见可以在党委会上协调一致。人事问题,应该在党委会上讨论的,这并不是很麻烦的事情。集体讨论了以后再任免干部,没什么坏处,可以共同负责嘛。关于生产方面的问题,为了比较全面一点,厂长可以向职工代表大会提出报告,听听大家意见也没坏处,无非是对的吸收,不对的作必要的解释说明。工人如果有意见,我们应该听,积极引导,适当地予以解决。调动工人的积极性,提高工人的作为企业主人翁的觉悟,对搞好企业只有好处。厂长、书记不要去争论你老大还是我老大,你说了算还是我说了算。一个工厂中哪有一个人都说了算的?几百人的工厂,只有几百个人的积极性都调动起来才能搞好,这才叫社会主义工厂,我们不是单纯依靠行政命令来管理工厂的。当然,不得已的时候,开除权也是要的,但是这个终究不是厂长领导一个工厂的基本办法。搞活企业,主要是靠调动大家的积极性,依靠职工群众搞好生产。厂长在生产经营方面的中心地位和党委在政治领导方面的核心作用,按理说应该没有什么矛盾。

六、加强各级领导班子的建设,提倡艰苦奋斗的精神

对党风要有一个大体上的估计。从十一届三中全会以后,我们从总体上来讲,党风是好的。十一届三中全会最重要的就是确立了正确的思想路线、政治路线。思想路线就是小平同志讲的,解放思想,实事求是,一切从实际出发。解放思想的标准,就是实践标准,只有实践才是检验真理的唯一标准,不是"两个凡是"。当时是这样,

现在、今后我们也仍然要坚持这样一条正确的思想路线,坚持以实践为检验真理的唯一标准。

行业不正之风必须认真纠正。所谓部门利益,本身就有一个带根本性的不太正常的现象在里面,需要通过体制改革理顺关系。同时也要提倡艰苦奋斗的精神。我们有的部门待遇低,生活比较清苦,这是事实。但是只要想一想,历史上那么多共产党员,为了中国人民的事业,牺牲了个人利益,甚至牺牲了自己的生命,我们现在这点清苦算得了什么呢?按共产党人的人生观,就没有什么吃亏或占便宜的问题。

维护社会稳定,把经济搞上去,还是要加强各级领导班子建设。各级领导班子一定要配得比较健全,年龄结构要比较合理。我们建设有中国特色的社会主义,最关键的就是我们的下一代。不解决好这个问题,我们这一代人就没有完成自己最主要的历史使命。如果我们能够从现在开始就重视,抓紧马克思主义骨干队伍的培养、锻炼,使我们的社会主义事业一代一代地传下去,我们这一代人才有个交代。这关系到我们社会主义事业是不是后继有人的问题。科学、技术、文化艺术各个方面,也都有这个任务。所以,领导班子建设是非常重要的。领导班子建设中特别要注意加强基层组织建设。

七、在经济发达地区,对远郊区和山区也有扶贫任务

我去年跑的地方多数是贫困地区,也讲了不少要重视扶贫工作的话。在这里只讲一点,就是说在同一地区里,比如说在温州市的范围以内,你沿海地区是发展得比较快一些,但就在你自己这个市的范围内,市的郊区或者远郊区、山区,就有一些贫困和非常贫困的农户,对这些贫困户要千方百计想办法帮他们解决,让他们能够脱贫。地区之间挂起钩来也可以,在一个省的范围内挂起钩来也可以。这样会不会影响比较发达的地区进一步发展?我看不会有多大的影响。这件事情如果办好,对发达地区和贫困地区可能都有好处。当然,要

找出好的办法,把贫困地区经济开发工作搞起来。实在不行,搬一部分劳动力下山来,总可以解决。

八、要千方百计地充分利用全社会劳动力,让待业青年自食其力

在抓计划生育的同时,对现有的劳动力,还是要注意千方百计地组织他们劳动。除了老弱病残呆傻等没法从事劳动的人以外,凡是有劳动能力的,特别是年轻人,还是要千方百计组织他们参加劳动。不组织他们参加劳动,对他本人没有好处,对社会也没有好处。参加劳动本身也是一种锻炼,也是一种教育。我们有的同志说中国劳动力素质不高,这有一定道理。但是,提高劳动力素质光靠上大学行吗?还得在劳动实践中锻炼,提高组织观念,培养劳动的习惯。恩格斯说过,人类本身就是劳动创造的。这也不是恩格斯一个人发明的,恩格斯前面有达尔文的进化论。但是恩格斯说得最彻底,就是人是劳动创造的。现在我们有这么繁重的建设任务,但是每年又有几百万、上千万的人闲置在那里,而且绝大多数都是年轻人,多可惜啊!所以,搞以工代赈也好,搞建筑也好,搞别的什么也好,还是要充分利用现有的全社会的劳动力,要当作资源来用。我不是提倡人口越多越好,前提是要搞好计划生育。对二十来岁的人,你不叫他劳动,就在家里闲着,家里还骂他,他也无聊得发慌,结果就很容易出问题,甚至违法犯罪。中国的资源被人口一除,相对来讲都不丰富,但是中国有一条是独有的,就是劳动力资源在现阶段还是很丰富的。今后一个相当长的时期,也还是比较丰富的。我去看过很多厂子,就是搞劳动密集的生产,我们的优势就在于劳动力价格比较便宜。我希望不但不要有四五百万待业青年,而且最好全都有事情可干,自食其力,对社会有贡献,个人也有收入。年轻人没有事干,是最伤脑筋的,也是最大的浪费。

纪念西藏和平解放 40 周年[*]

（1991 年 5 月 23 日）

今天,是西藏和平解放 40 周年纪念日,党中央、全国人大常委会、国务院、中央军委已经发了贺电,并派了中央代表团出席在西藏举行的庆典和向西藏各族各界人民表示祝贺和慰问。我们首都各界人士也在这里集会,隆重纪念这个具有深远历史意义的日子。在此,我们向西藏各族人民,向人民解放军驻藏部队和西藏武警部队全体指战员,向支援和帮助西藏建设的全体同志,向在北京工作、学习的广大藏族同胞,表示热烈的祝贺和亲切的慰问。

40 年前的今天,中央人民政府全权代表和原西藏地方政府全权代表在北京签订了《关于和平解放西藏办法的协议》,西藏获得和平解放。这是中国现代史上的一件大事,是西藏历史发展的一个划时代的转折点。它标志着西藏永远摆脱了帝国主义的侵略,标志着包括藏族在内的中华民族在新的历史条件下的大团结,为西藏的进步和繁荣开辟了广阔的前景。

和平解放 40 年来,西藏面貌发生了翻天覆地的深刻变化。完成了民主改革,废除了黑暗、落后的封建农奴制度;实现了民族区域自治;进行了社会主义建设和改革开放。昔日连做人的起码权利也没有的百万农奴真正成了社会和国家的主人;昔日贫穷落后、封闭停滞

---

[*]　这是乔石同志在首都庆祝西藏和平解放 40 周年纪念会上的讲话。

的旧西藏,已成为初步繁荣昌盛的社会主义新西藏。

40年来,党和国家一直十分关心和重视西藏的经济发展与社会进步。毛泽东、周恩来等老一辈无产阶级革命家生前对西藏工作都非常重视。邓小平同志从西藏和平解放初期起就一直关心西藏工作,做过许多重要指示。去年,江泽民同志亲自到西藏视察工作,对西藏的发展和繁荣给予了很大关怀。在西藏革命和建设的各个重要时期,党中央都根据西藏的实际情况,制定出有利于西藏发展的方针政策。特别是党的十一届三中全会以来,为了帮助西藏经济获得更大的发展,尽快改善人民的物质文化生活,中央对西藏采取了许多特殊政策和优惠措施,深受西藏广大人民群众的欢迎。实践证明,党在西藏的各项方针政策是符合西藏实际,代表西藏各族人民根本利益的,是完全正确的。

从现在起到本世纪末的10年,是我国经济和社会发展非常关键的10年。我们将一如既往地继续执行有利于西藏发展、进步和繁荣的各项政策,继续动员全国各族人民大力帮助西藏进行开发建设,支持西藏自治区实现"八五"计划和十年规划,使西藏同全国其他地区一起,在建设具有中国特色的社会主义的大业中,共同发展,共同繁荣。

西藏人民是勤劳、朴实、勇敢、智慧的人民,有着悠久的爱国主义传统。社会主义制度的建立大大激发了西藏人民的劳动热情和创造精神。40年来,西藏各方面所取得的成就,正是他们发扬自力更生,艰苦奋斗的精神,辛勤劳动的结果。

全国各族人民、各兄弟地区对西藏的帮助和支持,是西藏发展进步不可缺少的条件。40年来,有许多汉族和其他兄弟民族的干部和各类专业技术人员从祖国四面八方来西藏,与藏族人民共同为西藏的发展做出了重要贡献。内地一些地区为帮助、支持西藏的发展做了大量工作。同时,西藏人民也在许多方面支援和帮助了内地的发展。这种各民族平等互助、团结合作的新型关系,是社会主义祖国大家庭中各民族携手并肩前进的生动体现。

我们在纪念西藏和平解放 40 周年的时候,不能忘记国际反动势力和极少数分裂主义分子还不甘心于他们的失败。在西藏革命和建设过程中,始终存在着维护祖国统一和反对分裂的斗争。我们要有长期斗争的思想准备,警惕分裂主义势力的渗透、颠覆活动,旗帜鲜明地维护祖国统一和民族团结。

同志们,西藏的未来充满了光明和希望,让我们大家共同努力,使西藏这颗世界屋脊上的明珠发出更加耀眼的光芒!

"扎西德勒!"谢谢大家。

踏踏实实，埋头苦干[*]

（1991 年 9 月 11 日）

　　刚才，谭绍文①同志比较全面地汇报了天津的工作，讲得很好，我都赞同。下面我谈些看法。

一、中国社会主义发展对全世界有巨大影响

　　大家希望我讲讲当前的国际形势，今天只能简要地讲一讲。苏联在"8·19"事件②以后，发生了一系列变化，变化的趋势已经很清楚了。苏联现在还有一系列严重问题没有办法解决，形势的动荡难以避免，要真正稳定下来，还需要一个相当长的时间。为什么有 74 年历史的世界上第一个社会主义国家发生这样的问题呢？这是很值得人们思考的。

　　有的同志说，苏联演变后会不会同美国联手反对中国？这个问题值得研究。我个人认为，至少近两年之内不容易做到。从苏联方

＊　这是乔石同志在天津市考察期间听取市委工作汇报后的讲话。

①　谭绍文，时任中共天津市委书记。

②　"8·19"事件：1991 年 8 月 19 日在苏联发生的对苏共活动和苏联社会发展进程产生重大影响的事件。8 月 19 日，苏联副总统亚纳耶夫发表声明，他替代戈尔巴乔夫履行苏联总统职务。8 月 21 日，戈尔巴乔夫发表声明，说他已完全控制了国家局势，"8·19"事件结束。但这一事件之后，戈尔巴乔夫于 8 月 24 日发表声明，宣布辞去苏共中央总书记职务，建议苏共中央委员会自行解散。8 月 29 日，苏联最高苏维埃非常会议通过关于政变后国内形势的决定，宣布暂时中止苏联共产党在苏联全境的活动。11 月 15 日，叶利钦宣布禁止苏共、俄共在俄罗斯境内的活动，解散其组织机构。

面看,在它自顾不暇的情况下,同美国联手反对中国很不容易。最近苏联传过来的消息还是希望同中国保持友好关系。因为苏联人民普遍希望同中国人民友好,反对中国是不得人心的。从美国方面来看,在苏联、东欧混乱的情况下,也很难分身来对付中国。另外,世界是充满矛盾的。即使苏联、东欧政治体制都发生变化,也还会出现新的矛盾。所以,我们对复杂多变的国际形势要冷静观察,利用矛盾,趋利避害。

苏联及东欧发生演变之后,美国及西方资本主义国家会继续加紧对我国进行"和平演变"。"和平演变"不是新的东西,从新中国成立以来,西方国家一直企图对我们进行"和平演变",而现在更加突出了,今后这也将是一个长期的斗争。防止和抵御"和平演变",除了思想上提高警惕之外,更重要的是坚定不移地按照党的十一届三中全会以来形成的党的基本路线走下去,扎扎实实地把国内的经济建设和各项工作搞上去。我们的前进方向是明确的,就是要建设具有中国特色的社会主义。实践证明这个路子是正确的,对此我们不能有任何动摇。苏联发生的演变对我们有影响,但不要以为因此就大难临头,没有出路,社会主义从此就完了,不会的,没有那么容易。资本主义固有的矛盾一个也没有解决。广大第三世界国家都希望中国坚持社会主义,同情和支持我们,希望中国在国际上多发挥作用,它们还是寄希望于中国,寄希望于社会主义而不是资本主义。苏联、东欧人民也会同情我们。中国是一个大国,有 11 亿 6 千万人民,5000 万共产党员,中国的存在,中国社会主义的不断发展,对全世界都有巨大的影响,对世界和平是一个巨大贡献。当然,我们在国际上也不当头头,还是邓小平同志讲的,要冷静观察,站稳脚跟,沉着应对,韬光养晦。只要我们按照现在的路子走下去,就可以一步一步地取得胜利,到 21 世纪中叶,社会主义中国达到或超过中等发达国家的发展水平,我们就可以立于不败之地。

二、改革开放必须坚持,步子可以迈得更大些

按照现在的路子走下去,一个很重要的问题就是要进一步推进改革开放。我们同资本主义共存于一个世界,总要跟西方打交道,搞经济技术交流。我们同西方发展关系,会带来一些消极的东西,但是只要我们方针政策正确,带来的好处还是大于消极面的。因此,在开放问题上,只要对方不改变,我们不会改变。现在世界上对中国经济的评论,总的是好的,认为中国经济发展形势较好,潜力较大。当然,资本主义国家总是希望你接受他的价值观念,这个问题,我们的态度是,你有你的价值观念,我有我的价值观念。改革开放10多年,我们取得了很大成绩,基本解决了人民的吃饭穿衣问题,国民经济有了较快发展,特别是农村有了很大变化,到现在农民还是说家庭联产承包责任制好,希望这个政策不要变。把现在的情况同10年前的情况比一比,大家都有深刻的体会。可以设想,如果没有改革开放,我们国家现在会是一种什么状况,面对苏联的演变可能就会出问题。因此,改革开放必须坚持,有困难也要坚持,不能动摇,条件好一些时,步子还可以迈得更大一些。

把国内工作搞上去,必须抓住90年代这个难得的历史机遇。今年已经是90年代的第二年,时间很紧迫了。我们是一个大国,各方面的建设很不容易,一定要有紧迫感。从某种意义上说,苏联及东欧演变以后,我们的任务不是减轻了,而是加重了,紧迫性更大了。当然,我们不能急于求成,还是要持续、稳定、协调地发展。但确实要有点紧迫感。80年代我们取得了很大成绩。如果90年代能像80年代那样,甚至劲头更大一些,那么,我们的社会主义事业就会欣欣向荣地发展,我们的前途是光明的。

集中力量把经济搞上去,把国内工作搞上去,要少说多做,踏踏实实,埋头苦干。要加强团结,加强党的建设,加强廉政建设,反对腐败,加强党同人民群众的联系。要加强人民民主专政,踏踏实实地做好工作,努力消除不安定因素,发生问题要进行教育、疏导,把问题解决在萌芽状态,解决在基层。要加强社会治安综合治理,对可能发生的突发事件要有准备、有预案。

三、要加强对青少年的爱国主义教育

要特别强调加强爱国主义教育。这一点,江泽民同志已经讲过好几次了。中国共产党建立以后,很长一段时间处在民族民主革命阶段。我们一直高举爱国主义这面旗帜,在中国共产党领导下,团结全国人民,同各种敌人进行不屈不挠的斗争。现在,我们仍然要高举这面旗帜,把中华民族进一步凝聚起来,使中华民族以更加昂扬的姿态屹立于世界民族之林。这不仅是一个国家范围的意义,而且具有世界意义。年轻人是跨世纪的一代,他们没有旧社会的经历,缺乏对资本主义的认识,以为西方、美国什么都好。我们要加强对青少年的爱国主义教育,培养我们自己的接班人,要使他们认识到中华民族的希望在于中国共产党,在于社会主义。

我来天津 3 天,看了几个地方和单位,总的印象,天津发展是比较快的,政治、经济、社会稳定,总的形势是好的。天津有很大的潜力,是非常有希望的。我相信,在党中央的领导和支持下,经过全市人民的共同努力,天津工作会搞得更好。

只要我们沿着社会主义道路
走下去就会取得成功[*]

（1991 年 9 月 29 日）

乔石（以下简称乔）：非常高兴在国庆 42 周年前夕与老朋友又见面了，欢迎你们。

苏吉特（以下简称苏）：谢谢。非常感谢您会见我们，这是我们友谊的表示。

现在全世界的共产主义运动处在非常关键的时期。中国共产党有着丰富的经验，这次我们来想再次受到你们的启发，学习你们的经验。现在全世界都注视着中国共产党，因为你们有丰富的经验，成功地进行了社会主义建设。我们要对那些认为社会主义没有希望的人说，社会主义有希望，而资本主义没有希望。你们的经济改革是启蒙性的，我们经常学习你们以马列主义为思想基础的文件，来了解你们的经验，改正我们的不足。中国革命的胜利是俄国十月革命胜利以后世界上最伟大的历史事件。所以，现在重大的责任落在了你们肩上，以鼓舞那些献身于社会主义事业的人们。

我们党将继续忠于马克思主义，保证党的团结。所以，我们到中国来接受你们的启示。我们两党关系如此亲密，我们的个人关系也

---

* 　这是乔石同志在会见由政治局委员哈基申·辛格·苏吉特率领的印度共产党（马克思主义）中央代表团时的谈话节录。

很好,我们是好朋友,可以坦率地交换意见。非常高兴有机会与您谈话。上次我和南布迪里巴德同志来的时候与您进行过很坦率的谈话,那次谈话对我们是很有益的。

乔:首先我对以您为首的印共(马)代表团来访表示热烈欢迎。我们两党经常就共同关心的国际形势和国际共运问题交换意见,已经成为一个很好的传统了。这次你们来访,使我们有机会就当前国际形势交换意见。我希望我们是平等交换意见,你们可以启发我们,我们也可以启发你们。因为有些情况我们现在还没有完全搞清楚,当然,我们是执政党,跟苏联打交道的时间很长,可能比你们知道的稍微多一点。

苏联发生这么巨大的变化,原因是很复杂的。总起来讲,既有内部原因,也有外部原因。当然,外因通过内因而起作用。今后苏联怎样变还要看,因为内部矛盾非常多,现在动荡不稳定。西方一方面要把苏联彻底瓦解,另一方面也担心大俄罗斯主义无法控制。

为什么第一个社会主义国家会发生这么巨大的变化呢?从历史发展来看,恐怕也是可以理解的,因为社会主义终究是一个新生的社会,资本主义大概前后花了300多年的时间才稳定下来。苏联共产党有90多年的历史,苏联社会主义国家虽然也有70多年的历史,但是,终究还是比较短暂的。马克思和列宁所分析过的资本主义世界的根本矛盾现在都没有解决。应该说,几十年来资产阶级做了很多改良,垄断资本和统治的方法有变化,但是,根本问题没有解决。人们希望有比资本主义更好的社会制度,这就是社会主义的希望所在。不能因为一个国家的社会主义遭到严重挫折而说全世界社会主义都没有希望了。

我们中国共产党已经选定了自己的道路,我们将坚定地走下去,我们还要教育我们的下一代继续坚持走社会主义道路。我们中国

11 亿 6 千万人民对我们现行的社会主义制度是拥护的,对党的领导是支持的,他们希望我们沿着现在的道路走下去,不要改变。只要我们自己不腐败,有缺点就改,沿着社会主义道路继续走下去,我们是会取得成功的。

中国共产党的历史和苏联共产党的历史不一样。中国共产党不管在新中国建立以前还是以后,都犯过错误,但是,我们这些错误都是自己改正的,我们党从来没有分裂过。再尖锐、再严重的困难我们都碰到过,但是,我们都自己总结经验,想办法克服,做自我批评。

苏联的变化确实对国际形势有严重的影响。但是,如果说从此以后由美国来独霸世界,都听美国的摆布,我看不那么容易。东欧社会主义国家的政权丢了,苏联发生了这么大的变化,但是,社会主义还没有垮,共产党员的斗争条件更加艰苦了,但是,共产党人不会放弃斗争的。

包括中国在内,世界上还有几个社会主义国家,而且广大第三世界还是寄希望于社会变革和社会进步的。苏联解体、东欧剧变后,某种程度上第三世界有点寄希望于中国了。当然,我们的国力有限,但是,我们也不打算辜负广大第三世界以至全世界人民的希望。

我们还准备按照既定的道路把自己国内的事情办好,同时,我们谨慎地处理对外关系,我们也要培养将来接我们班的领导骨干。我们要在 90 年代实现第二个战略目标,同时,还要为实现第三个战略目标准备新的领导骨干。对世界上一切继续战斗的共产党人,我们不但同情,在道义上还要支持。我们觉得,只要我们正确对待当前的形势,这个世界不是没有希望的。新的、比资本主义更加美好的社会制度,社会主义制度必将代替资本主义制度。当然,社会主义制度在建设过程中不管出现什么缺点和错误,都要自身不断改进。

没有改革开放就没有
中国今天的发展*

（1991 年 10 月 16 日）

　　我这是第二次来海南。第一次是 1985 年 11 月，主要走东路。这次是从西路到东路，环岛走了一大圈。总的印象是：海南建省以后，发展是比较快的，比如海口、三亚市等，比 1985 年我来的时候有了明显的变化。省委、省政府对海南各方面的工作，包括物质文明建设和精神文明建设，都是按照中央的部署，认真贯彻执行的，工作是抓得紧的。

　　一、实践证明改革开放是完全正确的

　　中国作为社会主义的大国屹立在世界的东方，是不容易的。如果没有改革开放，没有党的十一届三中全会以来一整套正确的路线、方针、政策，是不会有中国的今天的。十一届三中全会在我们党的历史上，在整个中华人民共和国的发展历史上，都是划时代的。党的十三大把我们党的基本路线归纳为"一个中心、两个基本点"。如果没有这个基本路线，中国这些年怎么可能有这样的发展？十一届三中全会以后，我们党开辟了一条新的道路，虽然只过了 12 年，成绩却是非常巨大的，而且在整个中国的历史上都将占有重要的地位。事实证明我国的改革开放是完全正确的。这是以小平同志为首的老一辈

　　＊　这是乔石同志在海南省考察期间同省领导谈话的节录。

领导的功劳。这一点是非常可贵的,为后人打下了良好的基础,为中国未来的发展打下了良好的基础。

现在全世界都公认,中国这个社会主义国家物质比较丰富。虽然也有这样那样的问题,但是经济始终在发展。就是往今后看,国外有些经济学家也认为中国的形势是看好的。虽然在意识形态方面他们反对我们,但是了解实际情况的、比较客观的公正的经济学家,还是承认我们的经济发展是好的。这来之不易。在农村,从人民公社的经营体制变成包产到户,这个变化是很大的。包产到户不是三中全会以后才有的,60年代初就产生了,后来被批了近20年。十一届三中全会本身没有确定包产到户,但是确定给农民一个休养生息的机会,每年进口1500万吨粮食,减少对农民的征购粮。1980年中央75号文件开了一个小口子,就是边远山区和贫困落后地区的"三靠队",可以试行包产到户。试行的效果非常好。我们过去管得那么多,上工要打钟,下工要生产队长允许,农民在那里出工不出力,结果粮食不够吃,买什么东西都要票。一搞包产到户,那些贫困地区当年就改变了面貌,粮食基本上不用国家救济了,不要"三靠"了。然后大致花了三年半时间,在全国农村实行了家庭联产承包责任制,极大地促进了农业生产,而且推动了城市的经济体制改革。改革开放也在这个基础上发展起来了。

现在苏联发生剧变,而我们则在社会主义道路上稳步前进着,什么道理呢?因为我们的改革有群众基础,从实践中来,是符合马克思主义的,是从中国的实际情况出发的。十一届三中全会以来的这一套路线、方针、政策,是正确的,使我国经济面貌发生了很大变化,这是举世公认的。近几年,我在内地贫困地区跑得多一些,虽然接触到的群众很有限,但是不管汉族地区还是少数民族地区,农民谈的意见都是希望现在的政策不要变。他们就怕搞运动,七弄八弄把政策改变了。这说明他们拥护现行的政策，这个政策是得人心的。工人当中虽然具体意见也很多，特别是现在不少大中型企业日子不大好过，工人难免有些意见，但总的来讲，十一届三中全会以后的路线、方针、政策，他们是拥护的，他们也是受益的。知识分子、机关干部也是拥护的，虽然现在还比较清苦，但比12年前过的日子，到底是好了还是差了？总的还是好了嘛，而且有的人生活有相当大的改善。

二、社会主义的根本任务是发展生产力，改革要改掉苏联的体制模式

马克思主义的基本原理认为，社会主义的根本任务就是发展生产力。对中国来说就是要不断发展经济，改变国家面貌，提高人民生活水平，把整个民族振兴起来。我们所以在国际上有现在这样的地位，也是与十一届三中全会的路线分不开的。党的基本路线的中心就是发展经济、发展社会生产力。我们要在坚持四项基本原则的同时，实行改革开放，改革非搞不可。改革要改掉什么东西呢？我认为最主要的是改掉新中国建立初期从苏联学来的那一套不适合中国的体制模式。当然要用历史的眼光看，当时我们搞经济建设没有经验，学一些苏联经验对我们还是有帮助的，但后来我们就发现，有不少不适合，所以强调了要独立思考，要从中国的实际情况出发。党的十二届三中全会关于经济体制改革的决定中就指出，要改革僵化的模式。

现在中央已经定了，治理整顿今年年底告一段落。治理整顿过程中各部门发了一些文件，采取了一些行动和措施，这在1988年那时经济过热、通货膨胀严重的情况下，实际上是紧急刹车，是必要的。治理整顿取得了明显效果。现在，我们必须进一步深化改革、扩大开放。90年代无论如何要在全国把一些迫切需要改革的基本的方面，搞出一个框架来，然后在这个基础上再进一步加以完善。如果90年代这段时间不抓紧，没有一点紧迫感，往后就被动了。扩大开放，必须具备一些基本条件。同时,各方面的政策要能够很快兑现,外资才能吸引进来。来投资的外商,无论是香港的也好,东南亚的也好,美国、西欧的也好,他们拿钱来,都是算账的,而且账算得比我们精。没有一个稳定的环境,不能赚钱,他来干什么? 当然我们也得算账,只要能够加快我们的经济发展,两利就行。我们也有代价,这在一个合理的范围内是允许的。当然我们能多占一点利更好。我们不是为个人算账,而是为国家、为人民算这个账的。没有一定的条件,比如政局不稳,没有较好的社会治安状况,没有这方面的必要保障,人家就不敢来了。现在我们国内的状况总的来说是好的,社会总的是稳定的,社会治安总的来说也是比较好的,只要继续抓紧工作,还会更好一些。

三、把自己的工作做好是应对复杂的国际形势的关键

当前的国际环境怎么样呢? 当前的国际形势确实很复杂,苏联、东欧剧变给我们增加了压力,但也不要把国际环境说得非常严峻,搞得草木皆兵,好像日子过不下去了。总的讲,小平同志在 1985 年军委扩大会议上决心裁军 100 万时的基本估计还是对的。那时他就说,世界大战一时打不起来,我们有可能争取到比较有利于中国进行"四化"建设的和平国际环境。只要不打世界大战,我们就埋头苦干,集中力量搞建设。他还进一步指出,即使战争打起来,只要不打到中国头上,我们还是集中力量搞建设。这个决心下得好。现在看来,在一个时期内,大规模的外敌入侵可能性不大。当然也不是说绝对不可能。我们的国防意识、国防观念、国防建设在条件允许的情况下,还是要尽可能加强,不能没有准备。但是,我们还是可以争取创造一个有利于我们建设有中国特色的社会主义的和平环境。

苏联、东欧发生剧变后,我们还要继续冷静观察。我们对苏联的政策,中央早就明确了,江泽民同志今年 5 月去苏联访问时也是这样

做的,即你说你的,我说我的。就国家关系来讲,我们还是按照和平共处五项原则行事。中苏两国有 7000 多公里的边界线,还是要力争搞好睦邻友好关系。国际局势发生了这样大的变化,以美国为首的西方势力当然会更多地注意到社会主义中国,希望我们也"和平演变"过去,这是毫无疑问的。1972 年尼克松来中国,下飞机后的第一句话就是:我是为了美国的利益到中国来的。这句话毛主席、周总理都很注意,他这是说的实话。美国的野心可大了,不仅是管美国本土,全世界都要管。西方对社会主义国家搞"和平演变"一直没有停止过,只是现在更突出了。反"和平演变"的关键还在于我们自己要把各方面的工作搞好,核心是发展生产,把经济建设搞上去,同时党的建设、精神文明建设、思想政治工作、对青少年的教育工作等都要加强。总之,要按照党的基本路线坚持不懈地搞下去,既坚持四项基本原则,又坚持改革开放,中心还是抓经济建设,按照小平同志"三步走"的战略思想和规划,抓紧搞好 90 年代的工作。因为 90 年代我们不仅要实现第二步战略目标,而且要为迎接 21 世纪,为实现第三步战略目标创造条件,做好准备。正因为这样,90 年代的任务是很繁重的。只要我们抓住当前的机遇,坚定不移地贯彻党的基本路线,深化改革,扩大开放,沿着有中国特色的社会主义道路走下去,是完全可以把 90 年代的工作做好的。对此我们应当满怀信心。对"和平演变",我们必须警惕,主要是我们内部不要发生问题,关键在于领导班子。只要领导班子是马克思主义的,是坚持走社会主义道路的,是坚持党的基本路线的,我们就不怕帝国主义和国内外敌对势力对我们搞"和平演变",我们就可以战胜他们。我们还要进一步加强党的建设,不仅第三代,而且把第四代、第五代都教育好,使他们真正懂得马克思主义,坚持走有中国特色的社会主义道路,那么中国就很有希望。

要加强党的建设,必须用马克思主义教育全党,特别是各级领导班子和领导干部,当前主要是中央和省区市一级的领导干部。对年轻干部的教育也要抓紧,因为党的事业是不断发展的,许多年轻干部将来要逐步走上领导岗位。我们常说要成为真正的马克思主义者,什么叫忠诚的马克思主义者、真正的马克思主义者?毛主席1942年在延安整风时的一些重要讲话讲得很好,相当精辟。真正的马克思主义者,按照毛主席讲的来理解,就是要学习马克思主义的基本原理,掌握马克思主义的精神实质,善于用马克思主义的立场、观点、方法解决中国革命的实际问题,现在就是解决建设有中国特色的社会主义中的实际问题。比如说,深化改革,到底怎么改革?必须密切结合中国实际,空想是不行的,脱离实际是不行的,教条主义也是不行的。小平同志从十一届三中全会以来也一直强调这个问题,就是理论联系实际,实事求是,实践是检验真理的唯一标准。按照这样的理解,去培养、造就一代又一代的马克思主义者,这样才能把中国的社会主义事业不断继续下去。如果我们按照十一届三中全会以来的路线、方针、政策干下去,干它几十年,到21世纪中叶,10多亿人口的中国能够达到中等发达国家的水平,社会主义的优越性就会充分显示出来,事实就将证明马克思主义确实没有过时,而且在中国取得了伟大的胜利,这对国际共产主义运动,对世界社会主义事业,都是一个了不起的贡献。当然我们还要准备克服和解决这中间将会遇到的各种困难和问题。

四、要大力推进海南经济特区的建设

海南是我们国家的一个经济特区,我希望海南的同志能够踏踏实实地工作,按照中央确定的基本路线,同时密切结合海南的实际情况,争取在"八五"期间和整个90年代,把海南经济特区的建设往前推进一大步。你们想争取的那些项目,只要实际行得通,或者吸引外资,或者国内有一定的投入,原则上我都赞成。洋浦①现在达到签订意向书的地步,能做到的要积极争取去做,把洋浦搞得好一点以后,再逐步推开。因为这是一个新的事物,没有大胆的探索是不行的。只有实践,只有探索,才能摸出路子来。鲁迅有句名言,路是人走出来的。海南的改革开放,建设经济特区,当然要靠海南人民在中央总的路线方针指导下,根据海南的实际进行实践,同时靠中央各部委和各省区市的支持。我赞成先把洋浦搞起来,搞出点经验来。实践出真知,实践是检验真理的唯一标准,经过实践才能发现问题、解决问题,也才有发言权。

今年旅游情况比较好,外贸进行了改革,比去年有所发展。现在各地正在进行房改试点,住房制度不改不行,职工宿舍还要建,居民住房也不够。我认为,城市职工宿舍的建设如果结合房改去进行,就没有危险性。农民经济稍微宽裕以后首先就是盖房子,只要按照规划,管好宅基地,不占耕地,就可以放手让他们盖,不要去限制。

农村实行家庭联产承包责任制以后,劳动力有剩余,除了搞乡镇企业、第三产业之外,可以组织起来搞一些农田基本建设,以及其他各项能够吸收劳动力的有益于社会主义事业的工作。剩余的劳动力利用起来,意义非常大。去年 8000 多万人参加冬修水利,今年需要的人更多。我们管政法、管社会治安的,最担心待业、失业的青年多,因为这些人闲在那里没事干,又处在精力旺盛时期,引导不好,一些人就可能去干坏事。我认为,除了搞好精神文明建设外,对已有的劳动力应看作一种资源开发利用起来。有些人认为,我们的劳动力素质低,但闲在那里素质不会自然提高;把他们组织起来进行劳动,总

---

① 洋浦,指海南洋浦经济开发区,是 1992 年 3 月国务院批准设立的国家级经济开发区。

还是个教育,是个劳动锻炼,素质也才能提高,他自己也认为有价值了,家庭对他的看法也会改变。中国劳动力的潜力是很大的,应当把它利用起来、组织起来,向生产的广度和深度进军。

中国是很有希望的,中国社会主义现代化建设事业前景很好。海南是中国的特区省,有特殊的优惠政策,该争取的你们尽量争取,力争把海南建设得更好。

改革必须从本国实际出发,并遵循社会主义制度自我完善的原则[*]

(1991 年 11 月 4 日)

我用很短的时间讲讲我们的看法,其中相当部分是我个人的看法。

我赞成你刚才讲的意见,无论苏联的变化,还是东欧的变化,那都是他们本国的事情,我们不好横加干涉。正因为如此,尽管我们非常关注事态的发展,但我们从来没有公开评论过。苏联和东欧各国共产党和他们的社会主义制度在这样短的时间内发生这么大的变化,我们不可能不关注。中国同苏联有过长时间的争论,两国关系并不太好,直到 1989 年两国关系才实现正常化。既然国家关系实现了正常化,我们就希望两国各方面的关系健康正常地发展,这也是我们对苏联关心的一个重要原因。更何况我们同苏联有 7000 多公里漫长的边界线,他们那里发生的变化,不可能同我们毫无关系。

中国实行改革比苏联早 6 年,戈尔巴乔夫上台后,从开始搞改革到现在也已经 6 年了。我们在经济方面进行了重大改革,取得了巨大成就。我们采取的最基本的态度是一切从中国的实际出发,改革原来那些已不适应目前国家经济发展的僵化的模式。我讲的僵化体

---

[*] 这是乔石同志在会见印度共产党总书记古普塔时的谈话节录。

制,有些是我们自己搞的,有些是从苏联的经验中吸收来的。当然既然我们自己这样做了,也就不归罪于苏联,而是要自己总结经验并加以改进。

在经济改革的同时,我们还进行了政治体制改革,比如取消领导职务终身制。我们按照中国情况实行民主,把不适当的过于集中的权力下放到地方和基层。按照中国情况逐步实行社会主义民主和法制。这些都是在过去的 10 多年中同经济改革同时进行的。此外,我们还改进了人民代表大会制度,改进了中国共产党领导的多党合作制度,从而使之更加完善。比如我们吸收了更多的民主党派成员参加各级政府的工作。遇到重大问题,除了人民代表大会讨论以外,政治协商会议还要同各个民主党派协商。这些都属于政治体制改革的范围。我们认为无论是政治体制改革,还是经济体制改革,必须注意一方面从本国实际出发,另一方面必须遵循社会主义制度自我完善的原则。

1985 年戈尔巴乔夫上台,他进行了他的改革,对于苏联进行的改革,从原则上讲我们是感到高兴的。他提出了对外政策的"新思维"、"公开性"、"透明度"及"多元化",对于这些提法我们不太了解,但仍十分关注,它的实质到底是什么? 你们知道这些名词在原来的马列主义词汇中是没有见到过的。我们也尽可能地加以思索。我们后来发现,他的上述提法是模糊的,但实际上他把苏联这样一个在人类历史上做出贡献的国家,逐步引导到今天如此糟糕的状况。在这个变化的过程中,由于两国实现了关系正常化,江泽民总书记和李鹏总理分别于今年和去年访问了苏联。我们是想多了解一些苏联的实际情况,同时也有利于双方间的相互理解。我虽没有去过苏联,但几乎每天都关心着苏联的情况。现在这个联盟国家已经垮了,这是非常令人遗憾的。我想原因是很深刻的,有其历史原因。斯大林时期，苏联确实取得了伟大成就，但同时由于一些重大问题处理得不好，也留下一些不良后果。1917 年列宁领导了二月革命和十月革命，他为了创建和维持新兴的苏维埃社会主义共和国，总的讲做得是好的，但从现在来看不可能没有缺点。斯大林领导世界上第一个社会主义国家，并把它建设到相当发达的程度，也是不容易的。如果没有这些成就，就不可能在第二次世界大战中打败德国法西斯而取得胜利。但斯大林搞了严重的肃反扩大化，突出了内部的民族问题。苏联除俄罗斯族以外，其他民族大概占 40% 以上，由于斯大林在民族问题上处理得很粗暴，因此留下了严重的后遗症。另外，从斯大林时期开始，苏联就集中力量搞国防军火工业、重工业，而牺牲了农业。苏联建国 70 多年来，可以说从斯大林时期到现在，粮食问题始终没有解决。同时苏联的轻工业也有很多问题。另外，他们严重脱离群众，权力过分集中于中央。到了后期，勃列日涅夫上台后就更不用说了，要同美国竞赛，在世界上包揽了许多事情。这些都是戈尔巴乔夫的前任留下的大量问题，包括政治、经济和国际关系方面。本来一个党犯一些错误是可以纠正的，看来他们没有用历史唯物主义精神来总结历史经验。我从电视上看到有人重又拿出了沙皇的国旗，把列宁格勒改名为圣彼得堡。作为共产党人来讲，我们都是非常痛心的。应该说你们，还有第三世界国家的领导人，以及同情社会主义的进步人士都很痛心。当然苏联和东欧的事情现在还没完，还继续处于动荡不安之中。

当今世界很不稳定，因为整个世界充满矛盾，资本主义世界内部也充满矛盾。马克思、恩格斯指出的资本主义的根本问题，现在一个也没解决，这些问题不解决，人类就不可能太平。

当然，社会主义灭亡不了，人民需要它。资本主义国家部分人士也不认为资本主义能够代替社会主义，我们并不悲观。资本主义的巩固用了三四百年,社会主义在某些国家尝试时遇到失败也不奇怪。苏联、东欧变化后,中国的国际压力大了,美国说苏联完蛋了,中国也可能跟着变。然而,中国是中国,苏联是苏联,中国正按照自己的国情进行社会主义建设。

去年我们党的十三届六中全会专门讨论了党同人民群众关系的问题,当然并非针对苏联、东欧发生的情况。中国只要稳定,经济政治体制改革就能顺利进行。我们看到,如果中国社会主义搞不好,寄希望于中国社会主义的世界进步人类的处境将更加困难。我们有责任搞好社会主义,也能够搞好社会主义。

深化改革，扩大开放[*]

（1991 年 11 月 18 日—23 日）

虽然这次来的时间不长，看的地方不多，但我感到广东的发展是比较快的，给我的印象是深刻的。在党的基本路线指引下，通过省委、省政府以及各级领导和广大人民群众的努力，广东在整个 80 年代发展是比较好、比较快的。刚才谢非[①]同志讲到省委的领导班子是团结的，工作是比较协调的，我听了很高兴。因为，省委领导班子的团结，是搞好全省工作的关键，班子团结，没有内耗，就可以集中全力把经济搞上去，把各项工作搞好。

一、做好深圳经济特区的工作具有重要意义

1985 年我来过深圳，从那时到现在相隔的时间很长了，所以我下决心今年下半年一定要再来看看。刚才的汇报已经介绍得很全面了，在参观一些单位时也留下了很好的印象。总的来说，深圳自建立经济特区以来，发展是快的，发展的方向总的来讲是好的，至于发展过程中有这样那样的缺点，我认为也是难以完全避免的。当然，作为总结经验，为了以后把经济特区搞得更好，这些问题都应该注意，应该重视，应该总结。但是，特区既然是一个新生事物，在发展过程中，在探索过程中存在一些缺点或者不太理想的地方，也是难以避免的。

---

[*]　这是乔石同志在广东省考察期间听取广东省委、省政府工作汇报时的讲话和考察深圳市时讲话的部分内容。

[①]　谢非，时任中共中央政治局委员、中共广东省委书记。

今后,只要我们很好地总结过去的经验,按照中央的方针政策办事,在省委、市委的领导下,深圳应该而且也能够发展得更好。作为社会主义中国对外开放的一个经济特区,深圳将来的发展一定是很有前途的。

在全国继续深化改革、扩大开放的条件下,深圳应该在过去 10 年的基础上发挥更好的作用。你们刚才说到 2000 年深圳将发展到 300 万人口,这个我没有研究,但是深圳还要在现有基础上继续发展,这是肯定的。深圳的发展可以走在全国前面,摸索出一些经验,这些经验对全国沿海各个开放城市来说,不管是正面的还是反面的,都是有用的。当然,更重要的是希望你们今后搞得更好一些,多提供一些正面的经验,这当然是大家希望所在,是没有问题的。这对香港、澳门,以至于台湾都会有很大影响。我跟森林①同志说了,香港将来要保持它的稳定和繁荣,但现在香港一些比较有钱的人都在那里观望,我们要想让他们稳定下来,深圳的工作搞不好,广东的工作搞不好,怎么能稳定他们呢! 稳定对我们国家有很多好处。所以说,10 年前中央决定对香港采取"一国两制"的政策是非常英明的。小平同志这个思想在世界范围内都是影响很大的。现在离 1997 年时间不多了,这个问题很现实,可以说马上就要来了。这个事情我们一定要处理好。所以说,深圳的进一步发展,对香港、澳门有直接影响,对台湾也是有影响的。台湾与大陆沿着"一国两制"的方向发展,我看是不可避免的,当然需要的时间会长一点,过程会是很复杂的,比香港可能还复杂,要有这个准备。但是,只要我们坚持正确的方针,这个问题也不是解决不了的。

深圳要进一步搞好,就要比较系统地总结过去 10 年的经验,并

---

① 森林,即朱森林,时任中共广东省委副书记、广东省省长。

在这个基础上，制定出 90 年代的规划。在深化改革中还有很多没有解决的问题，需要在深圳摸索，当然其他地方也在摸索。比如住房改革，其他地方也有其所长，你们也可研究、参考、借鉴。当然你们有你们的特点，可以从你们的实际情况出发来搞。深圳在向前发展的过程中，要特别注意引进国外的先进科学技术，当然也要搞好内联，要内联与外引相结合，内联也要以引进国外的先进科学技术为主，否则就缺乏基础。深圳作为一个对外的、极其重要的窗口，要争取 90 年代取得更大的成绩，为迎接 21 世纪打下一个比较良好的基础。将来港澳的稳定和繁荣与深圳的发展关系相当密切。当然他们是另外一种社会制度，我们要在社会主义制度条件下，把深圳搞好。搞好深圳，对全国、全世界都有影响。

我还要强调，为了搞好深圳的建设，我们还是要坚持以发展经济为中心。中央一再说没有两个中心，就是一个中心。小平同志在党的十一届三中全会以后一直讲，"中心是坚持发展社会生产力"，其他工作要围绕这个中心来进行。否则就没有办法显示社会主义制度的优越性，没有办法增强人们的凝聚力，没有办法去说服对社会主义前途有怀疑的人，因为光从理论上说服是不行的。这个问题，小平同志很多年以前就讲过了。他说只有我们达到中等发达程度时，我们才能说社会主义制度优越于资本主义制度。深圳能做到，推而广之，沿海地区能做到，再推而广之，全国都能做到。

二、必须深化改革、扩大开放，我们才能前进

90 年代是我们国家实现第二步战略目标的 10 年，是实现三步走的战略目标关键的 10 年。现在说 10 年，实际上还有 8 年，这 8 年的工作一定要抓紧。要按照小平同志讲的那样，坚持四项基本原则，坚持改革开放。不改革开放，没有办法把中国的经济更好地搞上去。经济建设是中心，要把中国经济更快更好地搞上去，必须深化改革，必须扩大开放,别的道路我看是没有的,回头路是不能走的。90 年代改革的任务是繁重的,光拿经济体制改革来讲,在一些大的方面现在还差得远。应该说现在我们国内形势还好,要抓紧进行经济体制改革,尤其是一些比较深层次的体制改革,下决心搞好它,我们才能前进,更好地实现 90 年代的战略目标。

80 年代我们的改革开放和经济建设取得了很大的成绩,当然也有缺点。这些缺点,小平同志都及时作了指示,我们要注意总结经验,加以克服。现在苏联解体、东欧发生剧变,全世界还坚持社会主义旗帜的就是 5 个国家了,真正比较大的社会主义国家,也就是中国。为什么我们现在有这样好的局面,主要就是党的十一届三中全会以后,中央在以小平同志为代表的老一辈革命家的率领下制定出了正确的路线、方针、政策,开创了一条建设有中国特色的社会主义道路。这条路很不平凡。要坚定不移地沿着这条道路继续走下去,还要靠我们搞好 90 年代的工作。

改革必须进一步深化。不深化改革,很多问题都理不顺,都没有办法解决。我到各地去都讲这个意见,基本政策不能改,但是经济体制、政治体制要不断完善。比如说,我们基本的政治体制不能改,我们不学美国,还是人民代表大会制度,还是共产党领导的多党合作和政治协商制度,这个制度我们不改,但要把这个制度搞得更完善。小平同志也讲了这个问题。改革是要深化的,但要不断摸索,看怎么改才好。80 年代我们在经济体制和政治体制改革方面还是做了大量工作的。我们想一想,没有过去 12 年中央的正确路线,怎么会有今天中国的大好形势呢? 中国是 11 多亿人口的大国,光是解决吃饭穿衣问题也不是那么容易的,何况还要争取稍微吃得好一些,稍微有所改善,还要积累一些资金,通过开放引进一些先进技术设备来加快建设,所以说这是很不容易、很不简单的。我们要抓住 90 年代的发展时机，把我们国内的工作搞好。

根据目前的形势分析，世界大战打不起来。但我们还是要有国防意识、忧患意识，要有重点地搞好国防现代化建设。当然，我们不去跟美国比，也不跟苏联比，我们的国防是为了自卫，为了保卫祖国，准备应付各种形势。即使现在发生大规模的外敌入侵，我们也不怕，成不了海湾第二，无非你打你的，我打我的就是了。我们有短处，但是我们也有我们的优势。当然这只是个假定，实际上现在没有现实的大规模外敌入侵的问题。

在对外关系方面，美国对中国的制裁虽然还没有宣布取消，这次美国国务卿贝克来，也还没说两国关系正常化，但谈得还可以。我们当然不能什么都迁就他，不过有些问题也解决了。其他西方国家有的已宣布对中国关系完全恢复正常，因为外国人要做生意，同我们有很多合作项目要进行下去，与我国的关系不恢复正常对他们也是不利的。就是在1989年"政治风波"以后的一个时期，有一部分外国公司人员也没有撤走。当时日本对我国的指责也很厉害，但后来它很积极地做恢复关系正常化的工作，第三期贷款也签约了。因为中国这么大的市场，他们不能放弃。

三、广东要不断总结经验，向其他省市提供借鉴

在90年代，希望广东在80年代取得成就的基础上搞得更好。我昨天上午在政法工作座谈会上也讲了，希望你们不断地总结经验，怎么总结，请省委、省政府考虑。在改革开放这方面，广东总是比内地走在前面一点。你们的经验对其他地区有帮助。所以，我希望广东不仅要把各方面工作搞好，进一步发展经济，建设好广东，而且能够不断地向其他省市提供经验，这对其他省市都是有启发和有帮助的。

对90年代广东经济的发展，我一直是比较有信心的，对在发展过程中出现的各种问题,我们总结经验,不断提高,不断改进就是了。我希望广东的同志要有信心。现在的时机是比较有利的。对发达资本主义国家好的东西我们可以借鉴,对他们的弊病我们要认识。就拿物价水平、人民币购买力来说,我们的人民币在国内市场上实际购买力是比较强的。尽管我们的经济还比较落后,但我们有我们的优势,我们的潜力很大。

四、农业、工业和科学技术要争取上一个新的台阶

最近中央要开会研究农业问题,我国农业的潜力也不小,虽然可耕地面积比较有限,大体上有 18 亿亩,但山区的潜力就大了。除了西北干旱地区要发展山区经济比较困难一些外,其他地方都是可以大发展的。山区经济发展起来了,面貌就会大变。另外,还有江河湖泊,沿海养殖捕捞业等都有很大潜力。对农业生产,只要工作抓得紧,政策对头,把原来那些好的政策坚持下去,很多问题都是可以解决的。

我国科学技术的水平虽然还不高,但还是有了相当好的基础。新华社成立 60 周年的时候,请中央政治局常委们去看了看,我也抽时间去了。现在新华社可以说是全部电子计算机化了。从技术上讲,新华社大体上是世界 80 年代的水平。我跟他们说,你们很有条件在近期内发展成为世界上最大的通讯社之一。现在很多单位都有一定的技术基础,只要继续坚持改革开放,我们还可以发展得更快更好。

总之,90 年代整个经济的发展,不管农业、工业还是科学技术,上一个新的台阶是很有希望的。问题在于我们要做好工作,要抓得紧一点,我们的开放度要扩大,改革要继续探索、深化。对改革中的一些难题难点,要认真寻找解决办法,不能停步不前。

农村改革是一场伟大的变革[*]

（1991 年 11 月 27 日）

    党的十三届八中全会将要通过的《中共中央关于进一步加强农业和农村工作的决定》是一个好文件。《决定》对 80 年代我国农业和农村工作取得的巨大成就作了高度的评价和总结，明确提出了 90 年代农村改革和建设的目标、任务和措施。我相信这个文件经过全会的讨论，进一步修改后，会成为指导农村工作、推动农业发展的重要的历史性文件。

    一、家庭联产承包为主的责任制适合我国现阶段生产力发展水平

    农业和农村工作在我国社会主义现代化建设中处于极为重要的战略地位。中央的《决定》一开头就指出："农业是经济发展、社会安定、国家自立的基础，农民和农村问题始终是中国革命和建设的根本问题。"党的十一届三中全会以后，我国的经济体制改革和经济发展是从农村开始的。农村的改革是一场伟大的变革，是以邓小平同志为代表的中国共产党人，把马克思主义的基本原理同中国社会主义建设的具体实践密切结合起来的一个伟大创造。它极大地丰富了我们党的建设有中国特色的社会主义的理论和实践，成绩是举世瞩目的。在农村改革取得巨大成就的基础上，党的十二届三中全会作出

---

[*]   这是乔石同志在党的十三届八中全会中央纪委委员联组会上的发言。

297

了关于经济体制改革的决定,开展了以城市为重点的经济体制改革。如果没有农村面貌的巨大变化,城市改革和其他各方面工作取得的成绩就难以设想。我们国家的稳定也是建立在农业的发展和农村稳定的基础上的。没有农村的稳定就谈不到全国的稳定。这个问题,小平同志在 10 年前就指出了。在中国革命的历史上,农业和农民问题始终占有极重要的地位,在社会主义建设中也是一个根本问题。实现第二步战略目标,也要立足于进一步发展农业,深化农村改革的基础之上。农业的战略地位在今后相当长的时间不会改变。

在农村工作中,实行以家庭联产承包为主的责任制是党在农村的一项基本政策,这项政策的推行极大地调动了亿万农民群众的生产积极性,在很短的时间内迅速改变了农村的面貌,深受广大农民的拥护和欢迎。这项政策是适合现阶段中国社会生产力发展水平的,必须毫不动摇地长期稳定,只有到国民经济发生新的巨大变化以后,这种情况才会有所改变。从我最近几年在各地了解的情况看,农民最关心的还是政策不要变。农民反对动乱,一个重要原因是怕政策变。当然政策很多,最主要的是以家庭联产承包为主的责任制,这个政策要是变了,农村就难以稳定,所以要长期坚持下去。家庭联产承包责任制本身就是集体经济的一种形式,它是建立在最主要的生产资料——土地公有制的基础上、农民有生产经营自主权的一种方式。农民承包的土地不能买卖,但可以调整,这与分田单干是不一样的。联产承包责任制这种形式在城市和企业也有,不能认为它不是集体经济。当然它也在发展,需要不断完善。要搞好双层经营,积极发展农业社会化服务体系,发展乡镇企业和第三产业,搞好大农业,搞好农林牧副渔综合经营,使集体经济更加巩固和壮大。这些要与联产承包这个基本制度长期稳定联系起来。这样才能进一步完成各项任务,实现农村经济的不断发展。

二、继续深化改革,使我国的农业再上一个新的台阶

在农村改革的实践中,我们会遇到许多新情况、新问题。如粮食价格偏低,价格调整没赶上的问题。听搞农业工作的同志讲,农民不愿种田的不少。有的同志提出粮食购销同价的意见,希望能较快地实现。有的还建议把粮食价格推向市场,干脆放开粮食价格。现在是进一步解决粮食价格问题比较有利的时机,有3个省粮食价格已经放开。我听海南省的同志讲,在海口市放开粮价后,粮食价格还是很平稳的。当然有一个重要的因素,就是我们国家手里有粮食,不怕冲击、不怕投机倒把,几个省粮价放开后都比较平稳。当然具体做的时候,要在中央统一领导下适当分散决策,看时机,在宣传报道和采取实际措施时要留有余地,做得稳妥一些。还有其他方面的问题。如植树造林发展得比较快,南方有的地区已经消灭荒山秃岭,经济林不断增加,林果业在发展,随之就要打开流通销售渠道,否则丰产不能丰收,就会损害农民的积极性。另外,加工业也要赶上去,从粗加工到精加工。这些问题涉及到乡镇企业的发展,服务行业的发展,还有农村集镇的建设问题。这些方面有很多事情需要我们去做,向农业生产的深度和广度进军的潜力非常大,大有文章可做。

当前要抓紧90年代的工作。90年代已经快要过去2年了,对今后8年时间抓紧不放松,农村奔向小康是有希望的,但是任务也是繁重艰巨的。这要靠9亿农民和全国人民的共同努力,因为农业的发展不单纯取决于农业本身,它还需要机械、电力、科技和其他方面的配合。从农业本身来说,首先要把土地经营好,把现有的18亿亩耕地种好,我国的人均耕地水平在世界上是很低的。农村的发展首先要搞好这18亿亩农田的耕作。同时对能够开发的山林要加以开发,并发展江河湖泊和沿海的养殖业,搞好农林牧副渔综合经营,那就是大农业。这 18 亿亩耕地不能再减少,这是我们吃饭的老本。刚才有的省的同志提到,全省耕地面积在不断减少,那是非常值得注意的。总之,我们必须像《决定》所指出的,保持党在农村的基本政策的长期稳定,继续深化改革,进一步完善和发展这些基本政策,更好地调动农民的积极性,积极发展农业生产和多种经营,在 90 年代使我国的农业再上一个新的台阶。这是实现我们第二步战略目标最主要的措施,是建设有中国特色的社会主义的基础工作和极重要的部分。我们全党要进一步提高对农业和农村工作的重视程度,对深化农村改革要有足够的认识,这次中央专门召开这样一个讨论农村工作问题的全会,本身就具有很重要的意义。我们要以《决定》统一全党的思想,并结合各地实际情况认真加以贯彻落实。

三、加强和改进党对农村工作的领导,搞好党风党纪建设

贯彻落实《决定》,抓好农业与农村工作,很重要的一条是要加强各级领导班子的党风党纪建设。搞好农业要继承我们党的优良传统,发扬自力更生,艰苦奋斗的精神,这就要求党员,特别是党员领导干部要有好的作风,能够带领群众一步一个脚印地去奋斗,去实现 90 年代农业发展的新目标。

全会《决定》强调要进一步加强和改进党对农村工作的领导。中央和省(市、区)党委要用很大精力抓农村工作,及时研究和解决农村改革和建设中的突出问题。地、县委和与农业有关的部门,必须把工作重心和主要精力放在农村工作上,认真考虑加强农业的措施,结合当地的实际,全面贯彻执行八中全会的《决定》。农村的天地很大,农业的综合开发潜力也十分巨大,同时也要看到,我国农业的物质技术基础还比较薄弱,实现《决定》提出的对农业发展和农村工作的要求,是非常艰巨繁重的任务,需要各方面的工作都能跟上去,这就对各级领导班子党风建设提出了更高的要求。要紧密围绕加强农

业和深化农村改革来加强党风建设。提倡深入农村、深入基层、面向群众、踏踏实实地调查研究,不断探索全面发展农业生产、深化农村改革、完善现行基本政策、搞好物质文明和精神文明建设、加强民主和法制建设的路子,解决实践中出现的各种问题。要与农民和农村的科技工作者相结合,总结群众的实践经验,善于抓住典型,及时推广。要随着农村经济的发展,使我们的作风更加深入、更加踏实,不断改进和做好我们的各项工作。这样领导农业上一个新台阶,奔向小康水平是很有希望的。

中国的社会主义是在中国的
土壤上成长起来的 *

（1991 年 12 月 3 日）

　　我们国内政治经济情况,总的来讲,是比较好的。今年全国有几个省遭受了洪涝灾害,由于及时抢救,可以说,灾害造成的影响已经降到了最低点。今年全国不仅有洪灾,而且几个省还发生了旱灾。从全国范围来讲,今年我国的粮食产量仅次于 1990 年的历史最高水平。水灾、旱灾给了我们很好的教训,就是我们需要加强水利基本建设,特别是大江、大河、大湖的治理。现在对大江、大河、大湖的治理,已逐渐提上我们国家建设的日程,这些工程将是跨世纪的。

　　包括今年在内,连续几年农业丰收,使粮食的价格存在下降的问题。在全国各地的农民中,普遍出现了不想种粮食的现象。为了保护农民种粮的积极性,今年我们准备由政府多收购一些粮食,作为专项储备。同时,准备逐步把粮食价格调整得更合理一些,在不妨碍国家宏观控制的条件下,让它更接近于市场价格。我们多收购一些粮食,国家要给予财政补贴,因为收购价格高于销售价格。关于调整粮食价格的问题,我们不准备多去宣传,准备有条件地一步一步地去做。因为我们是一个有 11 亿 6 千万人口的大国,如果搞得大家都紧

＊　这是乔石同志在会见由总书记沙德利·纳法蒂率领的突尼斯宪政民主联盟代表团时的谈话节录。

张起来,去抢购粮食,那么,有多少粮食都不够。

今年我国工业生产也是比较好的,特别是下半年更好一些。已经进行的价格方面的调整,按计划顺利实现,没有发生大的问题。现在比较突出的问题是,国营大、中型骨干企业的经济效益还不够好。今年下半年我们集中力量解决这个问题。所以,最近一两个月的情况稍微好一点,但还需要继续努力。

我们的对外贸易情况今年是增长的、好的。旅游业的情况也是好的,虽然按比例来讲可能不如你们。金融情况也比较好,外汇储备增长,黄金储备也增长。就是财政比较紧张一点,今年可能还有点赤字。因为粮食多储备一点,国家要补贴;黄金和外汇的储备增加了;再加上今年的救灾开支好几百亿。所以,把这些都考虑在内,预算赤字也不算太大。当然,现在是12月初,我们还在继续努力,力争今年财政赤字少一点。

我们国家的政治形势是稳定的。苏联、东欧发生剧烈动荡变化以后,人们提出了一个问题:中国还搞社会主义吗? 我们明确地回答,当然还是搞社会主义,中国人民接受而且欢迎社会主义。社会主义在苏联和东欧的实践中出现了很多问题。但我们中国与苏联、东欧的情况不一样,中国共产党70年来一直主张从中国的实际情况出发,来进行中国的民族独立和人民解放事业。我们在革命和建设过程中,也曾受过苏联的一些影响,这在革命时期有,建设时期也有。但我们都及时总结经验改正了。中国的社会主义归根到底是在中国的土壤上成长起来的。中国人民100多年来一直受到世界各个帝国主义国家的侵略、压迫,战争连绵不断。我们说的帝国主义还包括当时没有成为所谓“世界霸主”的美国。正因为这样,中国人民对资本主义、帝国主义没有好的印象。在推翻了帝国主义、封建主义和官僚资本主义“三座大山”之后,中国人民选择了走社会主义道路。当然,我们中国共产党和中国人民也不是天生就什么都知道的,因此,在没有经验的情况下,难免有时用了人家的一些方法。但是,只要我们一旦发现有些方法不适合中国的实际情况,我们马上就总结经验,把它改正过来。

12 年前我们党召开了十一届三中全会,决定实行改革开放的政策。为什么要改革开放呢?因为我们还有做得不好的地方,要改掉。坦率地说,我们的改革开放比苏联早得多,也好得多。戈尔巴乔夫搞的所谓"改革",是在他 1985 年上台后开始的,而我们的改革 1978 年就开始了。至于说好得多,那是因为这个改革符合中国人民的需要,符合中国的实际情况,不是我们哪一位领导人坐在家里或办公室里空想出来的。当然,我们的改革事业是在以邓小平同志为代表的老一辈革命家的带领下开始的,基本的做法是群众在实践中所创造的。到现在为止,我们已经提前两年实现了邓小平同志提出的第一步战略目标,在全国范围基本上解决了人民群众的温饱问题。现在人民群众的最大愿望是要求以邓小平同志为代表的党中央制定的基本路线、方针、政策继续下去,不要改变。我可以毫不夸大地对朋友们说,如果没有改革开放,就没有今天的中国。既然这样,为什么这个政策不继续下去?为什么要改变它呢?当然我说的继续下去包括还要不断完善和改进。

政治稳定,对我们这样的国家是至关重要的。中国的近代史就是一部分裂割据、军阀混战、被帝国主义欺凌的历史。抗日战争前中国是 4.5 亿人,那时,外国人曾经把中国人说成是"一盘散沙"。正因为这样,各个帝国主义国家都来侵略中国。本世纪初,8 个帝国主义国家联合侵略中国。前年决定对中国进行制裁的西方七国首脑会议成员国中,有 6 个国家曾经参加过上面说的八国联军对中国的侵略。所以,不仅日本在中国有旧账,那些帝国主义国家在中国都有历史欠账。如果你到世界上很多大国的博物馆去参观，就会发现有很多珍贵的古物是中国的，大都是在侵华战争中从中国抢去的。当然，现在我们实行改革开放，凡是来中国投资办实业的，我们都欢迎。过去的账我们也不说了。我51年前参加中国共产党，那时我才十多岁，为什么要参加？就是因为炮火连天、日本侵略中国、中国快要灭亡的缘故。朱良同志跟我同年，我们的经历都差不多。在中国近代史上，正是由于中国人民像一盘散沙，未能团结起来，所以帝国主义敢于侵略中国，使中国人民生活在水深火热之中。可以说，中国的近代史是一部血和泪的历史。正因为这样，我们特别珍惜已经建立起来的安定团结的政治局面，特别注意维护国家的独立和社会的稳定。国内有少数人盲目崇拜西方、美国，但绝大多数中国人民是不赞成的。最近两三年，我到全国各地跑得多一些。据我了解，各地的工人、农民和知识分子，对现行的基本政策是满意的。如果说有什么担心的话，他们主要担心的是怕政策改变。所以，我们不应该，也没有任何权利去改变我们目前的基本政策。

今年下半年我们开了两次中央会议。9月召开中央工作会议，集中讨论提高国营大中型企业的经济效益问题，总的来讲就是要进一步推进大中型企业的改革。第二次会议就是中共十三届八中全会，上个星期五刚结束，开了5天，集中讨论了加强农业和农村工作的问题。这两个会议开得很好。八中全会还决定明年第四季度召开中共十四大，十四大的准备工作刚开始进行。展望未来，有一点可以肯定，就是决不会改变我们现在的航向，我们继续在现在的航道上更好地前进，这点是肯定的。

埋头苦干，把中国自己的事情办好[*]

（1991 年 12 月 21 日）

　　我这次来安徽，主要因为安徽灾情比较严重。在严重的洪涝灾害面前，省委和各级党委团结全省人民，艰苦奋斗，抗洪救灾，这是非常难能可贵的，反映了我们党的宗旨是全心全意为人民服务的，也是我们党的凝聚力、党的力量源泉所在。在抗洪抢险中，牺牲了十几名共产党员，是很令人惋惜的，他们都是优秀的共产党员，他们的事迹应该认真总结，广泛宣传，号召广大党员和人民群众向他们学习。对其他在抗洪救灾中表现好的共产党员和党外积极分子，我们也要重视宣传，给予充分肯定，总结他们的经验，作为我们的宝贵财富和社会主义思想教育的典型教材。用这些活生生的、群众耳闻目睹的、亲身体会的事例来教育和宣传，群众容易理解，印象较深。广泛宣传这些先进事迹，不仅对全省党组织、党员、群众，包括青年人都有教育意义，而且对其他省，对全国也都有教育意义。自然灾害当然不是好事，损失那么严重，但是在一定条件下，可以变成好事。你平时上多少课，讲多少道理，不一定解决问题，洪水一来，共产党员冲锋在前，撤退在后，党的组织成为群众抗洪救灾的主心骨，四面八方都来支援，社会主义制度就是好，许多事实帮助他们解决了认识问题。你们把救灾同恢复生产、重建家园工作结合起来，安排得比较周到。希望

＊　这是乔石同志在安徽省委工作汇报会上讲话的一部分。

306

你们继续抓下去,善始善终,尤其要注意偏远地区,防止任何疏漏。

一、把淮河治好,替子孙后代造福

关于淮河治理问题,50 年代就提出来了,也做了一些努力。现在几十年过去了,今年淮河又来一次特大洪水,危害是非常大的,说明淮河还没根治,多少有点耽误。这次洪水提醒我们,淮河要根治。江泽民、李鹏、田纪云等同志都来过,大家都主张淮河一定要治理,哪怕别的方面少花点钱,也要把淮河根治好。治淮的重点在安徽。现在,党中央、国务院决心已下,国务院又做了比较具体的安排,你们要花几年工夫,抓住不放,把淮河治好。如果淮河治不好,安徽整个经济发展都将受到很大的影响。总之,现在正是抓紧根治淮河的好时机,希望你们合理地使用资金和劳力,使得效果更好一些。这样上上下下齐心协力抓几年,如果能在 90 年代把淮河治好,就是替子孙后代造福,办了一件大好事。

二、世界格局加速向多极化方向发展

苏联解体、东欧剧变,是国际共产主义运动有史以来受到的最严重的挫折,是令人痛心的。苏联的变化,有深刻的根源。这同帝国主义国家推行"和平演变"政策当然有密切关系,但我看主要还是苏联内部的原因,是长期的历史发展积累下来的问题一直没有得到很好解决,才发展到现在这个地步。

现在看来,世界形势趋向缓和,两个有资格打世界大战的国家,一个已经衰落瓦解了,短期内不可能恢复。但是世界还是动荡的、不稳定的,矛盾仍然错综复杂。两霸中一霸垮了,美国就能一厢情愿独霸世界了吗? 做不到! 海湾战争以后,苏联、东欧再一垮,美国领导人高兴极了,好像将来世界就是美国的了。美国根本没有这个力量。世界格局正加速向多极化方向发展。美国国内的问题就很多,同西方国家的矛盾一直存在着,有的还在发展,如同日本的矛盾,同德国的矛盾等。总的来说,我国多年来提出的反对霸权主义和强权政治这个任务仍然存在,和平与发展仍然是当代世界的主要问题。

苏联的垮台,对国际共产主义运动和社会主义事业是极大的挫折,引起很多困难。搞社会主义本来就不是一帆风顺的。第一次世界大战后,出了苏联;第二次世界大战后,又出来一批社会主义国家。苏联垮台有帝国主义"和平演变"的因素,但起决定作用的是苏联内部的问题。我们不是学过《矛盾论》吗,内因是决定的因素,外因通过内因起作用。

三、改革僵化模式和封建残余影响

在这样的情况下,中国怎么办? 我觉得我们同苏联不一样。中国共产党自从确立了毛主席在全党的领导地位以来,形成自己特有的优良传统和作风。我们反对教条主义,反对照抄照搬外国经验,主张把马克思主义同中国实际相结合,走独立自主、自力更生的路,有自我批评精神和密切联系群众、依靠群众来进行革命的传统。最突出的是从遵义会议到延安整风,在毛主席亲自领导下,开展了全党范围的自我批评,总结了中国新民主主义革命的历史经验,克服了教条主义和党内其他的错误倾向,同时又没有涉及外国党(这在当时是很重要的),最后作出了《关于党的若干历史问题的决议》,统一了全党的思想,加强了全党的团结,党的思想路线和政治路线更加明确地为全党所掌握。在这个基础上,取得了抗日战争和解放战争的胜利。当然,我们在建党初期,得到过国际上主要是苏联的帮助,主流是好的。共产国际七大提出的反战反法西斯报告、建立国际统一战线的思想,对我们建立抗日民族统一战线的战略也有帮助。在社会主义建设初期,我们学习苏联,在当时没有经验的情况下,对我们也是有帮助的。在经济模式方面,我们受了苏联的一些影响。党的十二届三中全会的决定提出改革僵化的模式,主要就是指苏联的那种高度集中的经济体制,当然也包括我国几千年遗留下来的封建主义的残余影响。但是总的方面,中央从来都坚持独立自主,没有照抄照搬。1956年毛主席提出十大关系,强调要独立思考,按照中国实际情况抓建设。后来由于急于求成的思想,走了弯路,到"文化大革命","左"的思想越来越严重,造成严重的危害和深刻的教训。

党的十一届三中全会恢复了党的实事求是的思想路线,确立了以经济建设为中心和改革开放,开创了我国社会主义建设的历史新时期。从党的十一届三中全会到六中全会,以小平同志为代表的老一辈无产阶级革命家带领我们总结了建国以来的历史经验,对"文化大革命"作了结论,全面地正确地评价了毛主席的一生。党的十一届六中全会通过的《关于建国以来党的若干历史问题的决议》,其重要性决不能低估,低估了会犯错误的。这是根据小平同志的意见,在他的亲自指导下,在全党充分发扬民主、广泛讨论的基础上作出的。其中最重要的一句话是:毛主席"对中国革命的功绩远远大于他的过失",没有毛主席和毛泽东思想,就没有我们的今天,很可能我们还在黑暗中摸索。我们不要低估毛主席、毛泽东思想对于中国民主革命时期以及社会主义建设阶段所起的重要指导作用。同时,《决议》也实事求是提出了毛主席晚年的错误,不回避。六中全会(包括其准备工作)是全党范围的第二次自我批评,同第一次自我批评一样,在党的历史发展中,有很了不起的意义,对于统一全党和全国人民的思想,稳定大局,起着并将继续起极重要的作用。在1979年的理论务虚会上,小平同志提出坚持四项基本原则;党的十二大又提出建设具有中国特色的社会主义,逐步形成了"一个中心、两个基本点"的党的基本路线。每当关键时刻,小平同志等老一辈无产阶级革命家对一些重大问题都有非常重要的指示。

中国坚持社会主义。只要党不腐败,不脱离群众,全心全意为人民服务,同群众血肉相连,齐心协力地搞社会主义,中国的社会主义事业就垮不了,中国在国际上也孤立不了,我们的社会主义事业是很有希望的。不要以为苏联垮了,我们的日子就难过,事情就难办了。苏联发生的事情对我们有影响,但没有什么了不起。关键是把我们自己国内的工作做好,把经济建设搞上去,把精神文明建设搞好。对原来苏联的各个加盟共和国,我们也还是按和平共处五项原则同它们搞好睦邻友好关系。据我所知,从黑龙江到南疆的中苏边境地区,十几年来我们经济发展都比对方快,相互关系也比较友好。我们正在积极加强同周边国家的来往,在和平共处五项原则的基础上发展同其他国家的关系,这对我国的稳定和发展具有极重要的意义。

90年代已过去两年了。90年代一定要按原计划达到第二步战略目标,下定决心使全国范围达到小康水平。如果农村不稳定,农村达不到小康水平,其他方面就很难了。所以农业和农村工作非常重要。当然,光靠农村也不行,各方面都要上去,大中型企业也一定要搞好。我们要埋头苦干,把中国自己的事情办好。办得好办不好全看自己的努力。只要我们从严治党,坚决反对一切腐败现象,紧紧依靠11多亿人民,是一定能够办好的。除了国际环境以外,我们国内有这么广阔的市场,丰富的劳力资源,人民勤劳勇敢,又有过去几十年社会主义建设和10多年改革开放打下的基础,我看中国是很有希望的。

我们一定要维护全党团结、社会稳定,加强党同人民群众的联系,坚持走有中国特色的社会主义道路。只要坚定不移地走下去,中国就大有希望。

要实干要改革，不搞形式主义[*]

（1992 年 1 月 30 日）

我 1987 年来过广西。你们的工作当时受到许多客观条件限制。总的来讲，在深化改革、扩大开放中胆子要更大一些，该争取的还要争取，该上面解决的还要奔走呼号，我帮你们奔走呼号，你们自己也要奔走呼号，不能坐待经济发展。当然你们也没有坐待。要力争"八五"期间经济有一个明显的、幅度比较大一点的发展，才能使广西地区的状况逐渐地有所改变。石山地区是特别困难的地区，应该想点特殊的办法来解决，你们自己要奔走呼号。

一、邓小平视察南方的谈话非常鼓舞人心

我这次来，是因为到广东开一次政法会议，春节快到了，我觉得好几年没到广西来了，所以再来看一看，特别是我没到过的一些地方，确实我也没有想到石山地区的困难有那么大。这次政法会议，我感觉到还是开得比较好的。广东省委的领导同志提了 3 年了，希望到广东去开一次政法会议。我们有点顾虑，一是怕增加地方的负担，二是考虑到政法会议是比较严肃的会议，到特区去开比较招摇。所以 3 年中我一直没同意。这次去了，总的来说会议开得比较好，一个是广东省委和特区事先做了充分的准备，再一个是参加会议的同志相当一部分没有去过广东，也没有去过特区，这次去一看，对他们增

---

* 这是乔石同志在听取中共广西壮族自治区党委汇报工作后的讲话。

强改革开放的意识很有帮助。特别是小平同志在我们会快开完的时候到了深圳,然后又到了珠海。他一到广东,一到深圳,深圳老百姓很快就知道了,受到极大的鼓舞。一到珠海,珠海老百姓也都知道,鼓舞是相当大的。他到武汉的时候就谈了一些意见,然后在深圳又谈了不少意见。从深圳到珠海去,在船上又说了不少意见,船到了码头,正准备上岸,他说等一等,我还有几句话要说,话说完了再上岸。这些话对广东全省特别是特区经济发展以及对港澳的影响都非常大,非常鼓舞人心,对我们参加政法会议的同志也是很大的鼓舞。他主要强调坚持党的基本路线,就是"一个中心、两个基本点"。他指出,不要说那么多,说那么多有什么用,不要搞形式主义,不要搞长篇大论,5000字就够了,要实干。马克思主义就是实干,哪有读那么多书,我也没有读过那么多。他强调要实干、要改革,有什么缺点、有什么错误可以改嘛。党内主要的是"左"的倾向,而不是右。"一个中心、两个基本点",这个中心就是发展生产力。在这次政法会议上我也专门讲了这个问题,我说没有别的中心,不能搞别的中心,也不能搞两个中心。两个基本点,当然不能搞一手软一手硬,两手都应该有,但两个基本点都应该围绕中心来搞,不能离开中心。

二、苏联、东欧变化是内部问题长期积累起来的

1989年西方制裁中国、孤立中国,当时我在中央党校同毕业生照相的时候就讲,帝国主义制裁没什么可怕,他制裁、孤立不了中国。关键在于把我们国内的工作搞好。东欧、苏联之所以相继发生问题,根源很深,我现在也很难用几句话把它概括出来,总而言之,这不是敌对势力搞点颠覆活动就能把它搞掉的,主要还是苏联、东欧内部长期积累下来的许多问题没有解决好。我在政法会议上讲了这个观点,在去年下半年党校工作会议上我也讲了这个观点,上党课也讲了,应该看到它长期的内部问题。也不能有这个想法,苏联、东欧都坚持不住了,那我们怎么办呢?我们好像也很危险了似的。如果这样,越搞越没信心,是不是?我们怎么办呢?就是把我们国内的工作搞好。我们本来就跟它不一样。我们为什么要改革呢?改革要解决一个大问题,我记得党的十二届三中全会的决定就讲了,要改革僵化的体制。我理解也就是要改革那一套僵化的苏联模式,当然我们中国还有其他的东西,但苏联这一套你不改也不行。苏联就是用它那一套教我们,当时对我们也有帮助,但经过几十年后,回过头来看,不改革是不行的,不搞有中国特色的社会主义,不从中国的实际情况出发,生搬硬套人家的东西,那是不行的。现在更明显了,戈尔巴乔夫说现在证明苏联的模式是失败的。他自己都说了,我们还去讨论它干什么,没什么好讨论的,他自己作了结论,人也下台了,事实也给他作了结论。当然我们改革中间还有很多其他的问题,不能都怨苏联,我们还有其他什么问题呢?比如说我们长期的封建社会对我们社会主义建设还是有影响的,封建残余的影响不能说没有,有时候还相当不少,这也要解决。搞社会主义,当然要反对资本主义、反对封建主义,也要改革苏联僵化的东西,完全搞我们自己的一套,这一套要靠我们在实践中去创造。小平同志这次南下,强调要实干。

三、集中力量把经济搞上去,要长期坚持,不应含糊

现在我们应该明确,虽然国际形势发生了一些变化,但我们中国是一个有十多亿人口的大国,只要把我们自己的事情办好,就不怕我们的经济建设上不去,也不用怕我们中国的社会主义事业跟着垮下去。全国总的形势还是朝好的方面发展的,国际形势对我们维持一个和平的国际环境还是有许多有利的条件。小平同志一再讲,和平与发展是当代世界的两个主题,我们应实行独立自主的和平外交政策,争取有利于中国经济建设的国际环境。我们这个政策是正确的,在实践中也是有效的、成功的,问题在于我们要把国内的工作搞上去,搞上去的中心就是把经济搞上去,这个一定要明确。什么工作都要围绕着经济建设,这个问题小平同志已经讲过多少次了,大家千万不要忘记。我记得1985年在军委扩大会议上,他讲了国际形势,他说只要世界大战不打起来,我们就是集中力量搞建设。如果世界大战打起来,不打到我们头上,我们还是集中力量搞建设;万一有大规模的外敌入侵,打到我们头上了,那我们就打仗,打完了以后我们还得集中力量搞建设。这是再明确不过了嘛,是不是? 现在我们就得按小平同志讲的话去做,经济无论如何要搞上去,当然两个方面,一个是改革开放,一个是坚持四项基本原则,对这两个方面应该有一个统一的认识,都围绕把经济建设搞上去。比如说维护社会稳定,我在这次政法会议上讲了,为什么要维护,就是要把经济搞上去,没有一个稳定的社会环境,经济建设怎么搞得上去呀? 所以说稳定压倒一切。现在看起来,这个要长时期坚持的,不应该含糊的,目的很明确,就是为了把我们国内工作搞好,把经济建设搞上去。别以为苏联垮了,中国社会就会怎么样。相反,国际上的舆论对中国还是相当有利的,第三世界可以说没有多大的问题,他们希望中国强大起来。中国是联合国安理会五个常任理事国之一,发展中国家希望中国在联合国、在世界上发挥更大的作用。就是发达国家,比较客观一点的经济学家和政界人士,也不是把中国看成跟苏联一样,美国也没有完全看成一样,没有认为苏联倒了,中国必然要倒,它也不是这样看法,日本就更不要说了,日本在加强跟中国的关系。所以我们现在在国际上不要有很大的担心,还是集中精力以研究国内问题为主。国际形势当然是要关心、要研究。但我们主要是要把国内工作搞上去,以国内的事情为主,把工作搞好。同时我觉得现在时机是比较紧迫的,我们现在能集中精力一心一意把中国的事情办好。把中国的经济搞上去,有这样好的时机不容易,现在时间也过得很快,过去了就过去了,机不可失，时不再来。90年代现在是第三个年头了，形势逼人呀，要抓紧工作，时不我待，所以我们的工作要有很强的紧迫感，要抓得很紧很紧，才能把国家的事情办起来，办好。

四、要把国有大中型企业机制改革搞得灵活一些

我觉得广西从全区范围来讲，经济发展潜力还是不小，不要光看到石山地区。按照党的十三届八中全会的决定，把整个广西的山山水水、农田全部给它营造好了，有很多事情要做。你们有沿海又有海港，将来把铁路修起来，把龙滩水库搞起来，那情况就会好得多。当然要奋斗，否则情况确实不容易改善，但如果我们抓得更紧一些，发展也会更快一点。我赞成你们说的意见，在农业发展的基础上，过去几年乡镇企业发展还是比较快的，今后乡镇企业应发展得更快一点。这在广西是有条件的，把农村的经济作物搞上去，形势的发展要求我们必然要把乡镇企业搞上去。搞活商品经济，乡镇企业是不可缺少的，机制也比较灵活。当然大中型企业也一定要加强。去年中央工作会议已经谈了，如果这些措施对广西还不够，你们再按照广西的情况采取一些措施。总之，国有大中型企业也一定要把机制搞活，把效益提高上去。我看这中间技术改造是个重要的环节，如果不采取得力的技改措施，就不容易搞好。当然要把国有大中型企业搞好，除了技改以外，体制改革本身也要搞得灵活一些，要面向市场。除了这个以外，对个体经济发展也不要那么害怕。个体私营经济在现阶段中国的社会生产力发展中，只起辅助的作用，但在现阶段是一个不可缺少的补充，这个补充是国有经济和合作社经济代替不了的。我在很多地市看过，代替不了。包括安徽有一个全国四大药材市场之一，全国性的，那里什么药材都有。我们对个体经济只要正确地引导，他们依法经营，照章纳税，至于发展得比较大的部分，恐怕还是采取比较慎重的态度，不至于挫伤现在的经济发展势头，轻率地采取行动是不

行的。

五、同周边所有国家都要搞好关系,大力发展边境贸易

同周边国家的关系我在中央政治局常委会议上提过。我说同所有周边国家都要搞好关系,因为我们对外的政策是和平共处五项原则。越共中央总书记阮文灵想来华同我党领导人会晤,中联部问我,我说为什么不可以呢,现在解决越南问题时机差不多了,可以来。后来来谈了,在成都谈的,主题是中越关系正常化问题。越共"七大"以后派越共的第二把手黎德英来,我跟他谈了,我说只要中越关系正常化了,其他一切问题都好办。再后来越共中央总书记杜梅来,其中说煤卖到广西搞易货贸易。他提的那些具体要求我都答应他了,我说这些问题在关系正常化过程中都是好解决的。现在越南共产党的领导班子,虽然内部也有困难和矛盾,但还是愿意改善与我党关系的。我在常委会议上提了,要根据和平共处五项原则,发展睦邻友好关系。包括越南、蒙古、俄罗斯等,所有这些周边国家的关系都要搞好。至于具体问题要一项项解决。自由贸易可以发展,恐怕我们的思想要开放一点,我想新疆都在搞的事情,黑龙江都在搞的事情,你们广西为什么不能搞? 有些该解决的问题要解决,比如打击走私,怎么就变成打击广西? 就让广西在海上封起来? 在广东我没有听说过,广东一直在打击走私,福建也一直在打击走私,浙江也在打击走私,云南也在打击走私,不能因为打击走私就把海上封锁起来。打击走私是应该的,但边贸能搞,海上来往为什么就不能搞?

黑龙江搞了几年了。1986年我到那里边境看了一下,我说你们边境贸易搞活一点,放开一点嘛。现在搞得很欢。去年又开了一次发展同苏联、东欧贸易的会。我们有一部分产品,如轻纺产品、机电产品,到俄罗斯是抢手货,在东欧也是抢手货,价钱比西方的便宜,所以,在对等互利的原则下都可以搞,黑龙江现在都搞开了。对蒙古的情况,我问了内蒙古的同志,他们说蒙古教育程度比我们高一些,人均居住面积比我们宽一点,而整体经济我们比他们占优势。苏联南部地区靠近我们的 8 个加盟共和国,现在都变成主权共和国了。去年 8 月我专门到南疆跑了一次,宋汉良陪我一起去,一路上我对他说,你们这个经济优势要保持住,要继续发展。去年在中央政治局常委会议上我说,同所有周边国家关系都要加强。大家都同意。你们跟越南加强关系不会有什么问题,现在中越关系都正常化了,至于有什么具体问题,该怎么解决,你们找各个系统去办,不是我说了一切都解决了。

六、要树立长期自力更生、艰苦奋斗的思想

我还想讲一个基本的观点,从我们国家的基本国情来讲,以及从广西的基本区情来讲,恐怕还是要树立一个长期的自力更生、艰苦奋斗的思想。自力更生、艰苦奋斗,这也是我们长期的一个国策。11亿 6 千万中国人,就在这块大陆土地上生活、繁衍,有五六千年的文明史,今后还要继续在这块土地上生活下去。我们靠什么? 就靠自力更生、艰苦奋斗。既然过去都这么过来了,现在又有什么不能过的,问题是我们思想要搞活一点,把该抓紧的工作抓紧一点。广西能够争取本世纪末赶上全国的步伐,达到小康水平,要考虑怎么样艰苦奋斗,要想办法非改变面貌不可,要有这个决心。如果不下这个决心,在 4000 多万人口中有 15% 解决不了温饱,就拖了后腿。当然能发展快一点的地方就先让它发展快一点,像北海将来肯定要发展快一点,现在北海跟广东比,发展也不算很快。广西真正发展起来,潜力还是不小的。但不管潜力有多大,对广西来讲,长时期内还要坚持自力更生、艰苦奋斗的方针,按这个方针办,虽然有些困难,但争取经济发展得快一点,还是做得到的。

学习邓小平同志南方重要谈话，加快我国建设和改革步伐*

（1992 年 3 月 2 日）

这一期党校开学，赶上一个很好的时机，就是邓小平同志 1、2 月份到南方一些省市视察，发表了非常重要的谈话。谈话的要点，已经发了中央文件。这是正式的"版本"，应以此为准。听到其他的各种传说，那不能算数。同志们有的可能已经听了传达，或者很快就会听到传达。所以，我今天集中讲讲学好小平同志重要讲话的问题。

一、要大胆吸收和借鉴人类社会创造的一切文明成果

小平同志的谈话，有很强的针对性，对当前的各项工作，有极重要的现实意义，对今年将召开的党的十四大和建设有中国特色社会主义的整个事业，有十分重大而深远的意义。

小平同志在谈话中强调，社会主义的本质是解放生产力，发展生产力，消灭剥削，消除两极分化，最终达到共同富裕。他多年来一直强调社会主义的根本任务是发展生产力，要消灭贫困、落后，实现共同富裕，这次又把解放生产力的问题讲得更完整。他指出，革命是解放生产力，改革也是解放生产力。他把在社会主义条件下，还必须通过改革解放生产力，提到社会主义本质特征的高度，这是非常深刻的，有极重要的理论意义和现实意义。他强调，关键是要坚定不移地

---

* 这是乔石同志在中央党校 1992 年春季学期开学典礼上的讲话。

长期坚持党的十一届三中全会以来的路线和方针政策,坚持"一个中心、两个基本点",否则就是死路一条。在这个问题上,决不能有丝毫的犹豫和动摇,谁要动摇、改变,老百姓不答应,就会被打倒。

他要求,对改革开放,胆子要大一些,要敢于冒点风险,要有创造性。要大胆试、大胆闯,也允许看。他举了包产到户的例子,说你还看不准的时候,允许你再看看。经过实践,各地慢慢都跟上来了。对于姓"资"还是姓"社"的判断标准,主要看是否有利于发展社会主义社会的生产力,是否有利于增强我们的综合国力和提高人民生活水平。他再次强调,要抓住时机,发展自己,关键是发展经济,决不要丧失现在的好机会。要靠科技和教育发展经济,靠科学才有希望。要大胆吸收和借鉴人类社会创造的一切文明成果,包括资本主义国家那些反映现代生产客观规律的经营管理方法。马克思主义从来认为,共产主义是建立在迄今为止人类社会创造的全部文明成果的基础之上的。人类社会的文明成果,归根到底是劳动人民和知识分子创造的,怎么能把资本主义社会先进的科学技术和科学的管理方法,笼统地看成是资产阶级的呢?那些优秀的文明成果都应该继承下来,共产主义者一直是这样的看法。

小平同志把发展速度和效益连在一起,他指出,我国的经济发展,要力争隔几年上一个台阶。在某个阶段,抓住时机加速搞几年,发现问题及时加以治理,尔后再继续前进。在现代化建设的长期过程中,出现若干个发展速度比较快、效益比较好的阶段是必要的,也是能办到的,要有这个雄心壮志。我们这样的发展中大国,经济发展要快一点,不可能总是那么平平静静、稳稳当当的。这当然不是鼓励不切实际的高速度。这方面过去我们有过很多经验教训,包括党的十一届三中全会以来的一些经验,要注意经济稳定、协调地发展,但稳定和协调是相对的,不是绝对的,发展才是硬道理。这些话我认为充分体现了辩证唯物主义的发展观。

二、要多办实事，多做少说，反对形式主义

小平同志在谈话中明确指出：现在影响我们的，有右的东西，也有"左"的东西，但根深蒂固的还是"左"的东西，拿大帽子吓唬人，好像越"左"越革命。我们要警惕右，但主要是防止"左"。右和"左"都可以葬送社会主义，并不是只有右会葬送社会主义，"左"也会葬送社会主义，历史上已经有这种事例。小平同志还提出了反对形式主义的问题，说形式主义也是官僚主义，要多办实事，多做少说。现在形式主义的确太多了，我们要按小平同志的要求，切实认真地抓一下这个问题，并且长期坚持，养成一种良好的求实的作风。形式主义大家都知道，你打开电视一看，就可以看到很多，你打开报纸看，也是这样的，请帖多得不得了，题字也多得不得了，到处都是。小平同志提出反对形式主义，切中要害。当然现在正在改善，能改总是好的吧。

三、建成一个法制社会，道路还比较长

小平同志在谈话中强调，在整个改革开放的过程中，必须始终注意坚持四项基本原则。要坚决打击各种犯罪活动，扫除各种丑恶现象，决不能手软。廉政建设要作为大事来抓。他指出，要靠法制，搞法制靠得住些。我们今年1月份在珠海开政法会议，我们讲的主要是加强人民民主专政的问题，包括小平同志提到的那些问题，也包括一些具体工作的问题。在那次会上我说，小平同志早在1978年底就说过："为了保障人民民主，必须加强法制。必须使民主制度化、法律化，使这种制度和法律不因领导人的改变而改变，不因领导人的看法和注意力的改变而改变。"建立法制社会，这是一个极为重要的指导思想。当然，中国有几千年的历史，从中国目前的状况看，建成一个法制社会道路还比较长，但一定要建立，不建立不行，小平同志说的是完全正确的。

小平同志还强调培养接班人，帮助年轻人成长，把军队、专政机构、共产党员教育好，把人民特别是青年教育好。关键是要把我们共产党内部搞好，才能坚持住现行的基本路线，才能长治久安，不出事。他在谈到国际上一些国家出现严重曲折时说：不要惊慌失措，人民经受锻炼、吸取教训，将使社会主义向着更健康的方向发展。社会主义经历一个长过程发展后必然代替资本主义，这是历史发展不可逆转的总趋势。这就非常扼要概括地把苏联、东欧的变化局势说清楚了。

四、按照小平同志谈话的精神，真心实意地、踏踏实实地去干

小平同志的整个谈话，贯穿着实事求是的精神。他再次强调，实事求是是马克思主义的精髓，实践是检验真理的唯一标准。指出，无论是过去打仗，还是现在搞建设、搞改革，他就是相信毛主席讲的实事求是这一条。他指出：学马列要精，要管用的。不要提倡本本。这就把干部、群众的学习同专业理论工作者的学习区分开了，对我们党校的工作、学习有直接的现实指导意义。毛泽东同志 1942 年在延安中央党校作报告时讲过："我们党校的同志不应当把马克思主义的理论当成死的教条。对于马克思主义的理论，要能够精通它、应用它，精通的目的全在于应用。"①这个话，我在党校引证过好几遍了。党校的同志这些年来是努力按照理论与实际相结合的方针来做的。小平同志的讲话，使我们更加明确了学习马克思主义的方向。同志们到党校来学习，要根据以上要求，紧紧围绕建设有中国特色的社会主义的主题，学习马克思主义的基本理论，掌握用马克思主义的立场、观点、方法来分析和解决现实问题的本领；要学好党的"一个中心、两个基本点"的基本路线，当前特别要学好小平同志这次极重要

---

① 《毛泽东选集》第三卷，人民出版社 1991 年版，第 815 页。

的谈话,真正落实到自己的行动中去。

我们学习小平同志的谈话,也必须抱着一个实事求是的态度。怎样才算是认真学习、深刻领会了呢?我们当然要把小平同志的讲话多读几遍,甚至逐段地钻研、学习、探讨,但不能认为这样就够了,不能认为多重复几遍小平同志讲过的话,甚至从头背到尾,说到什么问题,就背他讲过的什么话,这就是做到了掌握他讲话的精神和实质。真正掌握精神实质必须用实事求是的态度,并不是小平同志怎么讲,我们就跟着怎么说,就算是深刻领会,甚至是贯彻执行了。重复他的话也需要,但更重要的是要结合当前我国迅速发展的建设和改革的实际,全面领会小平同志谈话的精神实质,并且按照他所讲的意见和提出的要求,真心实意地、踏踏实实地去干,而且一干几十年,不达目的,誓不罢休。这才是真正贯彻落实小平同志的谈话精神,真正实践党的基本路线。现在,全党正在掀起一个学习小平同志谈话的热潮,党中央的同志也在认真学习,深入研究,并将努力贯彻执行,迎接今年将要召开的党的十四大。党的十四大以后,我们当然还要继续而且更加勇敢地沿着有中国特色的社会主义道路奋勇前进。

我相信,通过全面地、切实地学习贯彻小平同志的这次谈话,必将极大地促进我国社会主义建设和改革的前进步伐,将对我们在90年代实现第二步战略目标的努力以至下个世纪的继续奋进,注入强大的活力。

中国和苏联不一样[*]

（1992 年 3 月 15 日）

亨利·鲁伊斯（以下简称鲁）：人们都说目前的时代不是乐观的时代，但我们在中国感到这里的人们确实是乐观的。我们在中国看到的乐观情绪是有根据的，这种乐观情绪特别在我们见到的中国朋友言行中表现出来。

乔石（以下简称乔）：正像你讲的那样，我们也感到现在的时代不是令人高兴的时代，世界上还是充满着不稳定的因素。但无论怎样，人类对将来还是抱有希望的，而且也不可能不抱有希望。在过去的一二百年中，先进的人们不断地去寻找比当时的状况更好的人类生活方式。但这也有一个曲折的过程，其中有受挫折的时候，也有顺利的时候。顺利时当然是令人鼓舞和高兴的，但也容易使人把已经取得的或可能取得的一切看得比较简单一些。当遭受挫折甚至失败的时候，也会使人感到困惑和伤心，但在这个过程中，人们的思想就会深化，去寻找为什么遭受挫折和失败，今后应该怎么办，想问题会更深刻。所以说，遇到挫折甚至是暂时的失败，也不一定就是件令人悲观的事情。我们党在取得全国胜利建立中华人民共和国之前，曾经遇到过许多挫折和困难。中华人民共和国建立后，我们当然非常

高兴。我那时很年轻,只有二十多岁。当时觉得革命胜利了,政权已掌握在自己手中,无论什么事情都好办了,于是对未来充满了信心和希望。我认为在这种情况下产生这样的思想是很自然的。后来的事实证明,我们遇到了很多当时没有预料到的困难和问题。我们在制定党的路线、方针、政策方面也发生了一些失误,使革命受到损失。邓小平同志今年已经 88 岁了,在他个人的生活经历中有过三起三落,曾经有人对他说是两起三落,他说不对,是三起三落。特别是在70 年代中后期"文化大革命"结束后,我们党内面临的问题多极了,在这样纷繁复杂的情况下,邓小平同志领导全党仔细地回顾了新中国成立后几十年的历史,作了系统的自我批评和总结,统一了全党的思想,然后在这个基础之上,开辟了新的道路,到现在已有 12 年时间了。我相信,如果没有当时那次全党范围内的总结和自我批评,就没有现在所开辟的新的道路,也就不会有中国的今天。同样,中国作为一个社会主义大国,如果没有当时那次全党范围内的总结和自我批评,也经不住最近两三年来从东欧剧变到苏联解体这样巨大的来自国际上的冲击。所以我们总是说,在顺利的时候不要骄傲,在困难的时候不要丧失信心,不要放弃对前进的希望。归根结底,人类社会总的趋向是向前发展的。如果人类认为现在的一切都很好了,那么当然不需要再向前发展了,但事实上不是这样。

我相信,你们党会根据本国情况制定政策,以便在今后遇到困难甚至挫折时能继续为自己开辟道路,并取得事业上的前进。你们的事业归根结底要靠你们自己的党和自己国家的人民。

鲁:是这样的。我们认为这里需要胆量和更大的勇气。乔石同志你简要地介绍了中国和贵党的历史。我们认为,中国共产党主要是靠自己的坚定意志,无论是在困难的时候,还是在顺利的时候,对自己的事业始终充满信心,并保持着高昂的斗志。所以,你们的革命和社会主义事业都取得了很大成就。中国同志的胜利也是由于谦虚谨慎和耐心。在目前情况下,人类需要一个榜样,发挥思想上、道德上和理想上的指导作用。正因为如此,我们来到了中国,我们是带着极大兴趣来看中国的。你们一定知道,除了我们以外,其他人现在也在注视着你们。

乔:我们深深地知道这一点。我们知道全中国 11 亿 6 千万人对我们的期望。同样我也了解到,在过去两三年发生的变化后,广大第三世界甚至全人类对中国寄予更高的希望。这不但增强了我们的责任感,而且促使我们更加谨慎、更加努力把自己各方面的工作做好。如果连中国都没有希望了,那对中国人民和全世界人民将是巨大的打击! 所以我们要尽一切可能把自己的事情办好。为什么首先要把自己的事情办好呢? 因为我们现在的综合国力,我们的能力都有限,所以不能承担起更多帮助别人的责任。如果我们不能把自己的事情办好,谁也帮不了我们。

鲁:确实是这样。在世界上所发生的变化中,也还有一些好的令人鼓舞的迹象。所以,我们可以展望世界的将来有可能朝着有利于人民的方向发展、变化。目前中国提出了明确的发展战略,要参与和平的竞争。

乔:去年世界发生了这么大的变化,这种变化对中国的冲击我们全部顶住了。有些人虽然没有在报上公开表示,但私下却说:中国还行吗? 中国还能不垮吗? 我们的回答很简单,那就是以后看吧,反正中国和苏联不一样。苏联垮了以后,有的国家可能想独霸世界,实行霸权主义和强权政治。中国不但一贯坚持反对霸权主义和强权政治,而且认为,由一个国家独霸世界是不可能的。我们相信,事实会证明我们的看法是符合实际的。我们的经验只供你们参考,你们还要根据本国的实际情况,根据本国人民的需要来决定你们的政策。

我们的市场比较繁荣，
主要是国内政策好[*]

（1992 年 4 月 7 日）

1978 年以来我们实行了改革开放的政策,经济发展比过去快一点。邓小平同志说,革命是解放生产力,改革也是解放生产力。我们这十多年来的实践证明,改革就是解放生产力。我们有 9 亿农民,农民的积极性调动起来,就会有无穷无尽的力量。今后我们还要严格控制人口的增长。对于现有的劳动力,调动一切积极因素,充分发挥他们在国家建设中的作用。除了机械工业、加工工业和轻纺工业以外,我们还发展第三产业。我们不仅要种好粮食,还要发展各种经济作物,把所有的沿海地区和内陆的湖、河和淡水区都利用起来发展养殖业。我们搞大农业,不是种点粮食就行了。我们在十多年以前制定的基本思想路线、政治路线准备继续坚持下去,不断完善。小平同志说要坚持 100 年。只要我们坚持下去,我们对我们国家的发展还是充满信心的。

对外我们实行开放政策,吸引外商来投资,特别是沿海地区。现在看起来对外开放的政策也是比较成功的。很多发达国家先进的科学技术和管理经验,只要适合中国情况的就可以借鉴。同时,我们还欢迎外商来中国投资,或跟我们合资都可以。我们创造一切可以使

---

[*] 这是乔石同志在会见由中央书记叶尔蒂巴耶夫和安东诺夫率领的哈萨克斯坦社会党代表团时的谈话节录。

他们盈利的环境。当然，对外开放首先还是对我们自己国家的建设有利。但是，任何一个外商来中国投资，如果他不能盈利，那他也就不来了。所以，我们制定了一些相应的法律。

在国内，我们实行允许多种经济成分存在的政策，使各种经济成分在一个合理的范围内各得其所。实践证明这个政策是好的，人民群众是欢迎的。如果到任何一个农民或其他人的家里去，他就会很关心地说，现在的政策是好的，我们希望不要改变。你们可能也看到了，我们的市场比较繁荣，主要是因为我们现在的政策好。

按照我们党的路线，我们也要加强社会主义民主和法制建设。现在全国范围内大体可以做到有法可依，法律基本上能够适应目前的需要。当然，有些法律我们还要继续制定或完善。这10多年来这方面的改革也是很多的。今后我们准备继续不断地扩大民主，加强法制建设。我们准备有计划、有步骤地实行，从中国的实际情况出发，不盲目抄袭任何别国的东西。

中国比较大，各个省的情况不同，也要从各省的实际情况出发严格地执行政策。沿海地区有沿海地区的实际情况，中、西部地区都有各自的实际情况。

很高兴我们两党建立了很好的关系。我们欢迎你们多看看，看看我们改革取得的成绩，如果发现我们改革中有不足的地方，欢迎你们随时告诉我们。因为改革是一个不断探索、不断完善的过程，所以，它不可能一点不足之处都没有。希望你们就像在自己家里一样，看到我们有什么不足的地方随时提出来。

我们党重视发展与哈萨克斯坦社会党之间的友谊和友好合作关系。希望以后还有更多的哈萨克斯坦社会党代表团来访。我们还欢迎经济、党的工作和文化等各个方面的代表团来访。我们都是东方国家，有很多共同的利益。

深入学习和认真贯彻
邓小平同志南方重要谈话[*]

（1992 年 4 月 21 日）

一、邓小平同志南方重要谈话针对性很强，把党内值得注意和防止的问题讲清楚了

1988 年我来过山西一次。当时立功同志专门抽出时间，陪我到雁北等地走了一圈。这次到吕梁山区、晋南走了一趟，粗浅地了解一些情况。

这次来，主要想看看小平同志重要谈话下发后，山西的同志学习讨论得怎么样。我没有专门开这方面的座谈会，情况了解也不够。总的印象是，山西的工作在不断发展、不断巩固，尤其是小平同志的重要谈话下发以后，省委、省政府等几大班子的领导同志和各级干部以及广大党员，同全国的党员、干部一样，反应很强烈，大家都很欢欣鼓舞，为什么呢？大概有几个原因。一个是小平同志大约有两年多没有公开露面了，这次到南方视察，他那样高龄，头脑还那么清醒，讲了这么重要的一番话，后来整理讲话稿也主要是靠他自己，光这一点，大家都很受感动。这说明小平同志身体很好，对全国形势也很了解。还有一条，小平同志的重要谈话针对性很强，把党内值得注意和防止的问题及思想倾向讲清楚了，把大家想说的话非常系统地、非常

---

* 这是乔石同志在山西省考察时谈话的节录。

328

概括地讲出来了,把有些原来思想上不太明确的问题谈明确了,消除了一些思想顾虑,解决了不少认识问题,因此反应就很强烈了。

学习小平同志的重要谈话,山西总的情况是很好的。刚才茂林同志也讲了,我没有更多意见。我只是觉得还需要更深入地学习和领会小平同志重要谈话的精神实质。小平同志的重要谈话,对我们在实践中已经和可能遇到的一些问题或难题都作了很具体、很明确的回答。之所以说这个谈话针对性很强,就是因为它对当前全党全国各项事业及工作中的一些问题,怎样看,怎样认识,怎样理解,今后应当怎样把握和解决,阐述得非常清楚。所以,我希望通过进一步深入学习,使全体党员,特别是各级领导干部,能够进一步加强对有中国特色的社会主义的理解。这条道路我们已经走了十多年了,这是由小平同志在党的十二大开幕词中明确提出来的。有好多我们平时弄不大清楚的问题,这次可以通过学习小平同志重要谈话逐步弄清弄懂。这对我们今后的工作具有重要的指导意义。

二、"左"是个顽症,在各种历史条件下都有重新泛滥的可能

小平同志说,右是要警惕的,但当前主要是防止"左"。可以说,这句话概括了我们建党以来的全部经验,也把当前国内党内政治上思想上的主要倾向,或者说值得注意、需要防止的主要问题很尖锐地提了出来,这是非常不容易的。

我们党自建立以来70余年的历程,大体分为两个阶段。一个是新中国成立前的28年,即新民主主义革命时期。这一阶段,我们牺牲大,走的弯路也很多,是非常艰难的。在贫穷落后、有几亿人口的国家,要推翻"三座大山",夺取新民主主义革命的胜利,困难是相当大的。在这种情况下,党内的意见分歧是经常出现的,经验教训也是很多的。有右的错误,第一次大革命的失败就是右倾机会主义错误造成的;但是就整个新民主主义革命时期而言,主要还是"左"的问题。"左"的错误几乎葬送了中国革命。所以,从遵义会议到延安整风,毛泽东同志用了大量的时间,亲自剖析"左"倾机会主义。遵义会议以后,我们党在毛泽东同志领导下,在这方面做了大量的工作,才使中国革命走向胜利,包括抗日战争的胜利。延安整风解决了不少问题,但主要还是解决"左"倾机会主义的思想和影响。我们1945年作出的《关于若干历史问题的决议》解决问题的方法也很好,只提我们党内的主观主义和教条主义错误,没有涉及第三国际和苏联共产党的问题。新中国成立后,开始我们比较注意防"左"。但是,后来越搞越"左",直到"文化大革命",我们在座的同志都知道危害到什么程度,几乎把国民经济搞到了崩溃的边缘。所以,说起新中国成立以后的经验教训,主要的还是一个"左"字。因此,可以说我们党的主要的经验教训就是防"左"。关于"左"的根源,在我们党的第一个关于若干历史问题的决议里已经作了详细的分析。"左"有很深刻的社会根源和阶级根源。问题还在于它会在不同的历史时期以不同的形式表现出来。像这样的问题,由小平同志讲比较合适,他了解的情况比较多,不少还是亲身经历的。另外,第二个关于党的若干历史问题的决议,是在小平同志的亲自指导下做出的。当时最大的问题,就是对毛泽东同志一生以及对毛泽东思想如何评价。当然这里面牵涉到"文化大革命"及毛泽东同志晚年的错误。在《决议》起草之前,小平同志就斩钉截铁地说,要确立毛泽东同志的历史地位,坚持和发展毛泽东思想,党的十一届六中全会的《决议》指出,毛泽东同志的功绩是第一位的,错误是第二位的。这个《决议》发表后,在国际国内引起了非常强烈的反响,连第三世界一些国家的领导人都很受鼓舞。这两个若干历史问题的决议,不仅总结了我党历史上的经验教训,而且它的产生本身也说明,"左"是个顽症,在各种历史条件下都有重新泛滥的可能。当然小平同志是两方面都讲到的,他同时也指出,对右也要警惕。

三、我们党独立思考,走自己的道路,没有完全照搬苏联那一套

苏联及东欧国家,他们的问题到底出在哪里?当然,帝国主义推行"和平演变"的战略产生了一定影响。但是,如果说帝国主义派出大量特工人员搞颠覆、破坏,把苏联及东欧国家变成现在这个样子,那就说不清楚了。苏联及东欧国家,特别是苏联,是世界上很强大的国家,过去在帝国主义的"和平演变"面前,也不是完全无能为力的。如果说变,主要是它内部起了变化,从非常强硬很快地变成现在这样与以前截然相反的状况。国内应该改革的没改革,应该调整的没有调整,应该搞上去的没有搞上去。后来他们也喊改革,但缺乏经济体制改革的决心和诚意,没有实际东西。在政治体制改革上却盲目搬弄西方国家那一套,直到最后打出了沙皇旗,连马列主义外衣也不要了。像这样的问题,光从外部找原因是不行的。内因是主要的,外因要通过内因而起作用。

我们党坚持把马克思主义的基本原理同中国的具体实践相结合,坚持走自己的道路。在大的方面跟苏联是不同的,有的是划清了界限的。社会主义怎样建设,在开始的时候我们缺乏经验,苏联对我们有些帮助、有些影响。但整个来讲,从1956年开始,毛泽东、周恩来同志就提出独立思考,没有完全照搬苏联那一套。当然,我们也走了相当多的弯路,造成了不小的损失,特别是"文化大革命"。但是,我们第二个关于党的若干历史问题的决议,总结了新中国成立以后的历史经验,纠正了错误,明确了方向。所以,总的来讲不能把中国同苏联等同起来。我认为,我们中国的社会主义是要走自己的道路,总结自己的经验,如果有了错误,就改正。这样,就可以把具有中国特色的社会主义搞好。搞好了,不单是我们自己从经济上获得了解放,而且对全世界都有重大影响。像这样的问题,要进一步学习研究,把它弄得更清楚一些。

四、坚持"实践是检验真理的唯一标准",不要在姓"资"姓"社"问题上拿大帽子吓唬人

关于姓"资"姓"社"的问题。我们老是怕犯姓"资"的错误,有的人老是拿大帽子吓唬人。这个问题,这次小平同志从理论和实践上非常有针对性地讲明确了。当然还有很多问题他都讲得很透彻。他还讲了一句话,就是即使没有新的主意也可以,就是不要变,要扭住经济建设这个中心不放。这些话,以前也讲过,不完全是第一次讲,但这次讲得更深入、更系统了。现在,在东欧国家、苏联相继发生剧烈变化的形势下,小平同志发表这个重要谈话,进一步阐述建设具有中国特色社会主义的理论,不仅十分及时,意义也十分重大。你看他讲这个问题,稳如泰山,并没有认为苏联变了,中国就会跟着怎么样。姓"资"姓"社"问题、"左"和右的问题都讲得很清楚。我们要看到,从 1958 年人民公社化以后一直是搞"一大二公"①,批"三自一包",这大家都很清楚。在国际问题上是批"三和一少"②。"文化大革命"批了 10 年,批得人们就怕犯右的错误。觉得不管怎么说,"左"一点不会出问题,"左"好像是革命的。这次清楚了,右可以葬送社会主义,"左"也可以葬送社会主义。为什么他这么说呢?因为

---

① "一大二公":指人民公社的特点:一是规模大,二是公有化程度高。

② "三和一少":是指 1962 年上半年,时任中央书记处书记、中联部部长的王稼祥,同副部长伍修权等,联名向中央几位领导递交对外政策建议信。建议信提出:为争取时间渡过国内经济困难,对外应采取缓和而非紧张的政策,在国际斗争中不要四面树敌;在同苏联关系上要抓住团结和反分裂旗帜,防止双方斗争直线尖锐下去;对和平运动应把意义讲够;在国家困难的形势下,对外援助要实事求是、量力而行。但这些政策建议被批判为"三和一少"(即对帝国主义和、对修正主义和、对各国反动派和,对民族解放运动援助要少)的"修正主义路线"。"文化大革命"中又被上纲为"三降一灭"(即投降帝修反和扑灭世界革命)。1979 年经党中央批准为"三和一少"和王稼祥平反。

已经有现实的经验教训。社会主义的国家如果同劳动人民对立起来,靠压力来对付劳动人民,这样的国家怎么能够存在?!所以,不单右可以葬送社会主义,"左"也可以葬送社会主义。这个话是非常切中要害的。

只有坚持马克思主义实事求是的精神,只有严格地从中国的实际情况出发来建设社会主义,才能使中国的社会主义事业不断发展。党的十一届三中全会以来,我们走的路线是对的,应该维护。如果有什么需要发展的,我们就发展;有什么需要完善的,就继续完善。思想路线就是十一届三中全会上小平同志讲的,破除迷信,解放思想,实事求是,团结一致向前看。这个思想路线,现在证明是正确的。实践是检验真理的唯一标准,这"唯一标准"说得很好,现在也是很正确的,我看在今后也是正确的。就是要坚持实践标准。在实践过程中如果出了问题,有什么缺点,我们纠正就是了。有些同志对一些现象看不惯,比如对特区的一些现象,对改革开放以后社会上出现的一些现象。这个问题要看主要的方面,看主导的方面。我们的基本政策,都是非常勇敢、非常大胆地确定下来的。比如农村家庭联产承包责任制,这是农村的一个基本制度。

五、家庭联产承包责任制不要改变,要发展乡镇企业,国有大中型企业要实行政企职能分开

实行家庭联产承包责任制能充分调动人民群众的积极性,促进生产力发展。现阶段中国的生产关系就比较适合生产力的发展。当然,它可以也应该不断地完善、不断地提高。但如果总是想哪一天回过头走老路,我看非犯大错误不可。其他政策也是这样。比如说乡镇企业。我们社会主义社会有两种公有制形式,一种是全民所有制,一种是集体所有制。乡镇企业就是集体所有制。它的发展对社会主义没有什么威胁,而是大大地调动了农民群众的积极性,发展了加工工业、第三产业、服务行业。中部地区和西部地区不存在乡镇企业过多的问题,有些地方乡镇企业存在的一些问题,也是事物发展过程中难以避免的,可以通过加强引导,加强管理来解决。个体经济的发展,我认为也是适合现阶段中国经济发展需要的。这在思想上要明确,不能含含糊糊,不能一说个体经济就认为是资本主义。当然可以做些调查研究,个体经济实际上相当多是个体劳动者,有的是小手工业者,有的是小商贩。对个体经济应该按照小平同志的思想,采取一个维护的态度,就是只要你依法经营,照章纳税,我就积极支持、扶持发展。这样农村经济乃至整个国家的经济才能上去。至于国有大中型企业的主要问题,恐怕是要把机制搞活,要面向市场,要实行政企职能分开。政府管得太多,大中型企业就搞不好。另外,普遍的都要进行技术改造。我觉得技术改造的任务非常大。这些问题解决得好,国有大中型企业就有希望。不能说只有乡镇企业机制能搞活,大中型企业就搞不活。但是,由于旧的框框比较多,要解决这些问题,不是说一两句话就可以解决,而要在实践过程中摸索出一套新的办法来,真正把国有大中型企业搞活。这样,中国经济发展是非常有希望的。

六、黄土高原的水土流失要作为一个大问题来研究

我这次到吕梁等地看了一下,虽然是走马观花,匆匆忙忙,但总的感觉是,省里及地区抓工作的思路还是好的,是对的。在平川地区大搞农田基本建设,争取人均两亩高产稳产田,同时加强山区经济林的建设,在此基础上再逐步发展,是比较好的。要改变山西的面貌,我希望你们再加一把劲。我春节前到广西走了一趟,你们的条件比广西的石山地区要好。黄土高原的水土流失要作为一个大问题来研究,彻底解决这个问题,不是我们这一代人能完成的,但我们这一代人应该开创这一事业,然后逐渐推进。如果吕梁山区能够全部绿化,黄河及黄河流域的情况肯定要好一些,就是整个山西的生态环境也会大大改善。因此,山区造林要坚持不懈地抓。种植业和养殖业要逐渐发展。在种、养殖业发展的基础上搞加工,就是搞简单加工也可以。

我有一个想法,中国人口多,每年还要增加至少1500万人。今年又是生育高峰年,计划生育难度很大,因此计划生育的政策不能动摇,要坚持下去,一定要把这项工作搞好。另一方面,对现有的人,现有的劳动力,要作为一种资源充分利用,否则就是极大的浪费。要千方百计地利用,每年组织他们搞农田水利建设,搞植树造林,我是非常赞成的。我们没有那么多中等和高等学校供他们深造,也没有那么多岗位让他们就业,这就要想办法组织他们劳动。劳动总归是有好处的,不然,每天闲着晒太阳,没事干,让坏人一带,还容易发生别的问题。所以,对劳动力我们要千方百计地充分利用。一个人一生可以作为劳动力的时间大体是二十岁到五十岁,约三十年时间,中间扣除其他因素的影响,实际上不到三十年。现在的问题是,一方面一个人作为劳动力的时间不长,另一方面又不能充分利用。要想办法改变这种状况。

总之,进一步学习邓小平同志的南方重要谈话是非常重要的,希望山西的同志能进一步更好地学习,加强理解,认真贯彻,把工作做得更好。

我国经济和政治体制改革的
效果是显著的[*]

（1992 年 4 月 27 日）

胡安·阿尔梅达·博斯克：今天我们来到伟大中国的首都北京感到非常高兴。我小的时候就知道中国非常大，大家还都想见到当时中国的领导人毛泽东、周恩来。今天我终于来到中国，实现了我多年来的夙愿。同时，您作为担任中共中央政治局常委职务的老同志，我们为今天能有机会见到您而感到非常高兴。

乔石：请允许我代表中共中央对你们的到来表示热烈欢迎。中国很大，确实不是能用两三天时间就能了解的。我们也有很多困难和问题，但我们主要一条是依靠自己的努力和已有的资源去解决。同时，争取国外对中国建设有利的帮助与合作。新中国成立后，我们取得的成绩是很大的。因为新中国是在一个贫穷、落后的旧中国的基础上建设起来的，这是很不容易的。在过去的 10 多年中，我们进行了经济体制改革和政治体制改革，现在来看效果是显著的，我国的经济面貌更是发生了巨大变化。你们已看到了我们国内市场供应的情况，应该说这点成绩中有相当大的部分是在改革开放后取得的。我们将继续沿着从中国实际出发找到的这条道路走下去，我相信，我

---

[*]　这是乔石同志在会见古巴共产党中央政治局委员、中央监察委员会主席、国务委员会副主席胡安·阿尔梅达·博斯克时的谈话节录。

们可以利用到本世纪末这段时间取得进一步成就,然后到下个世纪再花几十年的时间取得更大成就。我们现在虽不公开多讲,但心里清楚,就是苏联和东欧变化后,中国肩负的责任更大了,如果有可能沿着目前的道路把中国建设得更好,那将对整个社会主义事业以及全人类的进步事业产生非常大的影响。当然前进道路上的困难是巨大的,道路也不是平坦的。我们对古巴有帮助,这是事实。但由于我们自己的国力不强,国家建设任务又繁重,所以提供的援助也有限。我们希望把本国经济搞得更快一点,将来可以多尽点责任。

最近几年,我到我国的中部和西部,特别是比较贫穷的山区走得多一些。我看到当地群众面临的困难和亟待解决的问题多极了,但老百姓的精神状况很好,有战胜一切困难的信心和决心。

改革是社会主义制度的自我完善，
也是为了解放生产力*

（1992 年 4 月 28 日）

　　早在中国共产党夺取全国政权前夕，毛泽东主席就在党的七届二中全会上指出，夺取革命胜利只不过是万里长征走完了第一步，不应该也不值得骄傲。42 年来的实践证明，执政党手中有政权，权力很大，一直面临着严峻考验。有些党员甚至少数领导干部忘记了人民的重托，以权谋私，蜕化变质，如不对其进行严肃处理，危害极大。执政党的党风问题，关系到党的生死存亡。我党人数多，出现少数腐败分子，并不可怕，关键是党的领导干部要保持清醒的头脑，加强党的作风建设和廉政建设，坚决清除党内少数腐败分子；同时教育全党，加强党群联系，始终如一地坚持为人民服务的宗旨。只有这样，才能带领人民群众搞好社会主义建设事业，使党立于不败之地。

　　我党历史上曾搞过两次全党范围对历史问题的总结：一是 40 多年前的若干历史问题决议，主要是解决照搬外国经验问题，批判王明路线。实际上王明路线不是他个人的，是从莫斯科来的。我们只讲中国人，不讲外国人。如讲外国人，就涉及到斯大林。这对我们取得抗日战争和解放战争的胜利起了决定性作用。相反，苏联从赫鲁晓

---

*　这是乔石同志在会见老挝人民革命党主席、老挝人民民主共和国主席凯山·丰威汉时的谈话节录。

夫到戈尔巴乔夫,没有解决好斯大林问题。这对苏联很不利。二是
"文化大革命"后,邓小平同志亲自主持制定了中共十一届六中全会
通过的《关于建国以来党的若干历史问题的决议》,主要是解决"左"
的问题,纠正"文化大革命"的错误。特别是根据小平同志关于毛主
席一生功大于过的思想,对毛主席一生的功过作了正确评价。10 多
年来的实践证明,我党的上述决策和对毛主席的评价是非常正确的,
促进了党内团结和思想统一。国内稳定首先取决于党内团结。目前
中国局势稳定与此很有关系。

改革是社会主义制度的自我完善,也是为了进一步调动人民群
众的积极性,解放生产力。如不进行改革,是很危险的。苏联和东欧
国家的教训充分说明了这一点。13 年的实践证明,改革开放对发展
经济十分有利。迄今,我们利用外资已达几百亿美元,外资合作项目
已有数万个。随着经济的发展,人民生活也在不断改善。这也是为
什么苏联解体、东欧剧变而中国却保持稳定的重要原因之一。当然,
改革开放后难免会有些资产阶级的东西进来。因此我们强调两手
抓,要加强思想教育,依法及时打击各种犯罪活动。至于在法律法规
范围内允许私营、个体经济成分存在,这也不可怕,因为我们的社会
主义经济是以公有制为基础,政权在我们手里,人民民主专政的性质
不会因此而改变。

学习贯彻邓小平同志南方重要谈话首先要解放思想[*]

（1992 年 6 月 3 日）

刚才同志们谈的许多问题我个人也有同感。同志们的发言都有准备,有提纲。我没有提纲,只是就大家讲到的和我个人想到的,讲一些自己的想法,供大家继续学习研究时参考。小平同志的南方重要谈话,全国反应都非常强烈,国外也非常强烈。今天听大家发言,大家共同感到小平同志的重要谈话,对大家、对这期省部班、对整个党校来讲,都是极重要的。对小平同志重要谈话的精神,我们都要进行认真学习,建议以后还要继续钻研。同时,可以将小平同志在党的十一届三中全会以来的历次讲话联系起来,进一步深入学习。这是统一全党思想,进一步解放生产力,把中国经济搞上去,使中国真正能够跻身于世界民族之林的带根本性的大问题。

一、学习小平同志南方重要谈话,首先要从思想上解决问题,全党思想要统一

学习小平同志谈话,有一系列重要问题要讨论。我个人感到,解放生产力,首先要解放思想。刚才有同志提到,全党思想要统一。我想,全党对党的基本路线思想是不是统一呢? 应该说,总的来讲是统

---

* 这是乔石同志在中央党校第 12 期省部级干部进修班上的讲话。

一的,对基本路线都是拥护的,但好多实际问题也不见得都完全解决了。比如,以经济建设为中心,是党的十一届三中全会以来就明确了的,小平同志再三强调要扭住这个中心不放,这个没有人不拥护。可是到了实际工作上,就不见得没有问题。如,对国际形势,小平同志有几句有名的话,就是"冷静观察,稳住阵脚,沉着应付,韬光养晦",这是极重要的指导思想,是全党干部众所周知的,但到了实际问题上,在对待苏联东欧局势突变、在讨论反"和平演变"问题时,到底是按小平同志这几句话去认识,还是不按这几句话去认识,就不能说思想上和工作上都真正解决了。

二、联系过去几年的实际,对"主要是防止'左'",思想上要有一个比较深刻的认识

我认为,首先还是要从思想上解决问题,要从思想上来一个比较大的转变。

我们学习领会小平同志谈话,要抓住最根本的方面、主要的方面。小平同志在谈话中指出,"要警惕右,但主要是防止'左'"。他的着重点,是针对"左"的东西讲的。不是说现在要批"左",更不是说有"左"的思想的同志要去检讨,或者去整什么人,但思想上应当有认识,应当联系过去几年的实际,有一个比较深刻的认识。因为从党的历史上讲,受"左"的危害太大了。就是从过去几年讲,为什么总是翻来覆去,总有摆不平的时候呢?根子在哪儿呢?当然有右的东西,右的东西比较明显,比较好处理一点,因为右的东西普遍被认为是不革命的,甚至是反革命的。而"左"的东西往往带着革命的色彩,容易被认为是要革命的。不是历来有这样的讲法嘛,干部在思想上长时期以来形成一种观念,说话也好,写文章、做事也好,宁"左"毋右。所以,这个问题在全党,特别是在高级干部思想中要有个数。我们党关于历史问题的两个决议,中心和侧重点主要是反"左"。当然也反右,但危害最大的主要是"左"。右应当反对,但"左"对我们确实危害很大,现在还是这样。不彻底解决"左"的问题,就难以真正做到解放思想。

三、积极研究建立社会主义市场经济体制

刚才有的同志提出,小平同志谈话中提出的社会主义的三条标准(即是否有利于发展社会主义社会生产力,是否有利于增强社会主义国家的综合国力,是否有利于提高人民的生活水平)是否都是经济标准,好像没有政治标准了。小平同志的谈话,是从我国发展的大的战略方面讲了一些意见。姓"资"姓"社"问题,近些年议论很多,小平同志就回答了这个问题。当然,实践是检验真理的唯一标准,小平同志的谈话也不例外。现在来看,小平同志谈话中提出的三条标准我看不能光理解为经济上的标准,还是有政治内容、政治标准的。首先是政治内容,是否有利于发展社会主义社会的生产力,有利于增强社会主义国家的综合国力,都是以社会主义为前提的嘛。提高人民生活,也是有政治内容的嘛。如果光解释为经济上的内容,好像没有政治了,不讲政治了,这个恐怕不对吧。这样理解太片面,还是有政治标准的,否则,恐怕不符合小平同志的本意。

有的同志提出我们的经济到底要搞成什么样的模式,应在党的十四大上加以明确。十三大提出社会主义商品经济,计划经济与市场调节相结合,这在当时的历史条件下是一个突破。中国的事情要突破也不容易。这个名词翻成外文不好译,非常别扭,但我们国内容易接受。为什么讲市场调节不讲市场经济呢?就是因为有的人认为一讲市场经济就与资本主义等同起来,好像市场经济就是资本主义。这个问题刚才李岚清①同志提出的想法值得重视和研究。因为我们

---

① 李岚清,时任对外经济贸易部部长、党组书记。

现在讲的有中国特色的社会主义,在这个社会中间,商品生产和商品流通要有个很大的发展,什么地方还在搞产品经济恐怕就得改。价格问题不是要并轨吗? 价格体制改革,首先要并轨。企业要推向市场,不经过商品经济怎么推向市场? 在有中国特色的社会主义经济中,商品生产、商品流通是要覆盖全社会的。现在能选择到的恐怕也就是这个办法。我们的老祖宗曾经设想过,共产主义的第一阶段就不要商品了。但到了列宁的时候,这个事情却做不到。列宁起初也有过这样的设想,他说当社会主义在全世界范围内取得胜利后,会用黄金修厕所。这是从资本主义的黄金拜物教、商品拜物教都不存在了的意义上讲的。列宁的想法,在十月革命胜利以后也逐渐有了改变。那样的情况离现在还有多远? 将来会不会到? 现在都说不清楚。我们 1958 年"大跃进"时不是要向共产主义进军吗? 我那时把《马恩列斯论共产主义》全部看了一遍,没找到不要商品生产、商品交换的内容。我想,到共产主义总不要商品了吧? 但不要商品了,产品分配怎么进行呢? 怎么按个人与家庭的需要进行分配呢? 你不能搞配给经济啊,管你需要不需要,一家一个毯子,或一家一个肉鸡、一个鸭子,不能用这种办法吧? 另外,社会上总有一些新产品吧? 1958年时没有彩电,还没有黑白电视,也没有录音机,比较高档一点儿的是上海四个喇叭的收音机,卖 300 多块钱。我想,这样的商品刚生产时总是数量有限的,只能卖给少数人,或叫供应少数人,当时又没有特权阶层,人人都是平等的。那么,用什么方式分配给什么人呢? 你不要价格了,不要货币了,如何进行产品分配呢? 是政府管理呀还是谁管理呀? 想象不出来,越想越糊涂了。当然,那一年离共产主义还远得很。叫共产主义,实际上远得很。那时,咱们党校的杨献珍①同

---

① 杨献珍,曾任中共中央高级党校校长、党委书记。

志说了一句尖端话,说这是"叫花子共产主义",挨批好多年。所以,既然在我们设想得到的年代里,商品生产、商品交换、商品流通不可避免,还要在很长的时间继续存在,那么为什么不承认市场经济呢?承认市场经济,前一段时间有同志提出过,我是采取基本支持的态度,但我建议经济学界再仔细地研究一下,如果能解决,干脆就叫市场经济,当然,是社会主义条件下的市场经济。

四、我们的商品要面向国内国际两个市场

刚才大家谈到计划与市场问题。就宏观调控来讲,应该有计划,资本主义也有计划,不能说没有行政干预。纯粹的市场化,现在没有一个国家做得到,包括日本、新加坡都有行政干预。所以,不要绝对排斥行政干预。在一次小会上,我曾经说过,根据我的理解,社会主义商品经济就是能更好地实现宏观调控的商品经济。斯大林讲的有计划按比例,尽管这从理论上讲是很完善的,我以前也觉得很对,有计划按比例还不好吗?但实践上这个问题很复杂。完全按这个讲法实际上是做不到的。毛泽东同志说过,平衡是相对的,不平衡是绝对的,不断地打破旧的平衡,求得新的平衡,事物就是这样发展的。1958年发生过买不到发卡。现在也有啊,一会儿商品过剩了,一会儿商品没有了。党的十一届三中全会以后,我们为搞好外贸,努力增加出口。比如安哥拉兔毛,世界市场上走俏了,我们就高价收购,农民拼命养,兔子又繁殖很快;然后世界市场疲软又不要了,一个命令,农民就宰兔子。我当时就想过,我们不能向国内市场销售一点吗?当然,当时国内市场购买力不行,现在行了。还有什么白薯干大战、苎麻大战,等等。这个问题使我想到,中国这么大一个国家,等于一个小世界,我们要发展经济,外贸要放在重要位置,国际上抢手的东西我们还是争取多出口一些,挣一些外汇,可以换回先进的机电设备和先进技术等,但国内市场也不能不考虑。比如说,我前年到大别山,大别山中间一段,都种经济作物,其中一样是养桑蚕。新中国成立后我在浙江工作过,我知道 3A 级的桑蚕丝是出口很过硬的东西。但近几年,中国已占世界丝市场百分之九十几,而国内养蚕还在发展,国内的老百姓就不能也穿一些丝绸吗? 丝绸工业也可以发展。假如不是两个市场,将来外贸内贸都不好办。两个市场有一个最根本的问题,是观念问题。我们既然实行对外开放政策,我们的商品要打入国际市场,当然也会有一部分商品进入中国市场。过去我们一直认为洋货进来,保护不了民族工业,这种看法过去在历史上是正确的。因为旧中国是一个半殖民地半封建社会,它把民族工业挤垮了。所以,中华民族对洋货有一个自然的抵抗。改革开放以后,这个观念薄弱一点了。你完全不让洋货进来,保护民族工业,弄得不好,实际上成了保护落后。特别是在我国加入关贸总协定以后,情况会有比较大的变化,对我国的工业会是一个冲击和考验。通过关税以及其他宏观调控手段,容许一部分洋货进来,从长远来讲,可能对于促进中国工业和经济的发展有好处。有一个例子非常明显,现在食品工业,包括饮料,广东已压倒上海了,广东的饮料在全国是第一位的。广东饮料有什么稀罕呢? 有的饮料厂我也去看过,它就是学香港。当然,宏观怎么调节怎么控制,我们怎么迎头赶上去,这都是很复杂的,需要采取很多措施。像汽车工业,我们的载重汽车,像一汽、二汽这样的载重汽车,基本可以用。至于小汽车,现在所说的国产化率,如果没有虚假因素,也顶多 60%,有的还不到。中国的工业,轻工业也好,重工业也好,还是要面向两个市场。

五、经济体制改革和政治体制改革要有紧迫感,这关系到中华民族的生死存亡

经济体制改革,包括政治体制改革,要有紧迫感。再不改,就关系到中华民族的生死存亡。再固守那套僵化的东西,抱住不放,也有亡国的危险。光宣传,光写大文章,光说空话,说我们社会主义多优越,多好,这是不行的。如果经济上不去,就不行啊！经济要上去,不改革就上不去啊,改革就是解放生产力嘛。政治体制改革也要进行,比如民主和法制建设就是要加强。可以稳当一点,时间放长一点,因为中国文盲多,文化水平总的比较低,可以逐步改进,但是不改也是不行的。精神文明建设也要加强。我们自己思想要多解放一点儿,经济体制改革、经济建设该迈的步子迈得大点儿。当然不是说搞空想,不是不切实际地盲目冒进,但是能做得到的要尽量做。这个问题我们高级干部要有点自觉性。我最近到各省,大家都在讲这个问题。90 年代再不抓紧这个问题就晚啦。因为资本主义还在发展,你不发展,怎么竞赛？这里有一个问题,资本主义一切先进的文明的东西是人类的共同财富,要从根本上讲清这个问题。资本主义一切物质文明都是由劳动人民,包括知识分子共同创造的。为什么不可以吸收,不可以学习,不可以借鉴呢？当然,这些先进的文明的东西到中国来,要适合中国的土壤条件,不是盲目抄袭,盲目照搬。这个问题我们长期以来有一种混乱的思想,好像这些文明都是带上"资"字号的,不能学,一学就是姓资了,不姓社了,这个糊涂观念要彻底解决。中国 5000 年文明,包括奴隶时代与封建时代的,这些文明都是应该批判地继承的,不能盲目地一概否定,不能搞历史虚无主义,还是要讲历史唯物主义。这是马克思主义的基本原理。任何时代的物质文明、精神文明,归根结底都是那个时代的劳动人民,包括知识分子创造的。这些问题最好能在思想上解决得彻底一点。你们都是领导干部,结业后回到各个部门、各个省去,都要做做工作,使下面思想通一点,阻力小一点。改革事业的阻力是不小的,不要认为没有阻力,一帆风顺啊。但是思想问题解决了,阻力就小一点。在全国人代会上海代表团的会上,我说,不能认为简单重复小平同志的话就是理解了,不能认为重复得越多,理解得就越深,也不能认为采取几项措施,就算落实了小平同志的谈话精神。小平同志的谈话是要管100年的,100年不多嘛!希望同志们回去后继续研究,继续学习小平同志的重要谈话。

我们经过十多年的改革,经济体制发生了巨大变化,现在我们是多种经济形态并存。社会主义公有制本身包括两种形态,还有个体所有制、外商独资或合资的各种经济成分。这是一个巨大的改变。从人民公社改变到包产到户,这个变化还不大吗?过去连乡政府也没有了,人民公社就是一大二公、政社合一嘛。我们在以小平同志为首的老一辈革命家的率领下,改到现在这样一种以公有制为主体、多种经济成分并存的状态,是符合我国现阶段生产力发展水平,有利于生产力发展的。我们在基本政策上应加以稳定,加以完善,加以发展。不能大惊小怪,说私有制又怎么样,个体经济又怎么样,一天到晚去找它们的毛病。找毛病你总是能找到的。中国这么大,怎么会没有毛病呢?乡镇企业、第三产业,中国是多了还是少了呢?当然不是多了。大约三年前我到陕西,省委书记说陕西省乡镇企业不是多了,而是少了,还应该发展。我说,对嘛,我同意。整个中国,不要说内地,沿海也未必发展得很充分了,也无非就几个三角洲,还有几个特区,就这么多嘛。中部地区、西部地区,乡镇企业、第三产业的发展都是非常不够的。很多省份劳动力都有剩余,剩余劳动力和剩余劳动时间大量存在,而且成为我们的一个包袱。为什么不反过来看一看,把剩余劳动力作为一个资源开发呢?没有那么多学校上,就组织起来劳动嘛。参加各种劳动,可以为出口产品而劳动,也可以为内销产品而劳动。现在一年大概1000多万失业和潜形失业,将来要通过改革解决,如建立社会保障制度等。但是首先还得组织起来参加劳动,中国劳动力潜力非常大,不能光看作包袱。

六、自力更生、艰苦奋斗在长时期内不能丢

除了讲改革开放以外,我经常讲中国在长时期内,自力更生、艰苦奋斗这个方向不能丢。中国老百姓的生活水平应该提高,但是提高的速度不可能很快,不能去模仿西方的生活水平,现在做不到,再过几十年也做不到。但总是要让老百姓生活水平有所提高,有所改善,跟西方国家的差距有所缩短,这是共产党的责任。我前年到四川万县,讲过一个问题。我说中国十多亿人民,要中国共产党干什么?解放以前就是一个,就是把中国人民组织起来,发动起来,推翻"三座大山"。解放以后还要你共产党干什么?就是要把国家搞富裕起来,把国家经济发展起来,把国家搞强大起来。经济不发展,怎么强大啊?我看几十年甚至上百年之内,中国只能是坚持自力更生。我说自力更生,不排斥争取外援,这个不矛盾,这是非常现实的实际问题。

七、把集体经济在家庭联产承包责任制基础上发展起来;个体经济只要依法经营就应允许存在

怎么看待多种经济成分,特别是农村的家庭承包责任制?党的十三届八中全会将农村的家庭联产承包责任制稳定了下来,小平同志肯定了八中全会,这个可不能动摇。当然,通过搞社会化服务体系,使家庭联产承包责任制搞得更完善,把集体经济在家庭联产承包制基础上发展起来,壮大起来,这是应该的。农民对这个问题非常敏感,希望政策不要变。发展乡镇企业、第三产业,这个也不能动摇。世界许多国家的第三产业比例都比我们大得多。而且,我们的第三产业、乡镇企业大部分还是集体所有制,也是社会主义经济的一种形态。如果把集体经济排除在社会主义经济形态之外,这是糊涂到极点了。至于个体经济,在现阶段,只要依法经营,照章纳税,就应当允许存在。不但允许存在,而且还应该认识到个体经济是不可替代的,

不可抹杀的,它也有贡献。举一个例子,为什么菜篮子问题这几年在全国范围都解决了? 就是集市贸易,个体经济上来了。我们国营商店、供销社是商品流通的主渠道,这没有问题,现在还是主渠道。但是你把个体经济都消灭了、扼杀了,市场能活跃起来吗? 菜篮子问题能不能解决,这不仅是几千万人就业问题,而且是几亿居民的吃菜问题。对个体经济也要分析。个体经营者,有的是手工业劳动者,有的是个体小商贩。新中国成立初期政务院关于城市阶级划分的文件上都有的,承认他们是劳动者。所以个体经济绝大多数还是劳动者,不能认为是剥削者。个体经济中有一些人发展起来了,变成百万富翁,甚至千万富翁,这是有的,但为数是极少的。可以统计一下,调查研究一下,也不要害怕。害怕它把国营经济代替了,操纵了国民经济命脉,认为中国就要变颜色了。这么大的国家,我们有这么强的人民民主专政存在,有什么了不起的呢? 有一次,我到海南去,省长说,当地有一个转业军人,发明了用椰子的外壳做活性炭,他搞了几百人的企业,个人的财产也上千万。省长问对这个人该怎么办? 我说,你容许他存在嘛。他一个是发现了这种东西可以用,他通过经营企业又解决了几百人的就业问题。如果你把他国有化,影响会很大,中国存在他这样的几百人也没有什么了不起的。再说你对外国垄断资本还要引进,如果有 1000 万美元,不是到哪一个省我们都欢迎吗? 那么为什么中国人有了上千万人民币我们就眼红呢? 像这样的问题要看得开一些,对整个国家民族发展来讲,这些经济成分现在存在是适当的。当然,要不断完善,不断提高改进。

八、理论学习要以读经典作家原著为准

最后,我再讲一下理论学习问题,马克思主义理论从 1848 年到现在,没有过时,这个我认为应该肯定。但是时间终究过了 150 来年了,不能教条主义地对待马克思主义,而且马克思、恩格斯活着时,就反对把他们的理论作为教条。我认为,我们学习掌握的正是马克思主义基本理论,党校教育将来还是要学习马克思主义的基本理论。这个问题我在全国党校校长会议上讲过。当然,马恩的很多具体的说法不可能现在还都样样适用,每一句话、每一个标点符号都不能动,当然不能这样。这里牵涉到党校的教学改革,最近薛驹①同志、校委会的同志正在研究。关于学习原著问题,刚才有的同志建议不要再提以读原著为主,认为听老师的辅导收获更大。我的思想可能保守一点,用辅导报告代替学习原著,我有点不太放心。不放心在哪儿呢? 主要不是说这些老师不可靠,不是这个意思,这些老师还是可靠的,辅导还是要搞的。但是每个人理解的角度可能会不一样。读原著有个好处,就是原著是经典作家自己写的,总是以原著为准嘛。我有个主张,选读的原著要再压缩,大大地压缩,不要弄得每期学习班看原著都看不过来。而且原著是一百几十年前的东西,翻译过来不大容易看懂。所以我主张原著还是要进一步精减。专门从事理论工作的理论家,他们当然应该多读点书。他们在联系实际的时候,有时也许会出一点差错,这是难免的。这个问题有两方面,第一方面不能允许我们的讲坛成为反党反社会主义的讲坛,这是必须明确必须坚持的;第二方面我们也要允许人家在联系实际的过程中说一些话。党校的教授、老师,他就是读书的,他总是读书的时间多,每年出去到各地去走走看看,也是浮光掠影,走马观花,与总在底下长期搞实际工作还是有区别的。这一点请大家体谅一点。

我讲的总的精神是,一定要进一步学好小平同志重要谈话。党校的教学改革原则上我同意大家的意见。我就讲这些,供大家继续学习时作参考。

---

① 薛驹,时任中共中央党校常务副校长。

"左"的问题在中国确实值得注意，一有机会就要冒[*]

（1992 年 6 月 19 日）

1986 年我来过江苏，1990 年又沿苏北一线看了一下。这次想看看江苏 1986 年以后的发展情况。到了几个地方，主要是无锡和苏州，回南京的时候经过常州和镇江，也看了一下。总的印象是：江苏的经济发展是比较快、比较好的。刚才，沈达人同志讲了比较全面的情况，其他同志也作了些补充。从介绍的情况和现在的打算来看，江苏对小平同志南方重要谈话是很重视的，学习抓得是很紧的，正在逐步贯彻落实；向中央、国务院提出的希望和要求，我认为都是合理的，是从你们的实际情况出发提出来的，我回北京后可以替你们反映一下。当然，有的还要等中央通盘考虑。

今天，我想讲几个问题，也不是系统地完整地讲，只是谈一些个人的想法。

一、小平同志南方谈话含义很深

小平同志南方谈话，希望大家继续深入学习，学透、学好。学习中间可以联系小平同志以前的一些著作，特别是党的十一届三中全会以来的著作，掌握小平同志的一贯思想，加深认识这次南方谈话的重大意义。这次谈话，我看是小平同志经过长时期的观察和酝酿之

---

*　这是乔石同志在听取江苏省委汇报时的讲话节录。

351

后,实在感觉到必须讲了才讲的。讲了以后,他还很慎重,对他的谈话亲自进行整理,因为他都是即席讲的。比如说,从深圳到珠海,他在船上正讲着重要意见,船到后有同志告诉他可以上岸了,他说等一等,我还有几句话没讲完,又讲了 10 分钟。他就是有话要讲。他两年多没有公开讲话了。这次,他是经过深思熟虑后讲的。

小平同志的谈话,含义很深。我们一定要深刻理解他的主要精神。比如"左"跟右的问题,他曾经说:"我是一直挨'左'整的,但是我这个人从来不搞右。"这话我觉得是符合实际的。他明确指出,中国要警惕右,但主要是防止"左"。他特别强调要抓住时机,发展自己,关键是发展经济。他主张在有条件的情况下经济就是要发展得快一些,不能总是那么平平静静、稳稳当当的。不要事无巨细老是一天到晚姓"资"姓"社"的。他提出了划分姓"资"姓"社"的三条标准。最近在中央党校省部级班讨论时,有人说,好像这三条都是经济方面的标准,政治方面的标准到底怎样? 我说这既是经济方面的标准,又是政治方面的标准。为什么呢? 他提的三条标准是主要看:是否有利于发展社会主义社会的生产力,是否有利于增强社会主义国家的综合国力,是否有利于提高人民的生活水平。我看,这三条标准都是以社会主义为前提的,怎么是单纯经济方面的标准呢? 这不仅是对国内经验,也是对国际经验的深刻总结。

二、苏联的问题关键出在内部,内因首先是经济没搞好

对国际形势,这次小平同志谈话基本上没有怎么讲。但他用了不多几句话把基本思路讲得非常清楚。他谈了社会主义经历一个长期过程发展后必然代替资本主义,是社会历史发展不可逆转的总趋势,但道路是曲折的,某种暂时复辟也是难以完全避免的。他指出一些国家出现严重曲折,社会主义好像被削弱了,但人民经受锻炼,吸取教训,将促使社会主义向着更健康的方向发展。他强调,不要惊慌失措。最近两三年，国际形势变化确实很大，最主要的是东欧和苏联的变化，其中关键的问题还是苏联。东欧的变化跟苏联的变化是分不开的。关键问题出在苏联，苏联的问题关键出在内部。有一个时期，我们有的同志把外来因素、把西方资本主义国家推行"和平演变"战略强调到不能再高的程度，说得神乎其神，这是错误的。这是外因论，违背了毛泽东同志《矛盾论》的思想。外因是通过内因起作用的，这一条很重要。内因首先是经济没搞好。最初一个时期可以原谅，斯大林时期有一段也可以原谅，因为当时只有那么一个国家建设社会主义，他比较集中力量搞重工业，也是有道理的。所谓重工业，实际上是国防工业，钢搞到1000多万吨，这样苏联才有条件作为主要力量打胜第二次世界大战，战胜法西斯。这个我看将来多少年之后也抹杀不了。斯大林有一千个错误，一万个错误，这个功绩是抹杀不了的。同时，他确实损害了农民，农业一直没搞好，斯大林之后也没搞好。搞集体农庄搞得过急了，斯大林也曾刹过车，说过急、过快、强迫命令的做法是"胜利冲昏头脑"。说是那样说，底下已经搞得差不多了，结果农业一直没有搞上去。后来，工业也不景气。因为整个经济体制愈来愈僵化。政治上问题也很多。例如肃反扩大化，还有民族问题。对外关系也是问题成堆。苏联变化，关键是经济没搞好，国际上又承担了一些力所不能及的事。内因是主要的，外因是其次的。帝国主义当然希望苏联瓦解，东欧演变，但他们做不到。真正做到的，还是戈尔巴乔夫。从赫鲁晓夫到戈尔巴乔夫，39年功夫，要改正错误，总结经验，有足够的时间。你想想看，我们从党的十一届三中全会到六中全会才几年？我们党认真总结了经验，接受了教训。在39年中，他们一谈到历史就骂斯大林，骂得一塌糊涂。以为这样，苏联的问题就成了斯大林个人的问题，跟他们没有关系，因而骂得越臭越好。对列宁也一起骂。最后，他们自己也垮台了。

三、我们同苏联不是命运共同体

苏联、东欧变化过程中,有的同志曾担心,苏联有跟美国联手反华的可能。但是,联手反华这个东西,是关在房子里空想出来的。他们怎么联,世界上矛盾多得很,苏联、东欧要消化还要一段时间呢,欧洲又不太平,他们怎么就能一下子联手反华?世界上矛盾这么多,他们哪一年能联手?

至于把中国的命运同苏联的命运搞在一起,这就更错误了。我们同苏联不是命运共同体。我们党的两个关于历史问题的决议,就跟苏联划清了界限。民主革命时期,中国革命的道路问题,我们直截了当讲就是不可能走苏联的城市武装起义的道路,而是走农村武装斗争,农村包围城市,最后夺取城市这个道路。我们是靠这条道路取得胜利的,不是依靠中心城市武装起义取得胜利的。他们是先把列宁格勒、莫斯科夺到手,取得全国政权,然后再逐渐推广,还打了7年内战。

我们第一个《关于若干历史问题的决议》是在毛泽东同志亲自指导下写的,主要思想是毛泽东同志的。他把"左"的思想根源、阶级根源都分析了。十年内战时期,三次大的"左"倾路线错误特别是第三次"左"倾路线的错误,实际上就是王明路线,王明路线就是一味地听莫斯科的。抗战初期,王明因为听了莫斯科,一切通过统一战线,变成右了。表现形式"左"也好,右也好,都是从莫斯科来的。

1981年《关于建国以来党的若干历史问题的决议》是在小平同志直接指导下写的。粉碎"四人帮"之后,党的十一届三中全会以后,我们党内议论也很多,特别是对"文化大革命",对毛泽东同志、毛泽东思想的评价,意见很多。小平同志首先提出毛泽东同志一生功大于过,缺点错误是第二位的思路。把这个定下来,才能起草。没有这个框架,你怎么起草?有些人觉得否定得不够,小平同志说就这个样子,而且必须这样。现在看起来,第二个历史问题决议是非常好的。没有这个,就不会有我们国家的、全党的安定团结和全国的社会稳定。各有各的主张,党内就会发生分歧。我是参加了 4000 人讨论的,各种各样的意见很多。小平同志还是坚决主张就这样定了。小平同志还说了一句,如果没有毛泽东同志的领导,我们说不定到现在还在黑暗中摸索。这话也说到底了,这不是个人崇拜,这是唯物主义的。所以中国党不能跟苏联党完全划在一起。苏联给我们的影响是有的,经济体制方面要改革的很多问题都牵涉苏联对我们的影响。当然,当时没有经验,国家那么大,受点影响作为历史现象来看,也是可以理解的。1956 年以后,中央就提出要独立思考,苏联的经验可以参考。我们因此提出要独立思考,要从中国的实际出发,提得是不晚的。

四、我们党的历史上"左"的危害很大

党的十一届三中全会以后,我们恢复了实事求是的思想路线,确立了以经济建设为中心,进入改革开放阶段。党的十二届三中全会有一个文件,是关于城市经济体制改革的。这个文件通过了,小平同志很高兴,在主席台上站起来,说这个文件好,是新的条件下的一篇政治经济学。这就是说要通过实践来证明。文件中有一句话叫改革僵化的体制,僵化的体制就是指苏联的体制,这很明确,非改不可。当苏联发生各种各样问题时,我们有的人还要从"左"的观点出发去总结经验,还要根据苏联的经验来考虑中国的命运,这个思路不对。小平同志讲:要冷静观察,稳住阵脚,沉着应付,韬光养晦。我们老想去当头干什么呢? 自己任务那么重,国家那么大,人口那么多,还是一个发展中国家,有些地方还是贫困落后地区,你还要当头,这不是"左"吗?"文革"时期在"左"到极点时康生①曾说,革命中心转移

---

① 康生,曾任中共中央政治局常委、中央副主席、全国人大常委会副委员长。直接参与了林彪、江青反革命集团的阴谋活动。1980 年 10 月被开除出党。

了,转移到亚洲,转移到中国了,北京是中心了,世界革命指导中心转移到中国来了,这像话吗?这根本不实际。

小平同志提出要"冷静观察",是基于对国际形势和我们中国所处的地位非常清醒的估计,是非常切合实际的。他讲得很清楚,只要不打第三次世界大战,我们就集中全力把经济搞上去;即使打起第三次世界大战,只要不打到中国的领土上来,我们还是集中精力把经济搞上去;真正打到中国头上来了,我们全力以赴,抗击敌人,战胜敌人,但是打完仗以后,我们回过头来还是要集中精力搞经济建设。这三句话,讲得很清楚,而且都是近几年讲的,特别是在 1987 年军委扩大会议上讲的。小平同志讲的话不能当作耳边风。老是在国际问题上钻不出圈子来,最根本的原因就是没有按小平同志思想办。这个问题牵涉到"左"跟右的问题。

小平同志为什么提"左"跟右?"左"很厉害啊,用大帽子压人啊,写大文章啊,讲空话啊。小平同志讲,"左"在我们党的历史上可怕呀!我们党的 70 年历史上"左"的危害很大。"左"在表面上又是革命的,有欺骗性。"左"的问题在中国确实值得注意,相当顽固,一有机会就要冒。"左"与党的十一届三中全会以来党的基本路线、方针、政策是对立的,跟建设有中国特色的社会主义道路是对立的。当然,右也是有的,对右一定要警惕,要防止,右是同坚持四项基本原则相对立,集中起来讲就是反党反社会主义,这比较容易识别。"左"就不同了,它有革命的、马克思主义的外衣,使人感觉到它是革命的,好像比别人更革命、更正确,引经据典一大堆,容易迷惑人,而且又特别顽固,所以比较难解决。

对"左"的东西,我们大多数同志是不赞成的,不少同志采取你说你的,我干我的,这些同志虽然没有讲出很多理论来,但他不赞成"左",是顶住了的。小平同志所以讲划清姓"资"姓"社"的标准,他不是凭空而言的,就是因为到处有人在议论,有人在讲。小平同志讲话之后,形势为之一转,很好了,我希望这种好形势能继续保持下去。要继续保持下去,我们党的干部,尤其是党的高级干部就要进一步学习、领会小平同志的思想实质,真正把它吃透,把小平同志这次的讲话,以及党的十一届三中全会以来的讲话,系统地学一学,我看大有好处。小平同志讲话里有一句话,"即使没有新的主意也可以,就是不要变,不要使人们感到政策变了。有了这一条,中国就大有希望。"这就是说,如果没有本事创造发明,不能发展马克思主义、发展毛泽东思想、发展小平同志的思想,老老实实按这个干也好啊。这话发人深省啊!

五、国有企业要搞活

国有大中型企业,是我们的骨干、命脉,应该把它搞好、搞活,把它的机制搞灵活。搞活机制,就应该认真地改革。首先,上面不能干预太多,要做到政企职能分开。政企职能分开,正在搞方案。我的意见,应该彻底些,不要变花样,变事业单位,变公司,变过来变过去,像1982年取消了六个部,搞了六个大公司,后来这些部又存在。这样,机构越搞越大,问题更多!政府部门人员要精干,就是搞方针政策,搞信息,宏观调控。宏观调控,信息就是很重要的一条,银行金融也是一个很重要的手段。另外,还有关税,进出口贸易,都有一定的调控手段。这个方面,我们向发达国家的学习不是够了,而是很不够,我们对发达国家不甚了了。对发达国家的东西,我的意见是,凡是当代的物质文明,包括科学技术成果,管理经验,以及其他有利于我国建设的东西,我们都有权利,也有资格去吸收、借鉴。这在小平同志的谈话中都有了。这些都是资本主义国家里工人阶级,包括白领工人、蓝领工人所创造的,不是那些大老板创造的,是人类共同的财富,为什么不可以吸收、借鉴?一搞就是姓"资",动不动就给人家戴大帽子,用大帽子压人、吓唬人、整人,这个不好。党内过去搞政治运动有这种习惯,一有机会就喜欢搞"左"的这一套,这样的局面不改变,怎么能够很好地学习,很好地建设有中国特色的社会主义?

大中型企业还有一个技术改造的问题。技术改造在一个时期里没有引起足够重视,现在才逐渐提上议事日程,加快步伐。前年到湖北考察,我讲技术改造应该正位,在机械加工业中应该放在主要的地位。因为,中国的机械加工业,除个别的例外,一般讲不应该再铺新摊子了,不能再搞低水平的重复。主要就是技术改造,不搞这个就上不去。像这样的问题,如果不抓紧,到本世纪末,我们一些厂子如果还像现在的状况,就根本无法适应 21 世纪的局面。

六、乡镇企业是社会主义经济的一部分

乡镇企业、第三产业在全国范围来讲,要大力发展。前两年我到陕西,张勃兴①对我说,我们发展乡镇企业不是多了,而是少了,你看怎么办。我说,你们当然不是多了嘛,当然是少了嘛,该发展你就发展。至于沿海地区搞乡镇企业过程中有什么经验教训,你去借鉴一下。人家没搞好的,你不要学,学人家好的。讲起乡镇企业,有同志强调,现在我们国有经济比重越来越小了,只占国民经济总量的50%多了,觉得这样下去有危险性。那乡镇企业算不算社会主义经济?如果加上乡镇企业,不就占 90%多了吗?我们的乡镇企业,绝大多数是集体所有制的,怎么能把乡镇企业算到社会主义经济之外呢?我国中部地区、西部地区,乡镇企业根本没有怎么发展,应该允许发展。在发展过程中间,有这样那样的缺点,我们做调查研究,加强引导,加以克服,加强宏观管理就是了。政权在我们手里,有共产党的领导,怕什么呢?有的说,乡镇企业是不正之风的风源,这个不

---

① 张勃兴,时任中共陕西省委书记。

对嘛！我去看过两个全国第一的乡镇企业,在无锡县和盛泽镇,很生动地说明,他们的开拓进取精神,把一个地区的经济发展都带动起来了,对国家的贡献不小,人民生活的提高更不用说了。

七、个体经济是社会主义经济的一个有益补充

关于个体经济,我赞成做些调查研究,分析分析。我认为,应该承认个体经济现在是我们社会主义经济的一个有益补充。这个补充是不可缺少,不可替代的。现在还不肯定一下个体经济的地位,那怎么行? 改革已经 10 多年啦。比如我们下个命令,不准个体商贩经营,那么第一个大问题,就是菜篮子问题解决不了。不信你可以试试,全国大中小城市的菜篮子问题,靠国营企业、供销合作社都解决不了,没有个体经济这一块就不行。我曾经说过,即使用阶级观点分析一下,用解放初期政务院关于城市阶级划分的文件对照一下,现在的个体户有多少算得上资本家的? 绝大多数都是个体小商贩、个体手工业者,基本是劳动人民。没有这部分,你就活不了。国营商业作为主渠道,这是对的。在大的方面,它起稳定局势的作用。但是说实在的,国营商业现在的机制还是很不灵活的,当然也在改进。供销社的衙门气现在也还很重,50 年代,米高扬到上海去,看到我们还有挑馄饨担的,他说你们这个真好,我们都给消灭了。连米高扬都懂得这个道理,消灭了个体经济就非常麻烦。有人挑担子穿街走巷,对老百姓有利,这有什么不好嘛! 半夜里肚子饿了,馄饨担上买一碗来,很方便嘛,为什么总要消灭得干干净净呢? 这不是"左"吗? 什么都清一色,干干净净,这符合小平同志的思想吗? 符合党的基本路线吗? 符合党的方针政策吗? 当然,个体户有的发起来了,建立了私营企业。我在福建听说,洗衣机后面排水的塑料蛇形管,是兄弟两个发明的,然后开办了一个 600 多人的厂。1986 年我去时,他们问我,这怎么办? 我说他作了贡献,他开了厂子,解决了一部分人的就业问题。

乔石谈改革与发展

这样的人只要他依法经营，照章纳税，有什么罪？听田纪云①同志讲，个体户发展到真正上百万元、上千万元的，也就那么几百户嘛。几百户，你就要开刀，开掉了就痛快了？海南岛有一个复员军人、党员，掌握了用椰壳制造活性炭的技术，办了一个厂，现在大概有上千万元，他怕人偷他、抢他、谋害他，就住到兴隆华侨农场宾馆里，包一套房间。这个人，海南的同志问我怎么办？我说千万慎重，不能轻易搞。你不是千方百计引进外资吗？国外能投资的是什么人？国外的工人、农民、普通劳动者能给你投资吗？还不是有钱人、资本家来投资吗？外资你都欢迎，中国产生了几个、几百个、上千个私营企业主，他能经营，会管理，有的还有发明，只要他不犯法，为什么就看得那么不得了？我还举了一个例子，1950年，毛泽东同志到苏联去，斯大林问，你们土地改革对富农怎么处理？毛泽东同志说准备不动富农，这样有利于稳定中农。斯大林点头，觉得这个好。斯大林都知道这个道理，我们现在连这点都不懂吗？这部分人把他动了，开除出党，把财产没收，是很容易。他们就这么一点财产，还不都在你手里？你一个命令下去，都可以解决，一夜功夫都可以解决，但一下子就影响一大片。当时富农不动就是为了稳定中农。我觉得按照小平同志的思想，对私营企业主应该不动，他一直说看几年，再看几年，他不松这个口。个体经济还有一些私营经济，他既解决一部分就业问题，又对活跃商品经济作出贡献。所以应该承认，我们国家现在是处于各种经济成分并存这样一种状况，商品生产、商品交换、商品流通还要有一个更大的发展。顺便说一下，最近中央党校省部级班在学习过程中发现，商品经济这个词在《资本论》里没有。有人提出是不是干脆叫

---

① 田纪云，曾任中共中央政治局委员、中央书记处书记、国务院副总理、全国人大常委会副委员长。

360

市场经济算了。这个问题我认为是可以研究的。

我们一定要十分尊重基层的创造、群众的发明。前年开中央工作会议前后，议论到关于集中统一和发挥两个积极性的问题。普遍的看法是，适当的集中统一是必要的，同时必须调动两个积极性，充分发挥中央和地方两个积极性。从这几年的实践经验看，有的地方在有条件的情况下，积极争取经济发展得更快一些，千方百计地往前赶，这样做的结果就比较好。没有这样做的，发展就受点影响。最近小平同志到首钢去，也很强调充分发挥下面的积极性。

中国谋求维护世界和平
和发展本国经济[*]

（1992 年 7 月 13 日）

乔石（以下简称乔）：关于我国的情况，我们的同志们已向你们作了介绍。中玻两国虽相距遥远，但双方间的关系还是不错的。我们两党都致力于本国的建设和发展，对一些重大问题也有共同的见解。从两个国家来讲，贵国可能比我国发展更快。我国面积很大，人口众多。虽然目前沿海地区比内地的中西部地区发展要快一些，存在着差别，但同 10 多年前相比，各地的发展都很快，取得了世界公认的成就。我们希望今后各地的发展更快些。当然，在取得成就的同时，我们同其他国家一样也面临着许多问题。在政治上，我们全国人民是团结的，包括汉族在内的 56 个民族间的关系，总的来讲是好的。对于像中国这样的大国来说，国家的稳定是非常重要的。如果没有一个安定团结的政治局面，那么中国就会乱起来。中国要是乱，不但会给中国，而且会给整个亚洲，远东地区，甚至全世界带来不安。所以我们必须保持国内稳定的社会环境，尽我们的可能创造一个和平的国际环境，只有这样才能保证我国的经济建设能够顺利地向前发展。

中国非常大，如果只靠间接地从来过中国的人或从书本那里得

---

* 这是乔石同志在会见由全国政治委员会主席、参议院议长吉列尔莫·福尔顿率领的玻利维亚民族主义民主行动党代表团时的谈话节录。

到一些有关中国的情况,是不容易对中国有深入的了解的。所以,我们欢迎友好国家的政党和人士多到中国来,只有亲眼所见,才会留下深刻印象,对我国情况的了解也才会真实。到目前为止,在我们这个星球上,仍然有人对中国不大了解,把中国看成是非常神秘的国家。如果他们亲身来到中国,就会知道中国有悠久的历史和自己的传统文化,同时会看到中国人民同世界各国人民一样,正在谋求维护世界和平和发展本国经济。

吉列尔莫·福尔顿(以下简称福):我们到北京后,已同贵国有关单位进行了接触,特别是同中联部部长进行了长达两个半小时的座谈,所有这些都极大地丰富了我们对中国的了解。正像您刚才讲的那样,直接交流是最好的方式,间接的交流只能满足一些一般的愿望。比如我们在国内只听说中国是个神秘的国家,中国的具体情况如何,则一点不知道。我们踏上中国的国土以后,亲眼看到了中国各方面的情况,不但了解了中国悠久的历史,而且看到了中国人民在如何进行国内建设。我们认为,中国对当前动荡变化的国际形势,对新的世界格局的发展,都是非常有见解的。

我们两国虽相距遥远,但由于中国实行对外开放,使我们两党有可能建立起真正的关系。我们两党从 1985 年开始建立起了真正的友谊,可以说,我党是中国共产党的老朋友,这一切都受益于中国的改革开放政策和采取的灵活立场。

乔:中玻两国虽然相距遥远,但我们两国人民之间的关系是非常友好的,我们两党间的关系也是非常友好的,这种友谊关系的发展同班塞尔将军①访华是分不开的。同时你们这次来访,也会进一步推

---

① 班塞尔将军,即乌戈·班塞尔,玻利维亚民族主义民主行动党的领袖,曾任玻利维亚总统。

动两国、两党关系进一步发展。

福：由于近年来国际形势发生了激烈变化，因此双方都要对现实的政策有重新的考虑，我相信，双方间的交流可以对下个世纪的发展战略提出一些有益的建议。

乔：关于当前的国际形势，我想简单说几句。目前苏联的解体已成事实，东欧也发生了巨大变化。世界形势的变化对中国，对拉美地区都有影响。我想说明一下，中国历史上曾同苏联有过各种联系。在中国当代历史上，苏联的党和人民曾经援助、同情和支持过中国人民的革命和建设事业，对此，中国党和人民始终是感谢的。但与此同时，中国人民完全是遵循独立自主的道路前进的。近100多年，特别是中国共产党成立后的70多年历史证明，我们只能按照自己的特点独立自主地走自己的道路。1949年我们取得全国政权以后，曾经有一段时间同苏联建立了联盟关系，后来我们取消了这个联盟。因为我们发现，我们同他们不完全一样，我们必须按中国的历史传统，根据中国的实际状况来决定自己国家的发展和前进方向。至于说到最近10多年来取得的成绩，也是我们总结了过去的历史经验，改变了做法以后才取得的。中国的改革开放，比苏联搞得早。但更重要的是，我们的改革开放政策符合中国的实际情况和民族特点，得到了11多亿人民的衷心拥护。戈尔巴乔夫后来也搞了改革，但最后苏联解体了。这是全世界都看到的事实。对所有这些东西，我们都有自己的看法，但我们不会去干涉别国的内政。所以我们同苏联在和平共处五项原则基础上实现关系正常化以来，我们没有针对苏联国内的事情说过什么话。苏联今天的结果，可以说同过去长期以来的错误有关，也同最近三四十年犯的错误有关。戈尔巴乔夫说苏联今天的状况完全是由于过去的历史原因造成的。我们认为，历史有历史的问题，这是事实。但苏联是在戈尔巴乔夫手中解体的，这也是谁都知道的事情。我们在新中国成立后总结了历史的经验,开辟了一条新的道路,我们同苏联虽然都是共产党领导的国家,但实际情况却不同。大家都知道,苏联是两个超级大国中的一个,而中国不是,中国是第三世界国家中的成员,而且我们早就向全世界宣布,中国永远不当超级大国。

现在的世界形势很复杂,许多根本矛盾仍没有得到解决,人类面临的和平与发展问题,仍然是当今要考虑解决的两大主题。我们希望和平,不希望打仗,因为和平有利于中国的建设,也有利于各国人民争取发展本国经济的愿望。解体后的苏联和剧变后的东欧的发展方向,恐怕还要再看一看。到目前为止,这些国家原来存在的问题似乎没有得到解决,反而更加复杂化了。另外,我个人有个想法,社会主义事业,人类社会的进步事业,不会因某些国家发生变化而停止,总的讲历史只能前进,不会倒退。

在目前的世界形势下,有人会有这样的看法,就是认为苏联解体后,世界上只剩下一个超级大国,将来的世界很可能被这个超级大国所左右。我们不这样认为。我们认为由一个或少数几个大国决定世界命运的时代已经过去了,我们相信,没有任何一个大国或超级大国有本事去解决世界上存在的各种问题。我们还相信,世界各国人民只有自己起来掌握自己的命运,全世界才会更好地向前发展。

福:我认为,目前东西方关系问题不像以前那样引人注目了,但南北关系问题却似乎变得更加重要了。

乔:我们要同世界各国,特别是第三世界国家一起,经过较长时间坚持不懈的努力,共同去建立国际政治、经济新秩序。

福:我想讲一点,玻利维亚在这方面有自己的历史伤痕。我们反对一个民族凭借自己的实力凌驾于其他民族之上的做法。

乔:这些问题都是殖民主义和帝国主义遗留下来的。在亚洲也有类似的问题。英国曾经是历史上最大的殖民大国,被称为日不落帝国。英国从亚洲撤退的时候,只是划了几条线作为一些国家的边界,因此引起的纷争至今都没有停止。英国最早的殖民地是印度,后来又去霸占其他国家。在非洲和拉美地区都有类似的情况。

海梅·索利亚斯(访华代表团成员,以下简称索):我认为,对中国的访问是非常有益的,因为我们不但同贵党接触,学到很多经验,而且我们亲眼看到了中国很多先进的东西。

乔:你们可以看到我国就像个大工地,到处都在搞建设。但你们可以相信,我们的建设短期内还远远不能满足发展的需要。

索:我们到中国开阔了视野,加深了对中国的了解。我国也在进行建设,我党不仅参加国内的民主进程,而且也在为创建一个稳定的国内政治、经济环境而努力。

乔:我们面临共同的问题。

埃德蒙多·阿劳斯(访华代表团成员):对于中国进行的建设,我们的印象非常深刻。另外还有一件事给我们留下深刻印象,就是中国人民代表大会的代表有三分之一来自民主党派,可中国民主党派的人数还不到中国共产党党员总数的 5%。我们看到了中国民主的根源。此外,中国正在进行住房私有化工作,我们认为这是一项非常有意义的工作。

乔:我们正在进行住房制度改革,我相信这项改革会成功,但要实行起来,还是比较复杂的。

蒂托·奥斯德比拉(访华代表团成员):我同样对中国的现代化进程留下深刻印象。同时我感到,中国的十多亿人口非常团结。我另外感到,在中国的现代化进程中沿海和南部地区发展得更快,那么中国是否还能保持统一?

乔:中国国土辽阔,资源丰富,民族很多,因此各地区都按照自己的特点进行发展。我们中央制定了适合全国的统一规划,同时也允许各地按自己的实际情况在中央统一规划的范围内进行创造性的努力。南方一些省在过去的十多年发展较快,这是事实。但进入90年代,我国经济发展的战略中心将转到上海。上海的建设将带动周围地区,包括江苏、浙江、长江三角洲,以及整个长江流域。我国的内陆省份也并不是完全保持现状不动,也在积极地向前发展,沿海地区同内陆省份也有广泛的联系。我国的一个省相当于欧洲的一个小国家,其中一个省人口超过一亿,另两个省人口大概有7000万左右。当然在这些省中,有的发展较快,有的相对来讲发展较慢。我们注意使发展快和发展慢的地区之间加强联系,互相帮助。我们的最终目标是实现共同富裕。我们同周边国家在和平共处五项原则的基础上发展睦邻友好关系。我国同苏联有7000多公里的边界线。苏联解体后,我们同俄罗斯联邦共和国、乌兹别克斯坦共和国、哈萨克斯坦共和国都接壤。同这些国家相比,我们的经济发展比他们快,所以我们也同他们进行了合作。除了同北方邻居合作以外,我们还在和平共处五项原则的基础上同南方的邻国,如越南、柬埔寨、缅甸等在经济上开展互利合作。我相信,如果这样搞下去,我们的一些内陆省的经济也会更快地发展,这样就可避免在国内各省间产生极端贫富不均的现象。

何塞·里韦拉(访华代表团成员,以下简称里):我们这次来中国亲眼看到了中国的真实情况,感到同以前从新闻媒介中听到的有关中国的报道不一样。我们体会到中国人民有强烈的发展意愿,而且随着国家的发展,中国在国际事务中起的作用也会越来越大,我们希望把中国的真实信息传达给全世界。

乔:我们确实面临很多问题,在工作中有成绩,但也有不足之处,你们也会看到。

里:我们已经看到中国的改革进展得非常快。在中国的一些大城市中,工业的发展速度很快,于是我联想到了世界各国都面临的环境保护问题,中国在环保方面是否也作了一些努力?

乔:为了保护生态环境,中国作出了巨大努力。在过去的几十年里,我们在北京西北部建起了一条防护林带,现在我们又在建造第二条防护林带。另外,我们在全国范围内依靠群众的积极性开展了大规模的植树绿化工作。到去年为止,我们木材使用量和生产量达到了平衡,这是很不容易的。南方有个别省消灭了荒山秃岭,这也同样很不容易。

我们对前途满怀信心,充满希望。

福尔顿夫人:我很小的时候就对了解中国的悠久历史有强烈的愿望,很想知道中玻两国的历史有什么不同,今天我终于有机会来到中国。我对中国产生了一种亲切的感觉。

乔:中国的历史很长,这一点你们到西安访问时就会感到。不管我们两国的历史有多大的不同,但中国人民对任何国家的人民都怀有友好感情。

要不断扩大同沿边国家的
合作领域[*]

（1992 年 7 月 28 日—8 月 5 日）

我有 6 年没来了。6 年来，黑龙江的工作在发展。特别是近一个时期，你们认真贯彻邓小平同志年初重要谈话精神，充分发挥沿边优势，加快改革开放和经济建设步伐，取得了很大成绩，这些应该充分予以肯定。

一、抓住当前有利时机，把经济建设搞上去

集中力量把经济建设搞上去是党的十一届三中全会确定的，是邓小平同志一贯强调的。正是遵循了小平同志提出的"一个中心、两个基本点"这条基本路线，我国的经济建设才出现了崭新的局面，人民群众的生活水平才有了明显的提高。所以，我们无论如何要抓紧现在的有利时机，下定决心把经济搞上去。经济搞不上去，说什么社会主义优越性也没用。为什么现在老百姓拥护共产党，就是因为我们的改革好嘛！农民有什么要求啊，就是希望你改革不要变嘛！这个非常重要。没有这个，我们今天怎么能稳如泰山呢？至于帝国主义国家想不想在社会主义国家搞"和平演变"，当然想。哪一年不想？做得到做不到那是另外一回事。只要我们自己团结好了，我们和群众是密切联系的，搞我们也搞不倒。我们要不要防止和反对

＊　这是乔石同志在黑龙江省考察工作期间的谈话要点。

"和平演变"呢？还是要防止和反对的。"一个中心、两个基本点"，很重要的一条就是坚持四项基本原则。当然，不能把防止和反对"和平演变"说得太高了，甚至等于是另外一个中心了，甚至高于中心了，这是不对的。

对于国际问题，我们当然是要关心的，方针还是小平同志那句话："冷静观察，稳住阵脚，沉着应付，韬光养晦。"实践证明这是正确的。我们在争取国际和平环境的一系列政策措施，都不能离开这个方针。苏联解体，从根本上讲，是内部原因造成的。他们资源比我们丰富，特别是按人口来比，占有量比我们多得多了。但他们的经济没搞好。第二次世界大战以后，有很多事情是力所不能及的，他们都要管，好像很快就能把世界上都办成社会主义国家，实际上做不到。等到斯大林一去世，留下来好多问题。这些问题不是完全不可以解决的。39年时间，可以解决，但没有解决。我们党从十一届三中全会就开始解决问题。党的十一届六中全会搞了一个《关于建国以来党的若干历史问题的决议》，把历史问题解决了，这个很了不起啊。在苏联，历史问题39年没有解决。赫鲁晓夫反斯大林，戈尔巴乔夫又反，批来批去批了很多，也没批出什么经验来，正面的经验没有总结出来，反面的教训也没有总结出来，倒把党批得一塌糊涂，好像臭不可闻，什么也没搞好，一无是处。这样社会怎么能稳定，政治怎么能安定，党内怎么能加强团结。至于东欧有些国家，像罗马尼亚，在改革问题上对原来的东西纹丝不动，最后垮了。小平同志讲，要警惕右，但主要是防止"左"，"左"与右都可以葬送社会主义。这句话一点也不错。有的社会主义国家可能就是葬送在"左"的方面，"左"得不能再左了，谁都讨厌了，这个"社会主义"就混不下去了。

当前，要组织全党继续深入学习和领会小平同志重要谈话精神，真正掌握建设有中国特色的社会主义的理论，转变观念，使思想更解放一点。我国当前面临的机遇是极为难得的。我们必须紧紧抓住90年代的有利时机,在实事求是、科学规划的基础上,加快速度把经济建设搞上去。黑龙江同6年前相比,发展变化已经很大了,今后应更快更大一些,特别是要大力发展乡镇企业和第三产业,黑龙江农业机械化程度高,农村剩余劳动力是个很大资源,农村也比较富裕,兴办乡镇企业和第三产业潜力很大,这方面可以有一个更大的发展。

二、沿边开放,要看得远一点,层次要更高一点

沿边开放,你们算最早的。黑河、绥芬河这两个边境城市,比我以前来时有了明显的变化,建设步子加快了,看了令人高兴。我同意维本①同志的意见,我们的沿边开放,现在还是比较低层次的。当然这种低层次也比完全没有要好一些。沿边开放,要看得远一点,层次要更高一点。要大力开展同俄罗斯等国的经济技术合作。你们同俄罗斯,经济上是有互补性的。怎么互补,要深入研究。要有远见,要制定长期规划。

我有个印象,苏联版图那么大,但整个远东部分经济相当薄弱,没有很好开发。在它开发和结构调整过程中,我们应当作为一个合作因素参加进去。如果这样,黑龙江虽然不是沿海地区,但地位和作用也相当重要了。

你们要充分利用现有的政策、条件,加快开放的步伐,加快发展。现有的政策要用足、用活,这个余地已经很大了。当然要进一步提高,在深层次、高层次上发展,还有许多文章可作。要不断扩大对外合作的领域。可以派人过去搞农业经济、田园经济、森工工业以及其他方面的经济技术合作也可以搞嘛!

---

① 维本,即孙维本,时任中共黑龙江省委书记、省人大常委会主任。

三、大中型企业要以转换经营机制为中心,配套改革,推向市场

黑龙江省大中型企业比较集中,但多是第一个五年计划搞起来的。问题是这些企业怎么搞活,怎么能提高经济效益。要以转换企业经营机制为中心,搞好各方面的配套改革,把企业真正推向市场。企业的自主权一定要保证。另外,要抓紧技术改造,因为有些技术已经跟不上了。技术改造搞好了,产品的档次才能上去。你们的大中型企业底子是好的。我们的机械电力设备制造业,能力很大,其发展不在于铺新摊子,主要在于搞技术改造。此外,还要大力发展第三产业,减轻工厂负担。

大中型军工企业的问题,要想办法解决,早解决比晚解决好。主要应采取的方向,是军转民。我们现在的国防经费有限。基本可以肯定,90年代,世界大战打不起来,大规模的外敌入侵也不大可能。从世界范围来看,和平与发展还是两个大的主题。要保留一批军工方面有经验的技术力量,继续追踪世界上先进的军事技术,同时做一些试验的产品。该增补新人的增补新人,不然老一代都不在了,新一代接续不上,问题就大了。军工保留部分的费用由国家包下来,列入国家计划。其他的就军转民,转得越快越好。飞机制造业,就搞民用飞机嘛!

四、林业和粮食问题要加紧解决

森工企业现在很困难,有些问题应该解决。特别是木材价格双轨制,应该取消。这样,木材生产才能正常发展,对现在吃亏的几个省,也比较合理一些,解决这个问题到时候了。不抓紧,以后解决就更困难了。林业要保持合理的采伐量,现在应该退下来的,下决心退下来。现在不提出这个问题来,对子孙后代是个祸害。退下来之后靠什么弥补呢,一个是靠造林,另外一个就是搞点经济作物,搞多种经营。造林有一个投入的问题,这个和林业部商量一下。有一定的投入，以此来维持森林的积蓄量，进而转入到良性循环。

要继续深化各方面的改革。粮食要尽快放开。这个问题拖了好几年，已经晚了，再不解决，农民没有种粮积极性了。谷贱伤农，古人就有这个话。今年实行购销同价，推出来没多大影响，农民也不觉得怎么样。原来3个省粮食是放开的，放开以后粮食就很好办。如果说有什么困难的话，就是各级粮站有些困难。粮食归根到底是要推向市场。走向市场并不影响宏观调控。国家搞必要的粮食储备，农民交公粮，城市供应粮的调剂，这问题不太大。不是说我们什么都不管，大的方面管住就可以了。应该适量地出口一些。像你们这样与俄罗斯毗邻的地区粮食积压，他正好缺粮，你给他出口一些，有什么关系。在粮食问题上，我们有一个"一朝被蛇咬，十年怕井绳"的问题。当然，粮食问题要慎重，有些担心，考虑周全一点是必要的。但老是那么顾虑也不行。有些问题拖久了，对发展粮食生产是不利的。

不断进行探索，不断总结经验[*]

（1992 年 8 月 18 日）

　　我国搞改革到今天已有 10 多年了。我们的改革是从农村开始的，经过农民群众的实践，基层干部不断总结经验以后，才逐渐在全国范围内推广。这个阶段大概花了三年半的时间。此后，在农村改革的基础上，我们又逐渐开始搞了城市经济体制改革，同时也进行一些政治体制的改革。比如说下放权力，扩大民主等。我可以坦率地跟你讲，我们不想模仿西方国家的民主，因为中国有几千年历史，有自己的实际情况。所以说没有一个现成的模式可以供我们照抄照搬。因此，邓小平同志在 10 年前的中共十二大开幕式上，提出了建设有中国特色社会主义的思想。现在已经证明，建设有中国特色社会主义的道路适合中国国情。我们现在正在为将在今年第四季度召开的党的第十四次代表大会作准备。这次代表大会不但要回顾过去，而且要确定我党今后在建设有中国特色社会主义的道路上进一步奋斗的目标。同时，我党的领导机构也要有新的变化。这一切都是在我党和全国政治生活非常稳定的情况下进行的。现在我国的政治形势是安定团结和稳定的。人民群众对我党现行政策是拥护的，不希望我们改变目前实行的路线，希望今后继续沿着现在的道路走

＊　这是乔石同志在会见由哈萨克斯坦社会党主席兼和平与和睦理事会主席阿里姆扎诺夫率领的哈萨克斯坦和平与和睦理事会代表团时的谈话节录。

下去。我们再用 20—30 年的时间，中国的社会主义就可以走出更加清晰的道路。

我们面临着很多的新事物，我们在不断进行探索，并在探索中注意不断总结经验。中国有 11 多亿人口，各民族地区的情况也不一样，所以各地的发展很不平衡。但总的趋势是，各地都在向前发展。现在东部沿海地区的发展快一点，我们今后准备让沿海地区有计划地帮助内地的中西部地区，最终达到共同富裕。既然我们是搞社会主义，那么就要力求避免出现两极分化的现象，以及出现资本主义社会中存在的那种人剥削人的状况。按照我的经验，我认为这一点是完全可以做到的。但整个的发展过程需要较长的时间。因为你们知道，中国原来的底子比较差。在过去的 10 多年中，我们虽然想发展得快一点，但发展较快的只是东部的沿海地区。从全国来看，沿海和内地的发展很不平衡。但我们应看到，现在中国人民的温饱、吃穿问题基本上解决了，市场供应也较丰富。问题是，我们要进一步提高产品质量，扩大对外贸易，更好地满足人民群众的需要。

关于我们两党和两国的关系，我相信一定会搞好，因为我们双方都有发展关系的愿望，我们之间有很多共同语言。贵国主要民族是哈萨克族。在我国新疆地区，也有哈萨克族。

我们希望两党、两国增加了解，加强友好合作。我们双方可以在许多方面开展合作，如果说过去没有机会，那么现在的合作机会多了，我们应该合作得更好。我们愿意坦诚地把中国建设的情况介绍给你们，但它只能供你们参考，因为我们两国的情况不同。但我认为，我们双方之间多增加来往，多交流经验，总是有好处的、有益的。

我们两国有悠久的友好关系历史，只是在你们独立以前，有一段时间没有进行很多的交往。你们现在虽然面临很多暂时的困难，但我相信,只要你们党和国家做到从本国实际情况出发,脚踏实地一步步地进行改革,就可以想办法克服困难。我们两国是邻国,所以来往也很方便。我们希望双方今后多来往,这样可以增进相互了解和友谊。

和平与发展仍是
当今世界的两大主题[*]

（1992 年 8 月 25 日）

乔石（以下简称乔）：今天有机会再次见到你，我感到非常高兴。欢迎你在时隔8年后再次访问中国。你 1984 年随德国社会民主党主席勃兰特访华，我们是那时认识的，而且谈得不错。

8 年来，世界上发生了很多变化，中国也发生了一些变化。但总的讲，中国的对外政策没有变。我们希望同各个国家的社会民主党、社会党、工党保持友好关系。这个原则也始终没有变。1984 年我在北京见到了贵党的一些朋友，包括尊敬的勃兰特主席，请你回国后转达我对他的问候。勃兰特主席 1984 年访华时，胡耀邦同志还健在。虽然他现在已经作古了，但他同勃兰特主席建立的友谊我们继承下来了。

卡尔-海因茨·克莱尔（以下简称克）：首先请允许我向你表示感谢，感谢你今天能抽出时间接见我们。我知道你现在肩负重任，同时又在为即将召开的中共十四大作准备，所以你的工作非常繁忙。我和你有同样的感觉，也愉快地回忆起我们 1984 年见面时的情景。我们很想听听你对当前国际形势和中国形势的看法，我将把你介绍

---

* 这是乔石同志在会见德国社会民主党政治家、德国莱法州国务秘书卡尔-海因茨·克莱尔一行时的谈话节录。

的情况向我们党的领导人汇报。同时,我也愿意回答你提出的问题,包括我国的形势和我们党的情况。

乔:我们的习惯是请客人先谈。

克:那好,我首先从德国形势谈起。德国统一差不多已有两年时间了,我们完成了国家的统一,但仍面临着艰巨的任务,即如何解决国家统一带来的各种问题。

你们知道,随着德国的统一,我们增加了东德地区的 5 个州,人口也增加了 1600 万。与此同时,由于东部地区的经济结构和西部地区截然不同,我们必须学会如何把这样一个国土业已统一的德国在经济、文化、法制等各个方面真正统一起来。

乔:这确实是项十分艰巨的任务。

克:在过去的 45 年中,两个德国的人民毕竟是生活在两种不同的文化和社会制度中,因此也遗留下许多问题。我认为,这些问题的解决,可能要比解决经济问题更困难。德国各党的政治家们目前都在努力寻求解决东部地区问题的方案。我在同其他中国同志座谈时已讲过,由于上述原因,现在德国各党领导人对外交政策的注意力不像以前那么集中了。

在外交方面,由于根舍外长辞去了外长职务,德国的外交领域正出现新老政治家更新换代的情况。其他各个政党也同样面临新老更替的问题。比如说我们德国社会民主党中,像勃兰特,以及随勃兰特一起访华的巴尔、维什涅夫斯基等老一代政治家,现在也都已退居二线。新上来的一代人以为,他们在对外政策方面和国际领域中肯定会比老一代政治家干得更好。但当他们自己干事的时候,才发现并不是那么简单。面对复杂多变的国际形势,这些人显得束手无策。

乔:这要有个过程,需要时间和经验。我们两国虽然在意识形态方面不同,但我们一贯认为,德意志民族的统一是件好事。德国统一以后,看来要想把统一后的问题解决好,恐怕要花相当长的时间。现在世界上普遍关心的问题是,希望统一后的德国不要再像过去那样做对世界和平不利的事情。德意志民族是非常顽强的,如果你们能致力于欧洲和世界和平,我想你们将来会很有前途。这一点对贵国年轻一代政治家来讲,显得尤其重要。如果说世界上一些国家人民对德国还有什么担心的话,最主要的也还是这个问题。讲道理固然很重要,很有用,但要使世界人民真正相信你们在致力于欧洲和世界的和平,最重要的是看你们的实际行动。

关于中国国内的情况。中国现在的国内形势是稳定的,但世界上流传着各种各样的有关中国的谣言。比如说我们准备在今年第四季度召开中共十四大,就出现关于十四大的许多谣言。请你们相信,中国目前是稳定的,十四大在人事上会有一些变动,但不会有太惊人的事情。

你们知道,我国有些老一辈的领导人,年事已高,像我这个年龄的领导被称为比较年轻的一代,而实际上也都相当老了。我们的将来寄托在后面的一代,以及再后面的一代人身上。我们的基本路线不会有什么变化,因为14年来的实践证明,这条基本路线是正确的,对中国人民是有利的。最近几年,我几乎跑遍了中国的边远地区和贫穷山区。我发现,农民最基本的要求,就是希望现在的政策不要改变。我国有9亿农民,他们虽然没有在一夜间就都变成了富翁,生活节奏也不是很快,但总是在一天天地富裕起来。就全国来讲,沿海地区发展快一点,这也是应该的。我们今后准备让沿海地区带动中部和西部地区的发展,最终走共同富裕的道路。

我国始终坚持独立自主的和平外交政策,我们的外交政策不带有任何的扩张性。中国现在已这么大了,人口又这么多,所以不想到世界其他地区去谋取什么中国的势力范围。全世界对中国的外交政策总的来说是理解的。

我们要建设适合中国国情的社会主义民主和法制,我们正在努力这样做。但在此过程中,不能抄袭任何国家现有的模式。我们只能在已有的历史传统和目前的社会基础之上,发展我国的社会主义民主和法制。只要坚持这样做,我相信中国会一天天好起来的。

我们政策的总目标是,创造一个有利于中国建设和经济发展的国际环境。我们的政策也不是只顾自己,对于国际上的重大问题,我们还是要表明我们的独立立场的。我们不赞成由个别或少数几个强国来决定世界命运。用一个政治术语来讲,我们反对霸权主义和强权政治。我们不反对不行。我们为了争取中国的独立和解放,奋斗了一百几十年。我们现在还同广大第三世界的朋友站在一起。所以在重大问题上,我们要说,谁想压制我们都不行。

旧的世界格局已经被打破,现在还不能简单地说这是一件好事,还是一件坏事。但有一点是明确的,就是苏联目前的状况长期拖下去也不行。我个人认为,中国的社会主义同他们搞的社会主义不一样。对他们的那种社会主义,我们也有怀疑。我党曾经作过两个重要的历史决议:第一个决议是在第二次世界大战期间作出的,当时中国正在进行抗日战争,总结的是民主革命时期的经验。第二个决议是在11年前作的,总结的是我国进行社会主义建设以来的经验。这两个决议都是在全党范围内开展批评与自我批评的基础上作出的,对我党过去的历史经验作了系统的总结,同时与苏联所走的道路划清了界限。现在有人认为,既然苏联的社会主义失败了,那么中国的社会主义也要失败。对于这种看法,至少我认为是不那么正确的。因为中国社会主义的存在是有历史根源的,中国人民并不讨厌中国共产党。当然世界上总是有人讨厌我们,总希望中国有朝一日会改变社会制度。这只能由将来的历史来说明。但我相信,中国沿着今天的道路走下去是很有希望的。为什么世界上只允许一种社会形态存在？为什么不允许探索和创造另外一种社会形态呢？我们并不是追求在中国搞独裁统治，我们有人民民主专政的说法，这是指在广泛的民主基础上搞集中。我们的民主当然同现在西方的民主不同。在中国，从孙中山先生到中国共产党，没有人赞成过西方的民主制度，也没有人认为把西方的民主照搬到中国来是合适的。但并不是说中国不需要民主，中国要探索的是适合中国情况的民主。

中国现在的情况比较好。当然同贵国不同，你们是发达国家，我们是发展中国家。在这一点上，我们的头脑历来是清醒的。我们希望有朝一日能够逐步赶上发达国家。我们的目标是到下个世纪，再花三五十年的时间，达到中等发达国家的水平。在本世纪内，我们的目标是在原来已经翻一番的基础上再翻一番。现在看来这个目标可以实现，而且略有超过也有可能。当然这是很不容易做到的。到了21世纪，像我这样年龄的人如果还活着的话，也没有什么用了。还是要看年轻一代干得怎么样。我相信，他们会干得更好。我们无论如何也要把中国的经济搞上去，要少说多做，吹得太多没有用，如果搞不好，那照样是搞不上去。我们也不去做一些我们力所不能及的事情。苏联的资源十分丰富，但在相当长的时间内，他们做了很多力所不能及的事情，所以长期以来搞得不好。我们从来不这样做。

我们对世界形势发展的前景是乐观的。和平与发展仍是当今世界的两大主题。从这一点来看，全世界都是互相联系的。只有和平才能发展，一打仗就全都打乱了。希望中国和德国为了世界和平与人类发展携起手来。如果德意志民族能成为一支维护世界和平的支柱力量，那你们将来能发挥的作用可能比我们要大，因为贵国的经济实力比我们雄厚。如果真是这样的话，那世界就会很有希望。任何国家都不要搞霸权主义，无论谁在什么时候搞霸权主义，我们都反

381

对。我们虽然不打仗,但反对总是可以的。当然如果有人打到我们的国土上来,那我们就要被迫拿起武器了。现在好像有这么大胆量的人也不太多。中国不想侵略别人,所以卷入战争的可能性也不大。当今世界还存在各种各样的热点地区,我们希望采取和平的办法来解决。比如说在欧洲,就存在南斯拉夫问题。我们始终认为,南斯拉夫问题是一个国家的内战,外国或联合国过多卷入不是一个好办法。在亚洲也有热点地区,现在正趋向于解决。我们希望联合国在维护世界和平方面发挥作用。但到处卷入战争,毕竟不是个好办法,弄不好会成为个别国家手中的工具。这样下去,即使现在不会,那将来有朝一日总会走上二次大战以前"国联"的道路。

中国国内是稳定的,安定团结的。我们的对外政策是想创造一个有利于中国建设的和平的国际环境,把我国的经济搞上去。我们两国的意识形态不同,但我们在看问题时,不能只从意识形态出发,应当采取现实的态度。

我今天利用这个机会向你作个简单介绍,不知道我说清楚了没有。

克:你刚才谈的东西,对我们很有启发,我们也都理解了。

马克思于1852年撰写了《路易·波拿巴的雾月十八日》这篇著作,指出1789年法国大革命失败的主要原因在于农民的利益没人代表。正是由于农民没有站出来,所以法国大革命失败了。你刚才讲到中国非常重视农业,我完全理解。

乔:我国的改革是从农村开始的,农村的变化也是巨大的。

克:你刚才还谈到稳定的问题。我认为,稳定不仅对中国重要,对其他国家来说也同样重要。由于历史的原因,中国的政治家和领导人历来都十分强调国家的稳定。对此,我们完全赞成。就像骑自行车一样,只有在骑得稳的前提下,车才有可能向前行走。否则,就不可能向前行走。我非常赞成中国强调稳定的政策,希望中国在稳定的政策指导下,在改革开放的过程中取得更大成就。

乔:你刚才讲的完全正确。我会骑自行车,知道自行车要在不断调整的过程中保持稳定。用个术语讲,就是要保持动态的平衡。汽车和自行车也一样,没有调整是不可能的。事物是波浪式前进的,所以要不断研究、探索、自我比较、自我检讨、自我纠正,停滞的、僵化的观点是根本不适应过去的和当代的世界需要的。

克:乔石先生,你刚才谈到,现在还不能简单地说旧的世界格局被打破究竟是件好事,还是坏事。我个人认为,这件事对全世界来说是有利的,是件好事。在过去的几十年中,苏联试图推行霸权主义,干了许多力所不能及的事情,现在他们已不可能再像以前那样推行霸权主义了。所以我认为,目前世界上没有人愿意,也没有人再有能力搞所谓的霸权主义,包括德国在内。我们今后不会搞霸权主义,我向你保证。

乔:你刚才说德国不搞霸权主义,我非常赞成。至于说今后世界上是不是还有人搞霸权主义,我认为还是要看看再说。因为世界太大了,有时有些现象也很复杂。如果说从今以后霸权主义在世界上不存在了,那当然是件再好不过的事,对世界和平也非常有利。如果霸权主义还有,那也不能不引起我们的注意。我们不愿打仗,现在我们连国内的建设都忙不过来,还谈得上打仗吗?

克:我完全理解。

乔:请你回国后把我的问候转达给贵党的勃兰特名誉主席和其他各位先生。同时也请你在可能的时候,把我的问候转达给贵国年轻一代政治家和社会活动家。我衷心希望中德两国和两国人民之间的友谊长久地发展下去。

在过去的十多年中,我们两国的经济合作是好的,政治上总的讲也是好的。虽然有时是出于不太了解情况,你们说了我们一些什么,但我们不太计较。中国这么大,总会有人说我们一些什么话的。我们生活在世界上不能只听好话,而不去听骂我们的话。有时被人骂也好,但要看骂对了没有。如果骂对了,那不是应该骂吗?如果骂得不对,那也没什么了不起。像中国这样的大党和大国,骂是骂不倒的,要是被骂倒了,那不是比纸老虎还要纸老虎吗?对这些事情,我们想得开。

我们这样交换意见很好,是件非常有意义的事情。

多研究当地的特点
来发展当地的经济[*]

（1992 年 11 月 13 日）

一、把经济搞上去,要结合实际,符合经济规律

从湖南的实际情况看,这几年经济发展是比较好,也是比较快的。当然一下子都跟广东拉平,不现实。因为销售渠道,你们还有不少东西必须经过广东。将来逐步地发展起来,有自己的一套就不同了。另外你们现在把广西的通道打开了,情况又不同一点。现在广西的条件越来越具备,我们把广西北海发展起来,铁路都通上,西南几个省都连起来,发展有很好的出路。

在发展方向上,要按照小平同志南方谈话的精神,按照党的十四大的精神,进一步解放思想,要落实成为实际行动。这里边有很多课题,比如说社会主义市场经济,因为我们有 14 年的实践经验,大的框架还是有一些。但是另外一方面,它的各个部分,具体到底怎么操作法,怎么搞,我们还缺乏经验。比如说股份制到底怎么搞,深圳前一段股票搞得不太好。最近深圳、上海的股票下落,一下子不那么容易回升,就是因为没有经验。新中国成立已经 40 多年,过去接触过股票的人没有几个啦。怎么搞法,按照社会主义市场的需要来搞,不能盲目抄袭资本主义证券交易的那套东西。它有比较规范的制度,抄

---

* 这是乔石同志在湖南省考察时听取湖南省委、省政府汇报时的讲话。

袭这些东西,跟以社会主义公有制经济为主体基础上的市场经济不一定合适。还是要根据自己的实际,根据我们的事业和实践,逐步把它的内容充实起来。这方面的内容,涉及很多领域。

进一步解放思想,实事求是,建设有中国特色的社会主义,基本路线坚持 100 年不变,谁都不能动摇,这一条一定要搞得深入人心。今年年初小平同志南方谈话后大家一直在议论这个问题,将近一年了。在全国范围内议论,特别是党内议论很热烈、很热闹。把这个深入下去,有利于今后长期经济建设,为把中国经济搞上去打下一个坚实的思想基础。同时进一步结合湖南的实际情况,湖南应该怎么搞,在小平同志南方谈话和党的十四大精神指引下,寻求湖南经济应该怎么搞上去的目标,整个 90 年代怎么搞,准备进入 21 世纪要做哪些准备,在这么几个方面,都需要很好地在领会思想精神的基础上,逐步加以解决。有些需要经过实践的,还得要经过实践,谁也不能保证不走一点弯路,因为这是世界上没有的新事物。这次小平同志的南方谈话,很多是马列过去没有涉及到的。另外正好是在苏联解体、东欧剧变的情况下讲的。就是社会主义像原来苏联这么理解,这么做,事实上证明不行了。我们也是非改革不可。事实上,14 年以前我们就开始改,但是这条路还没有走完,还得继续走下去。特别是提出社会主义市场经济以后,我们的思想又上了一个新的台阶。总体的思想,在党的十四大的报告和小平同志南方谈话里都有了,但具体的各个部分的内容还要经过我们的实践去充实、去实现。再经过几十年的努力,为中国人民创造出一个真正是中国特色的社会主义,真正是符合中国实际情况的社会主义市场经济。坚持共产党领导,坚持社会主义,坚持这么走下去,搞它几十年,把中国经济搞上去,它的意义是很深远的。

结合湖南的实际情况,把经济搞上去,这是一个方面;另外一个方面,把经济搞上去,必须在很扎实的基础上,确确实实符合湖南的实际情况,确确实实符合经济规律。这样搞上去,基础才好,才比较扎实,才能够巩固。

二、让农民有休养生息的机会

农业问题,现在是一个非常值得注意的大问题。从党的十一届三中全会以后,我们连续 5 年发了一号文件,就是讲农业问题。就是在调查研究的基础上,给农民解决点什么问题,每年提出一些新的意见,农村经济确实发展比较快、比较好。应该说我们整个 14 年的经济发展,离不开农村经济体制改革和农业生产的发展、巩固。如果离开了,其他什么都谈不上。如果 11 亿 6 千万人连饭都吃不上,那么别的都谈不成。党的十一届三中全会后有一条,就是每年用外汇进口 1500 万吨粮食。为什么? 就是解决城镇供应粮的问题,让农民有休养生息的机会,否则农民负担太重。同时党的十一届三中全会也决定,除少数几种产品外,开放农贸市场。自由市场是党的十一届三中全会后放开的,放开以后,粮食只要交够公粮,合同定购的完成以后,都可以上市场交换。这样全国经济逐渐发展起来,当然还有家庭联产承包责任制。这样全国范围的经济都发展起来了。因此推动了城市体制的改革,推动了工业、商业等各方面经济体制改革。现在农村的问题又突出起来了。现在农民跟改革以前比,生活好多了。但是另一方面,从全国相对比较,虽然粮价调整了,但放开调整搞得慢了一些。我记得 1988 年来到湖南,王任重①同志正好也在这儿,有一天晚上我在他那儿聊了一会儿,就是谈粮价问题。他说粮价太便宜,粮价应该放开,或者应该调整。我们看法一致。现在粮食购销同价,粮价放开,对农民生产粮食的积极性能不能起到刺激作用,现在

---

① 王任重,时任全国政协副主席。

还很难说。如果经历一段粮食紧张、粮价上涨,这样对我们国家波动太大,还要力求避免这种状况,像三年困难时期,那什么事都干不了。农业问题,要认真地注意一下。工农业产品的剪刀差①,从 1984 年到现在,我问了几个经济部门的同志,都认为剪刀差在扩大了。剪刀差扩大不是好事,无论如何不能再扩大剪刀差,而且要争取缩小,争取近几年内,使剪刀差恢复到 1984 年那样的状况,这样好一点,否则农村要出事,9 亿农民如果稳不住,还谈得上中国的稳定吗? 这个问题很大,非常现实。合同定购粮打白条,我问过朱镕基②同志,他说人民银行用于收购粮食的钱,大部分已经拨到各个专业银行和各个地方。但因为各种原因,把资金占用、挪用了,到现在根本没钱。党的十四大后开了一次经济通报会,会议上讲的一些问题,虽然不是全国的大局,也不是说大势不好了,但确实应该让我们从另外一方面看一看,头脑清醒一下,看到在加快发展的过程中还存在一些问题,要尽量及时解决,使得农民生产粮食的积极性、生产各种农作物的积极性不下降,争取明年农业的形势更好。否则的话,这一头稳不住非出事不可。如果弄得不好,再出现 1988 年那样的状况,那不是闹着玩的。大家要注意这个事,注意农业,注意不要打白条,注意农民生产积极性。农业的稳定向前发展,这是我们国家的基础,离开这个不行。

三、引进外资和发展第三产业不要搞低水平的重复生产

第三产业和乡镇企业的发展,还有引进外资,这些都是好事,都应该做。去年 12 月份我到安徽走了一圈,主要是看一看安徽灾后灾民过冬的情况。省委开了个会,谈到经济问题。我提到安徽应注意

---

① 剪刀差:指工农业产品交换时,工业产品价格高于价值,农产品价格低于价值所出现的差额。因用图表表示呈剪刀张开形态而得名。
② 朱镕基,时任中共中央政治局常委、国务院副总理。

乡镇企业的发展,省委书记说,他们注意了。现在每年用20%到30%的速度在发展,但因为安徽的底子差,乡镇企业发展晚了,吃亏了。当然安徽还有别的问题,比如水利的问题,治理淮河的问题,对安徽来说是更紧迫的问题。治淮也是稳定农业的问题。像这些都是好事,好事希望在办的过程中,在整个发展过程中,放在适当的位置,使它发展得更健康。乡镇企业发展最快的江苏、浙江、山东、广东几个省份,广东主要是珠江三角洲。珠江三角洲有点特殊性,主要是"三来一补"①这一套东西,因为它毗邻港澳,只有它有这个办法做到。香港有相当多的厂办到内地,在香港是店,到了珠江三角洲就是厂。他在店铺上接一个活,做几套西服,明天交货,上午接下来,下午跑来,老师傅一裁,老师傅也是香港请来的,裁好后,晚上就出境了,第二天就拉到门市部交货。这在有的省不好比,也比不上,因为它有地理上的优势,有它的有利条件。珠江三角洲相当一部分企业是这样的。为什么它要这样干?因为香港的劳动力比内地贵,珠江三角洲与香港靠近,劳动力又便宜。引进外资,发展乡镇企业,发展第三产业都是必要的,但是作为领导机关心里要有一点数,有点先后,有点秩序。一是不要搞低水平的重复引进,重复生产。我去年到江苏的无锡、苏州两市看了一下,它们发展很快,可以借鉴、可以学习。他们走过的弯路你们可以了解了解,不要再走。乡镇企业转得快,船小好调头嘛。在他们那些经验的基础上打下一个好的基础,应该搞得更灵活,更健康,更适合湖南的情况,对国民经济整体建设有好处。作为高级领导机关,就要冷静研究这些问题,朝更快更健康的方向发展,免得齐头并进,大家一起起哄。资金来源上也有这个问题。居民

---

① 三来一补:指来料加工、来样加工、来件装配和补偿贸易,是我国在改革开放初期试验性地创立的一种对外贸易形式。

中是有很多的闲散资金可以筹集,这是一方面;另一方面要防止不合理的筹集的事。

农村今后的建设方向,主要是发展小城镇。发展小城镇不一定要像江苏无锡的那样,那个水平高,花的钱也多,商业发达。湖南都要搞那样的城镇恐怕不行。还是要从实际出发,有利于农业经济的发展。作为农村政治、经济、文化、科学、教育、娱乐的中心,小城镇的人口不必太多限制。9亿农民搞饭吃的状况,随着农村改革的逐步深化,总是有一部分农民从农村中分离出来,所以建设小城镇是一个方向。我在法国访问时到了一个小城市。这个市的市长举行了一次招待会,这个市就5万人,它很发达,也挺像样的。农村将来基层的经济建设单位一般是小城镇,把小城镇健全起来,包括党的工作,精神文明建设、社会治安综合治理都得在这个基础上搞好。湖南有湖南的优势、特点,希望多研究湖南的特点来发展湖南经济。

四、发展同周边国家的睦邻友好关系

在国际上,我们现在要抓紧有利时机,把我们国家赶快建设起来。这一点确实非常重要。错过了这样的机会,以后什么时候再碰到就难说了。

我碰到的一些第三世界的领导人,他们越来越寄希望于中国。过去寄希望于苏联,现在转而希望中国发展好,不要让某一个资本主义国家来独霸世界。当然,现在国际格局多极化,一个国家想独霸也是做不到的。对外,我们奉行独立自主和平外交政策,反对霸权主义和强权政治。西方国家之间的矛盾有时也很尖锐。同时,美国、日本、欧洲经济萧条,近期内看不出有回升的苗头。现在日本在经济大国的基础上,争取做政治大国,日本和美国的矛盾也在发展。

我国同周边国家的政策,是加强睦邻友好,发展友谊和合作的关系。有些一时解决不了的分歧,通过和平谈判,逐渐来争取解决。解决不了,也不影响当前的关系。李鹏同志最近准备访问越南,主权上的有些问题,如边界的划分,南沙、西沙等问题,恐怕只能以后再从长计议。美国和日本也在那里进行活动。越南在政策上也较开放。越南也在建设社会主义,因此也需要同它搞好友好合作关系。关系正常化以后,逐步加强同越南的经济往来关系。

同东南亚国家发展经济关系,各有优势。我们有我们的优势,这些国家也有他们的优势。从科技力量,整体水平和劳动力资源等各方面看,都是这样。我们要善于取长补短,发展同东南亚国家的经济关系。

要以农业为基础，重视搞好农业[*]

（1992 年 12 月 24 日）

　　来宁夏几天了，到下面去看了看。谈点个人意见，供参考。1983年，我受中央委派来宁夏参加自治区成立 25 周年庆祝活动，同时到南部山区和银南一些地方看了看。转眼快 10 年了。这次来给我的印象是，与 10 年前比，宁夏各项事业有了相当发展，面貌有了较大改变，说明宁夏工作是有成绩的。特别是感觉到，宁夏的同志有一种迫切的心情，就是要把宁夏经济尽快搞上去，加快经济建设的步伐，加快改革开放的步伐，这一点非常可贵。

　　通过这一次的了解，我还感觉到，宁夏本身的潜力是不小的。刚才黄璜[①]同志的工作汇报和大家讲的情况都谈到了这个问题，我都同意。宁夏的煤炭资源比较丰富，电力充足，为发展工业提供了十分有利的条件。我到一些厂子看了看，是很有前途的。工业企业要抓紧技术改造，提高经济效益，真正能够上水平，产品既能在国内畅销，又能打入国际市场，在两个市场都能占据一席之地。宁夏农业上的优势也比较突出。我赞成尽可能把大柳树工程定下来，这对你们的农业、牧业都有好处，对宁夏的发展影响是巨大的、长远的。应该说，把宁夏的潜力逐步发掘出来，是很有希望的。

一、东部地区要从各个方面帮助和支持西部地区的发展，达到共同富裕

宁夏的发展与沿海比，确实存在着差距。当然，两者的许多客观条件是不能比的。这实质上是东部和西部地区的发展关系问题。1987年我随李先念①同志出国途经新疆时，先念、恩茂我们三人聊了一上午。恩茂同志提的问题中心就是一条，东西部的差距拉大了，怎么解决。对这个问题，我的意见，还是按小平同志的战略思想来考虑，让一部分地区先富起来，这是符合中国国情的。中国这么大，各地条件有差异，不可能大家同时富，同时富只能是同时穷。像过去那样，几十年不变，有什么好处呢？还是得让一部分地区、一部分人先富起来，由先富的东部地区帮助中部和西部地区，然后逐步达到共同富裕。现在我们正在这样做。目前沿海地区先发展起来了，广东珠江三角洲地带比较突出，这是内陆地区无法替代的。东部地区特别是沿海地区发展较快是有它自身特点的，除了地理优势，还有历史及其他一些因素。东部地区所具有的优势，是西部地区不能比的。东部地区发展也不平衡，比如粤北山区、沂蒙山区就比较困难。从西部地区来讲，条件普遍较差，这一点不能回避。黄土高原普遍缺少雨水，而且水土流失严重。黄土高原不改变生态环境是不行的，但彻底改变面貌很不容易。总之，大家希望不要把差距拉大，中部、西部地区都能够逐渐上去，这个我是同意的。中国的东部、中部和西部地区要达到共同富裕，这一点不容置疑，否则我们还算什么社会主义。两极分化，富的越富，穷的越穷，这是不行的。但是，达到共同富裕需要有个过程。一方面，依靠中部、西部地区各级领导和人民群众的共同努力，大家从多方面想办法，发挥西部自己的优势，克服困难，把经济

---

① 李先念，1983年6月当选为国家主席，1988年4月当选为全国政协主席。

搞上去;同时,东部地区要从各个方面帮助和支持西部地区的发展,国家在经济条件允许的情况下,对西部地区增加一些投入,逐渐地使西部地区发展起来,最后实现共同富裕。这没有一个相当长的时间,不容易完全做到。

二、对当前国内经济形势也要两点论

当前全国的经济发展比较迅猛,对此怎么看? 中央认为总体上是好的,发展速度比较快、经济效益也比较好,过去效益比较差的一些产业、一些地区也在力争赶上来,大家劲头很大,这是小平同志南方谈话以后的结果,没有他的讲话,今年的形势不会这么好。

从国际环境来看,经过过去几年的努力,我们确实可以说大体上创造了一个比较有利于我国建设的国际环境,当然还要继续不断地多做工作。苏联、东欧在过去两三年内发生这么大的变化,谁也预料不到,挡也挡不住的。对苏联、东欧问题,我们只能是坚持不干涉他国内政,坚持和平共处五项原则,对与我国毗邻的国家,力争搞好睦邻友好关系。我到新疆时,问了一些同志,毗邻这几个国家怎么样,他们告诉我,经济上我们这一边占优势。我说那就好办了,我们要继续保持这一优势,在经济上加强同他们的交往,在和平共处五项原则的基础上,搞好睦邻友好关系。现在看来效果是好的。苏联、东欧发生那么大变化,内在的原因是主要的。有人曾一度认为,苏联和东欧变了,中国就孤立了,资本主义国家都集中力量对付中国了,好像我们的危险性就很大了。还有的人认为,苏联、东欧是被别人演变过去的,说苏联和东欧的变化是西方"和平演变"影响造成的。我觉得不符合实际,根本原因还是内部积累下来的问题太多。内因是变化的根据,这是《矛盾论》早已说清楚的。苏联、东欧的变化对我们不能说没有一点影响。但是,不论他们怎么样,我们对他们的国家关系还是坚持和平共处五项原则。国际贸易有互补性,需大力发展,这是有利于我国的社会主义现代化建设的。总之,近几年来,我们采取了正确的态度和政策,我国的国际威望不但没有降低,反而更高了。

对当前国内的经济形势也要两点论。在经济增长、效益提高、财税收入增加的同时,经济发展也有一些过热的现象。最近很多国外的评论,也有这种说法。不久前,中央政治局常委会曾研究过,认为适当地提出"防止过热"的问题还是可以的,防止一下有利于明年的经济发展。不能太"热"了,太"热"了不好。基本建设的摊子铺得很大,票子发得多了些。这两年财政上发票子基本上已是这样一个局面,不能再大了,再大了就可能出现 1988 年的状况,那就麻烦了。现在群众的存款已达 11000 多亿了,到了这种程度,再不注意,再不清醒一点,那就不好了。我们作为领导机关还是要高度负责的,不能到该说话的时候不及时说,这是个责任心的问题。大家都应引起注意,注意防止"过热",不要单纯追求速度,追求基本建设的规模,而要注意把结构搞得更合理,效益提得更高,财税收入相应增加。总之要保持清醒的头脑,不要等到问题严重才去泼冷水。1988 年我们都经历过了,那时搞保值储蓄,提高存款利率,搞了很多,结果国家背了不少包袱。利率不能随便增长,增长了国家负担就重,利率问题要做专门研究,怎样才能搞得恰当一点。总之,靠发票子搞财政、搞经济是不行的,还是要调整结构,提高质量,提高效益,使经济在比较健康的轨道上发展,老是波动、起伏,对经济发展是不利的。在座的都是从事领导工作的同志,领导同志还是要比较冷静地处理面临的各种问题,不要光想好的一面,也要想想可能发生的问题,这样就会比较清醒、比较全面一点了。

三、宁夏的发展要突出注意农业和牧业

我还想强调一下农业问题。农业问题,中央政治局常委在一起谈过几次了。最近江泽民同志去湖北,重点也是谈农业问题。这里我只讲讲观点。在农业问题上,还是要有个大农业的观念,80年代前期一直强调这一点,后来不怎么注意了。大农业的范畴,除了粮食以外,还包括许多方面,比如养殖业、种植业、经济林等,要全面发展。你们这里较突出的,一个是农业,一个是牧业。在农村政策上,还是要坚持从实际出发,因地制宜。党的十一届三中全会是从着手解决农民问题开始的,当时就决定每年进口1000万—1500万吨粮食,解决城市供应粮的问题,减轻农民负担,给农民以休养生息的机会,这是一个很重要的措施。有时一个真理得到承认也是很不容易的。过去似乎认为生产关系越"先进",越有利于生产力的发展,其实不是这样。生产关系只有同生产力相适应才行,没有一个马克思主义者说生产关系越"先进"越好。"相适应"这里面大有文章,人民公社适应吗?不适应,结果农业生产没搞好,农民积极性没有调动起来。当时绝大多数农民并不真正拥护人民公社这个政策,但他不敢说不拥护,饿着肚子他也得说拥护;相反,搞包产到户他就真心拥护,就希望这个政策不要改变。农业特别是粮食问题必须引起足够重视。我今年上半年了解了一下工农业产品剪刀差的情况,国务院的同志告诉我,十一届三中全会以来,1984年是剪刀差比较小的一年,1984年以后不断扩大。我说,一定要花几年时间想办法缩小这个剪刀差,否则,农产品价格那么低,农民都不愿种地,地就要撂荒了。现在虽然年年丰收,但吃粮的人在增加,全国每年净增加人口1500万,这个压力是不小的。还是要以农业为基础,重视搞好农业,不然,经济上稳定不了,政治也稳定不了,不能小看这个问题。希望宁夏的同志引起注意。你们这里有牧业,就要搞好草场建设。草场有个更新改良的问题,内蒙古、新疆有这个问题,你们也有。要加强对牧草的研究,同时引进一些新草种,这虽然有难度,但还是事在人为。搞经济作物有时就是要看自己怎样动脑子,怎样加强研究。你们这里有个水的问题,所以我想大柳树工程如果能定下来，就下决心定下来。

乡镇企业和个体经济在宁夏是应该大力发展的，但最好能避免有些地区在初步发展时期的那种盲目性，吸收其好的经验，发展得健康一点。乡镇企业在你们这里不是多了，即使是将来发展到"三分天下有其一"也不算多，有的省已经发展到"三分天下有其二"。乡镇企业的性质也是社会主义的。否认这一点是不对的，那就等于说过去的合作社、人民公社都不是社会主义性质的。对乡镇企业要积极发展，多加引导，使它适合你们宁夏当地的条件和特点，搞得更好一点。个体经济也应该允许发展。个体经济是社会主义经济的一个补充，而且这个补充是不可缺少的，有些方面是不可替代的。比如说，解决大中城市蔬菜问题，如果没有个体经济，难以设想。个体经济搞到几十万元、几百万元的有，甚至上千万元的也有，不要眼红，要允许它存在。外资都可以引进，中国人就不让搞？无论是对个体经济，还是对乡镇企业，总的一条是依法经营，照章纳税，这一点不能含糊。

四、认真学习贯彻党的十四大精神

我们对党的十四大精神、小平同志的建设有中国特色社会主义的理论都要进一步学习研究，同时在实际工作中要不断探索、充实。小平同志一直讲，要有紧迫感，90年代一定要搞好，要为21世纪的发展打下基础，做好准备。这些事情，小平同志都讲清楚了，真正落实就要靠我们的工作了。如果我们能在90年代到21世纪初期，大概二三十年时间内，使多数地区达到或超过小康水平，那我们在世界上就站住了。现在全世界都承认中国的经济发展是好的。总的来讲，如果我们60多岁的、50多岁的、40多岁的这一茬子人，始终按小平同志建设有中国特色社会主义的思想来艰苦奋斗它几十年，中国的社会主义到时就可以说站稳脚跟了，我们具有中国特色社会主义就比较稳定了。有中国特色社会主义要不断充实新的内容，比如说社会主义市场经济,不是光说几句空话,需要从各方面体现出来。这中间有很多问题,不但要经过理论上的探讨,而且要经过大量的实践,经过实践也还可能发现有不好的,不好就改进嘛。小平同志说允许试验,试验不好可以改,可以不再试验,也可以继续试验,股票问题他就是这么讲的。工作上有点困难,有点挫折,这都没关系,总的来讲,只要坚定不移地沿着这条路走下去,搞它几十年,中国就大有希望。而且中国搞好了,或者基本搞好了,对世界就会作出更大的贡献。我们不光是党员多,而且国家也大,现在也被公认是搞得好的。当然敌对势力攻击我们的意识形态,攻击我们搞专制。我们是搞社会主义民主,怎么不民主?中国共产党历史上也犯过一些错误,但我们能进行自我批评,自己总结经验,改正错误。我们与苏联不同。他们有足够的时间去总结经验,纠正错误,却没有这样做。而我们有过两个历史问题决议,世界上没有哪个国家的共产党作过这样的历史决议。第一个历史问题决议,就是反对王明路线,反对教条主义、主观主义、照抄照搬苏联那一套;第二个历史问题决议讲了我们新中国建立以来的经验,也是反对僵化模式,在这个基础上,小平同志提出了建设有中国特色社会主义理论。建设有中国特色社会主义是没有现成模式可以照抄照搬的,只有按中国的实际情况来搞。现在需要我们把各方面工作搞上去,把它具体化。中国特色的社会主义是中国的唯一出路,希望就在这里,我相信是可以搞好的。只要坚持沿着小平同志提出的建设有中国特色社会主义道路走下去,按照十四大报告讲的,真正脚踏实地地干,中国是大有希望的,中国的社会主义是大有希望的。

我们处理民族问题比苏联好,我们实行民族区域自治,制定了一整套的法律和政策都是成功的。但是,我们还要不断加强这方面的工作,切实搞好民族团结。

密切注视经济发展动态，促使经济健康发展[*]

（1993 年 1 月 22 日）

这次有机会到浙江来，跟浙江人民一起过春节，感到特别高兴。我这个浙江人，既不生在浙江，也不长在浙江，解放前也没来过杭州。1949 年上海解放不久，我受党组织委派，来浙江做青年团建团工作，一直到 1952 年底。后来，由于工作调动比较多，不太有机会到各地走走，最近几年才到各地走得比较多一些。

今天谈什么？我觉得一些大的问题，中央都研究定了，有的发了文件；党的十四大刚开完不久；关于农业问题，根据中央讨论的精神，在武汉开了一次 6 省市座谈会，江泽民同志有一个讲话，以后国务院又开了一次电视电话会议。大的问题也都讲了。但是既然来了不说说也不行，趁这个机会就跟大家谈谈心。

一、我们党坚持独立自主，国际上任何风浪都能顶得住

总的看，当前国际形势对我们加快社会主义现代化建设是很有利的。东欧、苏联的变化都非常大，这种变化对世界形势造成了很大影响。但是，有一点是比较明显的，就是世界大战一时打不起来。过去我们就是这个观点，现在看更打不起来了。有资格打世界大战的就是两个国家，一个美国，一个苏联。现在苏联已经解体。现在看

---

[*] 这是乔石同志在浙江省考察时在省党政军负责同志座谈会上讲话的一部分。

399

来,世界大战很明显打不起来了,这是一个方面;另一方面,这个世界仍然不安宁,很不太平。从西方资本主义国家来说,它们之间也并不都是一致的。本来有人认为,苏联解体以后,又打了一场海湾战争,今后整个世界就会听美国的,由美国来主宰。美国也很得意,自以为可以领导全世界了,但实际上不是这么回事。美国的日子也不好过。

在这样动荡的、很不安宁的形势下,我们中国一直在向前发展。什么道理呢?为什么苏联垮了,我们却发展得那么快?苏联的变化对我们有没有影响?当然有影响,但说实话,影响也不是很大。影响要看两个方面。一方面苏联、东欧原来都是社会主义国家,从意识形态讲,从根本社会制度上讲,与我国相同,这些国家垮下去,对中国的国际环境不可能没有影响。但也有另外一面,虽然我们党在建党初期以及新中国成立初期,都与苏联党有比较多的联系,苏联对我们有援助,也有影响,但我们党历来是强调独立自主的,不依赖别人。

在我们党的历史上,有两个最主要的标志,说明中国党是独立自主地解决自己问题的。第一个是民主革命时期,从遵义会议开始,经过酝酿,在延安作出了关于若干历史问题的决议。这个决议系统地总结了革命战争时期的经验,肯定了毛泽东同志的正确路线,批判了党内的"左"、右倾机会主义路线,特别是王明的主观主义、教条主义,简单地讲就是"左"。决议里也讲到右的问题,即大革命后期大约半年左右时间的陈独秀右倾投降主义,但主要是批判三次"左"倾路线,特别是王明的"左"倾教条主义。王明是听莫斯科的,但是我们只总结自己的经验,不涉及苏联。第二个是社会主义建设时期作的《关于建国以来党的若干历史问题的决议》。记得刚解放我到杭州来的时候,还不到 25 岁。那时,我们没有经验,想得也很简单,觉得解放了,政权在自己手里,将来什么都好办。后来,工作中碰到的问题越来越多，一直到"文化大革命"，才逐步认识到巩固政权、搞建设的艰巨性和复杂性，一点也不比革命战争时期小。解放40多年来产生的问题主要也是"左"。

这两个重要的历史决议，表明我们党是独立自主的，正因为我们党坚持了独立自主的立场，所以即使国际上有什么风波，对我们产生了不同程度的影响，我们也能够顶得住。特别是党的十一届三中全会以后，我们走建设有中国特色的社会主义道路，紧紧抓住发展社会生产力、经济建设这个中心。这个问题解决得可不简单，是付出了巨大代价以后才得到的结果。本来在党的八大上，少奇同志报告中是有这个意思的。当然，现在看来，当时具体表述不一定很准确，但提出要注意社会生产力的发展是正确的。但是，八大刚开完，毛主席就说这个话不妥当，给否定掉了。八大提出要发展社会生产力，这是完全正确的。因为人民群众总处于贫穷的状态，你搞什么社会主义？所以小平同志反对所谓贫穷的社会主义。什么越穷越好，越穷越革命，这不符合马克思主义。至于参加革命的人，工人、农民阶级，因为穷，苦大仇深，投身革命，这是历史事实。但是建设社会主义国家，不能作这种理解。关于要大力发展社会生产力这个问题，近10多年来小平同志讲得非常突出。他反复强调贫穷不是社会主义，我们就是要把国家搞得富强起来，否则，就不能充分显示社会主义制度的优越性。只要不打世界大战，我们就一心一意地搞建设，发展社会生产力，改善人民生活。后来在军委扩大会议上，他又专门讲了，就是打起世界大战，只要不打到中国领土上，没有大规模的外敌入侵，我们还是集中力量搞建设。如果有外敌入侵，当然要集中力量反抗侵略，但是战争结束了，我们还要集中力量搞建设。事实证明，这条路线是对的。

二、外交政策坚持邓小平提出的"冷静观察、稳住阵脚、沉着应付、韬光养晦"的方针

除了在国内建设中我们一直坚持独立自主以外,在外交方面,我们在十一届三中全会总的路线、方针、政策的基础上,在小平同志的直接指导下,制定并坚持了正确的对外方针。这也是我们在国际上能够处于比较有利地位的重要原因。小平同志提出的方针大家都知道,叫冷静观察、稳住阵脚、沉着应付、韬光养晦。这是一个非常重要的方针,没有这个方针,我们就不能正确地对待苏联、东欧发生的这么大的变化。过去,我们在赫鲁晓夫问题上,搞了个"九评"。结果呢,他不听,我们自己也搞过头了。比如对南斯拉夫,当时有个三评:《南斯拉夫是社会主义国家吗?》,其中就批判南斯拉夫是"贴着美援商标的社会主义"。这就讲得太绝对了。外债不是不可以借的。我们自己现在不是也有外债? 前些年,我有一次跟华国锋同志去罗马尼亚、南斯拉夫访问,罗、南的领导人就认为,外债是可以借的。现在,在小平同志的指导下,我们采取了正确的对外政策,对苏联、东欧一方面尽我们的可能做工作,另一方面还是坚持和平共处五项原则,与它们发展友好关系。1989 年戈尔巴乔夫到北京,小平同志与他谈,说我们今后的关系就是坚持和平共处五项原则。戈说能否比这个再多一些,小平同志没理他。就是和平共处五项原则,否则就很难办。对西方发达国家,包括有些老牌帝国主义国家,我们也同样按照和平共处五项原则,按照小平同志定的指导思想来处理与它们的关系,搞得比较妥当,都可以对话。在对外工作中,有好多复杂的外交问题,是小平同志直接定的。

去年小平同志南方谈话发表以来,我们经济发展很快,各方面的情况都相当不错,来访的外国人,对此印象都很好,认为中国的经济发展速度快,潜力还很大。所以,中央研究提出,要遵照和平共处、睦邻友好的原则,逐步加强同周边国家的关系。现在,我们与周边国家的关系总的来说是比较好的。

三、苏联的变化内因是主要的,要防止"和平演变",但不能作为我们工作的中心

前两年,对"和平演变"问题议论得比较多。"和平演变"问题不是我们现在才遇到的,毛主席在时就提出过,帝国主义不能用武力征服社会主义国家,它就寄希望于对我们的第三代、第四代搞"和平演变"。而苏联的变化,内因是主要的,这个道理毛主席在《矛盾论》中都说清楚了,事实上也是这样。如果靠外来的一些情报人员就把这么大的苏联给变化了,那是不可想象的。苏联的克格勃也是很厉害的,仅次于美国中央情报局。我们今后还是要反对、防止"和平演变",要把这个斗争长期坚持下去,不能含糊,不能以为"和平演变"的可能性没有,不能以为资本主义国家会一下子改变过来喜欢中国。但是不能把它提到不适当的程度,把它作为我们工作的中心。我们的中心只有一个,就是解放和发展社会生产力。防止和反对"和平演变"应该包括在坚持四项基本原则里面。我们的基本路线还是"一个中心、两个基本点"。

四、要努力防止经济过热和通货膨胀

关于国内形势,去年一年,在小平同志南方谈话和党的十四大精神的指引和鼓舞下,全国的形势确实是很好的。有的省、有的地区一年的发展超过过去好几年,江苏的苏州、无锡、常州三个市的总产值加在一起已超过上海 20 个亿元。

浙江去年一年发展得也很好,总产值已经超过上海。特别令人高兴的是经济效益、上缴利税比较好,几个方面基本上是同步增长,这说明经济发展还是踏踏实实、比较健康的。浙江经济中乡镇企业占很大比例,正如小平同志说的是"异军突起"。乡镇企业原来发展就比较快,去年一年就更快更好了。

我想说一下,在这样的大好形势下,就全国来讲,经济方面也存在着一些问题。譬如说基本建设战线拉得很长,不但影响总供给,而且造成原材料涨价,低水平重复建设,还有重复引进,票子发得过多,等等。当然也不要怕,我们还有比较多的物资储备,市场供应情况还是好的。但是票子发得太多,必然要出问题。1988 年已经有过这方面的经验教训。此外,还有各类经济技术开发区搞得很多,据有的人说现在全国已搞到 1700 多个,有的说是 2000 个。搞这么多开发区,开发什么还不知道,但农田已经占了,地已经推平了。有的地方胃口还要大,被中央领导同志发现制止了。

这说明,经济过热的现象是存在的。所以中央曾讨论过这个问题,觉得在这样的情况下及时提出防止过热还是必要的。说防止过热,并不是说已经都过热了,还是留有相当大的余地的。这样可以使大家头脑要清醒些,特别是中央和省市两级领导干部的头脑更清醒一些。从你们浙江来说,有几个指标是其他省不能比的。你走在前面,这当然是好的,但也不能说我们这儿根本不存在过热,或者说防止经济过热对我们不适用。我们领导干部的头脑还是冷静一些、清醒一些好,经济工作还是搞得更加扎扎实实的好。我们有过经济过热、通货膨胀的经验教训,应该努力防止再出现这种情况,特别是不要重复 1988 年夏天那样的情况,力争不出大的问题。现在港澳台的经济评论,还有国际舆论,对我们提出防止过热都很注意,认为中国的领导人已经看到并在努力防止,反应是比较好的。我们国家容量大,经济发展也快,提出这个问题并不是说我们就害怕得不得了,主要是我们领导层头脑要清醒,要密切注视经济发展动态,努力把一些复杂的、困难的问题解决好,促使经济健康、高速度发展。十四大提出今后每年平均增长 8%—9%,去年大概会超过 10%。当然各地区不一样，可能会有些差别，但太高了恐怕也不行。各个国家的经验都证明，高积累也是不行的。

五、农业问题千万忽视不得

农业问题还是要继续抓紧。这几年来，工农业剪刀差一直在扩大，这个状况并不好，弄得农民没有种粮食和其他农作物的积极性。这对于我国经济的稳定和发展很不利，对政治稳定也很不利。中国稳定的基础在农村，不能忘记这一点。农民都往城里跑，这不是一个好现象，当然也不能让9亿农民都搞饭吃。像美国那样，一个农民能养活多少人，这个我们现在做不到，没这个条件，而且就业问题也不好解决，所以农民还是应该稳定在农村，这是主要的。这一点对全国来讲，是一个很大的问题。去年上半年我就说过，剪刀差这么扩大不行，希望花几年时间，把剪刀差缩小，恢复到1984年的状况。我不是说消灭，这现在还谈不上。到去年11月份时，这个剪刀差还在扩大，管经济的同志也认为是这么个状况。粮食价格长期以来过低，这样下去是不行的。去年我们实行了购销同价，但没有解决问题。粮食价格是要放开，放开了，粮价一下子也不见得怎么上涨。归根到底，就是要让农民能不断增加收入，还得用工业品去交换。谷贱伤农，而生产资料却不断涨价。如果搞农业越算越划不来，那么粮食和农产品就必然往下落，这个趋势发展下去很危险。不但工农联盟，而且整个国家的政治基础、经济基础都会受影响。因此，农业问题千万忽视不得。我不懂农业，最近几年能抽点时间，到全国各个贫困地区去走了走，如山东的沂蒙山区，陕西的榆林、延安地区，安徽的大别山区，广西的石山区，山西的吕梁山区等。这些地区确实很困难、自然条件很差。有的干旱得厉害，种棵树都难；有的是石灰岩，下雨就积水，雨后两三天，水就跑没了，人畜饮水都很难。

现在搞开发性扶贫，有的地区已基本脱贫，但基础薄弱，一场洪水就把几年的辛苦冲光了。这样的地区还不是很少数。至于不同程度有困难的,各省市都有。所以,总的来说,我们的农村经济相当程度上还是靠天吃饭,千万不能麻痹忽视,掉以轻心。以农业为基础,不仅过去、现在是这样,今后也要坚持,不能动摇。首先是要继续稳定家庭联产承包责任制,同时加强社会化服务体系,逐渐地搞集约化经营。农村的经济作物还是要发展,要搞大农业,不能光靠种粮食。比如浙江的山坡地种柑橘还是有传统优势的,要不断地改良品种。我到广东的梅州市看了,他们正在山坡地大规模地种植沙田柚。他们把澳大利亚的牧草种子引进来,撒在地上,草长出来后一翻,就变成了肥料,改良了土壤,然后再种树苗。有的农民三四年就发了。当然,粮食生产也决不能放松。我在河南一些地方讲过,现在我们的粮食状况还是低水平的。我们中国人吃肉类少,主要靠粮食填肚子,当然比过去是好多了。用发展眼光来看,光吃粮食也不行,还得转化为肉类、禽蛋类,这些都需要大量的粮食。

六、更加自觉地把市场培育好

国有大中型企业要继续坚持搞好,这不是光说说国有大中型企业如何重要就可以解决的,也不是一般号召号召就可以解决的,而是要踏踏实实,采取实际措施,努力提高经济效益,提高质量,改进产品结构,加快技术改造。大中型企业还要面向市场,经受市场的考验。去年在这些方面有些改进,但不能满足。大中型企业不能萎缩下去,要往前闯,在市场的风浪中不断地发展壮大。对乡镇企业,我没有很多意见,我是支持乡镇企业发展的。乡镇企业也有一个上台阶、上水平、提高质量、调整结构的问题,不能满足。

至于个体经济,前年我在温州说过一些意见,现在还是这些意见。总的就是不要害怕。一个最明显的例子,如果没有个体经济的发展,我们的菜篮子问题就解决不了。我们说,国营商店、供销社是主渠道,是不可替代的;但同样,个体经济的作用,比如它在菜篮子工程中的作用,国营商店、供销社也代替不了。这是很明显的。当然个体私营经济发展到一定程度,会有一些剥削行为,但也不要把它看成是什么了不起的问题。我看过一些台资企业,我们不是欢迎台资老板来吗?台资老板剥削起来也是毫不含糊的,比我们国内的个体、私营企业主更厉害。但我们也只能是靠依法管理,你不让他剥削,他就不来。没有盈利他来干什么?港资、外资都是一样的道理。在这个问题上,我们要想得开一点。在我们这样一个国家,要加快发展,要解决那么多人口的就业问题,不实行改革开放的政策,不走社会主义市场经济的道路,你怎么搞?前年中央党校省部级干部培训班上,有同志提出,"三个有利于"是否主要是指经济方面的。我后来在讲话时就说了,"三个有利于"不光是经济方面,也是政治方面的。发展社会主义社会的生产力,增强我们社会主义国家的综合国力,提高人民生活水平,都是政治问题,不能认为单纯是经济问题。那一次我们就议论到市场经济的问题,现在党的十四大确定把搞社会主义市场经济作为改革的目标,这也是一个认识发展的过程。其实,市场早就存在。党的十一届三中全会以后,各种市场就在逐渐地发展。现在党的十四大更明确地提出这个目标,这就要求我们更加自觉地把市场培育好。

路线方针政策定了
就要大胆干[*]

（1993 年 4 月 13 日—19 日）

我 1985 年到过珠江三角洲，经过 8 年时间，这里已经发生了巨大的变化，特别是贯彻小平同志去年视察南方重要谈话精神以来，到处呈现一派新的景象，看了令人高兴。广东取得这样的成就，固然有一些客观上的有利条件，但更主要的是靠各级干部和广大群众解放思想、勇于开拓、同心同德、真抓实干。

我在八届全国人大一次会议期间参加广东代表团讨论时说过，广东是全国改革开放的前沿阵地，小平同志视察南方重要谈话，有的同志是直接听到的，应该有更深切的体会，理解领会得更深刻，贯彻执行也应该更坚决。前几年，你们本着"少说空话，多干实事"的精神，踏踏实实地把经济发展起来了。

一、要有使命感和紧迫感，不要"孔雀东南飞，五里一徘徊"

去年小平同志视察南方后，广东在全国的影响越来越大，对广东的看法也发生了相当大的变化。现在，你们可以更加大胆放手地进行改革开放。对改革开放的认识要允许有先有后，如对经济特区，过去有的同志有保留，有怀疑，担心会不会变成新的"租界"，觉得受了"严重污染"。现在，有这种想法的同志就大大减少了。这说明任何

＊　这是乔石同志在广东省考察期间谈话的一部分。

一个新生事物的出现,开始时总会有认识上的差距甚至分歧。广东有十几年改革开放的基础,又有毗邻港澳等优势,今后的改革开放和经济建设应该搞得更快、更好。实践表明,改革开放不会是一帆风顺的,今后也不能保证没有风浪和挫折,但总的趋势不可逆转,这是中国的根本出路和希望所在。希望广东的同志在这方面要坚定不移,不要"孔雀东南飞,五里一徘徊"。要像小平同志所要求的那样,改革开放的胆子更大一些,步伐更快一些。我们这一代人要有使命感和紧迫感。总之,路线和大的方针政策定了,就要大胆干。

二、广东要保持和发展同港澳的经济合作关系

关于粤港澳经济合作问题。广东毗邻港澳,在对外开放中处在特殊地位,这个条件是其他任何省市都没有的。广东一定要很好地发挥这个优势。现在,粤港之间已多少有点"前店后厂"的味道,发展下去,广东和港澳的联系会更加紧密。实际上,粤港澳在经济上已经"你中有我,我中有你",很难分开。因此,就算港澳的政治形势有些什么波动,广东也要继续保持和发展同它们的经济合作关系,把它们的资金、信息等不断吸引过来,促进我们的建设事业,实现共同繁荣。对港澳的政策是小平同志亲自定下来的,实践证明是正确的,我们不能动摇。

三、国企要转换经营机制,金融改革要加快步伐

关于企业改革问题。严格说,我们有相当数量的国有企业特别是大中型企业还没有真正走出困境。这些企业如何转换经营机制,是一个很重要并且迫切需要研究解决的课题。全国对此都很关注。你们把乡镇企业的一些机制运用到国有企业,这是促进国有企业转换经营机制、提高效益和质量、更好地面向市场的有效办法。当然,哪些机制适用,哪些不适用,要实事求是地研究分析。在这方面,珠江三角洲已有不少成功做法,希望你们系统地总结经验。这对全国的国有企业改革都会有重要的参考作用。

关于金融改革问题。你们要求加快金融改革的意见,最好由省委和省政府把意见集中起来向中央反映。我是很赞成加快金融改革步伐的,但国家这么大,应该有个通盘考虑。如果在省的范围内问题就比较好解决。对一些较有把握的事情,你们可以不用等全国,先在省或市的范围内搞试验,试验后不好就改,好的就铺开搞下去。

四、多给农民提供信息,引导农民调整生产结构

关于农业问题。广东有 6000 多万人口,农业的发展应该放在重要的位置。如果农业萎缩,全省国民经济的基础就会动摇,农村的局势就不可能保持稳定。谢非同志分析近年来农业上不去的根本原因是效益比较低,尤其是粮价太低,我同意这一看法。如果比照党的十一届三中全会之前粮价与其他物价的差别,就会更清楚地看出现在的粮价确实是低了。总的说来,物价要相对稳定,但该动的就要动,向合理方向调整。今后几年粮食价格要逐步提高,经过几年的时间,努力使工农业产品的剪刀差缩小到 1984 年的水平。同时,要树立发展大农业的观念,多给农民提供信息,引导农民调整生产结构,在搞好粮食生产的前提下大力发展经济作物和其他各业,并不断改良品种,创造更多的名牌产品打入国际市场。

希望广东的同志本着解放思想、实事求是的精神,把各项工作继续推向前进。领导同志在任何时候都要始终保持清醒的头脑。

长期保持稳定，坚决实行改革[*]

(1993 年 5 月 24 日)

　　乔石(以下简称乔)：欢迎保加利亚社会党的先生们到中国来访问。你们国家我去过，但是比较晚一点，是在 1989 年。现在你们国家的情况比那时候已经发生了很大的变化。相信保加利亚社会党和保加利亚人民会逐渐找到适合本国的道路。你们现在可能碰到一些困难，克服这些困难依靠其他国家帮助恐怕不行，主要还靠你们自己依靠本国人民的支持。我们将一如既往地与保加利亚社会党在党与党关系四项原则的基础上发展友好关系。这四项原则我们的同志可能已经向你们介绍过了。希望你们的访问取得圆满成功。我们相信，你们的访问对进一步发展我们两党、两国人民和两国议会之间的友好关系会起很好的推动作用。

　　然·维德诺夫(以下简称维)：首先请允许我代表保加利亚社会党向您和贵党表示我们的尊敬、感激之情。我们两国人民之间有着传统的友谊。乔石同志，您的名字在我们保加利亚是受到尊敬的，我们把您看作是保加利亚人民的朋友。

　　我知道您在我们国家变化之初有机会实地了解我们保加利亚的情况，同时您也结识了当时我们党的领导人卢卡诺夫和姆拉德诺夫

---

[*]　这是乔石同志在会见由最高委员会主席然·维德诺夫率领的保加利亚社会党代表团时的谈话节录。

411

同志。从那时到现在,我们国家发生了很大的变化。

我们这次来访的主要目的是了解中国在改革开放、经济建设和国际交往中的成就和经验。我们这次访问在保加利亚引起了广泛的重视。我们相信,这次访问会取得很好的成果。

乔:我相信你们的访问一定会取得圆满成功。虽然现在你们国内面临很多困难,但是,如果真正从保加利亚的实际出发,依靠人民群众,那么,你们会选择出一条比较好的道路,使保加利亚摆脱目前的困境,走上发展的道路。根据我们的经验有两个条件是发展中不可缺少的。一个是在国际范围内要逐渐创造一个有利于本国经济发展的和平的国际环境;第二个条件是要保持国内的稳定。可以比较肯定地说,一个国家越是混乱、动乱,这个国家的经济就越难以搞好,改革越难以进行,经济也难以发展。尤其像中国这样一个有 11 亿多人口的大国,如果乱起来,不仅对中国,而且对亚洲地区、乃至于世界和平都是一个很大的问题。所以,稳定是绝对需要的。

你们的情况跟我们现在的情况不一样,因为你们已经导致了比较动乱的困难局面,所以,你们的政治活动家和各种政治力量最明智的办法就是逐渐取得社会内部的稳定,发扬民主,使人民群众在国家生活中起越来越大的作用。一个政党一定要跟人民群众保持最密切的联系。如果一个政党真正得到人民群众的支持,替人民办事情,那么,这个政党的力量就是最强大的。

中国是一个大国,中国近代经过动乱和战乱大概有 100 多年。中华人民共和国建立以后,我们经过很多政治运动,有的政治运动起一定的好作用,但另外一方面消极作用也很大。10 多年以前,我们总结了一条最基本的经验就是不能搞更多的政治运动,必须长期保持国家政治上的稳定,同时,坚决实行经济体制改革和政治体制改革。稳定才能有秩序地进行改革。

对外我们实行开放的政策。现在我们对外开放的政策比较成功，因此，我们经济发展比较快。对外政策我们就是一句话，实行独立自主的和平外交政策。因为我们中国是联合国安理会5个常任理事国之一，所以，对一些重大的国际事务我们必须有自己明朗的态度。我们独立自主制定政策，解决所遇到的各种问题。

对外实行开放当然好处很大，对我们发展经济帮助很大，但是另一方面也带来一些消极的东西。这就靠我们自己不懈地工作，既要加强同人民群众的联系，又要正确对待开放以后各种外来的消极影响。不久前由世界上各个国家前元首和前政府首脑以及一些知名人士所组成的国际行动理事会在上海开了3天会。这些人过去都是各国国内的大人物，名誉主席是日本前首相福田赳夫，主席是联邦德国前总理施密特。成员有法国前总统德斯坦，赞比亚前总统卡翁达，新加坡前总理李光耀等。戈尔巴乔夫也派了一个特别代表来参加。这些人到北京以后我请他们吃了饭，他们在会议讨论中以及和我接触中都对中国印象很好。有的甚至把中国和苏联对比起来讲，认为中国的发展状况非常好，非常有希望，但是，苏联却完全相反。当然也有另一个方面，资本主义国家的某些人从内心来讲也不会特别喜欢中国，这些国家要到中国来搞这搞那，会给我们制造很多麻烦。这也好办，只要我们自己不睡大觉就行了。希望你们党的事业有更好的发展，保加利亚整个国家和人民能够逐渐稳定下来，把经济建设搞上去。

保加利亚从人口和国土面积来讲比中国小得多，但是，它也有优点。中国有句老话叫"人多好办事，人少好吃饭"，因为人多劳动力便宜。像你们这样的国家过去已经有一定的基础，如果花几年时间稳定下来，一心一意搞经济建设，只要再过二三十年，你们还在工作岗位上的时候，就能看得到保加利亚会有很大的变化、很好的发展。

对比起来讲,中国恐怕要困难一点。我们这么大一个国家,要发展成中等发达国家总得花一点时间。你们的困难是目前情况下的困难,工作还是很艰巨的,面临的情况也是很复杂的。但是,只要真正从实际出发,密切联系群众,依靠人民群众,那么,你们的力量就可以得到发展。前人有过一些好的贡献、好的工作作风你们可以继承,有些问题、有些错误力求避免。你们都很年轻,年轻本身就是一个很大的优势。我们党建党初期的那些领导人年龄都是 20 岁左右。邓小平同志在巴黎勤工俭学的时候只有 16 岁,那时周恩来同志也只有 20 多岁,朱德同志比周恩来同志大一点。我们进行长征的时候,50 岁左右的同志就算年长的老同志了。徐特立①同志长征的时候就 50 多岁了。他现在已经去世了。那时候要走那么多路,一边走路,一边打仗,他们已经很不容易了。更多的领导人当时也就是 20 多岁、30 岁左右。所以,你们国家目前很需要你们年轻的一代。你们经历少一点,书本读得少一点,既有缺点,又有优点,主要的优点就是脑子里的框框少一点。

中国稳定很重要的一条是,中国共产党在整个中国社会的政治生活中,乃至于经济生活中已经成为一个不可缺少的领导核心力量。我们的改革开放和经济建设中间不是没有困难,困难大得很,年年都有,天天都有,就依靠我们全党努力吧,一个一个去解决。我们党内的缺点和腐败现象也不是没有,这也需要引起我们的重视,同时及时加以解决。这些可能我们中联部的同志同你们都已经讲过了。我们等于是老朋友见面,谈谈心。希望你们这次访问圆满成功,在外地也能够过得愉快,一切顺利。

---

① 徐特立,中国老一辈革命家和教育家,新中国成立后曾任中宣部副部长、中央人民政府委员会委员等。

像这样的发展机遇
在中国近代史上是没有过的[*]

（1993 年 5 月 27 日—6 月 5 日）

一、争取一个更加有利于我国建设的国际环境

当前的国际形势,总的来讲,对我国的改革开放和现代化建设是相当有利的。只要我们坚持对待国际问题的正确方针,坚持在和平共处五项原则的基础上发展同其他国家的关系,积极开展工作,是可能争取到一个更加有利于我国建设的国际环境的。

事实证明,苏联的解体并没有给我国带来多么了不起的问题。苏联的解体,主要还是它内部的原因造成的。问题积累到相当严重的程度,不总结经验,又不认真改正错误,又不进行改革,不在改革中前进,能不垮台吗? 苏联解体的原因主要在内部,内因是决定性的。西方资本主义国家利用其内部问题搞颠覆,这当然是存在的,但不能简单地把苏联解体归结于美国中央情报局的活动。你自己不垮,他能把你闹垮吗? 俄罗斯这么多问题,经济问题、民族问题一大堆,别人怎么解决? 俄罗斯今后究竟会怎样,起决定作用的因素还是在其内部。至于前几年东欧发生的剧变,根子也在莫斯科和东欧各国的内部。我们当然不希望苏联解体,但要按我们的想法去干预苏联的

---

* 这是乔石同志在四川省考察工作期间的谈话节录。

事,我们做不到,也不能做。这么一个超级大国垮下来,谁挡得住啊!我们只能在和平共处五项原则的基础上同他们发展睦邻友好关系。实践证明,这是唯一正确的方针。

苏联垮台后,从一个方面来讲,资本主义国家,特别是美国,把注意力相对集中到中国来,什么"301 条款"①、最惠国待遇,还有"人权"、"自由"等等,施加压力,进行干预,给我们带来了一些麻烦和问题。但从另一方面看,资本主义世界也充满了矛盾,不是铁板一块。很多国家也觉得从实际情况看,中国从 1989 年到现在,政治保持了稳定,经济向前发展。中国的投资环境是比较好的,王永庆曾写了篇一万多字的文章,台湾报纸全文登了,我看了一遍,中心的思想是讲投资环境,同东南亚那些国家比,中国大陆比较好。西方资本主义国家中,为了各自的利益,不可能放弃中国这个大市场,不能不与我国发展关系。广大第三世界国家更加寄希望于中国,希望中国发展起来,希望中国在国际社会更多地发挥作用,因为中国既是联合国安理会常任理事国,又是一个社会主义大国。

发达资本主义国家中,只要态度比较客观一点的,都认为中国的发展是比较有希望的。因为中国国内政局稳定,经济增长势头比较好,投资条件在不断向好的方向变化,基础设施有相当改善,这些是许多国家所没有的。前一段,由许多国家的前元首、前政府首脑组成的国际行动理事会在我国上海开了一次会,福田赳夫②、施密特③、

---

① "301 条款":是美国《1974 年贸易法》第 301 条的一般简称。"301 条款"主要内容是在美国贸易法中有关对外国立法或行政上违反协定、损害美国利益的行为采取单边行动的立法授权。"301 条款"从 1974 年以来又经过一系列修改,使之完善成为保护美国贸易利益的强有力武器,其目的在于单方面地维护美国贸易利益,有损于平等互利的原则。
② 福田赳夫,曾当选为日本自民党总裁,曾任日本首相。
③ 施密特,曾任联邦德国总理。

德斯坦①、基辛格②、李光耀③等都来了。我在北京会见了他们。参加这次会议的人对中国的印象很不错,普遍对过去十多年我国取得的巨大成就表示钦佩,认为我国的政策是稳妥的,中国的经济改革是成功的,中国的经济建设是很有希望的。有的人甚至讲,中国的经济如果不发生大的问题,继续发展下去,到本世纪末,国民生产总值很可能会超过美国。到那个时候,不管你喜欢不喜欢,中国都会是一个"超级大国"。他们这样讲,当然有他们的目的,但也说明,国际上研究世界经济的一些专家大体上也是这个看法。他们看到好的方面多一些,所以说得较乐观,同我们的实际情况还有一定的差距。但可以说,当前形势相当有利,是多少年来难得的机遇。像这样的发展机遇,在中国近代史上是没有过的。过去我们没有改革开放的政策,现在这一套是在党的十一届三中全会后创造出来的,是总结了几十年社会主义建设的正反面经验,在建设有中国特色社会主义的实践中形成的。小平同志就是要求我们抓住这个机遇,在我们这代人手里,把国家建设起来,发展得更好。

二、既要抓住机遇又要防止盲目追求规模和速度

从国内形势来看,应该说,总的是好的,特别是小平同志视察南方的重要谈话发表以后,国内的改革开放、经济建设发展势头相当好。他确实说出了全党、全民族的心里话,表达了我们全党、全民族的愿望。

现在,国内政治形势稳定,经济发展势头也是好的。政治、社会稳定的局面无论如何要继续巩固下去,否则,吸引外资、发展经济都

---

① 德斯坦,曾任法国总统。
② 基辛格,曾任美国国务卿。
③ 李光耀,曾任新加坡总理,是新加坡人民行动党创始人之一。

做不到。决不能发生社会动乱,有问题要及时解决。例如民族问题,一定要处理好。我们搞民族区域自治是好的。苏联搞加盟共和国的办法,看来有问题。当时有个基本的理论观点,就是承认民族自治就必须承认分离权,因此就得搞联邦制,而后来斯大林又搞大俄罗斯沙文主义,他本人属于少数民族,却实行民族同化政策,结果把民族问题搞得很糟糕,现在都闹独立,动乱至少还要持续一个时期。四川民族地区尤其是藏区的稳定,同西藏的稳定、边疆的稳定是紧紧相连的。达赖集团的渗透活动很厉害,四川要花大力气做深入细致的工作,搞好民族团结,同当地群众,同少数民族、宗教界的上层人士搞好关系,这对少数民族地区的资源开发,对整个经济发展和社会稳定都有利。

只要在政治上不发生大的问题,我们经济的发展,国内建设是很有希望的。虽然经济生活中存在一些值得注意的问题,但这些问题正在认真研究和逐渐解决的过程中。解决这些问题的基本方向还是深化改革,扩大开放。金融改革也是非常紧迫的。老实说我们前几年对这个问题不太注意,有点滞后了。今年春节以来,资金短缺突出,金融比较紧张,对此采取措施不能毛毛糙糙,不然又会出现1988年的情况,而且会比1988年更复杂,因为现在的底数比那个时候大多了。因此,我们提出防止"过热"的问题,就是既要继续抓住机遇,保持好的发展势头,又要在不挫伤积极性的情况下,采取实际措施,防止不顾条件、不顾效益,盲目追求规模和速度的现象。这里最关键的是中央和省市两级领导要有清醒的头脑。防止"过热"这个提法,国际上反映也是好的,他们的说法是防止严重通货膨胀,认为中国党政领导人头脑比较冷静。该搞的事情我们还要搞,该解决的问题要逐步解决,但不搞低水平的重复建设。金融问题要逐步解决,要把金融改革积极推向前进。中国人民银行必须是名副其实的中央银行,真正把宏观控制住。专业银行应配合中央银行的宏观调控,搞好专业投资。只有加快银行的改革,才能适应今后进一步改革开放的要求。当然这要有一个过程。只要坚持深化改革的方向,注意解决出现的问题,经济就会更加健康地向前发展。不要错过现在这样好的机遇,同时要避免过去曾经出现过的问题,不要再像1988年那样。如果老是来回折腾,对经济影响太大。要保持发展势头,不能有大的起伏,逐步调整是可以的。

三、四川要积极探索西部内陆省份改革开放、发展经济的路子

四川是一个大省、内地省,存在一些困难,同时又是一个很有希望、很有前途的省。省委关于整个四川发展战略的构想,总的来讲是好的。怎么实现,怎么更具体地落实,还得下功夫,搞得更扎实一点。

我一边在川北地区走,一边也在思考。四川的条件应该说是比较好的,不单是人口很多,地区很大,而且资源丰富,农业有好的传统、好的基础,工业的条件也不错,尤其是经济"三线建设"①,工业有了这么大一个摊子。农业、工业的条件,还有技术力量、劳动力素质,以及人文条件,四川都是好的。能不能设想四川在整个西部地区搞得更突出一点,发展得更快更好一点,积极探索作为一个西部内陆省份改革开放、发展经济的路子。这作为一个题目,大家可以议一议。当然四川人口这么多,地域这么大,不可能齐头并进,总要有重点。我赞成你们"依托两市、抓好两线、开发两翼、带动全省"的路子,西

---

① "三线建设":是从1964年起在我国中西部地区的13个省、自治区的一场大规模的国防、科技、工业和交通的基本设施建设,是中央的一项重大战略决策。作出这项决策的背景是当时认为国际局势日趋紧张,为加强战备,将我国生产力进行由东向西的大调整。由于三线地区(即中西部地区,特别是西部地区)社会经济落后,使新建或从东部转移来的企业事业单位在很长一段时间内经营发展都极为困难。但客观上,"三线建设"为中西部地区的工业化发展作出了重要贡献。

边以成都为龙头,使川西平原三十几个县、市发展得更快些;川东以重庆为龙头,抓住沿江开放和三峡工程上马的机遇,把沿江发展搞得好一点。怎么搞呢?靠大家来研究。我想到的有这么几条:

第一,要进一步巩固农业这个基础。四川有很好的农业基础。即使同东部省份,如同江苏比,很多地方也要超过它。四川的自然条件也不错,对农业的基础地位要有牢固的认识,特别是像四川这样一个大省,农业和农村工作一定要放在极重要的位置上抓紧抓好,要把农民的积极性很好地调动起来。粮食要始终抓住不放。陈云①同志讲,手中有粮,心里不慌。我们在相当程度上还是靠天吃饭。说实在的,有时天灾不怕,就怕人祸。这是 40 多年的经验,一个命令,把多少年长起来的树一下子砍光了。我们是执政党,这个地位,办事就得慎重一点。农业问题,来不得半点官僚主义。除了粮食,各种经济作物也要很好地发展。要发挥本地优势,调整结构,多种经营,农林牧副渔全面发展,把所有的山山水水,能够利用的都充分利用起来,生产更多的、更有价值的产品提供给市场。对农产品要进行加工,开始可以粗一些,逐步做到深加工,增加附加值。要加强农田水利和交通等基础设施建设,搞好造林绿化。同时要根据四川的条件,把乡镇企业搞上去。没有乡镇企业,农村要有比较大的发展,要达到富裕是非常难的。乡镇企业也不是盲目地搞,但有条件的一定要搞起来,使农村更加殷实、富裕。同时,搞乡镇企业要避免走别人走过的弯路,要尽可能发展得健康一些、好一些。

今年的粮食价格可能上浮一点,我看也不会多,同时也不是坏

---

① 陈云:曾任中央人民政府委员、政务院副总理兼财政经济委员会主任,中共中央书记处书记,国务院副总理。曾当选为中央政治局常委、中央副主席,全国人大常务委员会副委员长。并曾任中央纪律检查委员会第一书记和当选为中共中央顾问委员会主任。

事。粮食价格本来就太低了,放开粮食价格的措施实际上是相当滞后了,过猛地往上涨大概不至于,当然如果有这种苗头,也要注意,以免影响整个经济发展。对工农业产品价格剪刀差扩大的状况要下决心改变。我同国务院几位主管农业和农村工作的同志谈,能不能今年就转个向,转到停止扩大或略有缩小,争取用几年时间逐步恢复到1984年的水平。当时是经过几年休养生息,在整个80年代中工农业产品价格剪刀差最小的一年。缩小剪刀差,不仅是经济问题,也是政治问题,牵涉到工农联盟的巩固,不能等闲视之。农民不稳定,中国的经济就稳定不了,政治也稳定不了。

农村的基层干部,绝大多数应该说是好的,要保护广大基层干部抓工作的积极性。基层干部有缺点,该批评的要批评,要他们改正,支持他们继续负责任把工作搞好。在宣传报道上要留点情,前前后后都要考虑,不能把责任都怪到基层,不要搞得他们灰溜溜的。对极少数严重违法乱纪、贪污腐化的,该处理的要严肃依法处理。有的工作作风和方法有毛病,主要还是教育问题。你上面搞那么多负担,要下面达标,他也没有办法。现在农民意见多了,压力都弄到基层干部头上,把积极性搞掉了怎么办,他们躺倒了谁来管。宣传舆论导向上,要有利于进一步稳定农村,不要做不利于稳定的事。

第二,四川有一个很重要的优势,就是有比较强的冶金、机械等重工业。如攀钢、重钢、长钢这样的钢铁企业,江苏就没有。重工业很大一批是军工。军工非走军民结合、军转民的路子不可。首先要保证国防需要,保证军事订货,没有订货也要保持一个技术力量,追踪、研究和掌握新技术。在这个前提下,积极抓好民用品的开发和生产。军转民难度不小。四川有些军工企业,如嘉陵、建设、长虹走出了路子,要系统地总结推广他们的经验,动员更多的军工企业和国防科研单位坚决走军民结合的道路。有的单位虽然起步晚,但起点要高些,把它摆在重要的位置上,坚持不懈,拨出一定的技术力量和经营管理人才,积极进行民品开发。设备陈旧的要改造、更新。军工企业和国防科研单位技术力量雄厚,潜力非常大,军转民搞好了,是了不得的。各类工业企业都要适应社会主义市场经济的需要,抓好机制转换,搞好技术改造,不断提高经济效益,从而更好地发挥工业在整个国民经济中的主导作用。

第三,要很好利用建设三峡工程这个契机。三峡工程中央定下来了,全国人大也通过了。移民是一项重要任务,能不能利用移民开发,把沿江这一条线的经济发展起来?要采取积极的态度,不留后遗症。不要单纯地移民,一定要搞开发,要调动淹没区群众的生产积极性。这里我连带讲一下充分利用劳动力资源和加强基础设施建设的问题。四川的劳动力资源很多,要充分发挥他们的作用。南充 1000多万人口,就有 200 多万剩余劳动力。20 多岁的人,不叫他劳动,自然就有问题。我们要为农村剩余劳动力开辟多种出路。除了大搞多种经营,发展乡镇企业,有计划地进行劳务输出以外,要把他们组织起来,用以工代赈、民工建勤等办法兴办水利,修公路,搞基础设施。这种劳动积累的办法,长期坚持下去,比如坚持 10 年,就可以干很多事情,国家花钱不多,但收益会很大,对教育青年、培养干部,以及搞好社会治安,都有好处。总之,人口增长要实行计划生育,现有劳动力要作为很重要的资源来利用。

第四,关于个体经济问题。个体经济是社会主义经济的重要补充,在现阶段是必要的、不可缺少的。如像重庆的菜篮子问题,离开了个体经济就不行,就解决不了,不能只依靠国营商店。对于个体经济要管,要防止其盲目性,主要是一要依法经营,二要照章纳税。对严重违法经营、搞假冒伪劣的要坚决处理,各种税该收的要坚决收上来。政权在我们手里,社会主义公有制,包括国营、集体所有制始终是主体,不要对个体、私营经济的发展顾虑太多。只要纳入整个国民经济运行的轨道,个体和私营经济对城乡经济的发展是可以作出贡献的。对这个问题要有一个正确的认识,这是符合建设有中国特色社会主义的需要的。

第五,关于引进外资、扩大开放的问题。现在外资开始出现由沿海向内地转移的苗头,海外有些投资者觉得沿海劳动力价格高,租用土地花钱多,内地劳动力价格低。四川人员素质也不差,资源比较丰富,社会比较稳定,又有较好的农业基础,有利于吸引外资。当然也有不足的方面,如通讯、交通、基础设施差一点,要努力改善软硬环境,创造更好的条件,争取多吸引外资。有关的政策要同中央统一规定的原则一致起来,如土地以出租为原则。外商投资的方式可以多种多样,独资可以搞,合资可以搞,捐资办学也很好。总之,要采取积极态度,吸引外资,发展外贸,更大胆地扩大对外开放,这对发展四川经济是有好处的。

第六,关于川北老区经济发展的问题。川北是我们很多老一辈革命家的家乡,也是红四方面军长期战斗过的革命老根据地。广安出了邓小平同志,是很光荣的一件事。他在中国革命历史上作出了很伟大的贡献,是老一辈革命家中承前启后的一位主要领导同志。"文化大革命"后,在我们党和国家历史上一个极重要的转折时期,小平等老同志领导全党全国人民走上了建设有中国特色社会主义的道路,这对中国革命的前途和世界社会主义的命运都具有极重要的意义。随着时间的推移,小平同志对党和人民作出的伟大贡献,会越来越显示出其深远的历史意义。

川北老区从党的十一届三中全会以后,整个发展情况是好的,有的地区基本解决了温饱问题,有的地区在温饱的基础上还有些发展,当然同沿海地区比还有较大差距。大家反映很强烈的是不满足现状,希望抓住机遇,创造更好的条件,急起直追,把各方面的工作搞好,加快老区的建设。大家这种强烈愿望,是完全可以理解的。共产党人应该不满足于现状,力求在现有的基础上奋发向上,把各方面建设事业不断推向前进,应当有这样的精神状态。不管是政策上,还是发展重点上,国家都是支持老区的,中央对老区人民是非常关心的。我们相信,通过各级干部带领群众发扬革命传统,坚持改革开放,自力更生、艰苦奋斗、一步一个脚印地干下去,老区一定会建设得更好。现在的任务就是要建设有中国特色社会主义,中心就是发展经济,只要我们有强烈的愿望,踏踏实实去干,总是可以做到的。

要促进经济健康积极地向前发展[*]

（1993 年 8 月 12 日）

7月20日至8月11日，我对印度尼西亚、马来西亚、新加坡、泰国、菲律宾等五个东盟国家进行了为期22天的友好访问。

这次出访，时机比较好，通过大家的共同努力，访问达到了预期目的，取得了很好的效果。访问进一步促进了中国同东盟五国的友好关系，巩固了全国人大和五国议会的关系，为做好这些地区的华侨、华人工作奠定了良好的基础。

一、要加强同邻国的经贸往来和国内的横向经济联系

在这次出访的过程中，我了解到东盟五国特别是泰国，对云南是很感兴趣的。他们一再提出"金四角"的问题，建议修一条泰国到云南的公路，把"金四角"连接起来，彼此之间的关系发展起来。这样，对泰国的发展特别是对泰国东北部的发展相当有利。泰国议长要带一批企业家很快到云南来。他们对西双版纳也很感兴趣。如果西双版纳的基础设施建设更完善一些，接待等方面的工作做得更好一点，那么西双版纳对外的影响就会更大。

云南的改革开放在不断深入。1981年，我到云南考察过一次，从思茅的江城开始，沿边境一线到瑞丽，然后从瑞丽经过大理，回到

---

[*] 这是乔石同志在出访东盟五国回国途经昆明时听取云南省领导工作汇报后的讲话。

昆明,行程 4000 多公里。当时的边贸发展条件不太好,起步晚,基础差,如果用现在的眼光看,实在是微不足道。现在的发展条件比当时好多了,但从今后的发展目标看,不管边贸还是大贸,都还有很大的差距。朝柱①同志刚才讲的云南省发展边贸方面的意见,我是赞成的。发展大贸和发展边贸都是应该的,也是可行的。云南现在边境地区的情况在不断改变,我主张在原有的基础上,积极进行,根据市场的需求,能搞边贸搞边贸,能搞大贸搞大贸,适合发展什么就发展什么。这样做,对我们是有益的。我在东南亚看到我国出口的纺织机,都是受欢迎的。轻纺工业较为发达的泰国,轻纺产品的质量在东南亚虽然是比较好的,但也要我们的纺织机。在国内,我们对轻纺工业的技术改造要比他们要求的水平高得多。所以,我们应该尽可能地占领东南亚市场,该交换的可以交换,这对双方的经济发展都有利。特别是云南的近邻缅甸,如果对他们再开放一点,发展的前景就会更广阔。缅甸的老百姓对中国的印象是好的。缅甸政府过去和中国存在着一些矛盾,但他们还是克制的,历史上存在的边境界线问题早已得到了妥善解决。因此,现在他们总是寻找机会同中国合作。

在不断发展同邻国贸易交往的同时,要进行国内的横向经济联系。如缅甸的柚木从云南进口以后,因为云南还不具备加工的技术,暂时可以把柚木转手卖给广东、上海等地,由他们去加工出口,云南可以收取一些管理费。在国内,云南的工业比重不算太大,但和东盟国家比较,不比他们差多少,有些工业基础还要比他们强一些。中国幅员辽阔,横向经济联系的条件优越,工业方面的协作实力雄厚,如果再注意对工业产品进行技术改造,中国出口的一些产品在东南亚一些国家就有很大的市场。

---

① 朝柱,即普朝柱,时任中共云南省委书记。

云南要继续进行水力资源的开发。澜沧江水系(流到国外叫湄公河)的梯级开发,很有成效,要继续进行。

二、总结经验教训,采取切实有效的措施克服我们所面临的困难

金融方面的困难,不仅云南有,西南其他几个省也有。原因是多方面的。其中一点就是资金大量东流到沿海地区。现在,要一下收回来也不是那么容易的事。另外就是基本建设投资搞得过大。要集中人力、财力、物力保必不可少的重要设施和重点建设项目,但面不能铺得太大。其他的一般项目可以缓一下,该停的要坚决停止。因为物资不够,钢材、水泥涨价,再搞下去,成本会更高,云南也吃不消。在保证重点建设的同时,要做到不给农民"打白条"。如果资金实在有困难,可以从基本建设上打主意。解决金融方面的问题,主要是朱镕基同志负责。如果他认为确实是因为资金紧张而影响了各地经济的发展,批一点资金不是绝对没有可能;如果是因为金融秩序混乱,造成资金紧张,今年非收紧不可了,那么再批可能就有一定的困难了。资金暂时困难肯定会有的。今年国家有很多事情要做,面临的问题很多,一下子还没有那么多钱。第四季度还准备实行公务员制度,又要花不少的钱。江泽民总书记到海南岛考察时,海南省的省委书记阮崇武说,"我们这里的资金不缺,资金有的是"。现在整顿金融秩序,各地的资金要往回抽,恐怕海南省的资金也困难了。

云南资金困难,写个报告请中央帮助解决一点,完全是合情合理的。但中央到底能够解决多少,要集体研究决定。解决资金困难的问题,主要还是靠你们自己。因此,你们在思想上要多一点准备。各个银行要认真吸取经验教训。银行不能把资金用于炒房地产、炒股票,或以任何方式把资金拆借到外地去。资金回收工作要抓紧。中国人民银行是我们必不可少的宏观调控部门,不能把资金用于非法经营和盈利。要充分认识到,国家利益是银行最主要的利益,最大的利益。银行有意见可以说,但要吸取经验教训,工作也应该改进。

中央去年下半年就提出要防止投资过热,今年上半年中央又出台了 6 号文件①。这是一个十分慎重而又非常及时的举措。如果再晚一点,就会出大问题,对国家的经济发展就更不利。中央 6 号文件规定的各项措施,总的方向还是深化改革,是采取经济措施来解决当前的问题,这是主要的;同时也有一些必要的行政措施。各地要采取切实有效的措施,尽快加以落实,不能有半点马虎,即使有困难,也要想方设法加以落实。我相信,到明年、后年,情况会逐渐好起来。我在东盟五国访问,特别是在新加坡访问时,有人问我,现在你们这样搞,是不是对朱镕基副总理的压力太大了,万一出现什么问题,是不是都要由他负责?我说,这是我们中央集体研究决定的。不是他一个人搞的,有什么问题我们集体负责。事实已经充分地说明,中央的决定是完全正确的,不这样做是不行的。这样做不会有什么大的风险,它将会更健康、更积极地促进国民经济向前发展。

南昆铁路和全国的铁路息息相关,对加快发展云南乃至西南五省的经济具有十分重要的意义。如果早一点修通南昆铁路,交通就方便了,出路就更多了,发展的条件也就更优越了。

这次访问东盟五国结束后回国,途经云南,正值首届中国昆明出口商品交易会在昆明举办。新落成的昆明国际贸易中心我已经看过了,宏伟壮观,很有点新鲜感。昆明市的市容市貌,近几年发生了很大的变化。昆交会如果继续办下去,将来还会有很大的收获。

---

① 6 号文件,指 1993 年 6 月《中共中央、国务院关于当前经济情况和加强宏观调控的意见》。

抓住历史上难得的机遇，
加快和深化改革开放[*]

（1993 年 9 月 21 日—28 日）

我有一年多没到上海了。平时，有关上海的情况和材料，我是关心的，只是了解得不多、不深。总的印象，上海这几年发展形势比较好。有些试验性的工作，如股票、房地产等，做得比较稳当，比较扎实，比较符合上海的实际情况。因此，也就没有出现大的波动。这是不错的。上海无论如何要抓住机遇，加快发展。

一、有利于我国发展的国际环境正在形成

我们当前面临的国际形势，总的是好的。多年来，我们从各个方面力争创造一个有利于我国社会主义现代化建设事业的和平国际环境。现在看来，尽管国际形势风云变幻，出现过剧烈的动荡，但由于我们执行了邓小平同志的战略决策和对外工作的指导方针，可以说，这样一个有利于我们的国际环境大体上正在形成。虽然还有这样那样的问题，但是，中国作为一个社会主义大国，已经顶住了各种风浪，确立了在世界上的地位，继续沿着有中国特色的社会主义道路阔步前进。这是谁也无法抹杀和否认的客观现实。

当然，世界上总会有些反共反社会主义的力量，不希望看到我们发展和强大，不希望看到我国国际地位上升，总要找机会给我们制造

---

[*]　这是乔石同志在上海市考察期间的谈话节录。

这样那样的麻烦。但是，只要我们遵循邓小平同志的指导思想，加强国内工作，严格按照独立自主的和平外交政策，采取正确的策略，这些问题都没有什么了不起，都可以对付得了。我们完全可以做到在国际上不是越来越孤立，而是朋友越来越多。

现在，我们不仅在第三世界国家享有较高的威望，并且很有吸引力。许多发达国家也越来越体会到我们在国际上的分量。各国的政界特别是企业界人士，普遍看好中国的市场。他们惊叹我国经济的高速增长，对我国经济发展前景的预测比我们自己更乐观。前几个月世界银行作了一个对中国经济发展的预测，不久前日本经济学界也作了个预测，结论非常雷同。日本的那个预测，设想了我国经济发展的三种可能性，包括发展顺利，或者发生大起大落的波折，或者遇到大的挫折，结论是无论哪一种可能，我国的国民经济总量（当然不是人均）都将在2005年超过日本，接近美国。我提这些国外的预测，并不是说我们可以自我陶醉，我们必须保持清醒的头脑，但我们也不要妄自菲薄。事实上，国外和港台的经济界人士，对我们经济发展的势头，对我们10多亿人口的潜在大市场，确实有越来越大的兴趣。我前些时候访问了东盟五国，深深感受到这些国家对于发展和加强同中国的关系非常积极。在我访问之前这些国家很多领导人都来我国访问过，现在又有好多人正在和将要来访。目前整个世界经济仍然处于不景气状态，西方经济界称为"全球衰退"，有的国家如美、英虽开始走出低谷，但回升乏力，而亚洲国家的经济发展则比较活跃。因此，无论是东南亚国家还是东北亚国家（包括韩国），都想利用目前的时机，把他们本国的和亚洲地区的经济更好地发展起来，都希望进一步加强同中国的经济贸易往来和各方面的合作。我那次出访受到普遍的欢迎和很高的礼遇，也同这一形势分不开。

除了亚洲国家以外,西方国家包括美国的大公司也越来越认识到中国经济发展起来后将形成的巨大市场对于他们的重要意义,唯恐落在别国的后面,丧失了挤进中国市场的机会。他们一方面在酝酿对华投资计划,另一方面也积极通过各种渠道来中国探路。最近一个时期,美国的一些国会议员和企业界人士来访华的增多,就和这一点分不开。他们对美国政府的对华政策是会有影响的。美国总统克林顿的对华政策当然是从美国利益出发的。正是美国利益促使他不能不采取较为现实的态度。克林顿近期一直希望和我最高领导人见面,现在看来有这可能。总的来说,中美关系还是要向前发展的。美国自己的麻烦事多得很。多年来我们讲,近期内世界大战打不起来。当然,防止对敌入侵的警惕不能放松,国防建设不能不加强,但是发生大的战争的可能性是不大的。

现在总的国际环境比较好。对我们来说,关键是要抓住目前的机遇,加速我国社会主义现代化建设的步伐,加快和深化改革开放。小平同志讲,这是中华民族历史上难得的机遇,不抓住这样的机遇,就不知道什么时候才会有。我们就是要加紧努力建设好有中国特色的社会主义。这是我们的历史责任,也是我们对社会主义事业以至全人类的应有贡献。

二、坚决抓住浦东开发和上海起飞的机遇不放

浦东开发开放是党中央、国务院确定的,是 90 年代沿海开放的重点。当初在研究浦东开发问题时,我们就提出过政策要倾斜一点,因为浦东开发涉及整个上海的发展,涉及整个长江流域地区的发展。就是到 1997 年,香港按基本法顺利回归祖国,但总还有它的局限性。东南部沿海还得有个经济中心,那就是上海。因此,我们要坚决按原定目标去做。对浦东开发,上海的同志一定要牢牢抓紧。上海过去上交 4000 亿元是好的,只返回了十分之一,这当然是上海的贡献。

但也要看到,这是在过去计划经济体制下产生的,如烟叶、棉花等是全国各地按计划供应的,粮食有的是从东北调来的。所以,账是存在的,是有贡献的。但仔细分析一下,这贡献是在计划经济、统购统销情况下发生的。

小平同志讲过,当初搞四个经济特区时没有加上上海,是他的一个失误。小平同志都作了自我批评,我们这些人更应作自我批评。小平同志把自己摆进去了,我们更应把自己摆进去。浦东开发开放虽然晚了一点,上海的改革开放可能比有些地方晚了一些,上海自己也在总结。可现在中央确定开发开放浦东了,上海的同志更要毫不动摇、毫不犹豫坚持干下去,再困难也要干下去。要有点"不管风吹浪打,胜似闲庭信步"的气魄,坚决抓住浦东开发、上海起飞的机遇不放。这是我要讲的最主要意见。

中央政治局常委会今年上半年多次讨论经济工作,作出了加强宏观调控的决策。去年中央就提要防止"过热"。当时,镕基①同志向常委汇报时讲至少有三方面过热了。我说"过热"就不提了,但提"防止过热"还是可以的。从全国来讲,去年第四季度提一下还是对的。因为如果发生大起大落,就很不利。不能再搞治理整顿了,治理整顿有好的效果,但再这么搞不行了。所以这次采取的措施是深化改革,加强宏观调控,以经济措施为主,辅之以必要的行政措施。加快推进宏观调控领域改革包括财税体制改革。这一改革不是现在才想起来的。早在80年代中就提出到底是实行财政大包干还是税利分流。搞分税制,前些年就有过研究,也想过实行分税制,但一下子不容易做到。所以当初同意搞大包干,一过就七八年了。财政大包干总的来说还是充分发挥了各地的积极性,对经济发展起了一定作

---

① 镕基,即朱镕基,时任中共中央政治局常委、国务院副总理。

用。但是,一直包干下去也是不行的。所以,最近中央决定要加快财税体制的改革。这问题牵涉全局,希望上海给予理解和支持。邦国①同志在中央开会时已表态支持,这是好的。

财税体制改革,我认为不会对上海的发展带来多大影响,不会影响浦东开发的既定政策。如果有影响的话,你们就及早提出来,我们帮助呼吁呼吁,尽量设法解决好,力争不使浦东开发发生什么问题。这一点,请你们不要担忧。镕基同志过些日子要来算账。算账是为了保重点。浦东当然是重点。镕基同志已先去广东了,对广东算账的结果是对广东的经济影响不大。既然对广东都影响不大,那对上海浦东会有什么大的影响呢?

财税体制改革总的会有利于国家经济发展。我国的改革再不深化不行,拖不下去了。有的事已经滞后了,再滞后,社会主义市场经济就难以形成,就会丧失时机。现在这么好的时机,不搞还等什么?浦东开发开放的政策已定,财税体制改革在浦东会有一个与浦东政策过渡和衔接的问题,要加以研究。希望这一改革更有利于浦东的开发建设。浦东是国家的重点,应该做到这一点。

浦东开发要加紧步伐,现在资金的确较困难。有的地方搞的建筑,基础打好了,钱都垫在了地下,现在如果上不去,钱就收不回来。我是赞成整顿金融秩序的,不整顿不行。商业银行就是商业银行,专业银行就是专业银行。商业银行不能没风险,不管在什么情况下,都不担风险,这叫什么商业银行? 如果这次不抓紧宏观调控,就会发生比 1988 年更严重的经济波动,就要出大的问题。现在看,整顿已初见成效,避免了大的挫折。不少国外人士包括新加坡的李光耀都认为中国加强宏观调控是必要的。这方面镕基同志做了大量的工作。

---

① 邦国,即吴邦国,时任中共中央政治局委员、上海市委书记。

下半年以后再从包干制过渡到分税制,相信这样一定会给全国经济发展,也给浦东开发带来好处,希望大家要有信心。

总之,中央对浦东开发开放是坚定不移的,政策是不会改变的。

三、要有大市场经济的观念,建设一个新的上海

上海在浦东开发的同时,要带动浦西的改造,把一系列改造带动起来,建设一个新的上海。这里的关键是抓住 90 年代的有利时机,不能拖到下个世纪去。90 年代末,上海浦东要基本形成格局,使之在沿海地区像一颗明珠一样,辐射全国各地,至少辐射长江三角洲和长江流域。浦东的政策不是中央哪个个人定的,是党中央、国务院集体决定的,都有文件的。

现在,浦东初期工作做得比较好,开发建设速度也比较快。浦东开发起点就是要高一点,上海也有条件做到高起点。

上海已经有了很大的发展,但还不够,要有大市场经济的观念,把大上海建设起来。

昨天去宝钢前,我去看了一下证券交易所。按我的想法,这个地方还是比较正常健康的。但还只是刚刚开始,上海这么大,证券交易所应像样一点,现在恐怕还有相当距离,软件、硬件都要跟上。你们的潜力还相当大。上海继香港之后也要成为国际金融中心之一。要成为国际金融的中心,现在还有很大差距。历史上,上海曾是金融中心,而且是国际金融中心。我知道,好多银行都在此有分行,南京路上都有办事处。以后没有了,那反正是历史。现在这些银行又慢慢进来。没有这些银行,对国家的整个建设不利。经济上,我们也需要世界银行、联合国开发计划署等国际组织给予支持。我问过依林①同志,他说世界银行给我国的贷款是非常划得来的,一是长期,一是

---

① 依林,即姚依林,曾任中共中央政治局常委、国务院副总理。

低息，到还账时已经贬值很多了。同时我们也要引进各国资金，引进管理经验和科学技术。

总之，希望上海的同志本着解放思想、实事求是的精神，抓住机遇，勇于探索，加快发展，努力建设社会主义新上海。

四、城市经济体制改革是"新时期的政治经济学"

我是今年换届后才到全国人大工作的。这项工作我不熟悉，是个新兵。全国人大常委会和各专门委员会中大部分同志也是换届后才上任的，其中从国务院各部、局转来的有 30 多人。从党的十四大修改党章到八届全国人大修改宪法，把我国建立社会主义市场经济体制定下来了，这是一大突破。这是根据小平同志的思想，当时由万里委员长在中央政治局常委会上提出，我也赞成，大家一致同意定下的。我们要争取用五年左右时间，大体形成与社会主义市场经济体制相适应的法律体系的框架。这项任务很繁重。社会主义市场经济到底是怎样的，难以用一两句话说清楚。我个人理解，从党的十一届三中全会起开始的经济体制改革，在社会主义建设时期划了一个界限。此后，开始按现在的路线办事了。这里有个拨乱反正、总结经验教训的过程。对此，小平同志曾经谈过一个很重要的意见，他认为，要真正改过来，还要靠建设制度，靠法制。他说党章是党内的法规，国家要建立法制。他有一段讲话，强调要使民主制度化法律化，不因领导人的改变而改变，不因领导人意志和注意力的改变而改变。小平同志的这个意见是极重要的指导思想。建立稳定的法制社会十分重要。

党的十二届三中全会决定进行城市经济体制改革。城市经济体制改革复杂一点，困难一点。在作出这一决定前，有些不同看法。决定通过以后，小平同志从全会的主席台上站起来说了一句话："这是新时期的政治经济学。"他对这个决定的评价相当高。但城市经济体制改革相当复杂,现在也不能说完全解决了。提出发展社会主义市场经济更有利于推动和加快经济体制改革,使我国整个经济发展更加顺利,更加迅速。当然这里有一大堆经济立法的任务。这项任务本来就有,只不过现在要做得更快一些、更多一些。这方面的任务人大应该担当起来。其中全国人大应承担主要任务,责任要重一些;地方人大的责任有些不同,但也可制定地方法规。国务院可制定行政法规。在这些法规实行得比较成熟的情况下,其中对全国普遍适用的内容,都可以吸收到全国性的法律中去。

上海可能有个特殊性,结合开发浦东,改造浦西,更好地建立新上海,这方面的立法任务是不轻的。希望你们多总结些经验。外国人一来就看宏观环境,制定了哪些法,如果没有,他就不放心。这方面,上海要搞得更好些。这次我看到浦东工作搞得还是踏踏实实的,是在前进。现在国家加强宏观调控,明年实行税制改革,10月份开始搞公务员制度和工资改革。这些措施我看不会影响浦东开发,不会影响上海的建设进程。90年代上海作为建设开放的重点城市,这一条中央、国务院已发过文件,小平同志也说过话,这是不会改变的。同时,上海的法制工作要跟得上,搞得更好一些,为全国提供些经验。"加工订货"的话我就不说了。在广东我说过,后来也不说了,希望你们提供经验,这话的意思和"加工订货"也差不多了。这对全国立法也有帮助。

再有民主与法制建设,我们国家生活包括党内生活怎样搞得更民主一些,而且这个民主又是真正从中国实际情况出发,是总结了中国的历史经验,而不是盲目抄袭别人的。以前有些人老要抄袭苏联,这种想法不破产也得破产,因为苏联本身就破产了。当然并不是说苏联瓦解了,就一切都否定,历史总还是历史,要历史地看问题,法律方面有值得研究的我们还要作研究。50年代我们主要是盲目抄袭苏联,现在这情况已经变了。但盲目抄袭西方,在中国也行不通。这不仅在中国行不通,在第三世界发展中国家也行不通。

中国这么大的国家,要建立一个法制社会是一个非常复杂的问题。我认为要有个比较长期的打算。一方面立法工作任务很重、很紧迫,另一方面真正建成一个法制健全的社会,探索出一条适合中国情况的民主道路,恐怕要花相当长的时间。

关于民主问题。中国怎样搞得更民主? 应该说,我们的民主机制,人民代表大会制度、中国共产党领导的多党合作与政治协商制度是好的,是适合中国情况的。但这个制度在实践中怎么搞得更好,这还得探索,而且恐怕需要作相当长时间的探索。对此,我们要有长期打算,我们这方面的工作不是没有欠缺。如果认为我们的民主已很充分了,那是不符合实际情况也难以适应今后需要的。但如果觉得既然不够理想,就马上去抄别人的东西,这也不是办法。要在实践中逐渐地探索、试验,寻找出一条在现在基本制度基础上搞得更民主、更好一点的途径。

再有一个就是人大的监督工作,我很同意上海已经做的工作。上海做得比较实在,同政府之间也能互相配合,相得益彰,这样做比较好。当然碰到尖锐的、原则性的问题时,该坚持的还得坚持。据我所知,有的地方人大与政府之间有时很难协调,要协调就得迁就,迁就就出问题,这不行。上海这方面工作比较好,还要坚持下去并逐渐总结经验。人大终究与搞政府日常工作的同志不同,人大工作比较超脱,另外它同人大代表、人民群众的联系也比较多,可以多听人民群众的呼声,这样它对政府工作的监督,在一定程度上或者在越来越大的程度上可以更多地反映人民群众的意见,这样也有利于政府改进工作。政府工作增加点透明度,多尊重人大;人大也要照顾政府的实际困难,这样就能逐渐解决这些问题。

　　最近一次全国人大常委会会议,曾请国务院几位领导同志去讲讲。朱镕基同志的发言事先准备了一个书面汇报提纲,但他没有照念,而是即席讲了一些最重要的情况,结果反映比较好。这次进行财税体制改革后,情况相对会好一点,以后财政有赤字不能到银行透支,一般也不能向地方借。以前,地方认为既然中央有困难,也就认了,这当然是很好的,是党内一种很好的风气,但总不是法制的办法,国家不能老过这种日子。所以非改不行,只能用改革去解决。全国人大也在探索怎样搞得更好一些。

　　我就我所想到的,谈了以上这些意见,供上海的同志研究工作时参考。

从实际出发,
一步一个脚印地奋斗下去[*]

（1993 年 10 月 14 日—20 日）

　　江西的工作是扎实的,经济增长比较快,发展是健康的。我1990 年来过江西,更早的时候也来过。江西在全国来讲,不但是革命老根据地,而且是农业大省,每年都有相当数量的粮食往外调。这次我来,时间较短,走的地方也不多,主要是在南昌附近,还有"共青城",到昌九工业走廊的一部分地方看了一下。总的印象,跟上一次来的时候比较,工作进展不错,新的经济形势正在出现,是按照中央的统一部署实实在在地在抓。华东的座谈会和中央调查组都反映江西的工作比较好,实在。这跟你们领导班子思想认识一致,大家都共同努力地抓工作是分不开的。只要坚持贯彻执行邓小平同志建设有中国特色社会主义理论和党的十四大精神,从本地实际出发,一步一个脚印地奋斗下去,江西的工作会很有前途、很有希望。我希望江西的同志继续开拓进取,扎实工作,始终坚持两个文明一起抓的方针,使经济建设和其他各项事业都得到更大的发展。

　　一、严格按照独立自主的外交政策,采取正确的策略,我们的朋友会越来越多

　　现在的国际形势,总的来说,对我们加快社会主义现代化建设和

---

[*]　这是乔石同志在江西省考察期间的讲话要点。

改革开放是有利的;国内经济和其他各项事业的发展势头相当好。
1989年"政治风波"以后,西方七个大国决定对我们进行制裁,到现
在还没有完全撤销,但逐渐在突破。还有人权问题,我们发表了一个
"白皮书",表明了中国对人权问题的看法。讲人权,首先要解决人
的基本生存和生活的权利。我们在占世界人口五分之一的国家解决
了吃饭穿衣问题,这是解决了最基本的人权问题。这个观点第三世
界国家都赞成。中美关系到底往哪个方向发展,是按中美三个公报
的方向前进,还是越来越恶化,这在美国国内也有不同意见。美国企
业界有一部分就主张要改善关系,因为美国在中国占领的市场不够
多,关系恶化了对他们更不利。克林顿政府看来也在考虑调整其对
华政策。所以,只要我们遵循小平同志制定的方针,加强国内工作,
严格按照独立自主的和平外交政策,采取正确的策略,国际上的问题
我们都可以正确对待。在世界上,我们的朋友会越来越多。

中国经济的发展势头比较好,国际上的评论也都不错。世界银
行一些专门研究经济问题的专家作了一些预测,认为20世纪90年
代和21世纪,至少是21世纪前期,亚洲地区的形势比较好,比较稳
定,特别是中国的经济还将向前发展。海外侨胞、华人也觉得中国
现在的形势比较好,想做点贡献。可以说,全世界对中国经济发展
趋势的看法是比较好的,对我们十几亿人口的潜在大市场兴趣越
来越大。

所以,只要我们自己抓得紧,抓得好,我们国家建设确实很有希
望。现在确实是一个难得的机遇。小平同志一再说要抓住当前的有
利时机,把经济搞上去。国际国内条件这么好,可以说是我国近代史
上没有出现过的。如果我们不抓紧,丧失这个机遇,今后什么时候再
会碰到,就很难说了。抓住这个机遇,我们国家才可以有个比较大的
发展,进而实现小平同志设想的现代化建设三步走的战略目标。

二、不抓紧深化改革不行，拖不下去了，再滞后就会失去时机

抓住机遇，需要真抓实干，从各方面加强努力，而关键是要踏踏实实地深化改革，扩大开放。不抓紧深化改革不行，拖不下去了。有的事已经滞后了，再滞后，就会失去时机。今年以来，我们特别强调加强和改善宏观调控，中央发了6号文件，采取了一些措施，目的是为了防止和避免经济出现大的波折，从而为进一步加快改革开放和经济发展打下良好的基础，创造好的条件。上半年金融形势紧张，如果继续紧张下去的话，下半年非出大问题不可，而且问题要比1988年发生的大得多。银行和金融首先要整顿，不整顿不行，而且管理要逐步实现现代化。中国近代企业管理比较科学的，一个是银行，一个是铁路。过去，银行的传票制度是很健全的，它盖章不是乱盖的，有严格的责任制。更早的时候中国搞钱庄，庄票也不是一点规矩都没有。它有几联单，有存底，并有规定，不按规定办也会乱套。而现在，我们有的银行可以说乱到了极点。一个衡水支行，竟然能串通舞弊开出100亿美元的信用证，弄得我们要通过国际刑警组织和国际银行机构帮着追查。长城公司非法集资也是个典型的例子。

现在看来，加强宏观调控的措施在实践中已经取得了初步成效，当然不能说问题都解决了，但它防止了下半年可能出现严重通货膨胀的状况。如果出现那种情况，问题就大了。今年加强宏观调控，主要还是采取经济的办法，通过深化改革，辅之以必要的行政措施，总的方向还是好的，是正确的。接下去，就要搞金融、财税、投资体制改革，还有其他改革。总之，要把改革深化下去。这些改革或迟或早总是要搞的，否则，社会主义市场经济体制怎么建立起来？加强宏观调控，防止出现大的波折，同时在这个基础上深化改革，这对我们国家整个经济的发展，对社会主义市场经济体制的建立，都是非常必要的。这个问题要从全局看。中央准备召开党的十四届三中全会，就是想在这个基础上,在继续加强和改善宏观调控的同时,积极探讨如何进一步深化改革,争取能使改革上一个新的台阶。要在诸如转换国有大中型企业的经营机制,推进金融、财税、投资体制的改革等方面狠下功夫,切实解决发展社会主义市场经济过程中一些迫切需要解决的深层次的问题。财税体制改革不是现在才想起来的。早在80年代中就提出了到底是实行财政大包干,还是税利分流。搞分税制,前些年就有过研究,也想过要实行,但一下子不容易。因此,当时同意搞大包干。一晃七八年过去了。财政大包干总的来说还是调动了各地的积极性,对经济发展起了促进作用,但一直包干下去也不行。所以,最近中央决定要加快财税体制改革,从各地测算的情况来看,地方上不会吃多少亏。中央财政这一块要保证,除经常的财政费用外,必须把由中央投资的重点建设项目保下来,如京九线这样的工程就得保。

要深入研究怎么把国有大中型企业搞活。国有大中型企业转换经营机制,比如搞股份制,就有一个如何看待和处理国家控股的问题。这些都是非常现实的问题,要不断地摸索研究,解决得好一些。另外,现在国有企业的负担过重,要采取各种办法,逐步减轻企业不应有的负担。要通过建立社会保障体系去逐步解决。

三、减轻农民负担,给农民一个休养生息的机会

要重视研究、解决农业和农村工作问题。这方面,中央研究好几次了,这次中央又专门召开了农村工作会议。党的十一届三中全会是从解决农业问题着手的,当时决定每年进口 1000 万到 1500 万吨粮食,解决城市供应粮问题,减轻农民负担,给农民一个休养生息的机会,这是一个很重要的措施。以后中央连续发了 5 个一号文件,都是关于加强农业农村工作的,还是很起作用的。1980 年有个 75 号文件,同意贫困山区"三靠队"可以实行包产到户,开了个很小的口子,可见当时我们还是非常谨慎的。这样一搞,效果很显著,家庭联产承包责任制就发展起来了,三年半左右的时间就在全国普及了。十一届三中全会以来党在农业方面实行的一系列基本政策必须长期稳定不变,并在实践中加以发展和完善。要按照农业法和最近召开的中央农村工作会议的精神,认真改进和加强对农业和农村工作的领导,把农业继续向前推进。

工农业产品价格剪刀差的问题,也要给予足够的重视。1984年工农业产品价格剪刀差是80年代最小的一年,那以后就不断扩大,看来今年又有扩大的趋势,如果搞不好,明年还要扩大,那就麻烦了。我们有八九亿农民,剪刀差的问题解决不好,必然会影响农民的生产积极性,影响农业和农村的稳定。这是一个很重要的问题。一定要进一步提高对农业在整个国民经济中的基础地位的认识,农业必须有一个长期的稳定的发展,要在思想上和实际工作中切实解决这个问题。

农业,还是要在抓好粮食生产的同时,发展多种经营。在这方面,江西的潜力很大,需要开发的地方很多。我很赞成你们的做法,像这一路上看到的,搞水产养殖业、林果业,把丘陵地区尽可能开发利用起来。这是大农业的观点,应该这样搞。

中国人多,是个现实问题。计划生育一定要抓紧,同时对农村剩余劳动力,要作为一种极重要的资源来对待,要从各方面想办法充分加以开发和利用,包括发展乡镇企业和第三产业,组织修建公路,进行农田水利基本建设等。江西国库的粮食那么多,有的恐怕已存到不能再存下去的状况了,可以逐步地有计划地调出一部分来搞以工代赈,一个是修公路、修铁路,一个是搞农田基本建设。

发展乡镇企业和第三产业,发展小城镇建设,当然不要搞大呼隆,刮一阵风,不要搞形式主义,要踏踏实实搞上去。乡镇企业的发展总是要有一定的生产和生活环境,如果相对集中,逐步把小城镇有引导地搞起来,就可以成为周围地区政治、经济、文化和社会服务事业的中心,可以解决很多就业问题,同时也可以搞活市场,起到带动发展的作用。在我国,多搞上海、北京这样的大城市,是根本不行的;中等城市也只能逐步地发展。因此,主要还是要逐步发展小城镇。

我们在新的历史道路上不断前进*

(1993 年 11 月 5 日)

乔石(以下简称乔):今天有机会见到南非共产党恩夸库拉总书记,我感到非常高兴。你们战斗在第一线,这次访华又是你当选为南非共产党总书记后的首次出访,我代表中共中央对你们的来访表示热烈欢迎。

查尔斯·恩夸库拉(以下简称恩):感谢你在百忙中抽出时间接见我们。

乔:我们两党有着长期友好交往的历史。南非共产党是个具有光荣革命传统和丰富斗争经验的政党。为反对种族隔离制度、争取南非人民的自由和解放,贵党进行了长期而艰巨的斗争。在争取南非人民自由解放的过程中,有不少南非共产党人献出了宝贵的生命,尤其是贵党前任总书记哈尼同志的遇害给你们带来了重大损失。到目前为止,你们的斗争取得了一些进展,这是很不容易的事情,我们希望你们今后的斗争能进行得更顺利一些。但你们面临的斗争恐怕是长期的,形势也还会有变化,即使在大选中获胜,在政府中取得多数,也只能说是斗争新阶段的开始。

我们都是共产党人,我们都有社会主义理想,这个理想是很好

---

* 这是乔石同志在会见由总书记查尔斯·恩夸库拉率领的南非共产党代表团时的谈话节录。

的。在俄国十月革命以前,社会主义制度在人类历史上是不存在的。但苏联已经解体了。我们非常关心苏联的剧变。我们认为,他们的问题主要是发生在内部。当然其中也有西方帝国主义施加影响的一面,因为西方国家总是想推翻和瓦解苏联,任何可以利用的机会,他们都绝不会放过。

中国共产党也犯过多方面的错误。早在我党刚刚成立的时候,在幼年时期就参加了中国的第一次大革命,由于犯了右的错误,使得大革命遭到失败。右的错误纠正以后,我党又犯了"左"的错误,主要是因为当时党内有一部分同志照抄照搬苏联的经验。"左"的错误给中国革命带来了巨大损失。后来在长征路上,我党召开遵义会议,纠正了"左"的错误。此后一段时期,我党的发展是比较好的,因此我们取得了抗日战争和解放战争的胜利。在新中国建立初期,毛泽东主席是比较注意防止"左"的错误的,所以当时我们取得的成绩是巨大的。但后来我们又犯了"左"的错误。"左"的错误给我党造成了巨大损失,但我党的素质和基础是好的,我党的绝大多数党员、干部是好的。1976年,我们采取了比较果断的措施,解决了"四人帮"的问题,把形势逐渐改变过来。此外,我们还花了好几年时间对新中国的社会主义建设的历史经验作了较系统的总结,并在全党范围内做自我批评,凡是错误的统统加以改正。通过对历史经验的总结,特别是对新中国的社会主义建设经验的总结,我们受到很大教育。从此以后,我们走上了一条新的发展道路,就是走上了建设有中国特色社会主义的道路。在过去的15年中,我们在新的历史道路上不断前进,经济发展应该说是比较快的,可以说是世界上少数几个经济发展最快的国家之一。如果没有这个转变,没有全党范围内的批评和自我批评,没有对过去历史经验的总结,恐怕问题也不容易解决好。

我可以坦率地讲,对贵党的情况,我研究得不多,但并不是完全陌生的。我知道,曾经有外国党帮助过你们,向你们提供过援助。即使这些援助的出发点是对的,但也不能完全保证这些援助完全正确。你们即将参加选举,有可能通过选举使自己处于执政地位,但斗争并没有结束,面临的问题还很多,甚至比执政前更多。就中国而言,新中国建立前夕,毛泽东主席就告诫全党,他说,取得新民主主义革命的胜利,只能说是万里长征走完了第一步,特别是要防止因胜利而产生的骄傲、自满和急躁情绪。因此可以说,我们在新中国成立初期的几年,搞得还是不错的,但后来就不是这样了。我发现非洲国家在取得独立后,存在许多实际问题,特别是经济方面搞得好的不是很多。希望你们在总结过去经验的基础上,今后能搞得更好。

中国现在的情况是比较好的,但我们明显感到,要把中国建设成为世界上中等发达程度的国家,需要花几代人的时间,大概要到下个世纪中叶。但我们过去可不这样认为,比如说,新中国建立的时候,我是个党龄虽不长,但也不算短的党员,当时我的想法很简单,认为革命胜利了,一切事情都好办了,可怎么也没有想到,掌握政权以后,会有那么多的复杂情况和斗争,走过那么多本应避免的弯路。所以,我们真心希望你们在总结过去经验的基础上,把今后的工作搞得更好,不断取得新的胜利。

你们对在中国的访问,有什么感想吗?

恩:首先请允许我向你们表示感谢,感谢你们邀请我们来中国访问。中国党和中国人民对我们的斗争始终给予支持,并作出了积极的贡献,你们在我们的心目中占有重要位置。早在 60 年代,中国就率先对南非种族主义政权实行制裁,同时还要感谢你们给予我们以智慧的指导,向我们传授斗争经验。你刚才又毫不隐讳地把你们过去所犯的错误告诉我们,我也十分感兴趣地聆听了你关于建设有中国特色社会主义试验的介绍。我们的访问是富有成果的,我们头脑中有关中国的知识更加丰富了。我祝愿中国共产党和中国人民在今后取得更大成就。

乔:我们曾向贵党提供过一些援助,这是我们应该做的。你们研究各个社会主义国家的经验是很有必要的,你们对中国党和中国人民进行的事业非常关注,表现出强烈的兴趣,但这不是短时间内能讲清的事情。我认为,我们的经验只能供你们参考,最重要的还是要严格从南非的实际出发,制定自己的政策,把科学的理论同南非的实际结合起来,结合得好,就坚持;如果有问题,就及时纠正。一个党只有这样做,才能走向胜利,不断为本国人民做出新贡献。我希望两党今后的关系进一步发展,也希望贵党在今后的南非政府中扮演越来越重要的角色,真正为全南非人民做出新的贡献。

抓住有利时机，促进经济
持续快速健康发展[*]

（1993 年 11 月 21 日—27 日）

我来福建好几次了，每次到福建都感到有不少变化，特别是这一次，感到近两年变化更大、更明显。应该说，福建这几年发展是快的，改革开放抓得是紧的，抓住时机，引进侨资、台资、外资，势头强劲，今年加强宏观调控也是认真的，有成效的。总的来讲，形势是好的。这是福建各级党委、政府积极贯彻小平同志重要谈话和党的十四大精神的结果。过去由于种种原因，福建经济底子比较薄，现在有了较好的基础，又处于改革开放的前沿，希望你们再加把劲，按照小平同志多次强调的，抓住现在的有利时机，促进福建经济持续、快速、健康发展，实现省委、省政府提出的目标。厦门作为经济特区，这几年建设与发展搞得不错，今后要力争搞得更快更好些。厦门的优势在对台，现在的海峡两岸关系对厦门经济发展很有利。福州也是很有希望的。南平地区也在迅速发展。

一、抓住机遇，加快改革和发展，但要正视前进中存在的问题

现在的国际形势对我们加快经济发展很有利。最近几年我国周边环境有了相当大的改善。我国与东南亚国家经济合作交流日益扩大。今年七八月份我去东盟五国访问，各国都非常热情，都有与我国

---

[*] 这是乔石同志在福建省考察期间听取省领导汇报后的谈话节录。

449

发展经贸合作关系的愿望。我们与独联体和东欧各国,在国家关系上处理得很好。西方对我"制裁"虽至今没有宣布解除,但多在采取实际行动改善关系,包括美国。国内形势对发展经济也十分有利。改革开放15年来,小平同志建设有中国特色社会主义的理论越来越深入人心。今年以来,党中央先后作出了加强农业和农村工作、加强宏观调控、反对腐败和加紧建立社会主义市场经济体制的重大决策和具体部署,特别是在全党和全国开展努力学习《邓小平文选》第三卷的活动,意义重大而深远。可以说我们处在近代史上150多年来最好最难得的时期,一定要珍惜这一历史性机遇,抓紧时间,集中精力把经济建设搞上去。

当然,抓住机遇、加快发展,也要保持清醒的头脑,正视前进中存在的问题,并采取措施加以解决。去年下半年党中央提出防止经济"过热",今年6月份作出加强宏观调控的决策,就是针对经济发展中存在的问题和困难的。如果不及时采取宏观调控措施,就有可能出现1988年下半年那样的情况,而且会比那时要严重得多,那就是小平同志说的大起大落,就要造成大的损失。经过这几个月的努力,现在可以说,我国宏观调控已取得积极成效,基本上防止了大起大落,目前经济发展还是保持比较好的势头。对此,国际上反映也是好的。

加快发展,解决前进中存在的问题,根本出路在于深化改革,加大改革力度。建立公务员制度和工资改革,今年要出台。税收体制、财政体制改革,是明年改革的重点,涉及到方方面面利益的调整,难度很大,但要下决心改下去。当然,在改革中要注意稳妥,对地方近期的特殊情况还要适当照顾。物价改革的步伐要加快,价格"双轨制"不可能长期存在。汇率也要抓紧理顺。改革要大胆地试,试验不成功可以及时改正。总之,我们对改革方案的设计要考虑得周到些,但该下的决心就要下,不能犹豫徘徊,既要积极又要稳妥,一步一个脚印地走,争取近两三年内取得较大的突破。体制上大的问题解决了,小的问题回过头来再作调整,这就可以为加快发展创造相对宽松的环境。

二、经济发展中要注意防止贫富悬殊,要走共同富裕的道路

加快发展要注意分类指导,处理好先富与后富的关系。沿海与内地相比对外开放的有利条件多些,改革开放以来发展比内地快,但也不能等到沿海非常富裕了,才来考虑内地的问题。我们是社会主义国家,在经济发展中要注意防止贫富悬殊的问题,走共同富裕的道路。沿海地区在加快发展的同时,要注意帮助内地。今年 3 月全国人大会议期间,我到青海代表团参加讨论时谈到,内地经济困难比较多,一定要加强对贫困地区的开发,中央的扶贫政策是否应向中西部倾斜,沿海地区的扶贫问题可以考虑由有关省市自行解决。这点现在已经解决。

现在,沿海地区乡镇企业发展很快,小城镇建设要相应跟上。在发展乡镇企业的同时,积极引导搞好小城镇建设,这有利于充分利用农村剩余劳动力,合理有效地利用公共设施,减轻大城市的压力,为将来逐步缩小城乡差别创造条件。要控制大城市发展规模,中等城市要适当发展,但也不宜搞大和搞得过多,小城镇要大力发展,逐步使小城镇成为农村政治、经济、文化、服务等各方面发展的中心,努力建设有中国特色的社会主义新农村。

在经济发展中,还要注意两个问题:一是劳动力价格问题。要增加对外商投资的吸引力,就必须发挥劳动力相对低廉的优势。现在沿海个别地方劳动工资有上升过快的现象。工资搞得太高,会削弱我们发展外向型经济的竞争能力。二是社会保障问题。社会保障不能简单地照搬西方模式。瑞典搞的社会福利模式,政府已经难以为继。其他西方国家也普遍存在这种问题。我国经济不发达,除了继续发展社会保障,还要发挥我们家庭的传统优势,通过家庭保障,减轻社会的压力。要大力提倡、发展城市职工商品房和农村个人自建住宅。这方面除严格执行规划外不要人为地过多限制。这样,可缓解城乡住房紧张问题,提高人民生活质量。

三、转变我们的思想,从根本上否定苏联模式

学习《邓小平文选》第三卷,用建设有中国特色社会主义的理论武装广大党员干部,最关键的是要使全党特别是县以上领导干部的思想来个根本转变。思想不根本转变,就谈不上深化改革,扩大开放。如果囿于已过时的经济模式,改革开放就缺乏思想基础,没有内在动力。

建设有中国特色社会主义的理论,是小平同志在 1982 年就已经正式提出的。他在党的十二大开幕词中提出要走有中国特色的社会主义道路,这是非常重要的,解决了我们国家将沿着什么道路前进的问题,这实际上是根本否定苏联模式。这个理论经过改革开放十几年的实践证明,对指导我们的工作具有非常强的生命力。《邓小平文选》第三卷集中了小平同志在我国改革开放时期的重要论述,全书处处讲改革问题。比如,计划与市场都是资源配置的手段,不是区别社会主义与资本主义的标志,早在 1979 年小平同志就讲到了,以后还多次讲到市场和市场经济问题,《邓小平文选》第三卷中讲得更系统。随着理论认识的深化和实践的发展,我们党的十四大正式确定在我国建立社会主义市场经济体制。在这部著作中,小平同志还精辟地论述了改革是第二次革命,是解放生产力。这分量很重啊!我们一定要在思想上有深刻的认识。

为什么说转变思想是我们学习《邓小平文选》第三卷必须要解决好的关键问题?回顾一下改革开放以来,我们思想解放、观念转变的过程就可以清楚这一点。由于党的十一届三中全会以前长达 30

年时间里,我们深受苏联计划经济模式的影响,有些同志的思想认识落后于实践。1979 年,我们在农村实行家庭联产承包责任制,1984年中央决定把经济体制改革扩大到城市,以及在建设经济特区的初期,都出现过认识不很一致的现象。过去,我们常以我国既无内债又无外债引为自豪。1978 年我们访问南斯拉夫,才认识到有条件地举借外债,对发展本国经济有好处。可见,思想要根本转变不那么容易,而思想不转变,我们的实际行动就往往会停留在计划经济的模式,跟不上时代步伐,改革开放的事业就难以顺利推进。如对发展非公有制经济成分问题,我们不必过多地担心和疑虑。小平同志讲过,怕什么,政权掌握在我们共产党手中,这些经济成分是在我们国土上,要受我国法律、政策的约束。我们现在是社会主义初级阶段,要大力发展社会生产力,就要允许多种经济成分存在。

我们对《邓小平文选》,要学得深一些,理解得透一些。要认真阅读原著,密切联系实际,真正在行动上切实按照小平同志的思想路线办事,绝不是口头上说说,也不搞形式主义。

四、只有不断改善党的领导,才能坚持和加强党的领导

15 年来我们国民经济和社会发展之所以取得巨大成功,靠的就是以邓小平同志建设有中国特色社会主义的理论为指导,坚决遵循"一个中心、两个基本点"的党的基本路线。

坚持共产党的领导,经过实践证明是唯一正确的选择。不要共产党的领导,行吗? 谁能带领十多亿人民从政治解放到经济解放并建成有中国特色的社会主义? 在目前新的形势下,要坚持党的领导,如果不改善党的领导,行吗? 也是不行的。只有不断改善党的领导,才能坚持和加强党的领导。当然,"改善"是一个很复杂的问题,需要我们探索。这些年来我们探索如何改善党的领导,提高执政水平,有不少好的经验和做法。加强党的领导,不断巩固执政党的地位,必须加强党的建设，密切党同人民群众的联系。对党政机关出现的腐败现象，必须坚决反对；对腐败分子，必须按照党纪国法严肃惩处，不能因为过去做过工作，有过成绩，就宽容他。在每一个历史转折点，每个关键时期，总有些人蜕化变质，落伍了，这不足为奇。但执政党不能降低对自己的要求，一定要保持自身的纯洁性。

五、更新观念，摆脱束缚，换换脑筋，实现思想上的再一次大解放

坚持马列主义、毛泽东思想，归根到底就是要坚持马克思主义的基本原理。恩格斯说过，我们发现的是一种方法，而不是穷尽了真理。马克思主义从来就是发展的，创造性的，从来就要求理论联系实际，要求结合实际来运用和发展理论。早在马克思和恩格斯发表《共产党宣言》的时候就强调了这个思想。后来马克思和恩格斯在1872年这个宣言的德文版序言中再次强调说：《宣言》中所阐述的一般基本原理是完全正确的，而"这些原理的实际应用，正如《宣言》中所说的，随时随地都要以当时的历史条件为转移"，因不同的国家而不同。马克思、恩格斯在这个序言中还十分清楚地谈到了"过时"的问题。当时，《共产党宣言》才发表24年时间。而他们在这个德文版序言中已经明确地说，由于有了一些革命实践的经验，《共产党宣言》中所提出的提纲，"现在有些地方已经过时了"；有些原则，就其实际运用来说，也因"政治形势已经完全改变"而"过时"了。由此可见，马克思主义的奠基人向来就是主张创造性地、实事求是地、因时因地制宜地来运用马克思主义的。我们中国共产党人最重要的基本经验、最突出的优良传统，就是实事求是，就是马克思主义基本原理与中国革命和建设的具体实践相结合。我们党第一代领导人毛泽东一生坚持的基本原则就是这一条。现在，邓小平同志正是在我国社会主义现代化建设的关键时期实现这种结合的典范。我们学习《邓小平文选》第三卷，就要立足于当前我国的实际，创造性地来运用马克思主义,更新观念,摆脱束缚,换换脑筋,实现思想上的再一次大解放,从而大大解放生产力,推进有中国特色社会主义事业的新发展。

坚持走社会主义道路,就是要建设有中国特色的社会主义。在中国,除了走有中国特色的社会主义道路,还有什么道路可走呢?没有。15年的实践证明,这是唯一正确的道路,是唯一能带领中国人民实现现代化的道路。建设有中国特色的社会主义,不仅是中国人自己的事,而且是全世界关心的事。中国如果搞不好,社会主义的希望还从何谈起呢?中国对世界影响很大。因此,我们一定要把有中国特色的社会主义搞好。建设有中国特色的社会主义,没有现成的模式,唯一办法是在中国这块土地上依靠党、依靠人民的实践来完成。

六、社会主义市场经济同样也需要法制,要加强地方立法工作

党的十四届三中全会作出了《中共中央关于建立社会主义市场经济体制若干问题的决定》,对法制工作提出了新的、更高的要求。建立社会主义市场经济体制,需要有与其相适应的法律体系,全国人大和地方人大立法的任务更重了。市场经济,从某种意义上讲就是法制经济。资本主义市场经济有法制,我们社会主义市场经济同样也需要法制。我们要在五年内大体形成社会主义市场经济法律体系的框架。今年以来,全国人大常委会已经通过13个法律、11个有关法律问题的决定。其中许多是关于经济的立法。地方的立法工作也要抓紧进行。地方立法,可在宪法和全国性法律的基础上,根据本地的情况和特点来制定,经过实践逐步加以完善。我在八届全国人大一次会议上参加广东代表团讨论时讲过,希望广东加快地方立法工作。他们准备搞40多个地方法规。你们同样也要加强地方立法工作,特别是在涉外工作方面,包括对台对侨工作,要制定具体法规。希望大家共同努力,坚持不懈,把我们的国家建设成为现代化的、民主和法制健全的社会主义强国。

加强和改善宏观调控，
保持经济稳定发展*

（1994 年 2 月 5 日）

一、要争取更有利于我国建设的国际环境，不要错过发展的良好机遇

总的来讲，当前的国际形势对我们加快建设有中国特色的社会主义，加快建立社会主义市场经济体制是相当有利的。可以说，中国近现代史上还没有出现过像现在这样有利的机遇。我们要抓住这个机遇，使国家建设在 90 年代能够取得显著的成绩，然后在这个基础上迎接 21 世纪，在 21 世纪有更大的发展。邓小平同志非常强调维护我国社会的稳定，也是为了不错过这样的发展机遇。没有稳定，经济建设和其他各项建设就无从谈起，就会丧失机遇。

1989 年以后我们碰到一些困难，受到西方七国的制裁，这个制裁现在还没有完全取消。我们要尽可能争取在比较短的时间里完全取消这个制裁，这是可能的。我最近去德国、瑞士、奥地利访问，深感他们很希望加强同我们的合作。德国在西欧处于举足轻重的位置。德国总理科尔去年 11 月访问中国，带了一批企业家和管经济的政府官员，签订了 20 多项协议。他是想加强德国同中国的经济合作，当然也包括科学技术、文化教育方面的交流，决心是相当大的，而且公

---

* 这是乔石同志在海南省考察时听取省委、省政府工作汇报后的谈话要点。

开说了出来。我在德国会见他时,他也这样表示。科尔还是有点战略眼光的,他主要是想开发中国的市场。法国政府同我国政府已就改善两国关系达成了协议,今年1月发表了联合公报,中法关系翻开了新的一页。钱其琛副总理兼外长不久前对法国进行了访问,谈得也可以。法国参议长莫诺里和总理巴拉迪尔也要到北京来,中法关系实际上也就正常化了。西欧大国中就差英国了,英国因为香港问题还闹着别扭,看起来可能还要再闹一段时间,长期闹下去,我看也不至于。1997年香港要回归祖国嘛,这个没法变。我们"一国两制"的方针、香港基本法也不会改,主要的问题都说得清清楚楚了,还有什么好闹的? 无非是再找一个台阶下。

处理好中美关系,对于创造有利于我国建设的国际环境来说,是很重要的。中美关系正在转折的过程中。克林顿上台以后,打"人权牌",不久又碰上一个对华最惠国待遇问题,他把这个问题用总统行政命令的办法解决,跟人权问题挂钩,结果搞得很被动。现在他知道最惠国待遇跟人权问题挂钩是很不明智的,将来也坚持不下去,觉得不脱钩好像不行,他也要找个台阶下。所谓台阶就是要我们做点让步,让他在国内好交代一点儿。最近美国有人说,如果把人权问题跟最惠国待遇搅到一起,将来真的把最惠国待遇取消,对美国来讲那等于是政治上经济上的一颗原子弹,中美关系就麻烦了。我们会有损失,他们的损失也不小。另外还有个长远问题,中国的市场这么大,你美国进来不进来? 现在已有人说了,人权跟最惠国待遇不能老挂在一起,要脱钩。我出访西欧三国的前一天,会见了美国众议院多数党领袖理查德·格普哈特率领的一个代表团。格普哈特是反对无条件给予我国最惠国待遇的。会见时我说,最好还是把最惠国待遇问题一劳永逸解决了,贸易就是贸易,同一些非贸易因素连在一起,只能越搞越复杂。他倒没有反驳我,当然,他们不会一下子接受我们的观点,他们有他们的价值观念。另外还有消息说,克林顿想访华,但到中国来一次总要谈出一点结果。美国国会也邀请我访美。最惠国待遇问题解决之前,我不可能去,弦绷得较紧,去也不合适。总的说,中美关系正在一个转折的过程中,最近美国内部正在调整对华政策,一些情况已透露出来了。当然,他们同我们的较量是长期的,尤其是在台湾、西藏、人权等问题上,但总的来看,现在的势头较前几年要好。这就是承认中美三个公报的原则,争取中美关系有较大的改善。搞得好有可能把最惠国待遇比较彻底地解决一下,这对我们争取尽早恢复关贸总协定缔约国的地位也有好处。我们是希望争取尽早复关的,对外开放嘛,复关总是利大于弊。复关以后,我们的民族工业,有些可能要受到冲击,特别是汽车制造业。这个现在已经受冲击了,将来大一点就是了。逼一下也许不无好处,汽车制造业为什么搞了几十年就是搞不上去呢? 我这次到德国访问,到"奔驰"厂去看过,"宝马"厂也看了,还在"西门子"公司座谈了一下。他们的确有值得我们学习的地方,而且对与我们合作有较大的兴趣。"西门子"对中国的兴趣很大。

总的就是这么个情况,国际形势对我们比较有利。只要我们坚持对待国际问题的正确方针,坚持在和平共处五项原则的基础上发展同其他国家的关系,积极开展工作,是可以争取到一个更加有利于我国建设的国际环境的。

二、加强宏观调控,避免出现大的波折

前年第四季度,我们提出防止"过热"是必要的。不防止一下,这么大的国家到处把好地划出来搞开发区,银行的资金紧张到了极点。当时每天的货币投放量比 1988 年将近高 10 倍,如果发生一次大的波折,那会比 1988 年严重得多。因此在春节前就采取了一些临时的紧急措施。去年上半年发的 6 号文件是从整顿银行、整顿金融秩序着手的。因为银行太乱了,比 1988 年乱多了,银行自己搞投资信托公司,银行自己放款,自己搞经营,做老板,这样还得了!整顿银行,整顿金融,现在看效果还可以,当然不能说完全解决问题,但是最紧张的一段基本过去了,没有这个措施,去年下半年会出现什么情况就难说了。所以说去年经济增长速度仍然较高、财政税收有所增加,等等,这都还是第二位的。第一位的,按我个人的看法,是把大的波折给避免了,这样,改革就比较顺利,可以继续下去了。否则,再来一个回头,一个急刹车,对内对外都不好说,老百姓也会有意见,那问题就大了。

所以,对于加强和改善宏观调控,希望大家能够理解。实践证明,这样做效果总的说还是好的,不仅保持了经济的稳定和发展,而且深化了改革。特别是去年下半年,成效更为明显。比如说外汇并轨,一下并了也就并了,完成了一件大事情。因为外汇不并轨总是一个问题,你不能老那样下去,将来的方向人民币还是要变为可以兑换的货币,不并轨怎么行呢?这次并轨,在大的方面国际国内的评论总的来讲是肯定的。采取那么大的紧急措施去解决面临的严峻问题,防止大的波折,在具体操作上难免会有一些不太理想的地方,我想大家只能采取理解的态度。大家还应当看到,问题不是都解决完了,今年和明年还遗留一些。遗留什么问题呢?主要的是基本建设战线还是太长,全国老这么下去是不行的,因为国家能力有限。发展经济,宏观调控是必要的。

今年出台改革措施很多,包括财税、金融、企业、价格、外贸等几个方面,可以说去年末基本已经宣布了。一下子宣布这么多改革措施当然有优点,把该做的主要事情都明确了,但具体操作上难免比较粗一点儿,或者仓促些,或者还不够具体和周全。现在主要就是具体落实,落实得好一些,有不周全的地方尽量搞周全。当然,完全理想的事是没有的。要进一步发展社会主义市场经济,一些深层次的问题非逐步解决不行。例如财税体制改革,不是现在才想起来的。早在80年代中就提出到底是实行财政大包干,还是税利分流。搞分税制,前些年就有过研究,也想过要实行,但一下子不容易。因此还是搞了大包干。一晃八九年了。财政大包干总的来说有好处,还是要积极肯定大包干对经济发展的好处。但是,老这样包下去也有很多问题,还是该地方税是地方税,该中央税是中央税,实行分流,总要走这一步。从各地测算的情况看,实行分税制地方上不会吃多少亏。有的省情况特殊一点儿,具体问题可以具体分析,具体解决。总的是希望大家对今年出台的改革措施增加理解,增加支持。同时,从中央到地方在具体操作上都要尽可能细致一些。

三、克服困难,使海南特区发展得更快更好

海南这几年开发和建设取得了可喜的成绩,希望在新的形势和条件下,海南的工作有更大的进展。刚才阮崇武①同志谈的一些想法,我原则上赞成。

海南有海南的实际情况和困难。海南是特区,实行特殊的政策。同时,海南基础也差一些,从广东分出来建省,建省以后,又碰到一些问题,也在一定程度上影响了工作。你们目前遇到的一些问题,财税、外贸、金融等方面的问题,洋浦开发的问题,旅游和南海资源开发的问题,产权市场和基建项目等问题,可以实事求是向有关部门反映情况,相互协商,争取解决得好一点儿。房改问题,如果过分廉价地把房子卖了,变相地把国家财产变成个人财产,尤其是从中营私舞弊,给国家造成大的损失,这是必须制止的。当然,严格按价出售,值多少卖多少,也做不到,现在职工工资收入很有限嘛。老百姓向国家

---

① 阮崇武,时任中共海南省委书记、海南省省长。

买房子，我估计总是要便宜一些，国家总是要吃一点儿亏。但是，便宜得不像话了，那也不行。总的来说，把一些问题解决得好一些，以利于海南的改革开放，使经济建设有更大的发展。

在抓紧经济建设的同时，要根据小平同志提出的"两手抓"的方针，把社会主义民主和法制建设、社会主义精神文明建设都抓上去，使海南特区发展得更快更好。

把社会主义市场经济法律体系的框架确立起来[*]

（1994 年 5 月 15 日—18 日）

党的十一届三中全会以来，天津对外开放起步比较早，经济发展比较快、比较好，工作是扎实的。在现有的基础上，只要勇于开拓，积极进取，深化改革，扩大开放，天津将会有更大的发展，并且可以对我国北方地区的对外开放和经济发展发挥较大的促进作用。

当前的国际形势正在朝着更加有利于我国建设的方向发展，国内社会稳定，经济持续增长，总的形势很好。我们要紧紧抓住难得的历史机遇，扎扎实实把改革深化下去。去年第四季度以来，改革措施出台比较集中，步子比较大，是完全必要的，方向是正确的。实践证明，效果总的说也是好的，可以说取得了突破性的进展。对深化改革过程中遇到具体问题，要认真进行调查研究，分清轻重缓急，一个一个地妥善予以解决。解决好这些问题，对于改革的顺利进行，也是十分必要的。各级领导和广大干部要深刻认识中央推出的改革措施的战略意义，提高落实这些措施的自觉性，带领人民群众努力把改革事业推向前进。

国有大中型企业在天津工业中占很大比重，搞好国有大中型企业，一定要领导重视，要切实解决一些关键性的问题，引导企业真正

---

[*] 这是乔石同志在天津市考察期间的谈话要点。

面向市场,深化改革,搞活机制。要鼓励学习和引进先进的技术和管理,通过嫁接和改造,使企业在设备、工艺、产品、管理等方面提高档次,提高质量和水平。要通过多种形式的培训,不断提高职工的素质。要通过逐步建立社会保障体系等有效途径,努力减轻企业负担,为企业的发展创造良好的条件和环境。国有大中型企业经营机制真正搞活了,经济效益真正上去了,在市场竞争中就会表现出强大的生命力。

我们国家幅员辽阔,人口众多,在农业方面,粮棉油等主要农产品的生产任何时候都不能有丝毫放松。同时,要根据不同条件,努力发展多种经营。在城郊,尤其要抓好"菜篮子工程"。对于农村的剩余劳动力,要作为一种重要的资源通过多种形式加以利用。例如,组织起来修公路和水利设施建设等,在许多地方是切实可行的。此外,还要发展乡镇企业,建设小城镇,这将使我国农村的面貌发生更大的变化,也将使剩余劳动力得到比较充分的利用。

同时,天津在加强社会主义民主和法制建设方面做了许多工作,希望进一步加强研究,做得更好。加强民主和法制建设,对于现代化建设的顺利进行,对于建设有中国特色的社会主义,是非常重要的。人大在立法、监督及其他各方面工作中担负的任务相当繁重。我们一定要抓紧工作,用5年时间把社会主义市场经济法律体系的框架建立起来。各级人大要密切联系群众,充分发扬民主,从人民的根本利益和国家的根本利益出发,严格依法办事,认真履行职责,充分发挥自己的作用。希望地方人大在立法、监督等项工作中积极探索,注意总结新鲜经验,从实际出发,努力有所作为,有所创造。各级人大,尤其是基层人大,要不断加强自身建设,以适应工作的需要。

只要我们把自己的事情办好了,改革深化了,经济发展了,人民生活提高了,精神文明建设加强了,我们所面临的一些问题,就会逐步得到较好的解决。在邓小平同志建设有中国特色社会主义理论指导下,认真贯彻党的十四大和十四届三中全会精神,我们完全可以在本世纪实现"翻两番"的战略目标,并为下个世纪的发展打下好的基础。

要把四面八方的有利因素
调动起来,加快经济发展*

(1994 年 6 月 13 日)

我来贵州的次数不算少,这次主要是到黔南、黔东南两个自治州,看了一些比较贫困的地区。一路上省里几位领导同志给我谈了不少贵州的情况,你们汇报中谈的一些意见我是赞成的。我也有些想法,供大家参考。

一、搞运动就不能集中精力搞经济建设

现在正是我国经济发展的极好时机。这是从 1840 年鸦片战争以来还没有过的。为什么这样说呢? 鸦片战争的大炮打破了中国闭关自守的局面,帝国主义对中国进行了一系列的侵略,处于晚期的满清王朝腐败无能,无力抵抗,做了许多丧权辱国的事情,更谈不上搞建设了。辛亥革命推翻了满清王朝,但接着就是连年的军阀混战。1921 年中国共产党诞生后,在非常艰苦和困难的情况下,经过各种形式主要是武装形式的斗争,取得了新民主主义革命的胜利,建立了中华人民共和国,这是开天辟地的一件大事,真正开创了中国历史的新纪元。新民主主义革命的胜利,使中国成为一个独立的国家屹立在世界上,而且在 40 多年的时间里,取得了伟大的成绩,建设上也取得了很大的成就。1972 年我国恢复了在联合国的合法席位。作为

＊ 这是乔石同志在贵州省考察期间听取省领导工作汇报后的讲话节录。

联合国安理会五个常任理事国之一,我国在国际上始终站在第三世界大多数国家一边,坚持正义,反对侵略,反对霸权主义和强权政治。不管怎么困难,我们都坚持从自己的实际出发,从有利于绝大多数国家、绝大多数民众出发,采取相应的策略,对侵犯我国主权的行径进行有理、有利、有节的斗争,赢得了国际上广泛的支持。

从国家的经济建设来讲,我们取得了很大的成绩,但新中国成立后相当长一段时间,没有集中全力进行经济建设,也有这样那样的错误和失误,如搞"大跃进"、人民公社,等等。1958年粮食本来是丰收的,但一搞"大跃进",刮浮夸风,就搞得没饭吃了。1962年开了一个7000人大会,毛主席作了自我批评,并引用《史记》太史公序言中的一段话,总的意思是人难免受些挫折,有点挫折也不一定是坏事,有了挫折就会总结经验,有所创造。同时毛主席还强调了民主集中制,说不坚持民主集中制就很危险,等等。当时有人估计,恢复起来要花两个五年计划的时间。事实上,没有用那么长时间。只要把错误一纠正,情况就开始好转,到1964年就好一点了。但情况好转不久,又搞"四清"运动,接着"文化大革命"就来了。搞运动就不能集中精力搞经济建设。党的八大通过的决议,中心是加快社会生产力的发展,这个精神没有错。但八大以后,加快社会生产力发展这个观点实际上被否定了。"文化大革命"把经济搞到崩溃的边缘,长时间没有形成一个全力把经济搞上去的国际、国内环境。只有党的十一届三中全会之后,才逐步创造了这样一个环境。这是很不容易的。从历史上来看,这样的机遇是难得的。在《邓小平文选》第三卷中我们可以看到,小平同志对能够集中精力搞经济建设这样一个局面是非常珍惜的。

二、现在国际国内环境都比较好,尽快把经济建设搞上去

1989年以后,西方国家对我们进行制裁,现在制裁虽然没有完全撤销，但这个问题也接近解决了。我们国内政治稳定，经济得到了比较好的发展。最近几年我国经济增长在世界上是最快的。国际上普遍看好中国的经济情况和发展前景，包括美国在内。去年德国总理科尔访问我国，带来不少企业界人士，他看好中国的市场，也很重视两国间的关系。法国也与我国改善了关系。俄罗斯现在很积极，他的国家杜马主席来了，总理也来了，非常想同我们搞经济合作。欧洲只剩下一个英国，但最近有点小的变化，想把同中国的关系搞得缓和一点，因为他实际上也有他的困难和需要。美国同我们的摩擦多一点，但去年下半年和今年上半年，他的许多高级官员都到中国来了，最后还是宣布继续给中国最惠国待遇，同时说以后最惠国待遇要与人权问题脱钩。我们现在正在积极进行"复关"谈判，很多国家都支持我国恢复关贸总协定的缔约国地位。尽管有的国家对中国不那么友好，但外国资本家和港澳台商对中国大陆的投资势头没有减，因为中国的市场大，而且市场效益高，他们来中国投资，在合理合法的范围内是保证有钱可赚的。从前年开始，外商的兴趣还转向了内陆省份。所以，我们的国际环境是比较好的。

从国内来看，15 年的改革开放，我们取得了巨大的成就，总的形势是好的。当然困难也不少，以后也不可能没有困难。我们这么大的国家，要搞好也不容易。去年上半年的日子就不大好过，主要是钞票发得多了。后来中央发了 6 号文件，提出 16 条措施，下发执行后，形势就得到扭转，基本上稳住了。在这个基础上，提出了一套金融、财政、税收、外贸等方面的体制改革措施，12 月份一下子把这一套拿出来，胆子也是够大的。这些措施出台以后，效果不错。当然是靠全党的努力，全国各地的支持。实践证明这些措施是正确的。这么多的措施短时间里一起出台，必然会出现一些意想不到的问题。我的意见是有什么问题就解决什么问题。总的是要坚定不移地坚持下

467

去,因为这是改革,不改革就没有出路。如汇率并轨,是很不简单的,有些外国人也替我们担心,也有人想投机、操纵,我们采取了一些措施,基本上解决得比较顺当。还有,开头忽略了外汇券,发现后立即作了规定,处理好了。银行体制改革现在正在操作。粮价、油价的调整正在出台,估计问题不大。因为调整后的粮价,实际是承认市场上已经形成的价格。如果要实行比现在市场粮价更高的价格,条件还不具备,影响也太大,会引起连锁反应。能源价格的变动也是这个问题。这些改革措施出台后总的看没有什么大的问题。当然难免有些具体问题,如你们贵州就有些困难。这些困难提出来了,可以具体商量解决。

总之,现在国际、国内环境都比较好,我们面临着一个难得的发展机遇,要抓住机遇,深化改革,扩大开放,尽快把经济建设搞上去。我们大家都要在这方面不断加深认识。

三、贵州在加快经济发展方面,思想要更解放一些,努力挖掘潜力,发挥资源优势

贵州的经济怎样才能发展上去呢?你们说贵州是"三不沿",就是不沿海、不沿江、不沿边。如何在"三不沿"的条件下,把贵州这个西南地区内陆省份的经济搞上去?这就要充分发挥你们自己的优势,同时与沿海地区、周边省区和其他省区加强协作,优势互补,努力把贵州的经济发展搞得四通八达。中央对贵州应该支持,但光靠中央支持,贵州是富不了的,归根到底还要靠你们自力更生。你们困难大是事实,在这样的情况下,首先要进一步解放思想,看到贵州的潜力和优势,看到贵州的发展还是很有前途的。目前,你们不一定要在全国争前几名,也不宜强求国民生产总值在短时间内发展到多少,要从实际出发,扎扎实实地搞。

你们一直比较重视农业的基础地位,这很好。一定要切实加强农业这个基础。贵州的农业潜力是比较大的。我在黔南、黔东南听州县的同志讲，应该发展大农业。大农业的观点是对的。这个观点早就有了。贵州发展农业，就要把眼光放远一点，把大农业的观点扎扎实实地贯彻到实际工作中去。用大农业观点看，贵州的优势是很多的。在搞好粮食生产的同时，可以因地制宜发展畜牧、养殖、林果、茶叶、蚕桑、药材等经济作物。把多种经营搞起来，乡镇企业就有了基础。在搞好乡镇企业的基础上，可以发展一些小城镇，促进农村在更高层次上发展。小城镇发展起来了，形成政治、经济、文化中心，有利于加快农村经济的发展，第三产业也可以相应地兴起。当然要顺其自然，不要搞大呼隆。现在不少地方都在搞小城镇建设，这是个方向。人口都到大中城市去，那受不了。全国还有9亿农民，农业生产率提高了，就要求多发展乡镇企业。当然也要加强宏观控制，注意粮食稳产增产，因为全国每年要增加1500万人口，吃饭是要紧的大事情。农村现有剩余劳动力，可以组织起来修公路、修水利和搞农田基本建设。公路一种是主干线，一开始就要搞得好一点，以便与邻省的公路衔接得上，否则就会影响你们的发展。再一种是乡村的公路，可以用以工代赈的方法充分运用剩余劳动力去修，总比现在的土路好。公路修起来后再逐步提高质量。工农业生产发展起来，现在的这些道路就不适应了，因此要有长远的战略观点。

贵州的资源也是比较丰富的。不要等到国家的第三个战略发展阶段再开发，现在有条件开发的就应该抓紧开发。当然一下子都开发也不可能，可有个切实可行的规划。改革开放以来国家的重点先放在沿海，并不是偏向沿海。事实上沿海不搞好，也没有力量支持内地的发展。如浦东不加快开放，它就辐射不到内地来。广东、福建、浙江、江苏、山东、辽宁这些沿海省份发展快一点，就有可能同你们加强合作与交流。我赞成你们发挥能源优势的设想。"江南煤海"嘛，应该发挥作用。500多亿吨的煤储量,很不少。水力资源也很丰富。有煤、有水,可以火电、水电并举,多发展电力。把电搞起来,向外输送。你们有色金属的资源也是相当丰富的,比如铝,电多了,铝就可以加快发展。总之,在资源开发问题上,有条件就应该上,也可以创造条件上。现在的关键是没有钱,要解决这个问题,一是自力更生,自己积累,充分调动全省3000多万各族人民的积极性。二是大的项目可争取中央和有关部门的支持。三是加强与外省合作。例如广东缺电,可以跟他合作搞电站,他出钱,建成后给他供电,这就是优势互补,横向联系。还是搞得活一点好,不要搞得死死的,万事不求人,这不行。搞社会主义市场经济,得有市场观念,有点经济头脑。贵州是内陆省份,信息要搞得灵通一点。加强横向经济联系,信息不灵是不行的。横向联系的文章要靠你们去做,把四面八方对贵州有利的因素都调动起来,经济就可以搞活了。不要因为"三角债"或流动资金困难,就把自己捆死了。要利用自己的优势,加强交流与合作。要互惠互利,让利于人,才能求得共同发展。四是加快改革开放的步伐,积极搞好软、硬投资环境建设,吸引更多的外资和技术。总之,在加快经济发展上思想要更解放一些,视野要更开阔一些,路子要更宽广一些,渠道要更多一些。

贵州有1000多万少数民族,要始终注意加强民族团结,努力发展民族地区的经济和文化事业,以实现各民族共同繁荣。特别是要注意发展少数民族地区、贫困地区的教育,提高人口的素质。要大力增强这些地区干部群众的商品经济观念。也可以在发展社会主义市场经济的实践中去提高素质,也就是通过劳动来提高素质,这不是我的观点,是恩格斯早就说过的。希望你们把这个问题抓得好一些。

总之,事在人为,只要全省各级干部和广大群众坚持党的基本路线,振奋精神,真抓实干,深化改革,扩大开放,就一定会把贵州建设得越来越好。

四、依法治国对深化改革和发展经济具有重要意义

现在我们党各方面的工作任务都很重,其中一个重要的方面就是要在邓小平同志建设有中国特色社会主义理论的指导下,加强社会主义民主与法制建设,建立与社会主义市场经济相适应的法律体系。因此,人大的任务很重要也很繁重。各级人大工作,包括立法工作、法制宣传、执法监督等都要加强。加强社会主义民主和法制建设,对加快改革开放和经济建设具有重要意义。建立与社会主义市场经济相适应的法律体系,不是一件容易的事情。前年要修改党章,开始感到有困难,小平同志到南方谈话以后,就比较好办了。党的十四大筹备期间开始提出搞社会主义市场经济。我们请经济界的同志研究一下,中央党校的同志说商品经济这个提法在《资本论》里没有找到,但市场经济这个说法是有的。虽然没有讲社会主义市场经济,后来大家经过反复酝酿,觉得可以这样提,最后党的十四大通过了。宪法的修改取消了"人民公社"这个提法,增加了社会主义市场经济的提法,保留了社会主义初级阶段的说法,其他一些最必须修改的也修改了。整个立法五年规划已经有了,在实践过程中间恐怕还会有些改动,但立法工作是一定要加强的。不加强法制建设,市场经济就没有可遵循的东西。我们要搞股份有限公司及其他各类公司,这得要有法律依据,要有法人代表,发生经济纠纷,就要由法院判决。所以现在法院的任务也重得很。国家要培养一批懂经济的律师,否则就不适应需要。有的西方国家律师多如牛毛,法律也多得记不住,翻译也翻译不过来。我们当然不能照搬他们那一套,但确实应该看到,我们的法律还不多,还不适应社会主义市场经济发展的需要,所以我们的立法任务还很重。在这一届全国人大任期内,我们要力争把与

社会主义市场经济有关的、主要的法律法规建立起来,因为国家是要依法治理的。党的十一届三中全会以后,小平同志有几次很重要讲话都讲到要依法治国。大家都得依法办事,宪法和党章都规定了,党也要在法律规定的范围内活动。共产党领导制定的法律,党不遵守谁遵守?你如果不把法律当一回事,还能叫老百姓遵守法律吗?在进一步深化改革的过程中,加强社会主义民主和法制建设是很重要的。也正因为这样,人大工作只能加强不能削弱。

五、教育必须深入改革,借鉴一些外国办教育的经验

最近,我同李岚清①同志谈了一下教育法问题。岚清同志认为教育必须深入改革,使之更加适合当前中国的实际情况。因为我们的教育制度有些东西是旧中国留下来的,有些是学苏联的,也有西方国家的东西,后来人家都改了,我们还在继续沿用。因此要准备作一些改变,在适当的时间制定出台教育法。我们要吸收一些外国办教育的经验,德国的职业技术教育很有特色,很值得我们借鉴。教育经费的逐年增长,可考虑提出一个适当的比例。教育在中国太重要了。

---

① 李岚清,时任中共中央政治局委员、国务院副总理。

"两个文明"建设要一齐抓*

（1994 年 6 月 16 日）

刚才你们谈了广西最近几年发展的情况,昨天在车上,也听了一些介绍。昨天你们不该去机场接的,这是违反中央规定的,今天要说清楚,因为牵涉到还有明天的事,中央有明文规定,我是一直执行的,你们不要拿别人的例子来说服我。

一、广西有出海口,铁路一通,把西南地区先联起来,经济发展形势可喜

总的有一个印象:广西现在的班子总的来讲还是比较好的,比较团结的。最近几年经济得到比较好的发展,当然是在过去的基础上发展的。现在得到这样的发展,是令人高兴的。前天我看了一下北海,北海发展相当快,当然现在资金紧张一点,有的在等待。整个市的规模跟我第一次去看的时候很不一样,而且雄心不小,还要准备搞得更大一些。南宁嘛,我也没去看什么地方,听你们介绍,还是挺有兴趣的,他们也是挺有决心的。我想全区发展的形势是比较好的。你们往后的发展形势会怎么样? 恐怕会更好一点。如果几个机场真的建起来了,铁路又通上了,那么广西真正成为大西南的出海通道的条件就具备了,这对广西全区经济的发展非常重要,而且对整个西南地区的经济发展也非常重要。所以,今后你们会有一个新的发展的

---

* 这是乔石同志在听取广西壮族自治区领导工作情况汇报后的讲话。

好势头。迎接这个好的势头,你们当前当然有好多工作要做啰!我相信把这些工作做好,在本世纪末跟下世纪初,广西发展会更快、更好一些。希望大家珍惜目前的机遇,抓紧目前的机遇,使广西的经济继续不断地向前发展。小平同志说发展是硬道理,这是毫无疑问的,是正确的。对于发展速度,希望还是应当心里有点数,什么道理呢?因为发展速度过快,会影响今后发展的能力和势头,这样对广西经济是不利的,对西南地区以及全国也是不利的。所以发展速度要连续多少年猛涨上去,这是不容易做到的。所以这方面呢,你们作为区委领导、区政府领导工作的同志自己心里要有点数。

农业是我们发展经济的基础,我是一直主张发展大农业的,我在贵州考察时一路上给他们说的最主要的一条就是经济不搞起来不行。贵州雨水条件还是比较好的,我去黔南地区、黔东南地区,那里雨水条件相当好,相当理想,稍微觉得干旱一点,又下一场大雨,然后过一段又下雨。当然我碰得巧了。那里建水库的条件相当好,跟你们有类似的地方。另外煤的储量相当大,500多亿吨。有的同志说是江南的煤海,是西南地区水力发电、火力发电的一个重要基地。但是,贵州的基础还是农业,得把农业搞上去,因为它现在粮食每年还是调进一二十个亿的,现在它正在发展。在把粮食问题解决好的同时把大农业搞起来,把大农业发展起来,那么发展乡镇企业,发展小城镇、发展工业的条件就会更好。贵州重工业的基础还是不差的,因为三线建设时也摆了不少的工业项目,要搞好,把机制搞灵活了,还是很有前途的。贵州那里是三不沿,不沿海、不沿江、不沿边,我说你还是搞四通八达吧!因为三不沿,地理位置不一样,你也不能把贵州搬家,搬到沿边、沿海去啊!这也做不到。但是四通八达还是做得到的,而且与贵州邻近的省份发展还比较快,像江西这几年发展蛮快的,势头上来了。我说江西还有一个大的台阶要上的,就是京九铁路一通,江西经济还要好,还会有一个大的发展,不叫飞跃嘛,但肯定要上的。你们这儿的南昆铁路好像也呼吁了多少年了,机场现在用上了。我第一次来的时候去看机场,一个星期一个航班都没有,空的一个机场,现在已经有几十个航班了,以后可以增加到 100 多了,那当然不错的,可以利用上了。原来机场建设超前了几年,因为铁路没上,当时就孤零零的一个机场,条件也很难利用。现在情况不一样了,等南昆铁路一修通,整个基础设施从北海上来,然后铁路通上,如果再加上一些高速公路,那就会更好。贵州也在考虑高速公路的建设,但水泥条件没你们好。贵州当然山比较多,他有煤,有矿石,还有有色金属,资源相当好,不错的。贵铝搞了几十年了,是 1958 年开始的。那里也有这问题,就是在农业不断持续发展的基础上,要把工业进一步发展起来。工业原来的产值比你们恐怕不少,可能还会多一点,因为贵州作为大三线布了一些工厂,是 60 年代布的。当时各方面供应很紧张,现在什么蔬菜及其他生活供应都解决了,产值也大体稳定下来了。现在就是经营的问题,发展的问题,技术改造、经济效益的问题了,解决好了,贵州也是很有希望的。

你们广西跟贵州情况不一样啊!你们有沿海,西南的出海口主要在你们北海,再把铁路通上以后,北海有四川路,贵州路,什么路都有,这也是四通八达嘛!把西南地区首先联起来,还准备开五省区七方会议,所以广西的经济发展形势是可喜的。希望今后还是本着小平同志的指示,本着党的路线,继续抓下去,广西今后一定会发展得更好,而且更有条件发展。引进外商外资,毫无疑问我们欢迎,要尽量搞,这对我们经济发展很有好处。

我这次来,对你们的经济建设总的印象是有发展的。我希望以后再有时间来看看,特别是到有些没去过的地区看看。超群①同志昨天说:像石山地区这样子,以后就不让我再去了那不一定!如果石山地区有重要的发展和变化,我还得去看看。石山地区改变面貌,还是我们大家所希望的,否则老是拖着后腿也不好。那次我的印象也比较深。我在贵州时跟他们说起这事,他们说把我们的扶贫款都弄到那里去啦!我说怎么办,石山区是很困难嘛!回去大概叫陈俊生②同志批了3000万元嘛!不知道真用到那里去没有?到石山区走过一趟的人,除了陈俊生同志以外,我来的时候没有别人,现在恐怕也没有。我倒不怕走这山路,主要是希望这些地区能有点新的变化,至少老百姓贫困面貌能有比较明显的改变。再看看,走一趟有什么可怕的呢,没有什么了不起的。我现在还能走。甘肃的河西走廊是个戈壁滩,就是几个盆地,每个盆地的土地覆盖层大体上是半米,就是依靠这半米土地。至于山里面就更困难,山又高又大,也没有水啊,我在那里待过几年,条件困难得很。反正你们会有很好的发展,甘肃也在发展,大家都在发展,这总是好的嘛!

二、整个国家都在改革,宪法改了,党章也改了,要结合实际改进党的领导

精神文明建设,我当然是同意两手抓,但有一个关系问题,就是要按照党的基本路线的原则办,就是"一个中心、两个基本点",两手抓两手都得围绕这个中心来抓,不能离开中心单纯抓精神文明建设。物质文明建设也得上去,不上去,你稳定就稳定不住,别的就无从谈起了。精神文明建设也得适应新的情况。

1980年小平同志在北京有个报告,在《邓小平文选》第二卷里,

---

① 超群,即林超群,中共广西壮族自治区党委常委、政法委书记。
② 陈俊生,曾任国务委员、国务院扶贫开发领导小组组长。

你们去看看就行了。他讲要加强党的建设,为了加强党的建设,就必须改进党的领导。大概是这个意思吧,我是凭记忆的,整个国家都在改革,宪法都改了,党章也改了,那么党的领导要加强,你不改进能行吗?小平同志1980年就提出这问题来了,那么我们现在结合实际不改进党的领导,那也不行。我们在座同志的年龄在广西还是大一点,或偏大一点,而现在正担任领导的这批人,就更年轻一些啦,大概跟我的孩子差不多,我孩子大的都到40岁左右了,那么就有个带路的问题,带路怎么带呢?不能叫他什么都听你的,那也不容易做到,我也没做到。要孩子什么都听我的,我这个老子也当不了啦,为什么呢?他不爱听就走了,你怎么办?所以也得有个对话的可能性嘛!做老子的也得开明一点,该听孩子的得听一点,该诱导、帮助的,得诱导、帮助一点,这样才能一代一代地传下去。所以精神文明建设要注意结合我们整个的党章修改、宪法修改,以及整个改革开放形势的发展,不断地适应新的情况,这是毫无疑问的,必需的。但是另外一方面对资本主义腐朽的东西,我们该抵制的,必须抵制,不能借口适应新的情况,三陪也同意了,嫖娼卖淫也同意了,都放开了,这不行。为什么呢?我们是社会主义社会,这些腐蚀人的东西,我们不能要。至于吸毒贩毒,我们清朝时的鸦片战争就是为这打仗的,林则徐都有行动在我们前面了,我们有什么理由不反对,而且世界上都是禁毒反毒的,有些国家在法律上比我们规定的还严,当然他们执行得怎么样,那是另外一码事了。我们现在对吸毒贩毒是坚决打击的,我们的态度是很明朗的。那么没有这些,是不是外资就不来了呢?你公开的要吸毒贩毒到中国来,那就对不起了,我国的法律不准,你得遵守我国的法律,这是可以公开讲的。我们有我们的法律,按我们的法律办。

三、搞好精神文明建设要经过长期的努力,眼光要看得宽一点

资本主义就是资本主义,我们不要信资本主义搞得那么美好。

当然,我们现在也不是那么十全十美的,但是我们在不断地治理,同时社会主义精神文明建设也要作长期打算。改革开放是长期的。香港"一国两制"至少50年,也是长期的,50年不长吗?搞好精神文明建设,同时反对资本主义腐朽东西的影响,这也是一个长期的斗争,不是短期的。什么道理呢?你提供良好的符合社会主义精神的,同时又不是说教的东西,而是老百姓喜闻乐见的精神文明产品,这是一个很不容易做到的事情。国内的电影电视,老实说除了有争议的以外,我还不大看,因为太耗时间了。有争议的,我不能不看,我得了解一下到底是怎么回事吧!有的在某一个时期有争议,比如对电影《芙蓉镇》争议得不得了,后来我在湖南长沙看了一下,觉得也没有什么,当然缺点是有的,那时候争论很大。对《芙蓉镇》,你们现在去看看,也没有什么。要出好的产品也很不容易,现在也受经济能力的影响。我喜欢看京剧,京剧好不容易出来一个《曹操与杨修》,阎新鹏是阎家的后代,演得也不错,剧情也不错,我就看了两次录像,没有看到原戏。后来听说阎新鹏下海了,很可惜。后来安徽的黄梅戏出来一个马兰演的《红楼梦》,我发现他们有个编剧原来也是编《曹操与杨修》的,《红楼梦》让他一改编,有点新鲜的味道,我也去看一看。所以说出一个好剧本也不是很容易的,需要有相当时间。有些事情眼光要看得宽一点。对像迪斯科、卡拉OK这些东西,我都不是很积极的,我也没提倡过,但是作为一个社会现象,它又存在下来了,从不被接受到被接受,这个现象是值得我们考虑的,所以精神文明建设需要一个长期的努力。创造精神产品,我看比创造物质产品还困难,真正高质量的、符合社会主义精神文明要求的产品,也不容易创造出来的。靠东抄西抄、依靠教条去进行宣传,老百姓总不愿意听,特别是年轻人不愿意听,年轻人喜欢搞点新的名堂。新的名堂健康的、符合社会主义基本要求的,这在创作上就有难度,不容易搞好。所以精神文明建设从正面、反面来讲,有一个长期的发展过程,同时也必须本着改革开放的精神来考虑。比如西方有些健康的古典音乐、古典歌剧,我们也可以接受。京剧可以看,古典音乐、古典歌剧也可以看嘛!吸取它好的部分。毛主席在的时候就是这样,他在延安文艺座谈会上讲话就讲到这一点,他不赞成关在亭子间里创作文学,他主张"百花齐放,百家争鸣",推陈出新,发展社会主义的精神文明建设。恐怕这样理解,精神文明建设才能搞得更好一些,什么都离不开口号、标语,这个可不行。抗战开始以前,鲁迅非常反对标语、口号式的文学,你们去翻翻鲁迅前期作品都有,他不赞成搞标语、口号式的东西,他说这不能算文学。何况我们现在呢!

搞经济建设也要把马克思主义
基本原理同本国实际相结合*

（1994 年 6 月 20 日）

对于社会主义、共产主义什么时候能够取得胜利，包括马克思、恩格斯在内的许多领导人总是容易把胜利的时间看得近一些。您可以翻一翻马克思、恩格斯的主要著作，当时他们就看得比较近；再看看列宁的著作，也看得比较近；我们看看毛泽东的著作，在他逝世后证明，他也看得比较近。这个问题很复杂，在估计社会主义什么时候能够胜利的问题上，我举的例子只是想说明一点，马克思主义者很容易在不知不觉的情况下把困难的一面估计得小一点，总是希望自己的愿望早些实现。

中国革命取得胜利，应该说是相当快的，因为敌人那么强大。我们党的力量开始的时候非常小。在那个年代，经历过各种挫折后，毛主席认为，要很快取得革命的胜利是做不到的，只有经过农村包围城市，武装夺取政权才能取得全国的胜利。最后，我们用了 28 年的时间取得了中国民主革命的胜利。如果没有毛主席从实际出发制定的这条夺取中国革命胜利的路线，这 28 年取得革命胜利是做不到的。

毛主席在抗日战争初期就总结了中国革命的一些最基本的经

---

* 这是乔石同志在会见由总书记哈·辛·苏吉特率领的印度共产党（马）代表团时的谈话节录。

验,其中最主要的一条就是马克思主义的基本原理必须跟中国革命的实际相结合。后来运用到国际上,他也一再强调,就是"文化大革命"高潮的时候,他还强调马克思主义必须跟各国的革命实际相结合,只有这样才能把革命搞好。其实不但是革命,社会主义建设也是一样,社会主义建设如果照抄照搬苏联的,能取得成功吗?在我们新中国建立后的 27 年里,包括"文化大革命",我们所走的道路,一部分受了苏联建设模式的影响,一部分是我们的领导人,特别是毛主席晚年犯了急于求成的错误。"大跃进"、"三面红旗"都是急于求成的表现。邓小平同志后来在中共十一届三中全会以后主持了工作,他讲过一句非常令人深思的话,他说如果没有"文化大革命",说不定还不会有今天的改革开放!错误犯到了极点就得回头来纠正了。

国际形势最大的一个问题是苏联发生了大的变化,这下子把世界形势给改变了。我认为苏联发生这么大变化的主要根源在于内部,而不在外部。列宁领导创建的党初期没什么错误。列宁利用第一次世界大战后沙皇俄国帝国主义受到削弱这个机会,在彼得堡和莫斯科进行武装夺取政权,然后取得了全国的政权。这段历史我们都知道。缺点不能说一点没有,但是,这么大的革命应该说还是对的。在新的苏维埃政权稳定以后,列宁就实行了"新经济政策"。从历史文件看,布哈林是赞成列宁实行"新经济政策"的,斯大林是反对的,认为这是右倾。应该说在斯大林领导时期,为建设社会主义采取的一些政策有相当一部分是对的,如果说全都不对,无法设想怎么能经得起第二次世界大战的考验,而且取得了胜利。现在世界上资本主义国家都纪念诺曼底登陆,没有人纪念斯大林格勒战役和苏联卫国战争的伟大胜利,这是不公道的。斯大林领导苏联红军和苏联人民同德国法西斯进行了顽强的战斗,最后取得胜利,这个功绩是不能抹杀的。如果没有这条,第二次世界大战胜利就说不清楚。当然,斯大林有很多严重的错误,经济政策的错误,对外政策的错误,民族政策的错误,等等,这些错误当然很严重,使苏联受到了严重损害,经济建设也受到了影响。所以,问题发生在内部。这么强大的苏联,是没有哪个国家有能力把它毁掉的。当然,西方的情报机构都想对苏联实行"和平演变",这当然对苏联、东欧国家有影响,这种和平演变的政策之所以能发生影响,也是外因通过内因起作用。如果找不到内因,它又怎么能起作用呢?归根到底是我们把自己的工作搞好,使经济发展上去,这些问题都会解决。如果我们自己搞不好,一乱就是三四十年,那什么也干不成了。现在苏联共产党垮掉已经是事实了,有待于他们以后更好地总结经验。现在国际形势很复杂,仍在继续变化中。苏联、东欧政局变化以后,凡是想依靠美国和西方国家的援助来解决国内经济问题的,到现在都没成功。美国企图让俄国人完全听美国人的一套,完全美国化,做得到吗?反正到现在为止没有做到。

河北要把环京津
这篇大文章作为战略来抓[*]

（1994 年 7 月 8 日—10 日）

没有到过保定，这次来看一看，本不想惊动大家，结果你们都来了。听了你们省里几位领导同志的汇报，看了一些企业和农村，感到河北这几年搞得不错。邓小平同志视察南方发表重要谈话和党的十四大以来，河北的改革开放和经济建设都有了新的发展，工作是扎实的。今年河北的农业形势很好，夏季丰收已经拿到手，目前棉花和大田作物长势较好，夺取秋季丰收的希望很大。如果今年棉花丰收，对河北来说非常重要，明年的日子就好过。因为今年棉纺企业很困难，全国如此。工业生产稳定增长，总体经济效益逐月看好，总的发展势头看好。这是广大干部努力工作、群众辛勤劳动的结果。当前的国际国内形势对我们非常有利，只要紧紧抓住机遇，从本地实际出发，勇于开拓，积极进取，河北的各项建设事业将会取得更大成绩。

一、利用京津优势，服务京津，发展河北

农村要多种经济全面发展。河北山区不少，除发展粮棉油基本农产品外，其他林、牧、副、渔，包括乡镇企业都要全面发展。河北发展乡镇企业，有些条件是其他省份所不能比的。你们靠近京津，有许多项目和产品，京津不搞或是搞不过来，你们可以补充。要利用京津

---

* 这是乔石同志在河北省考察期间同省领导座谈时的讲话节录。

优势,服务京津,发展河北。你们要把做好环京津这篇大文章,作为战略来抓,这很好,很对。利用这个有利条件,很多东西都可以搞。如发展肉牛,我们虽然也搞了,但肉的品质、档次还不行,真正能够上档次,能够宴请外宾的还不多。外国人喜欢吃牛肉,但他们喜欢吃小牛肉、嫩牛肉。我们宴请外宾上的牛肉,多是从澳大利亚、新西兰、美国和日本神户进口的。如果你们河北发展起品质优良的肉牛,就能代替进口,而且价格要比进口低得多。还有虹鳟鱼,这种鱼很名贵,肉很鲜嫩。它是冷水养殖,是食肉鱼种,现在北京、青海养了,你们河北也可以试养。农业搞了塑料大棚以后,许多东西都有了,如荷兰豆、西兰花菜等。总之,农村多种经营、农副产品加工要注重运用科技,提高档次,以适应市场的需要。

二、发展多种经济,开展多种经营,增加农民收入

山区造林,最好是搞优质林果,这个非常需要,也适合河北的山区特点。山东就是发展大樱桃,搞大樱桃的系列深加工。各地有各地的优势,各地有各地的特点,要因地制宜,各打各的优势仗。

随着价格体系的改革,粮棉的价格还会有调整。但单纯依靠粮棉是不容易解决花钱问题的。我们要发展多种经济,开展多种经营,增加农民收入。这样,农民才能始终保持生产积极性,他手头有了钱,农村市场才能始终保持旺盛。

在发展乡镇企业、发展经济的基础上,要建设小城镇,发展小城镇。但要有规划,逐步搞,不要"一窝蜂"。要有经济实力做基础,很自然地形成小城镇,使它成为农村政治、经济、文化、教育、科技的中心,也是提供各种服务的中心。这样才能拓宽城乡交流,缩小工农差别、城乡差别,才能稳定中国的农村。农村发展小城镇,一定要合理规划,科学建设。要把卫生设施搞好,饮用水要干净,要能够排污。

河北有近500公里的海岸线,要大力发展海洋养殖,组织好海洋捕捞。日本搞海洋养殖是立体的,四个层次,最上一层是海带,下边还有三个层次。这方面的潜力很大,你们可以到日本去看一看,学习学习。海洋捕捞是有争议的,涉及到资源和利益,可以通过分时间、分海域捕捞的办法,寻求合理的利益分配。

南水北调工程,我是赞成中线的,回去后再酝酿,力争促成。南水北调主要是解决北方水的问题。中线输水量充足,受益面积大,涉及河南、河北、北京、天津。中线搞好了,沿线还可以发展旅游业,使其成为一条旅游热线。我赞成将中线工程尽快提上日程。可以有个总体规划,分步实施,不要一下子搞得国家压力那么大。先动起来,让受益的省市适当集中一些力量来搞。资金问题,中央、地方各分担一些。地方分担的主要是发动群众,把剩余劳动力组织起来,搞以工代赈。对此,地方和群众都有积极性。这件事情,我回去后再跟其他同志酝酿,早日促成。

三、企业要以改革促技术改造

领导同志一定要高度重视和深入研究如何把大中型企业搞好。要抓深化改革,搞活机制,引导企业真正面向市场。与此同时,要把技术改造放在突出的位置来抓。要改革、改造同时抓,以改革促改造。技术改造是普遍的、长期的,没有穷尽的。即使达到当代先进水平,也不能满足,不能停步。这样,才能在国际国内市场上站住脚。技术改造要正位,要占位。只要体制改革和技术改造抓上去了,国有大中型企业的绝大多数是可以搞好的。

河北的广大党员和干部要自觉运用邓小平同志建设有中国特色社会主义的理论指导工作,自觉贯彻党的基本路线,坚持"两手抓",围绕经济建设这个中心,加强社会主义民主法制建设,加强精神文明建设,努力为加快我国的社会主义现代化建设作贡献。

要进一步发展社会主义市场经济[*]

（1994 年 8 月 15 日）

江西的工作是比较扎实的,改革措施落实得比较好,经济在稳步向前发展,其他各项事业也有显著的进步。省委、省政府关于今后发展的设想是切实可行和令人鼓舞的,我基本赞成。这次我看了一下京九铁路建设工地的情况。综合起来说,江西当前确实面临着新的更好的发展机遇。国家沿长江开放开发战略的实施,京九铁路的即将开通,还有你们谈到的一些基础设施的建成,这些将在整体上为江西的发展提供更为有利的条件,展示更加广阔的前景,只要紧紧抓住机遇,切实从江西的实际情况出发,好好利用新的条件,把本地的优势充分发挥出来,不断深化改革,扩大开放,江西的社会主义现代化建设将会进入一个更具生机和活力的阶段。

一、当前的国际形势对我国改革开放和现代化建设非常有利

1989 年以后,西方七国对中国进行制裁,这些制裁到现在虽然还没有完全取消,但制裁的局面已基本上被我们打破了,再通过一段时间的工作,这些制裁将逐步地被彻底打破。我国同西方七国的关系,相对而言同美国的关系复杂一点。但中国这么大的市场,你美国愿意放弃吗? 今年 1 月,我会见美国众议院多数党领袖理查德・格普哈特时对他说,最好还是把最惠国待遇问题一劳永逸地解决了,同

---

[*] 这是乔石同志在江西省考察期间同省领导的谈话节录。

人权问题脱钩。贸易就是贸易,同一些非贸易因素连在一起,只能越搞越复杂。今后,我们仍然是在三个联合公报的基础上使中美关系继续发展下去。我们与德国的关系发展是比较好的,德国对发展中德关系的积极性很高。去年德国总理科尔访华,带了许多经济界人士,谈成了不少合作协议。今年我去德国访问,也感受到他们希望加强同中国的合作,兴趣很大。同法国的关系,一度由于法国售台武器问题受了一点儿影响,现在也逐渐得到了改善。同英国的关系,主要是香港问题。英国希望撇开香港问题,改善中英关系,现在中英关系也有一些改善。我们与日本的关系总的是好的,日本工商界、政治界都希望发展同中国的关系。日本所有的政党,无论在野党,还是执政党,对发展中日关系,都是比较一致的。我们同周边国家的关系,总的说是好的。同我国接壤的独联体国家,都想与我国发展关系,加强合作。俄罗斯很积极,总统、国家杜马主席、总理都来过了,非常想同我们搞经济合作。俄罗斯也有它的特点,经贸关系也在逐步发展。韩国也想拓展在中国的市场。南亚、东南亚国家在谋求同我国合作方面比较积极。我去年去东盟五国访问,也感受到这一点。

总的来看,由于我国经济发展比较迅速,各国都看好中国这个市场,国外投资大体上继续保持了原来的势头,如果说有什么新变化,就是这一两年开始比较注意投向内地,投向基础设施建设。我们与许多国家在经贸、科技和文化等方面的合作和交流都大大发展了。我们现在面临的国际机遇确实是前所未有的,是中国近代史100多年来没有过的。只要我们国内稳定,经济继续发展,我们所处的国际环境就不会逆转。

二、对改革和发展中的深层次问题必须逐步解决

当前国内形势总的讲是好的。各项重大改革进展比较顺利,整个经济形势比较好。据统计,今年上半年,国内生产总值比去年同期增长 11.6%,7 月份的情况也不错。当然,我们也要清醒地看到,发展中也存在一些问题,比如物价涨幅大了一些,一部分国有企业比较困难,有的地方流动资金偏紧等,经济体制和运行机制中一些深层次的问题还需要继续下功夫去解决。但是,今后只要继续抓紧深化改革,扩大开放,认真搞好调查研究,集中群众的智慧,调动各方面的积极性,把工作做得细致一些、扎实一些,困难是可以逐步克服的,问题是可以逐步解决的。在小平同志建设有中国特色社会主义理论的指导下,按照党的基本路线坚定不移地抓下去,认认真真、踏踏实实地发展社会主义市场经济,国民经济就能保持持续稳步增长,就会搞得更好。在这个基础上,其他各项事业也能不断向前发展。

在发展社会主义市场经济的过程中,加强和改善宏观调控很重要。前年第四季度,我们提出防止经济"过热"是必要的。不防止一下,这么大的国家到处把好地划出来搞开发区,银行的资金紧张到了极点。当时每天的货币投放量比 1988 年高将近 10 倍,如果爆发一次大的风浪,那比 1988 年严重得多。因此在去年春节前就采取了一些临时的紧急措施。去年 6 月中央发了 6 号文件。6 号文件是从整顿银行着手的。因为银行太乱了,比 1988 年乱多了。整顿银行,整顿金融,现在看效果还可以,当然不能说完全解决问题,但是最紧张的一段基本过去了。没有这个措施,去年下半年会出现什么情况就难说了。所以说去年经济增长速度仍然较高、财政税收有所增加等等,这都不错;但更重要的,按我个人的看法,是把可能发生的大的波折给避免了,这样改革就比较顺利,可以继续下去了。否则,如果再来一个回头,一个急刹车,对内对外都不好说,老百姓也会有意见,那问题就大了。加强和改善宏观调控,实践证明,效果总的说是好的,不仅保持了经济的稳定和发展,而且深化了改革,为以后的发展打下了好的基础,创造了好的条件。特别是去年下半年,成效更为明显。比如说汇率并轨,一下并了也就并了,完成了一件大事情。因为汇率不并轨总是一个问题,将来的方向,人民币还是要变为可以兑换的货币,你不并轨怎么行呢?这次汇率并轨,在大的方面国际国内的评论总的来讲是肯定的;而且经过一段时间后,汇率也大体上稳定住了,人民币对美元的比价,还略有上升。

今年出台的改革措施很多,包括财税、金融、外贸、投资、企业、价格、机构等好几个方面,可以说去年末基本都宣布了。一下子出台这么多改革措施是很不容易的。当然有优点,把该做的主要事情都明确了,但具体操作上难免比较粗一点儿,或者仓促些,或者还不够具体和周全。现在主要就是具体落实,落实得好一些,有不周全的地方尽量搞周全。当然,完全理想的事是没有的。要进一步发展社会主义市场经济,一些深层次的问题非逐步解决不行。今后抓改革措施的落实,要考虑得更周密一些,工作做得更细致一些。

三、国有企业要深化改革,面向市场,适应市场,开拓市场

怎么把国有企业,特别是国有大中型企业搞得更好,这需要高度重视和深入研究。国有企业,牵扯多一些,负担重一点,积累下来的问题也多一些,但只要肯下功夫,绝大多数企业还是可以搞好的。根据有关部门的调查,当前国有企业总的是在向好的方向发展。当然从账面上看,亏损大了一点儿,但现在是把过去的暗亏变成明亏了。从各地的经验看,国有企业基本的是要抓好两条:一条是深化改革,要切实把机制搞活,按照社会主义市场经济的客观要求来管理和经营,面向市场,适应市场,开拓市场。另一条是抓好技术改造。企业要在市场竞争中生存和发展,就必须努力采用先进技术,设备、工艺、产品等都要提高档次。技术改造,一定要放到突出的位置来抓。对引进的先进技术,要好好消化,切实有效地运用到生产适销对路的产

品上去,并逐步扩大生产和经营的规模,努力满足市场的需求。景德镇的华意压缩机厂,引进了生产无氟压缩机的技术。无氟压缩机,国内需求量应当说很大。你们可以逐步扩大生产的规模,可以不限于景德镇一个点,有条件的话在省内多搞几个点;也可以不限于省内,将来创造条件辐射到省外去;如果将来发展了,可以在国际上开拓一点儿市场,那就更好。我国高级宾馆的卫生洁具大量地依靠进口,你们的瓷都洁具厂引进了比较先进的技术,如果能够保证质量,扩大生产,打开销路,更多地代替进口,甚至可以出口,也是一件很有意义的事情。还有一点,对传统产业,就是要不断推陈出新。4年前,我来看景德镇,曾向当时的领导同志专门提了一下瓷厂技术改造的问题。这次再看,面貌有了明显改观。景德镇瓷厂引进了先进的设备和工艺,基本实现了机械化,生产效率和产品质量都提高了,花色品种也比过去多了。美术陶瓷方面也有创新和发展。这几年,技术改造成果不小。毫无疑问,对我国劳动人民世代辛勤劳作的优秀成果和宝贵经验要很好地继承,同时又必须努力创新,并且大胆吸收国外先进的东西,把传统产业提高到新的水平,使其放出新的光彩,适应新的时代。实践证明,在改革开放的条件下,这是非常必要的,十分迫切的,同时也是可以做到的。

四、江西是农业大省,把农业搞好是件大事

要高度重视和解决农业和农村工作中的问题。今年,江西虽然连续遭受自然灾害,但江西人民在党的领导下,正在从各方面克服困难,努力创造条件,夺取农业的全面丰收。我们的农业现在相当程度上还是靠天吃饭,每年都会受灾害的影响,这是难以避免的。我们要在可能的范围内把灾害减少到最低程度。省委、省政府重视抓农业,这是完全正确的。江西是农业大省,对国家做出了贡献,相信今后会做得更好。我们这样大的国家,这么多的人口,农业作为国民经济的基础是永远不能动摇的。农村经济的发展,农村的稳定,是我们的基础。不能由于连年丰收,农业形势比较好,就麻痹大意,忽视农业。如果那样,是要出大问题的。我们必须努力调动和认真保护农民的积极性。必须加快农业的发展,这一点要长期坚持下去,要一代一代传下去。即使已有相当的成绩,也不能满足,要持之以恒,不断向新的高度迈进。

基本农产品的生产要始终抓紧抓好,要稳产增产。我国人口本来已很多,现在每年还要增加 1500 万人,民以食为天,吃饭是要紧的大事情。与此同时,要切实坚持不懈地发展大农业。江西山区、丘陵地区、河流湖泊占很大比重,发展大农业潜力很大,大有可为,可以因地制宜地把多种经营搞上去。例如鄱阳湖的综合开发,我很赞成你们对这件事下点功夫。再如种桑养蚕,前景也很好。过去由于丝绸主要靠外销,受到比较大的制约,现在我国人民的购买力提高了,国内市场很广阔。许多地方的群众通过种桑养蚕逐步富裕起来了。在抓好农业的同时,努力使乡镇企业有一个大发展。在这个基础上,可以通过科学规划,逐步发展一些小城镇,使这些小城镇成为农村政治、经济、文化的中心,也成为服务和娱乐的中心,促进农村在更高层次上发展。现在不少地方都在搞小城镇建设,总的说,这是个方向。乡镇企业发展了,小城镇建设起来了,农村的条件就会有更大的改善,农民的生活就会有新的更大的提高,农村的剩余劳动力也会利用得更好。农村的剩余劳动力,还可以组织起来修公路、修水利和搞农田基本建设。

总之,把农业搞好,把农村的经济搞活,把广大农村建设好,这是一件大事情。在我们这个国家里,这件事具有特殊重要的意义。我们一定要十分重视,下苦功夫做好这件事。

井冈山,60 年代、70 年代我来过好多次,以后大约 20 年没来了。

这次从泰和一路看过来,面貌变化很大。经济发展比较迅速,农业和林业都搞得比较有成效,晚稻长势喜人,毛竹、湿地松都长得不错,整个植被都比较好。人民群众的生活有了明显的改善,人均收入有了相当大的提高,砖瓦房盖得不少。这是改革开放的成果,这同坚持贯彻党的十一届三中全会以来党的一系列方针政策、邓小平同志建设有中国特色社会主义的理论和党的基本路线,是分不开的。现在井冈山及整个吉安地区的形势不错。虽然还有不少困难,但将来条件会越来越好,希望不满足于现状,保持良好的发展势头,努力加快经济的发展,不断提高人民的生活水平。井冈山是中国革命的第一个根据地。井冈山的人民历来就有光荣传统和顽强斗争、克服困难的革命精神,今后只要发扬这种传统和精神,坚定不移地沿着建设有中国特色社会主义的道路走下去,井冈山乃至整个吉安地区将同全国一样,都会发展得更好。

五、使江西的旅游业同改革开放和现代化建设事业的发展相适应

江西的旅游资源很丰富,可以进一步加以开发,使旅游业同改革开放和现代化建设事业的发展相适应。像庐山、井冈山等,发展旅游业的潜力都很大。可以根据各自的特点好好规划一下,逐步搞得更好。

庐山的管理和建设都比以前进步了,到庐山旅游的人也在逐步增加。现在,九江的铁路、公路都在发展中,还要搞民用机场,将来到九江、庐山的人会大大增加。光是京九铁路开通,就会增加不少人。要适应这种形势,使庐山的管理和建设在现有基础上有一个大的提高和发展。

庐山的旅游设施,已有的要管理好,有条件还可以加以改进、更新;同时可以开发建设新的旅游度假区,以适应新的需要。还有,庐山具有文化历史价值的东西比较多,这是庐山的一个特点,在国内外的知名度也比较高。对这些景点、古迹和建筑要在保持原有风貌的基础上，搞好维护、整修工作。比如美庐，整修好了，不仅保护了文物，而且有政治上的意义，对和平统一祖国也有好处。要进一步提高庐山的文化层次，加强对庐山的宣传。

不断探索实践，开拓前进[*]

（1994 年 10 月 8 日—13 日）

一、广东的经济要争取上一个新台阶

改革开放以来，广东经济发展比较快，对全国有好的影响，这是主要的方面。当然，广东在发展中也存在这样那样的不足或缺点，但这不是主要的方面。去年，我到了珠江三角洲，今年主要是看广州、深圳、珠海，感觉到广东经济仍在继续向前发展。广东处于改革开放的前沿，国家采取加强宏观调控的措施，地方因为缺乏准备，来不及反应，某些方面碰到了困难。但广东能自觉服从大局，自觉作出调整，克服困难，在困难中仍保持了经济的适度有效增长。从去年到今年，是深化改革的一个比较关键的时刻，看来广东经济没有受到太大的影响，总的算是承受下来了。改革中有些问题解决了，有的正在继续解决之中，形势在朝好的方面发展。

广东经济要争取上一个新台阶。这一路上，我听深圳、珠海的同志讲，他们已经提出今后不再发展劳动密集型的企业，主要方向是从上高新技术产业中找出路，上水平。这很好。经济发展犹如逆水行舟，不进则退。我们如果看不到这点，还满足于原来的那套做法，这就不行了。因为整个国际形势在变化，中国经济在向前发展，市场竞争非常激烈，如果不努力使经济跃上一个新台阶，就会落伍，就有被

---

* 这是乔石同志在广东省考察期间同省领导谈话的节录。

494

淘汰的危险。广东也不例外。所以，我赞成改革要深化，经济要提高质量，提高素质，不能满足于简单扩大再生产和低水平重复。1985年我来广东时，从珠江三角洲的东莞等地到海南岛跑了一圈，除广州市外，所见的企业基本上都是典型的"三来一补"企业。香港利用这一廉价的劳动力发了大财。现在广东的劳动力价格提高了，客观上也要求我们的经济要上一个新台阶。目前，我国"复关"在即，民族工业、国产产品面临着严峻的挑战。现在我们许多产品的质量，比如彩色胶卷、小汽车等，比不上进口货。老百姓一比较，都愿意用进口货而不用国产的。一些引进的先进设备，原材料、辅料要依赖进口，受制于人，所以要考虑从根本上解决问题。组织关键技术攻关，掌握关键的技术，争取自主自立，在某些方面达到世界领先的水平。使国产货在质量、性能、价格上优于进口产品，才能真正在市场竞争中取胜。为此，要下大气力把应用技术搞上去。第一步可以先瞄准一个世界名牌，赶上它，超过它，然后再考虑其他方面、其他产品的超越。这样一步一个脚印前进，逐步使我们民族工业进入世界先进行列。

二、特区应继续走在全国的前面，发挥试验和探路的作用

兴办经济特区是小平同志确定的，他一直十分关心。实践证明，兴办经济特区的思想是正确的。十多年来，深圳、珠海特区发展很快，势头很好，对1997年香港回归和1999年澳门回归做了很好的准备，起了很好的作用，在国际上也有好的影响。特区的建设和发展，对附近地区以及整个珠江三角洲和全省的发展，有积极的影响和带动作用。特区在全国的改革开放中起到了积极探索道路的作用。与此同时，深圳、珠海特区又是广东省的一个部分，作为省的一个部分，特区的建设和发展得到了广东省的大力支持。经济特区是全国的一个部分，得到了全国人民以及各个部门多方面的支持。所以，深圳、珠海特区的发展不能孤立起来看。两个特区在发展中也存在这样那样的问题,还有不尽如人意的地方,需要在实践当中不断总结,不断改进,不断提高。关键是要及时总结经验,及时改进工作。出点问题不可怕。如果办了几个特区,出了点问题就害怕起来,那就什么事情都不用办了。今后特区在发展中还会继续碰到这样那样的问题。为什么胆子要大一点?就是说有点缺点错误不可怕,不必要大惊小怪。可以在探索、试验中总结经验教训,把事情办好。只要主流是好的,方向是正确的,发生一些枝节问题并不可怕。

经济特区的基本政策要继续坚持下去。对此,江泽民同志已经讲了"三个不变"①。我完全赞成。今后,经济特区同其他地区比较,还有没有什么不同?我认为,还是应当有点不同,还是应当有点特殊政策、灵活措施,特区也应当根据形势的需要对自己提出新的要求。特区应当继续走在全国前面,为全国的改革开放发挥试验和探路的作用。对"三个不变"政策要具体化,我主张,根据小平同志关于创办经济特区的指导思想,根据经济特区目前面临的实际问题,适应今后继续深化改革、扩大开放的要求,哪些政策需要变,哪些政策不能变,哪些政策还需要进一步补充、完善,理出若干条。把需要重申的政策予以重申,需要明确的政策明确起来。这最好由你们自己提出来,因为你们最了解情况。几个特区理一理,报省里汇总,再上报国务院。我相信大部分问题国务院能够解决。少数牵涉到全国人大立法等方面的问题,需要人大帮忙的,也可以报到全国人大来。

三、反对拉关系,走后门,搞山头,任人唯亲

要注意培养好、选择好领导骨干,并注意在工作实践中加以考察。这点也非常重要。有人说,年龄在 40 岁左右的干部正当年,再

---

① 三个不变:即中央对发展经济特区的决心不变;中央对经济特区的基本政策不变;经济特区在全国改革开放和现代化建设中的历史地位和作用不变。

不用就耽误了。这我赞成。但还要经过很好的培养、教育,放到实际工作中去锻炼,并继续在工作中加以考察,不能光看文凭。有人提出,领导干部要有大学本科的学历,我认为有大专学历就行了,文凭要求太高,不现实。选拔干部,要反对拉关系,走后门,搞山头。当干部要有点棱角。不能搞任人唯亲,靠关系,而工作不踏踏实实干。现在有些上面的同志到县里挂职锻炼,一年的时间中有半年在闲逛,不干实事。

选拔干部要坚持原则。别看我这个人很随和,但我这个人是不好说话的。那些一心想做大官、鬼迷心窍的人,一定当不好社会主义的干部。曾经有过一位现在已经去世的老同志找我,要我提拔他的儿子做大官,由于条件不具备,被我顶住了。这事后来告到小平同志那里去,小平同志找到我,我如实作了汇报,小平同志说:"对头!就这样办!"在干部问题上,还是要按党的原则办。关系到原则的问题,该争论的争论,但不要对人家抱成见。对的坚持,错的改正,搞好民主集中制。对刚才谢非同志讲话中提到的广东省、市、县三级领导班子的平均年龄,我认为大体上是适当的,人就是这样过来的。但如果能有条件搞得更年轻一些,我也赞成。使用干部要坚持任人唯贤,实事求是,从实际出发。

路线问题,要按小平同志的指示办。他无论如何都比我们所有的人站得高、看得远。在中国革命到了"文化大革命"之后,到了历史的重要转折点时,小平同志承前启后,在总结前人经验、集中全党智慧的基础上,及时为我们指明了前进的方向。如果不是小平同志带领我们前进,我们党就不会有今天,中国就不会有今天这样的局面。所以,我们要坚持党的基本路线100年不动摇。

四、加强宏观调控,防止经济"过热"

去年以来,党中央、国务院关于加强宏观调控的决策是正确的、必要的。1992 年小平同志南方讲话发表后,全国各地意气风发,干劲很大,各方面发展都特别快。大家要求加快发展的积极性是无可厚非的。大家都愿意发展,这不是坏事。但从全国看,发展速度要适度,要实在,要防止经济"过热",防止发生"泡沫经济"现象,出现恶性通货膨胀以至于造成大的挫折。有同志要求印制更大面额钞票,问了我两次,我都没赞成。有同志担心到 1993 年下半年,会发生比 1988 年范围更广、损失更大的恶性通货膨胀。当时国际上也有议论,也认为中国有可能会出现"泡沫经济",出现恶性通货膨胀。如果这样,小平同志讲的要避免出现大的波折,就不容易做到了。中央政治局常委开会议论这件事,总的看法是,对当时的经济发展速度,如果不采取措施适当控制一下,很有可能会出现大的波折。因此,决心实施力度较大的宏观调控。国务院发了第 6 号文,采取了 16 条措施。这 16 条措施是中央政治局常委会集体议论过的,总的来说我是赞成的。当时,整个宏观经济处于失控的状况,金融、外汇管理混乱,已经不能再拖下去了。在全国发了第 6 号文,大家还是顾全大局,接受下来,整个局势得到了控制,避免了一场大的经济挫折。最近,世界银行和国际货币基金组织评价中国经济时谈了两个观点:第一,中国经济在过去 10 多年的高速增长,是个世界性的奇迹;第二,中国经济有可能实现"软着陆",避免一场大的恶性通货膨胀。日本经济学家的评价大体也是这样。我不是说第 6 号文的所有措施都很完美,但这些措施相当现实,总算是解决了一些问题。否则,弄得不好,再发生一次像 1988 年那样的经济失控,被迫再来实行治理整顿,而且这一次的破坏绝对要超过那次的 10 倍。如果真的出现了这种情况,不仅我们国家国民经济要遭受大的挫折,而且看热闹的人,说风凉话的人,反对改革开放的人,会一齐反对我们。从实践的结果看,中央关于加强宏观调控的决策是正确的,措施也是好的,必须坚决执行。

目前,我国经济仍然存在一些问题,主要是基本建设战线仍太长,通货还是偏多,还需要继续实施宏观调控的某些措施。对此,希望大家能够理解。从局部的情况来看,会出现一些具体问题,遭遇到一些困难,我不否认这一点,但应当本着有什么问题就解决什么问题的态度,在发展中解决发展中碰到的新问题。

全党要振奋精神,加快改革的进程。现在,我们所处的时代,同10多年前已大不一样。在经过10多年实践之后,党的十四大决定,要搞社会主义市场经济。现在,我国整个经济体制改革,正围绕着建立社会主义市场经济体制的目标全面展开,改革的步子加快,探索的过程非常明显。今年中央出台一系列深化改革的措施,包括金融改革、汇率并轨、价格放开,等等。这些改革目标,是过去十多年来我们一直在追求解决的大问题。去年底一下子提出来,经过中央政治局常委会集体讨论通过之后,今年初付诸实施。这很不简单。这些改革实施以来,总的情况是正常的。从今年开始,财政部不能再向银行透支。汇率并轨后,人民币的币值稳中有升,但上升不大,国家外汇储备增加到300多亿美元。税制改革虽然有点缺点,但最后还是取得了决定性的成果。这一系列改革,如果能够获得成功,我们将向建立社会主义市场经济体制迈出很有意义的一大步。所以,有些事情发展到一定程度了,就要下决心采取措施坚决去办,推进改革的进程。在改革过程中有缺点不可怕,这同我国立法的情况相似,一开始不能要求十全十美,先干起来,然后在实践中不断完善。不能像"小脚女人"走路,落在形势和群众后面,坐失良机。

对于将来的发展,只要不是口头上而是真心实意地贯彻小平同志的思想和路线,继续沿着他指引的方向前进,中国是很有希望的。如果能够做到这一点,我对形势的估计是乐观的。早在1975年小平同志被第三次打倒时,有人问我:中国会不会发生内战?我当时就回答:不会,打不起来。只要大多数党员干部和绝大多数的人民群众拥护小平同志的路线,即使有点挫折,有点具体的问题,我们在前进过程中解决就是了,我相信不会有太了不起的问题。有一次,外国人问我:你说的意见,你们内部统一不统一呀? 我说:统一呀! 但中国有12亿人口,我不敢保证所有人的思想都统一。实际上,不可能所有人的思想都一样。外国人说21世纪是中国的世纪,他们要说,尽管让他说好了。我们还是要争取把自己的事情办好,要有信心办好,采取观望的态度是办不好的。要努力干,走了弯路,认真总结,自己解决。中国现在的形势是很好的,以后还可能继续保持这种形势。我们中央与省这两级,头脑必须很清醒,要在实践中很好地贯彻小平同志的路线和方针,要注意理论结合实际。如果糊里糊涂,就会出问题。"文化大革命"我们都过来了,还怕什么? 小平同志讲,如果没有这场浩劫,就不会有今天的改革开放,也不会有今天的认识。这是"文化大革命"的唯一好处。"左"到了极点,就使全党觉醒。"两个凡是"之所以错误,是因为它禁锢人们的头脑,错了的东西也不能批评。从坚持实践是检验真理的唯一标准出发,逐步摸索总结,才逐渐走出一条有中国特色的社会主义道路。

五、抓住有利时机,深化改革,扩大开放

目前,国际形势总的来说是好的。对于我们抓住机遇,深化改革,扩大开放很有利。1989年"政治风波"之后,西方七国对我国实行制裁。现在,这种制裁已基本被打破,除了美国还没有正式宣布取消对我国制裁之外,其他国家已经解除对我国的制裁。德国总理科尔带头打破制裁。最近,江泽民同志到法国访问,法国总统密特朗亲自到机场迎接。我们同美国的问题也正在逐步解决中。既有矛盾、斗争、摩擦的方面,也有朝好的方向解决问题的方面。目前,美国已经单方面取消对我国输出导弹技术的封锁,宣布无条件给予中国最惠国待遇，但人权问题还要扯皮一段时间。等到克林顿访华，美国即使不宣布取消制裁中国实际上也等于已经取消。我国在今年底恢复在关贸总协定中的缔约国地位是有可能的。

中国现在是全世界最引人注目的巨大的潜在市场，谁都想从进入中国市场获得更多的好处。随着我国综合国力的增强，中国在世界上的地位在上升，在国际环境之中的中国改革开放的新形象越来越好。国际上甚至有人说，现在中国的综合国力已经达到或接近美国。中国国民经济的总量很大，但人均占有量比起美国仍相差很远，要赶上美国很不容易。所以，对国际上的这种议论我们不能接受。这些人散布这种观点，目的在于宣扬"中国威胁论"，说中国强大起来会成为新的超级大国，威胁远东地区的和平与安全。如果有一天，我国的人均经济占有量达到或接近美国的水平，我国的经济总量就一定会超过美国，因为我们的人口比美国多得多。中国在国际上的地位如何，我国的国际环境如何，关键在于我们国内的经济是否能健康持续地向前发展。如果国内经济出了大问题，国际环境马上就会发生重大变化。今年以来，我国的国际环境是好的，实际利用外资有较大幅度的增加，大财团、大项目增多，在广东、上海浦东等地都是这样，外商中的中小型企业和项目有所减少，这是次要的。总的来说，国际形势对于我们搞好经济建设十分有利。

建立现代企业制度要抓紧*

（1995 年 1 月 22 日）

首先，感谢参加会议的同志们，听了大家的发言以后，我对建立现代企业制度增强了信心。现在，对现代企业制度的探索已有很多好的方面、好的内容。但整个环境还没跟上去，配套不行，在实践中碰到许多具体的问题。

在讨论中央政治局 1995 年工作要点时，我讲了几个问题。先是讲到农业。现在农业的方针政策已定，最主要的是抓贯彻落实。还讲到国有大中型企业的问题。如果要建立现代企业制度，就要抓紧进行，不能拖。有的人担心搞了公司化以后，国有资产会流失。但我认为，拖延本身就在流失，不在改革中前进，是找不到出路的。我同意你们几位的意见，只有通过改革才能解决国有资产流失和国有资产保值增值的问题。建立现代企业制度，要从没有经验到摸索出经验，从没有外部条件到创造条件，这是很困难的。我的想法，还是要抓紧搞。最近五六年，我们年年讲要搞活国有大中型企业，要防止国有资产的流失，企业改革要深化，要抓紧技术改造，要搞活企业机制等等。但就是有千千万万个顾虑，怕搞错了。谁能打这个包票，每项改革都保证成功？只有靠我们自己去实践，只有实践才能真正解决国有大中型企业的问题。

---

* 这是乔石同志在上海企业座谈会上讲话的一部分。

502

　　如果公司制的办法是合适的,也要准备冒点风险,要有紧迫感,这是为了党和国家的利益。解决国有资产保值增值的问题,不冒点风险是做不到的。你们几个厂的改革,事实证明效果是好的。这种冒险精神,不是"冒险家乐园"的冒险,那种冒险比较"黑",各种手段都用。而我们这里所说的冒险是为了国家的利益,要使国有资产保值增值,冒点风险是值得的。相反,原地踏步不动,光讲空话,不作任何新的尝试,不会有什么出路。我有个想法,建立现代企业制度,试验的步子要快一点。怎样搞活大中型企业?过去是议论多,在议论中举了许多国有资产流失的令人气愤的例子,但究竟怎样搞,没有办法,这不是说空话?我的心情可能迫切一点。上面有的部门可能不理解,你们要多汇报,说明情况,争取理解。因为有些问题是长年累月积累下来的,只有在前进中逐步解决。技术改造的方向要从全世界范围去找,运用国际通用的技术、质量标准。我不大相信省颁、部颁标准,在国际上仍然拿不出去,是一种自我安慰,自欺欺人。

　　应该预计到,在建立现代企业制度的过程中,可能会有点失败,这也不奇怪。毛主席过去说过,打10个仗,7个仗打胜了就是好的,常胜将军是没有的。建立现代企业制度,我赞成,但是勇气还要更大一点。你们有什么问题,可以同国家经委、银行谈一谈,不要顾虑太多,放开一点。基本上看准了,就办。破产好还是兼并好?破产有破产的困难,兼并有兼并的问题。但看来兼并能解决破产解决不了的问题,这是在总结经验的基础上得出的。我支持你们继续沿着改革的道路前进,希望上海在这方面打好头阵。

福建的发展对促进祖国
统一将发挥很大作用*

（1995 年 3 月 23 日）

我对"文化大革命"后福建走过来的路程大体是了解的。总的讲，福建沿着改革开放的道路比较顺利地走过来了，变化是很大的。特别像厦门、福州这些地区，发展比较快。我第一次来福州是 1974年，与当时的情况比，现在完全不一样了。

当前，关于全国经济发展中的一些重大问题，中央的方针、政策基本上都定了，现在主要的问题就是落实。怎么落实？重要的是不要把落实变成一句空话。不要搞成天天讲落实，最后还是不落实，而是要扎扎实实地采取措施，真抓实干，真正见成效。当然，在今后继续前进的过程中还会遇到新的问题，但是按照这个思路认真抓下去，在本世纪剩下的几年中，福建的工作可以搞得更好，可以为下个世纪的发展打下一个好的基础。

一、福建在发展两岸关系中可以作出很重要的贡献

在海峡两岸关系中，福建的工作有特殊重要的意义。

从台湾与美国的关系来讲，虽然美国现在不得不顾及与我们的关系，但是美国还是利用各种机会遏制中国，起码不让大陆发展得太快。我们经济的发展举世瞩目。于是美国有人造舆论说，亚洲特别

---

* 这是乔石同志在福建省考察期间听取福建省委领导同志汇报后的讲话节录。

是中国可以很快赶上甚至超过美国。我从来不赞成这个看法。中国要在经济上赶上美国不是那么容易的。但它就是要用这个舆论去影响东盟国家、亚洲其他国家,也包括日本。美国现在的战略是要把日本等国家拉得紧一点,控制得严一点,同时利用各种手段,包括利用台湾来制约大陆。美国跟台湾发展"实质关系",直接违背中美三个联合公报。这也有它自身的利害关系。例如军售问题。那么多军火要找销售出路,台湾是一个重要的对象。台湾从美国购买军火的规模不小。同时,对台搞军售,也是美制约大陆的一个手段。

从国际国内的因素来看,实现祖国统一,确实有许多工作要做。要克服困难,排除干扰,长期坚持不懈地努力工作。最根本的是我们要把经济搞上去,把现代化建设搞上去,政治、社会保持长期稳定;同时把对台的各项具体工作抓细抓好。福建同台湾一水之隔,在发展两岸关系中,有许多便利条件,可以做出很重要的贡献。福建的工作做得好,经济发展得快,社会稳定,在对台交往与合作方面采取正确的政策,可以对台湾产生相当大的影响,对促进祖国统一可以发挥很大的作用。要切实地一步一步地加强两岸的接触,增加了解,发展合作。现在老一代基本过去了,新一代的人要加强来往。只有在不断交往的过程中,才能增强"一个中国"的意识和完成祖国统一大业的思想,才能密切两岸之间的联系。

二、从本地特点出发,通盘规划,一步一个脚印,把大农业搞好

农业问题我们已经开了很多会,直到八届全国人大三次会议前还开了中央农村工作会议。中央关于发展农业的政策、措施和部署已经相当明确。现在的关键就是扎扎实实抓落实,将落实变成全国人民的实际行动。只有这样,农业才能搞好。当然,在抓落实中,还会碰到很多具体问题。这些问题要在实践中根据各个地方的特点加以解决。不要光说空话,不解决实际问题。

　　落实要长期地抓下去,必须非常牢固地树立农业是国民经济基础的思想,必须真正把农业放在首位。中国这么大,人口已达到12亿,现在又是生育高峰,即使计划生育工作搞得好,今后若干年人口每年也得增长1500万左右。这个基本情况要清楚。中国的农业不能放松,否则就要吃亏。你们福建也有经验了,农业晃动一下,就会产生很大影响。在中国,只有农业稳定了,发展了,整个国民经济和其他各项建设事业才能稳定地发展,社会才能稳定地进步。农业决不是抓一阵子便可奏效的,必须一年一年地不断抓下去,不可有丝毫的松懈。总而言之,要把农业搞得非常扎实。

　　要下功夫发展大农业,在抓好基本农产品的基础上,把多种经营搞上去。这要从本地的特点出发,长期打算,通盘规划。你们福建有条件搞好。思想明确了,办法是有的。比如琅岐岛变成蔬菜基地,还可以搞海水养殖。山山水水都要充分利用起来创造财富。搞大农业不能停留在现有的水平上,要不断地提出一些新的要求。粮食和各种经济作物、养殖业、种植业等都要不断地协调发展。要学习国内外先进的经验,不断提高质量,一步一个脚印,把福建的大农业搞好。

　　农业也要抓名牌产品。福建条件很不错,农民种橘子很有经验,可以把橘子改良品种的问题突出地抓一下。也许你们整个水果业都要走品种改良这条路子,因为品种与水果的质量和效益关系极大。创出名牌产品,效益一下子就上去了。福建创一两个名牌水果产品,恐怕不是很难。福建芦柑全国第一,品种要再进一步改良。美国柑橘不就是利用福建的品种去改良的吗? 已经成为世界上销量第一的名牌柑橘。名牌给美国弄去了,那是咱们福建的品种啊! 几个盛产柑橘的省份应该往创名牌的方面努力,争取在近期内占领一部分国际市场。其他各种产品也不要满足于增加数量,质量也要上去。当然可以一部分先上去,然后逐渐地带动全省。要抓农业科研,使科研

506

与生产紧密结合起来。现在我们农业科技力量应该说比过去已经有所加强,如果很好地与生产结合起来,可以取得很多成果。

农业还有个产销的中间环节问题值得注意。你们能不能把产销双方见面问题研究一下,把中间环节大大减少,甚至没有中间环节。比如附近郊区农村与市里的销售网点签订合同以后,就把产品直接运到店里去,产销直接见面。蔬菜的价格问题也要注意研究。差价应该允许,但应当在一个合理的幅度内波动。产销见面、减少中间环节是一个经营管理问题。不能一放就不管,完全不管不行;当然要管也不能恢复过去完全统死的老一套,那样做也不行,要通过细致的调查研究把管理搞得精细一点。

三、现代企业制度,不摸索,不实践,是建立不起来的

把今年改革的重点放在企业改革上,我赞成。同时,我还主张更积极一点,不要那么怕担风险,不要老是想着等创造出一套十全十美的、毫无缺点的经验,然后再加以推广。企业改革主要看基本方向是不是正确。如果基本方向、路子是对的,效果是好的,成绩是明显的,就应该在这个基础上积极推广,在推广中有缺点再改进嘛!

企业改革要有紧迫感。没有紧迫感,老是迈不开步子,国有大中型企业不但优越性发挥不出来,而且还要衰落。逆水行舟,不进则退。一拖可能就是五年十年。现在有些企业的经营状况不好。有的亏损了,还要发奖金,全国许多企业是这样,这也是一种社会现象。企业改革,各地摸索出的一些比较好的经验都可以发挥自己的主动性来推广,不要顾虑太多。现代企业制度,不摸索,不实践,是建立不起来的。要踏踏实实地在实际工作中探索,不断地总结经验教训,不断地改进,依靠群众,克服困难,依靠实践,积极地建立现代企业制度。

我春节前到上海去了几天,抽时间找了 5 个企业改革试点单位的同志谈了谈,觉得很受启发。他们的改革有一些新的经验,有些经验还是不错的。这些经验都是在实践中产生的,我们应当好好总结。任何一项经验都不是十全十美的、能够普遍适用的,因为企业本身千差万别。但是有些好的东西可以在适合的条件下积极推广。采取这个办法,企业改革的步子就可以稍微走得快一点,也可以避免国有资产的流失。要抓住时机,尽快迈开步子。你们刚才也提到,有的产业部门搞得可以,就先搞起来,从实践中不断地摸索前进。你们这儿是沿海开放地区,还有厦门特区,条件应该说比较有利。

现代企业制度应该是社会主义的、适合我国社会主义市场经济发展需要的。改革的具体办法必然是各种各样的,不会只有一种模式。这是史无前例的创造,不冒一点风险去干是不行的。将来也可能少数企业搞得不很成功,也没关系,绝大多数都搞好了就行。改革中有什么问题,也可以改嘛。小平同志说,允许改正。担一点风险,把绝大多数企业搞好了,我看是值得的。

国有企业的改革,我就提出这么一些想法,请你们结合福建的实际再进一步研究,做一点规划,有把握的先搞,没有把握的继续试验,逐渐把建立现代企业制度这项工作具体化。

抓住机遇，增强国家经济实力和世界和平力量*

（1995 年 5 月 20 日）

刚才，启元①同志比较全面地谈了省委的工作，勃兴②同志谈了省人大的工作，安东③同志谈了一些经济工作的情况。总的感觉，这些年陕西的经济建设取得了新的成绩，精神文明建设得到了加强，面貌发生了相当大的变化。省委关于今后工作的指导思想比较明确，准备采取的一些措施也是积极可行的。在我国西北，陕西是一个重要的省份，资源丰富，工业基础比较雄厚，科技教育也有相当的实力，应当说，发展的潜力很大，前景很好。只要切实从实际出发，认真贯彻党的方针政策，贯彻中央的部署，不断深化改革，扩大开放，陕西在建设上完全可以取得更大的成就，对我国西北地区的发展也将产生积极的影响。

一、通过深化改革，使经济在更加健康的基础上向前发展

当前的国际环境，总的说对我国的现代化建设是有利的。国内形势，总的讲也是好的。我们要继续抓住机遇，努力发展经济。

---

* 这是乔石同志在陕西省考察时听取省委、省人大和省政府工作汇报后的讲话节录。

① 启元，即安启元，时任中共陕西省委书记。

② 勃兴，即张勃兴，时任陕西省人大常委会主任。

③ 安东，即程安东，时任中共陕西省委副书记、陕西省省长。

1989年西方七国对我国实行的制裁,虽然没有宣布取消,但实际上已经被冲破了。党的十一届三中全会以来我国经济增长比较迅速,取得了巨大的成就。中国发展前景很好,市场潜力很大,这些都是国际公认的。在集中进行国家的现代化建设的同时,我们坚持独立自主的和平外交政策,积极为维护世界和平贡献力量,这也是有目共睹的。无论是在国内会见外宾,还是出访,我都一再强调,中国的发展是世界和平力量的增长。世界上有一些人认为中国经济的发展会威胁亚洲其他国家的安全,甚至威胁世界和平。有一些人造这种舆论,信者也不多,市场不大。连美国国防部长访华后,回去也说不存在中国威胁世界和平的问题。我不是说他说的就有什么了不起,但既然老是要找一些问题同我们对着干的美国的政要都这么说,这就反过来证明的确不存在中国威胁的问题。有些国家的领导人,比如像马来西亚总理马哈蒂尔,公开站出来反驳所谓"中国威胁论"。总而言之,世界各国普遍看好中国的发展,普遍希望发展同中国的关系。许多国家同我国的经贸、科技和文化等方面的合作和交流都大大加强了,而且今后的势头也不错。只要我们坚持改革开放,国内保持稳定和发展,国际上即使遇到一些困难和麻烦,也完全可以克服,可以排除。

这些年,我国的经济是稳定地向前发展的。尤其是小平同志视察南方发表重要谈话和党的十四大以来,又有了比较大的发展。当然也遇到一些需要解决的问题,中央从1993年下半年开始,采取了一些措施,主要是深化改革,加强和改善宏观调控。金融、财税、外汇外贸、投资、价格和流通体制等方面都进行了一些重要的改革。这些改革是必要的,总的说也是成功的。比如说,一段时间金融秩序混乱到相当严重的程度,经过整顿,经过改革,情况好多了。再比如说汇率并轨,完成了一件大事情。经过了一段时间,汇率基本稳定下来了。现在美元一贬值人民币还升值一点，美元一升值人民币稍微贬值一点，上下有那么一点波动，也是正常的。其他方面的改革也取得了预期的效果。这么大的一个国家，这么复杂的经济现象，能够抓住一些最要害的部分，通过深化改革，解决面临的问题，使经济在更加健康的基础上向前发展，这是不容易的。现在，国际国内普遍认为我们可以做到经济上的"软着陆"，而不至于发生日本已经发生过的泡沫经济现象，从而为以后的继续发展和进一步深化改革创造良好的条件，奠定了比较扎实的基础。

二、我国处于经济发展极为有利的时期

应该说，我们处在对我国经济发展极为有利的一个时期。这是中国近代以来少有的，或是没有的。从 1840 年鸦片战争到现在，什么时期是中国经济发展的最好时期？也就是这一段。这是一个难得的历史机遇，一定要珍惜，一定要抓紧，努力把经济搞上去。不搞上去，将来什么时候有这样的机遇就很难说了。我们这么大一个国家，耽误不起。小平同志讲，发展是硬道理，这话是很深刻的。在我们当前面临的各种问题中间，发展还是最主要的，发展经济是我们基本路线的中心，这个任何时候都不能忘记。当然，要发展，也不能盲目地齐头并进，什么都上，一起都上，这也做不到。比如说报到国务院的每一个项目，不分青红皂白都得同意，这样不现实，做不到，不可能样样都同意。因为国家总还得有个总体考虑。如果什么都上，一起都上，搞得没有重点了，那么就会有新问题出现。新的问题出来了，又得处理。我们不能那样循环，我国的经济经不起大的起伏。如果在现在的基础上，总结已有的经验教训，防止大起大落，经济再持续健康发展下去，比如说，大体上保持 8% 到 9% 的速度，持续到下个世纪初，比如 21 世纪头 10 年、头 20 年，那么我国的经济力量将有一个很大的飞跃。我国经济的希望很大程度上在这一段时间。如果错过这段时间,我们将要遇到的问题就多了。这同整个国家的稳定也有密切的关系。如果经济不能持续不断地向前发展,稳定是谈不上的,因为要保持稳定,首先的关键的问题是经济问题解决得好。

三、要把加强和发展农业的思想化为群众的实际行动

加强农业,关键是扎扎实实抓落实。农业方面基本政策都已有了,经验也有了,问题是不要停留于会议和文件,应该想办法把我们关于农业是基础,粮、棉首先要抓上去,大力发展多种经营等这些精神和思想,真正化为千百万群众的实际行动。在这个问题上要多下功夫。陕西发展农业的条件是比较好的。刚才你们讲,今年收成可能比去年好一些,这就好。农业无论如何要踏踏实实搞上去,我听说你们在搞吨粮田、吨粮县,这要一个一个落实,一个一个巩固。在实现粮棉等基本农产品高产稳产的基础上,可以根据条件,因地制宜地发展多种经营。你们在抓多种经营的产业化,希望能够切实抓出成绩来。改善农业生产条件,农田基本建设,也要扎扎实实地搞,要持之以恒。比如修水利,就要有具体规划和实际措施,一年一年地坚持搞下去。

搞农业要紧紧依靠农民群众,充分发动群众,调动和保护群众的积极性。层层负责主要指干部要负责,基层干部要负起责任来,带领群众把农业搞好。层层负责,不能摊到群众头上,不能强迫群众非干什么不可,而是要把工作做深做细。有些在群众那里表现出来的问题,主要还在于我们的工作。比如我听说,大概各地都有这种情况,就是粮食丰收的时候,产量少报一点,打点折扣。报灾情的时候,把数字搞大一些,灾情说得重一点,产量说得少一点。下面有这种现象,要从我们上面的工作中引起注意。

省委提出要进一步发展乡镇企业,这是符合陕西实际的。小平同志讲:"乡镇企业异军突起",他高度评价乡镇企业在整个经济发展中的作用。由于条件不同,我国中西部发展乡镇企业客观上起步晚了一点。治理整顿期间我来陕西,勃兴同志向我提了乡镇企业问题。我说,陕西的乡镇企业不是多了,而是少了。近年来,陕西在这方面加快了步伐,发展的势头不错。如果连续几年发展下去,规模就可以越来越扩大。当然,各地的情况不同,乡镇企业只能从实际情况出发来搞,由小到大。在发展过程中,要注意总结经验,包括借鉴沿海地区的经验,坚持速度和效益的统一,在质量和效益上多下功夫,使乡镇企业真正成为经济发展中的一个重要方面。

四、建立现代企业制度要大胆探索,创出路子来

搞好国有企业,根本出路在于深化改革。在这点上,要有紧迫感,要抓紧,不能再拖了。我在其他的省看了,亏损企业也不少,你们这儿去年地方预算内国有企业亏损面约占一半,这不是一件小事。这样下去,谁能负担得起? 不是说国有资产在流失吗? 越拖国有资产流失越严重,如果拖 10 年,我看就拖没了。有些厂现在已所剩不多了。再拖下去还能拖得起吗? 有的企业不能盈利,在那儿亏本,又不能不发工资和奖金,不发工资工人过不了日子,当然还有其他的各种支出,这样一个状况,岂有国有资产不流失的道理? 所以说,必须抓紧改革。建立现代企业制度,具体怎么办,文件中是找不到的,也没人能告诉你。这不像看《三国演义》,诸葛亮脑子那么聪明,料事如神,锦囊妙计都那么管用,现在的实际生活中间做不到。在我们的改革事业中,真正的诸葛亮是人民群众,真正的知识来自实践,创造业绩要靠真抓实干。因此,各地只能从实际情况出发,依靠群众,在实践中大胆探索,闯出路子来,找出具体办法来,逐步把现代企业制度建立起来。应该说,企业改革经过多年摸索,已经积累了一些经验。当前在继续抓紧试验的同时,对实践已经证明基本方向正确、路子对头、效果较好、能提高效益的经验,要结合实际积极加以推广,使越来越多的企业通过深化改革提高效益,改变面貌。否则,困守下去不是办法。

同时,我还想讲一点。陕西在科学技术方面有一定的优势和比较大的潜力,要根据科教兴国的战略,继续大力发展高新技术产业,推广这方面已有的好经验,取得更大的成绩,大力推动经济的发展。

五、努力建设社会主义民主政治

发挥人大作用的问题,根本上说是一个保障和发扬人民民主、密切联系群众、调动人民积极性的问题。地方党委要关心重视人大工作,充分运用这个机构,倾听群众呼声,集中和反映群众的意见和要求,贯彻党的方针和政策。人大要在党委的领导下,履行法律规定的职责,充分发扬民主,大力加强法制,认真搞好监督,从而促进各方面的工作。我国宪法规定,人民行使国家权力的机关是全国人民代表大会和地方各级人民代表大会。国家和地方的大政方针、重大决策通过人大,这不能仅仅看作是一个形式。比方说政府的人事问题,各级党委都有组织部,都搞调查、考察,考察也挺细的,有时了解一个人的情况要谈几百人次,有时还搞民意测验。政府的人事变动,通常都有相当的调查研究作基础。那为什么又要通过人大呢?不是简单地走这个形式,更主要的是要得到群众的承认,得到人民代表的承认。说到底,也就是要由人民通过法定程序来最后确认。

3月份召开八届全国人大三次会议,会前有反映,说这次会不好开,热点问题多,不好处理。我的意见是,要全力去开好。全力开好就要充分发扬民主,允许大家提各种各样的意见,能早点提也可以早点提。会前,有关的专门委员会就集中和反映了一些意见。会上代表们讨论也比较热烈。我们采取一个积极的态度,该提的让大家提,该说的让大家说,同时按照民主集中制的原则办,最后按法定的程序作出决议。这样大家都比较满意，国际国内对今年 3 月的全国人大会议评价都比较好，普遍认为开得比较成功，我想原因主要在这里。我们还必须不断改进工作，必须努力为建设有中国特色的社会主义民主政治做出贡献。

深化改革要善于探索[*]

（1995 年 6 月 5 日）

一、浙江发展到现在这样一个程度是很不容易的

浙江作为一个有 4000 多万人口的省,也没有多少资源,厂矿企业能发展到现在这样的程度,是很不容易的。党的十一届三中全会以来的方针、政策,还有小平同志视察南方重要谈话起了很大的作用的。在有些问题上,要有实践的检验。1980 年农业生产搞包产到户。包产到户曾在 1962 年受到批判,一批批到"文化大革命",叫做"三自一包",搞得谁也不敢说话。一个重要的指导思想出来了,有一些不同认识也允许,就是有些错误的认识、不赞成的意见也要允许,这是十一届三中全会以来中央的精神。所以,1980 年 9 月中央文件开了一个小口子,就是贫困山区可以试验一下。开这么一个口子,这是当时中央反复琢磨之后定的。后来就逐渐扩大了,一共三年半风行全国了。我们十一届三中全会以后,从农业开始一直到城市经济体制改革,十多年一直发展都这么快,我们发展的成就全世界都瞩目,这很不容易。浙江贯彻十一届三中全会精神总的是好的,特别是在发展乡镇企业方面,小平同志说"异军突起"。当然也不只是乡镇企业,其他的发展到现在总的还是比较好的。

---

* 这是乔石同志在浙江省考察期间听取浙江省委、省人大、省政府汇报时的讲话节录。

516

二、抓住机遇,集中力量把经济建设搞上去

当前的国际形势总的来说对我们搞好经济建设是有利的。应该抓住这个机遇,集中力量,把经济建设搞上去。经过改革开放十六七年来的实践证明,我们的路线是正确的。如果没有小平同志带领我们走这条道路,还是"两个凡是",就很难设想现在是什么样子。很重要的一条是党的思想路线、政治路线、组织路线比较端正了。小平同志讲的坚持党的基本路线 100 年不动摇,很重要。现在,国际环境对于我们来说还是比较好的。1989 年西方七国集团在"政治风波"之后对我国进行制裁。在制裁的条件下,我们通过自己经济的发展,基本上打破了制裁,创造了一个有利于我们继续进行和平发展的环境,这是一个很大的改变。另外,美国在远东制造"中国威胁论",特别是利用南沙群岛问题牵制中国。我国军队的军费很少,人头费减去后就更少,但他还制造舆论。所以,我们经济发展也不是一帆风顺的,以后问题还很多,我国经济越发展,质量越来越高,国际威望总的来说是要提高的,与此同时外国和有一些地方总是要继续给我们制造困难,这个斗争是长期的,不可避免的。我们是低姿态而不是高姿态,就是说,我们还是一个发展中国家。

我讲这些主要想说明我们面临的国际形势总的来说是比较好的,我们还是要抓住目前这个有利时机把经济搞上去。我同意李泽民①同志的意见,把经济搞上去,不光是追求数量,同时也要将质量搞上去。我们数量大,质量不高,整个经济素质没有很好提高。当然提高经济素质总的来说也不是很容易。但是,总得这么走。我们不能错过这个时机,错过这个时机就困难。现在,许多国家都很羡慕我们,羡慕中国目前的经济发展势头,我们要保持好势头,提高经济素

---

① 李泽民,时任中共浙江省委书记、浙江省人大常委会主任。

质,那么将来中国是很有希望的。

三、我国基本国情决定对粮食生产不能放松

农业问题,我基本的想法是要像今年一样抓下去,明年、后年、大后年,连续那样地抓下去。中国这么大的国家,耕地有限,12亿人,将来还要到十五六亿人。粮食生产不能放松,粮食价格要稳定并逐渐走向合理。说实在的,我希望今后有条件要适当提高粮价。从我出生以来,粮食消费占收入比重没有像现在这样低过。但我不主张现在就涨,将来有条件的时候粮棉价格可以达到一定水平,比较稳定。我国的基本国情决定了我们的粮食生产不能放松。不是单纯种粮的问题,粮要种好,农田水利建设还得搞好。我主张年年兴修水利,发动群众,充分利用劳动力资源。农田水利基本建设,关系到农业的大计,另外,跟农业有关的经济作物,希望逐渐地少占粮田。你搞经济作物可利用山坡地。林果业也要搞,但要提高质量,要上档次、上水平。经济作物都要按地方特点和原有的传统,并在此基础上不断地改良品种,创造名牌产品。所以,除了发展数量之外,还要提高质量,有条件的要创名牌,打到国内甚至国际市场上去。农业方面要长期地以粮食为基础,在这个基础上提高质量。你们浙江有条件,虽每年有灾害和其他问题,但有好的条件和传统,人民是勤劳的。要注意改良品种。在粮食问题上,我们不能说大话,我认为要长期抓下去,可以说要永远抓下去。

四、通过实践,从中国国情出发建立现代企业制度

国有大中型企业唯一的正确的出路是要深化改革。我春节前去上海与他们几个企业领导就国有企业改革问题座谈了一下,也很有启发。另外,我们现在有个提法叫建立现代企业制度,也写进了红头文件,这个话是正确的。但对现代企业制度可能一下子谁也说不清。只有进行不断的探索、不断的实践。方向对,就肯定下来,方向不对,

效果不好,就不干。这样才能不断通过实践建立现代企业制度,没有别的办法。马克思也不会来教你,《资本论》里也没有,但盲目抄袭资本主义国家的也不好,当然也可以借鉴资本主义国家一些好的适应于我国国情的经验。但更主要的是应该通过我们自己的实践从中国国情出发建立现代企业制度,不要老是停留在一些空话上面。建立现代企业制度不能停留在嘴上,你讲它三年、五年以后,国有企业都完了,弄不好变成废铁。所以,我讲要有紧迫感,只要不是冒大风险,只要方向对的,就是有点小风险也要逐渐探索总结,要通过实践去创造。所以一点风险都不冒是不行的,做不到。我们从党的十一届三中全会以来所进行的改革都是有风险的,不是没风险,做什么事情都会有风险,要承担一点风险,胆子要大一点,方向对的经过实践证明是好的我们就坚持,这样逐渐地创造出适合中国情况的、适合我们社会主义制度的现代企业制度。深化改革还是要善于探索,什么样的企业制度适应中国情况,怎样做有利于提高企业的效益,有利于提高产品的质量,经得住国内市场的竞争,也经得住国际市场的竞争,这样才行。建立现代企业制度老是说这句话,不动作容易变成空话。我的意见是胆子要稍微大一点。当然这样说容易,要做到也不是很简单,也比较艰苦。

乡镇企业方面。浙江的乡镇企业发展势头是好的,但发展到现在这个水平,就要在提高素质方面多下功夫,乡镇企业也要逐渐产生名牌产品,逐渐提高质量、档次。总的来说是一个发展势头。现在条件好了,有一点经济基础,方向对的就下决心搞。一成不变很难搞下去。为了得到优惠政策,三年换个牌子这种办法,恐怕不行了。

五、增强环境保护意识,不要污染以后再治理

乡镇企业也好,国有大中型企业也好,都要注意环境保护,不要污染以后再治理。现在就已经到了这种时候了。从全国范围来看，污染问题已到了相当严重的程度，而且往往缺乏治理的钱。他们搞大项目都有钱，要搞治理就缺钱。从全国范围来讲，不管是乡镇企业还是国有企业，都要注意环境保护，而且要大大增强这种意识。现在有人说长江变成了黄河，就是因为长江上游都在搞基本建设。长江的水，有时确实黄得厉害，但与黄河是不能相比的。黄河水黄，是因为它的上游有一个黄土高原。我曾到吕梁山走过一趟，黄土高原，在太阳暴晒之下，什么都没有长，要想在山坡上种一棵树都挺困难的，得挑水上坡浇灌才行。黄土高原这种状况，目前很难马上改变。

现代企业制度不会从天上掉下来*

（1995 年 6 月 20 日）

刚才听了省领导同志的汇报，昨天晚上看了这两个汇报材料，16日下午茂林①同志和我谈了两个多小时，谈的内容和汇报材料是基本一致的。这样，给我的印象更深了。总的来讲，我来湖南的次数比较多，我最早是 60 年代来过湖南的，1972 年我作为中联部的干部，到长沙、韶山、文家市，然后沿着秋收起义的路线上井冈山，从井冈山下来又到瑞金，把赣南地区看了一遍，然后到了福建的闽西地区。我来湖南的次数比较多，大部分地区都去了，长沙很多地方我都去过。韶山我也去过，那一次住在滴水洞，故居和纪念馆我看过多次。所以说，我对湖南是比较了解的，地形地貌都比较熟悉。从 1972 年到现在 23 年了，从 60 年代到现在就更不用说了，这期间，湖南的经济，特别是农业，有了很大的发展。从你们汇报的思路来看，今后的发展趋势就更令人振奋，令人鼓舞。困难总是有的，湖南有 6300 万人口，又是农业大省，克服存在的困难，解决面临的问题，湖南将是很有希望的。我相信湖南的各级党组织和全省人民一定能够战胜困难，把各项事业搞得更好。我今天没有什么指示，我一直主张，在中央工作的同志到地方来，有什么意见都可以放开一点说，但不作为指示。下面

---

* 这是乔石同志在湖南省考察期间听取省委、省政府和省人大常委会工作汇报后的讲话节录。

① 茂林，即王茂林，时任中共湖南省委书记。

521

我讲几个问题。

一、当前国际形势总的来讲对我们是有利的,但斗争也难免

总的来讲,当前的国际形势对我们加快经济建设是有利的。简单地说,1989年"政治风波"以后,西方七国首脑会议通过了一个决议,对中国进行经济制裁。到现在虽然没有宣布取消制裁,但有些已经不存在了。目前,西欧和中国的关系,有了很大的改善。德国总理科尔很有眼光。去年1月,我去欧洲访问,到了德国。因为东德原来去过,我就到德国的西部主要地区去看了看,到了西门子等公司。在西门子座谈了一下,西门子实力比较强,抗日战争以前,在上海就设有办事处。那次,德国总理科尔会见了我。当时的德国总统对中国很友好。他也会见了我,和我谈了一个多小时。德国和中国的关系发展是比较快的。法国最近形势变化比较大,法国社会党的密特朗在位14年,连任两届。1982年密特朗访问中国,那次我和密特朗会谈很成功。他访华回国后,不久当选为法国总统。1987年李先念同志访问欧洲,他要我陪他一起去,第一站就是法国,那次访问也很成功。1989年"六四"以后,法国总统密特朗对华的态度发生了变化。现在的总统希拉克上台后,跟戴高乐的政策比较接近,很想尽快地打通与中国的关系。英国政府由于香港问题下不了台,一方面很着急,一方面又想和中国搞好关系。那次英国首相撒切尔夫人访华时和我谈了一个多小时,她的中心意思就是希望中国相信英国政府会按联合声明办,到时也不会把香港的资金抽走。中英联合声明签署后,英国国内对她是有看法的。她对我说,她已经在香港预定了1997年7月1日前两天和后三天的旅馆,主要是想亲眼看到按联合声明实现香港顺利交接,用实际行动来证明她所签署的联合声明是对的。这表明她和彭定康不一样。英国企业界也很着急,很想发展同中国的关系。意大利一直和我们关系比较好,双方贸易谈判进展顺利,总的趋势是向前发展的。荷兰首相最近也来了,带来了一个几十人的企业家代表团,提出了一些对华优惠贷款条件,希望和中国搞好关系,希望加快同中国发展关系的步子。日本是我国的第二大贸易伙伴。

美国最近因为邀请李登辉以私人名义赴美参加校友会,给我们找了一些麻烦。我们因此取消了迟浩田①、李贵鲜②等访美的安排,最近又要我国驻美国大使回国述职。台湾问题涉及国家的主权和领土完整。美国是西方的领头羊,其他西方国家很可能跟着美国学,这样有可能造成事实上的"一中一台"局面。如果造成"一中一台"的局面,台湾问题就非同小可了。小平同志说,对台不动武我们不能做出承诺。李登辉所谓的私人访美成功,更加得意忘形,尾巴翘得更高了,并表示下一站将去日本,日本表示不接待他。再接下来他要求进联合国。一系列的行动在后面等着。我们和美国的贸易虽然没有大的摩擦,但我们非顶一阵子不可。如果没有特殊的情况,没有引起一系列的西方国家都跟着美国走,过一阵子也许就能寻求出一些其他的办法。美国工商界也不希望因为此事而影响中美的贸易与经济合作。目前世界形势总的看起来,格局不会有太大的变化,总的来讲对我们是有利的,但斗争也难免。

二、洞庭湖要继续治理,农田水利建设要有一个长期打算

湖南是一个农业大省,产粮大省,新中国成立以来,对国家贡献很大。湖南在粮食生产、农田建设方面存在一些问题,你们已经提出了一些措施,这些措施,我是很支持的。

这里边最主要的,一个是洞庭湖的治理,我是很赞成的。毛致用③同志任省委书记时曾陪我去看洞庭湖,当时是冬天,水退了,泥

---

① 迟浩田,时任国务委员兼国防部长。
② 李贵鲜,时任国务委员兼国家行政学院院长。
③ 毛致用,1983—1988 年任中共湖南省委书记。

沙都留下来了,对洞庭湖泥沙淤积的印象很深。还有"文化大革命"期间围湖造田,洞庭湖的蓄水量减少了,泥沙淤积越来越多。当时我一路上都在想,这个问题怎么解决,并与毛致用同志一起探讨。现在你们已做了大量工作,治理第一期工程已经扫尾,这很好。搞第二期治理工程,我很赞成,江泽民、李鹏同志也已同意列入"九五"计划了。至于投资给多少,到时再具体商量。我有机会,也会主动帮助呼吁。洞庭湖给我的印象太深了,因为我去的时候,只剩下一条小河了,与范仲淹《岳阳楼记》里头描写的完全不一样了,当然,听说他写这篇文章的时候也没有到过洞庭湖。

其他水利建设我也很赞成,如在长沙看的城市防洪大堤就很好。丘岗山地开发问题,我也很赞成。应该造一些地,另外,经济作物也要将相当一部分,甚至大部分逐渐地转移到丘岗山地,这样,好的良田、水稻田就保持得多一点。

不过我想提醒一点,如果把洞庭湖第二期工程治理好了,长江上游治理还是一个长期的任务。上游的原始森林受到破坏,砍树现在已经停止了,但整个上游的基本建设还停不下来。长江不是黄河,但是绝不能让长江变成黄河。因此洞庭湖第二期工程治理即使完成了,也不能停止水利建设。农田水利建设要有一个长期打算。我国粮棉都得靠自己生产,我们劳动力又比较多,因此冬修水利要长期坚持下去。这对保持农业的基础地位很重要。这样越搞越好,将来农业生产就有了保证。我不主张占用太多的农田去修高速公路,当然完全一点不占也是不可能的,但是要尽量少占。

三、在实践中探索现代企业制度

国有大中型企业的出路,在于深化改革,深化改革的方向就是要建立适合中国情况的现代企业制度。这已经写进文件了,我不是说写进文件就是真理,但是写进文件,总是郑重其事的,总有对的一面,具体怎么搞,我赞成省里的意见,通过实践总结经验,搞得好的,方向对的,效益好的,把企业搞活了的,这种经验就要推广。企业的问题,还是要下决心,现代企业制度不会从天上掉下来,也不能从哪一个国家现有的企业制度中拿哪一部分来一套就能套上,只有从人民群众的实践当中逐渐总结出一套适合我国情况的好办法。除此之外,没有别的路子。

你们在株洲刚开完会,对建立现代企业制度的问题,省委、省政府抓得比较紧,沿着这条路抓下去,就一定能抓出成效。光叫喊现代企业制度,不去实践不行。到底什么是现代企业制度?我们还说不清楚,因为我们还没有经过群众性的实践。现代企业制度到底是股份制,还是企业集团?要在实践中探索。现在有一点株洲的经验,方向是对的,我们要给予肯定,允许每一个地方选择适合当地情况的有益的经验,这样比较现实一点,也许还不够完善,但是我们可以在实践中逐渐完善。这样,就会有效益。如果我们现在光停留在口头上,在行动上迈不开步子的话,那么10年一过,我们现在的好多企业都会不存在了。我们不是要保证国有资产的保值增值吗?但是怎么来做到这一点,只有通过实践去解决,并且越早越好,因为赔不起呀。不然,我们每年都被这些问题搞得焦头烂额,这个问题我们一定要有紧迫感。不要光少数企业试验,这还解决不了问题。国有大中型企业的改革,你们提出力度要大一点,我赞成。

要加强技术改造。现在慢慢看到了技术改造的重要性。全国国有大中型企业不加强技术改造,再铺多少新摊子也不行。当然新摊子总是要铺的,完全不铺也不可能,如三峡工程、京九铁路,还有各类电厂都是新摊子。技术改造不抓紧不行,我们有的省就是依靠技术改造解决问题的。第一个五年计划期间国家的156个大项目,其中湖南有13个。我在成都看了无缝钢管厂,它的技术改造就搞得比较好,比较快。鞍钢也改了很多了,技术改造还是解决了相当大的问题。对原有企业就是要深化改革,加强技术改造,哪能一不行就盖新厂。这一点要比较明确。像铁路,最近我看了一些资料,铁路技术改造的任务比较大。你们湖南在进行悬浮列车试验,如果试验成功了,悬浮列车每小时可以行驶500公里,这技术要求非常严格。铁路的技改不抓紧不行。

乡镇企业最重要的也是要提高素质。湖南的乡镇企业发展是比较猛的,去年增长40%。当然对你们的要求可以比广东稍微低一点,但是你们要选择沿海一些先进的经验加以吸收,往上提高。乡镇企业本身也有一个不断发展的过程。我们这次看的远大空调有限公司,就令人振奋。如果技术上没有问题,按现在的生产能力,每年1000台,即使是最大型的,也满足不了市场的需要,我看恐怕光湖南全省都不一定够。因此,也要特别注意发展和提高。

另外,湖南的社会主义精神文明建设、社会稳定工作和党的建设,都取得了一定的成绩,你们汇报的思路和措施,我都赞成。

按照发展社会主义
市场经济的要求进行企业改革[*]

（1995 年 7 月 24 日）

  我多次来过黑龙江。第一次是 1954 年,后来我又到嫩江平原的一个干校劳动了大半年。80 年代以来,加上这次,来了 3 次,所以,我对黑龙江并不陌生。总的感觉是,随着全国经济的发展,黑龙江省也在不断地向前发展。而且,黑龙江省的潜力是很大的,发展前景是很好的。前天下午,岳岐峰①同志和我简单谈了谈,今天又全面地谈了一下。总的来讲,我赞成省委、省政府的基本思路和工作部署。当然,你们提到的一些问题,如何具体地一个一个解决,还要有个过程。有些实际问题是历史形成的,解决起来会遇到不少困难。但是,我相信,只要全省上下继续解放思想,振奋精神,扎实努力,问题是会逐步得到解决的,黑龙江省的各项建设事业一定会搞得更好。下面我讲几点意见,供你们参考。

一、当前国际形势对我国发展经济有利

  总的来讲,当前的国际形势,对我们坚持党的基本路线,坚持改革开放,把经济建设搞上去是有利的。大家记得,1989 年"政治风波"以后,西方七国集团对中国实行制裁,到现在为止,他们虽然没

---

* 这是乔石同志在黑龙江省考察期间听取黑龙江省委、省政府工作汇报时的谈话节录。

① 岳岐峰,时任中共黑龙江省委书记。

有正式宣布取消这个制裁,但实际上已经基本不存在了。西欧同中国的关系,有了很大改善。我们的周边国家中,东南亚国家有的虽对我有疑虑,但还是都在积极与我国发展经贸合作和其他方面的关系。"独联体"各国同我国发展关系也很积极。我今年4月访问了日本和韩国,他们都很希望进一步加强同我国的经贸合作和其他方面的交流与合作。至于他们在政治上的一些问题就不多说了。我们同其他第三世界国家,除个别的以外,关系一直比较好,共同语言比较多,在国际问题上互相支持。

二、台湾问题关系到我国的主权和领土完整,决不能含糊

最近美国公然违背中美三个联合公报,邀请李登辉以私人名义访美,这件事闹得比较大。李登辉是"台独"分子。现在虽然表面上叫喊继承蒋介石、蒋经国的遗愿,实际上是在搞"台独"。他和蒋介石、蒋经国不一样。蒋介石、蒋经国也亲美,但是在坚持一个中国的立场上是不含糊的,即使在最困难时也这样,生前一直是反对"台独"的。有谁亲美亲得过分了,蒋介石就不答应。台湾问题关系到我国的主权和领土完整,决不能含糊,没有让步的余地。如果不坚决进行斗争,"一中一台"的趋势就要发展,台湾岛内的"台独"势力将更加猖狂,国际上也会出现无穷无尽的问题。西方多数国家就会效仿美国,连第三世界的某些国家也可能受影响。这样搞下去,中国的和平统一就成问题了。小平同志一直坚持,我们不能做出不使用武力的承诺。这一条,现在看起来特别重要。如果我们在这个问题上软了,李登辉就会越来越猖狂,美国也会认为中国把这事情吞下去了,这种局面发展下去的话,就有可能使"一中一台"固定化,就要把台湾从中国分裂出去。如果出现这种情况,为了维护国家的统一和主权,这一仗就难以避免了。这决不是小事情。我们希望和平统一,但形势到了没有选择余地的时候就得打。维护祖国统一必须坚决,含糊不得。对美国方面,我们也必须坚决顶住。我们取消了我国几位领导人访美的安排,又召驻美大使回国述职。正好美国驻华大使任期已满,美国政府提出要派新大使,我们没有表态,先临时代办对付一阵子再说。你美国光宣布继续对华给予最惠国待遇,就想混过去,这不行。因为你直接违背了中美三个联合公报的原则和基础。我们提出我们的意见,坚持不能改变三个联合公报的原则,你如果要改,中美关系就搞不好。这个摩擦,大概还得持续一段时间,没什么了不起的。我们的斗争要有理、有利、有节。我们的中心任务还是要发展经济。美国各界尤其是工商界也担心这样搞下去,会影响美国在中国的经济利益。世界市场就那么大,中国就占很大的一块,我们怕什么? 这个问题,如果没有引起一系列的西方国家跟着仿效美国的做法,过一阵子也许可以寻求一些其他的办法来解决。前不久召开的西方七国首脑会议,还是宣布要同中国发展关系。当然,世界形势看来不会有太大的变化,总的对我们也还是有利的;但麻烦还是有的,麻烦我们也不怕。

三、必须长期把农业放在第一位,抓紧抓好

从我国的基本国情出发,农业必须作为整个国民经济的基础。这个思想,毛主席在 50 年代就提出了。后来几十年我们也经常讲以农业为基础,但有时候,比如说气候比较好,条件比较好,农业获得丰收的时候,就容易疏忽,对农业就不大注意了,搞得不好,有时农业就下降一些。这样不行。我们必须长时期把农业放在第一位,坚定不移地抓,抓紧抓好。同时,决不能只是口头上说说,变成一句空话,要结合每一个地方的实际,每一个时期的实际,采取具体措施一项一项落实,一个一个解决问题,真正搞扎实。中国用占世界很小比例的耕地(约 7%)养活了占世界很大比例的人口(约 22%),这很不容易。将来若干年,在坚持实行计划生育的情况下,我国人口还将继续增

长,这样一个情况,农业怎么能放松呢?而且,我们还只能基本立足于自己这块土地来解决问题,别人帮不了我们多少忙。自己解决自己的问题,自力更生,我相信这是可能的,做得到的。从黑龙江的情况看,就更可能了。黑龙江不但自己能解决自己的问题,而且还能更多地支援国家。

把农业搞上去,还是要总结党的十一届三中全会以来的经验,在总结经验的基础上,不断开拓前进,不要满足于已有的成绩,使农业始终保持一个好的发展势头。永远都不能满足,我们这一代人尤其没有理由自满,决不能说农业发展得差不多了,已经过关了。过去有人这样认为,结果证明错了,教训也很深刻。你们省土地肥沃,地上、地下水资源比较丰富,很多地方适宜发展水稻。一些低产的土地,有条件的要逐步改造成丰产田。山地、坡地可以搞适合黑龙江自然条件的经济作物。黑龙江发展农业是有优势的。总而言之,要千方百计,包括不断增加投入,努力推广科学技术等,使农业再上新台阶,你们提出要经过一个时期的努力,再搞500亿斤粮食,使农业有一个更大的发展,使黑龙江由农业大省变成农业强省、富省,我听了是很高兴的,赞成你们这样干。

乡镇企业,要根据你们省的条件,积极地去发展。岐峰同志说到的“第二战场”,就包括乡镇企业。乡镇企业发展了,可以大大活跃农村的经济,促进农业的发展。你们省的乡镇企业这两年有了相当发展,但比重不算大。黑龙江大中型企业多,重工业比重大。乡镇企业虽然不能同东南沿海一些省份简单相比,但也要大发展。在这个基础上,把小城镇建设要逐步抓上去,农村的面貌就会发生更大的变化。

四、企业改革,要有紧迫感,要敢于冒风险

搞好国有企业,出路在于深化改革。今年春节前,我在上海召集来自 5 个系统的国有大中型企业负责人开了座谈会。通过座谈,我感到国有大中型企业还是很有希望的,通过改革是大有出路的。他们的主要经验是对困难企业不是简单地宣布破产,破产是真正不得已,极少数的。基本上是找到一两个优势比较大的龙头企业搞兼并。这样做之后,情况相当不错。在座谈会上,大家只提了一个要求让我反映,就是被兼并企业所欠银行的贷款,本金他们还,利息应该停止计算。这是合理的,我回到北京反映了他们的这个要求。现在已经定了,凡是合并的企业,本金由兼并的企业还,利息计算到合并时停止。这种兼并的办法比破产简单可行,破产太复杂了,要处理的问题比较多。当然,非破产不可的,也只能破产,尽可能把相关问题解决得好一点。你们黑龙江军工企业不少。我在北京刚讲过,军工企业留一支精干、能够配套的技术力量,抓住我们必需的、有能力做的重点项目,集中力量坚持干,摊子不必大,其他的全部可以放开搞活,面向市场,转型转产。这样对军工企业和民用企业都有好处。各地情况不同,你们可以按照发展社会主义市场经济总的要求,采取适合自己实际的具体形式进行企业改革。

企业改革,要有紧迫感,决心要大,要敢于冒一点风险。国有企业改革耽误不起了,不能等哪一天万事俱备了,再来改革,这样不行。有的国有企业已经拖不下去了,再拖 5 年、10 年,就完全报废了,变成一堆废铁了。我这次参观的个别厂子,某些设备就很陈旧了,总而言之,要抓紧,胆子也要大一点,不能说一点风险都不担。如果搞错了,就及时改嘛。我觉得没有点勇气,国有企业搞不好。不是说国有企业资产在流失吗?老实说,有些企业现在日子都过不下去了,不改革,越拖资产越流失。因为工资总要付,付不出要打欠条,奖金也得给,这样就越搞越穷。因此,国有企业的改革一定要抓紧,要在调查研究和做好必要准备的基础上积极进行。

企业的技术改造要放在重要的位置上,要抓紧,要下大功夫。技术改造当然需要投入,要舍得在这方面花一些钱。不能老是其他方面满足了以后,剩下来一点钱才用于技术改造,剩不下来干脆就不搞技术改造。如果这样下去,没有新技术、新工艺,没有适合市场需要的新产品,企业早晚要被淘汰。在技术改造上有一点成绩的企业,也不能满足。比如哈尔滨锅炉有限责任公司,据介绍,主要产品的设计制造技术和关键工序的装备水平已接近或达到当代国际水平。我希望他们能在现有基础上继续抓下去,不断进步。他们准备把境外发行股票募集到的资金用于加速技术改造,我是很赞成的。这样企业生命力才能越来越强,才能在激烈的竞争中站住脚。另外要把产品质量搞上去,争取更多的国内订货,也要到国际市场上争取部分订货。要继续努力,不能满足于现状,应该有雄心壮志,向国际一流企业迈进。企业改造没有止境,要向更高目标攀登。据我所知,大连造船厂、上海江南造船厂,订货已够干两年了,大多是国外订货。但有个缺陷,就是船壳、龙骨我们可以设计生产,但里边的机器设备,订户对我们的产品信不过,指定要别的国家的。如果这些机器设备我们能过关,有名牌,那就更好了。

国有企业,尤其是国有大中型企业是我们国家的经济命脉,必须搞好,也是有出路、有希望的,是可以搞好的。关键在于使企业真正面向市场,挖掘内在潜力,不断深化改革,抓紧技术改造,努力提高效益。

五、利用黑龙江优势,"南联"促发展,促全方位开放

沿海地区和内地差距悬殊的问题,我们是要逐步解决的。国家的"九五"计划考虑到了这个问题,但要大体拉平短期内做不到,一个五年计划做不到,两三个五年计划也做不到,这点大家思想上要明确。因为沿海地区与内地的差别,是由许多因素决定的,是长期的历史形成的。我们总的原则是东、中、西部均衡发展,达到共同富裕,但这不意味着没有差别。沿海地区、中心城市,总要发展得快一点,走在前面一点。这样,对中、西部也有好处。比如上海的发展,可以影响整个长江流域;广东的发展,带动的面也很大了。当然,沿海地区的发展也离不开内地的支援。沿海和内地要更紧密地挂起钩来,相互促进,相得益彰。山东省东西部挂钩,沿海各市在不断继续发展的同时,积极带动鲁西北、鲁西南,逐步克服差距悬殊的状况,是有成效的。你们提出要利用黑龙江的优势,通过"南联"促发展,促全方位开放,这个想法是好的。

总之,在邓小平同志建设有中国特色社会主义理论的指导下,坚定不移地贯彻党的基本路线,坚持社会主义物质文明和精神文明"两手抓、两手都要硬"的方针,大胆探索,积极进取,努力奋斗,我们面临的各种问题都可以逐步得到解决,我们的经济和各项建设事业将不断向前发展,社会主义现代化的宏伟目标一定可以实现。

国有企业的根本出路
在于深化改革*

（1995 年 7 月 30 日）

　　我赞成德江①同志代表省委、省政府和竹康②同志代表省人大谈的一些意见。我上次来吉林是 1988 年。这次来看了一些企业，也到农村看了看，一路上同志们也向我介绍了一些情况，刚才德江同志又作了比较全面的介绍。总的感觉，这些年吉林有相当的发展，面貌有比较大的变化。当然，作为老工业基地，存在不少困难，也面临一些问题。但是，吉林的潜力较大，前景很好。只要把广大干部和群众的积极性充分调动起来，发挥本地优势，积极进取，努力奋斗，把党的方针政策和省委、省政府的思路与部署落到实处，吉林一定会发展得更好。下面我谈几点个人意见，供大家研究工作时参考。

　　一、当前这样好的机遇，在 150 多年的近代史中是非常罕见的

　　当前的国际环境和国内形势，总的来说，对我们进一步深化改革，扩大开放，搞好现代化建设是有利的。从国内来说，党的十一届三中全会以来，我们在邓小平同志建设有中国特色社会主义理论的指引下，坚持以经济建设为中心，坚持改革开放和四项基本原则，现代化建设取得了举世瞩目的巨大成就。现在，我们正处在继续深化

---

* 这是乔石同志在听取吉林省委、省人大、省政府工作汇报时的谈话节录。

① 德江，即张德江，时任中共吉林省委书记。

② 竹康，即何竹康，时任吉林省人大常委会主任。

534

改革、进一步把国民经济搞上去的比较关键的时期。虽然也存在一些困难,面临一些问题,对这些困难和问题我们必须十分重视,必须一个一个地解决好,但总的来说,我们的事业在不断前进。这两年,经济发展的情况总体上是比较好的。今年上半年的情况也不错,国内生产总值比去年同期增长 10.3%,物价涨势也略有减弱。当然问题还是存在,有的还比较严重,必须继续抓紧解决。总的说,我们已经为继续发展打下了一个比较好的基础。在今后的发展过程中,还会不断出现新的问题,但这些问题是发展中、前进中的问题。只要我们沿着建设有中国特色的社会主义这条道路走下去,坚定不移地贯彻党的基本路线,坚定不移地深化改革,扩大开放,坚持"两手抓、两手都要硬"的方针,我们遇到的各种问题都是可以逐步得到解决的。

国际环境总的讲是比较好的。西欧同中国的关系有了很大改善。德国总理科尔带领一大批企业家访问中国。这个人很有点战略眼光,重视发展对华关系,在对华投资方面也比较积极,看好我国的经济建设、市场潜力和发展前景,而且在国际关系上同我们有相同的或相似的看法。他来访时,我也会见了他。去年1月份,我到德国访问时同他谈得也很好。法国现在希拉克上台当总统,他是戴高乐派,对我们还比较友好,比较注意发展同中国的关系。法国政府觉得在发展对华关系上,在同中国发展经济贸易关系方面落后了,表示希望增加同我领导人的对话和交流,加强与中国的经济合作关系。当然,这主要是因为中国经济发展比较快,中国潜在的能力和市场很大。英国这几年在香港问题上同中国闹,现在也在寻找下台阶的办法。近来英国政府多次表示希望改善中英关系,并主动同我们接触。现在他们明确,中英问题,包括香港事务,都由外长管,大的问题由首相管。英国觉得因为香港问题对华经济贸易关系受到影响,耽误了,所以想抓紧弥补,特别在工商界,这种想法很普遍。意大利虽然政局常常动荡,但同我国的经贸合作一直在发展。西欧其他国家同中国的关系现在总的来说也比较好。加拿大那年在西方七国集团首脑会议上宣布对我实行制裁后,但与我们也照常做生意,贸易来往也比较正常,没受什么大的影响。

中美关系很重要,过去几年也有改善和发展,但复杂因素多一些,摩擦也多一些,什么西藏问题呀,人权问题呀,军售问题呀,等等。台湾问题关系到我国的主权和领土完整,决不能含糊,没有让步的余地。如果不坚决进行斗争,"一中一台"的趋势就要发展,台湾岛内的"台独"势力将更加猖狂。小平同志一直坚持,我们不能作出不使用武力的承诺。这一条,现在看起来特别重要。如果我们在这一问题上软了,美国会认为中国把这事情吞下去了,这种局面发展下去的话,就有可能使"一中一台"固定化,就要把台湾从中国分裂出去。如果出现这种情况,为了维护国家的统一和主权,这一仗就难以避免了。只有一个中国,台湾是中国的一部分,从美国总统尼克松1972年访华开始,到卡特总统当政时与我国建交以及在后来的岁月中,都是明确的,有人想变也没能变得了。我们的斗争要有理、有利、有节。我们的中心任务还是要发展经济。美国各界尤其是工商界,也担心他们这样搞下去会影响美国在中国的经济利益。世界市场就那么大,中国就占很大的一块,我们怕什么?另外,美国也不要以为苏联解体了,中国在国际政治中对他们就没多少用了。中国是一个大国,而且发展得相当快,在世界上,尤其是发展中国家中有相当大的影响。离开中国,世界上的许多事情就不那么好办。中美关系对美国是重要的,对中国也是重要的。通过坚决的斗争和积极的工作,使中美关系恢复到比较正常的状况,是可能的。

我们周边的国家,东南亚国家有的虽对我国有疑虑,但都在积极与我国发展经贸合作和其他方面的关系。"独联体"各国更为积极。

今年4月,我访问了日本和韩国,他们都很希望进一步加强同我国的经贸合作和其他方面的交流。对日本我们还是要坚持中日友好,但该敲打的事情要敲打。日本跟德国有所不同,纪念反法西斯战争胜利50周年,德国比较开通,对战争责任反思比较认真。为什么呢?因为盟军是一直打到柏林的,把希特勒法西斯的那套机构彻底粉碎了,现在虽然有新法西斯分子,但人数很少。而日本当时采取了一个非常圆滑的办法,到了紧要关头,天皇就宣布投降了。他先是提出向英美法投降,美国说不行,得向盟国提出来,要包括苏联在内,他不得已才提出向包括苏联在内的盟国无条件投降。但他还是占了便宜,本土没有受到严重打击,军国主义势力很大程度上保存下来了。直到现在,日本连他发动的是侵略战争都不愿承认。日本在中国打了那么多年仗,造成中国人民那么多苦难,如果完全不认账,太说不过去了。今年4月我去日本,从村山富市首相到河野洋平外相,还有其他一些政界人士,都在不同场合表明了日本对二战的反省态度,表示要吸取教训。但日本国内在认识上并不一致。我们在同日本发展友好关系、加强经贸等合作的同时,对那种歪曲历史、美化侵略的言行和军国主义的可能抬头,必须保持高度的警惕,进行坚决的斗争。

我们同其他第三世界国家,除个别的以外,关系一直比较好,共同语言比较多,在国际问题上互相支持。

世界形势虽然不断有所变化,但总的讲对我们还是比较有利的。应该说,我们所碰到的发展机遇是十分难得的,回顾中国150多年的近代史,像当前这样好的机遇,是非常罕见的。我们应当紧紧抓住机遇,把经济搞上去。

二、要始终把农业放在重要的位置上,不能动摇,要坚定不移地抓好农业

农业是整个国民经济的基础,这一条要长期坚持,对农业要长抓不懈。不光我们这一代,包括我们的下一代,再下一代,在相当长的历史时期内,都要始终把农业放在重要的位置上,不要改变,不能动摇。我记得,1984年吉林省粮食丰收,曾一度出现卖粮难,这只是暂时的现象、局部的现象。就总的趋势来讲,我们国家那么大,耕地较少,人口很多,而且还在增加,现已超过12亿,将来若干年,在坚持实行计划生育的情况下,我国人口还将继续增加,人民的生活质量又在不断提高,对粮食的需求在增加。这些年肉食增加了,还不主要是通过粮食转化来的吗?所以说,粮食问题任何时候都不能放松。不能因为有几年农业丰收,粮食多一点了,就认为粮食过关了,可以松口气了。这是有过教训的,吃过苦头的,千万要注意。关于加强农业的问题,中央一再强调,文件也发了,会议也开了不少,关键是要抓落实。要结合各地的实际情况,针对每一个时期的具体问题,把工作做扎实。要在深入贯彻和进一步完善政策的基础上,不断增加投入,加强农业科技的研究和推广等,使农业始终保持一个好的发展势头。吉林是产粮大省、粮食调出大省,对国家贡献比较大。这两年你们农业丰收,今年庄稼长势喜人,农民的生产积极性也比较高,形势不错。你们发展农业的条件比较好,潜力还比较大,只要你们继续切实抓紧,经过一个时期的努力,农业再上一个新的台阶,对国家作出更大的贡献,是完全可以做到的。我赞成你们进一步挖掘粮食生产方面的潜力,同时在这个基础上,把多种经营搞上去。种植业、养殖业、畜牧业等都可以根据条件积极发展。粮食多了,对发展养殖业大有好处。你们用本省盛产的玉米作饲料发展养猪、养牛等就很有利,将来规模还可以大一点。我看你们一些地方利用房前屋后搞庭院经济,效果比较好。

要积极发展乡镇企业。乡镇企业发展起来了,对农村经济和整个工业都是有好处、有促进作用的。你们的乡镇企业这些年发展还是比较快的,但目前乡镇企业产值在国民生产总值中的比重还不够大。你们有你们的情况,国有大中型企业多,有的规模很大,不能和沿海地区简单相比,但总的说,根据你们的条件使乡镇企业有一个大的发展,是很必要也很有好处的。现在你们在一些地方,引进外资和技术,把现代化的加工与农户的养殖挂钩,像吉林德大有限公司那样,对带动农村经济的发展也很有好处。同时,粮食本身的加工,从粗加工到深加工,都大有文章可做。

三、小城镇发展起来,对加强工农业联系和缩小城乡差别都有好处

在发展乡镇企业的基础上,要重视搞好小城镇建设。当然不是要一窝蜂地上,而是要逐步地发展。我讲了好几年了,对大城市的发展要控制,像上海这样的大城市1300万人口,加上流动人口差不多达到1600万,北京也差不多,这样的城市多了,负担太重。300万人口左右的中等城市也够大的了,发展多了,也承受不了,对中等城市的发展也要有适当的控制。小城镇星罗棋布地发展起来,对于加强工业、农业之间的联系,缩小工农、城乡差别都有好处。农村的剩余劳动力,也可以通过小城镇建设、发展各种加工业和第三产业来加以利用。同时,修水利、修公路等也可以利用一部分。

四、要在实践中总结出一套适合我国国情的现代企业制度

国有企业是有出路、有希望的,是可以搞好的。根本出路在于深化改革,使企业面向市场,搞活机制,挖掘潜力,抓紧技术改造,努力提高效益。

企业改革,要抓紧进行,要有紧迫感,决心要大,不要怕冒一点风险,哪有改革而一点风险也不担的?这个话,我在去年11月就讲了。国有企业实在耽误不起了,不能等到哪一天万事俱备了再来改革。出路就在于改革。要大胆探索,勇于实践。通过实践,归根到底问题是可以解决的。我们提出建立现代企业制度,这个制度不会从天上掉下来,也不能从哪一个国家拿那么一部分来一套就能套上,只有从人民群众的实践中逐渐总结出一套适合我国情况的办法。我们国家大,企业多,情况各不相同,面临的问题也有差别,各地可以在吸收国内外有用经验的同时,按照发展社会主义市场经济总的要求,从具体情况出发,采用适合自己实际的具体形式进行企业改革,建立现代企业制度。总而言之,要通过实践探索究竟怎样搞好,逐步充实它的内容,否则建立现代企业制度也会变成一句空话。我主张,在抓紧试点的同时,对实践证明方向对、效果好的经验,就要积极推广。今年春节前,我在上海同部分国有大中型企业负责同志座谈,他们的主要经验是对困难企业不能简单地宣布破产,破产是真正不得已,是极少数的。基本上是找一两个优势较大的龙头企业搞兼并、联合。这样做的效果相当好。企业改革方面,你们有你们的探索,比如刚才德江同志提到的产权出售、债权变股权、破产重组等,可以继续抓紧试验,进一步总结,适合你们情况的好经验就及时加以推广。

五、老工业基地要把企业技术改造放在重要位置

企业的技术改造要放在重要的位置上抓紧抓好,老工业基地尤其要下大功夫。技术改造当然需要投入,要舍得在这方面花一些钱。不能老是其他方面满足了以后,剩下来一点才用于技术改造,剩不下来干脆就不搞技术改造。如果这样下去,技术、工艺设备严重老化,生产不出适合市场需要的产品,企业早晚要被淘汰。在技术改造上有一点成绩的企业,也不能满足。比如我在哈尔滨看过的轻合金厂和锅炉厂有限责任公司,据介绍,主要产品的设计制造技术和关键工序的装备水平已接近或达到当代国际水平。我表示希望他们能在现有基础上继续抓下去,不断进步。他们准备把境外发行股票募集到的资金用于加速技术改造,我是很赞成的。企业哪一部分技术、设备最需要改造和更新,就把资金投向哪里。你们这里的一汽,引进了新的技术和设备,开发了新的产品,面貌发生了很大变化,实际上形成了我国第一个汽车城,但也不要满足。要再接再厉,不断抓下去,不断向新水平迈进,这样才能为发展我国的汽车工业作出更大的贡献。只有不断地抓技术改造,企业的生命力才能越来越强,才能在激烈的竞争中站住脚。另外,要把产品质量搞上去,争取更多的国内订货,也要到国际市场上争取部分订货。条件好的企业,不要满足于在国内居于前列,要继续努力,应该有雄心壮志向国际一流企业迈进。企业改造没有止境,要向更高目标攀登。据我所知,大连造船厂、上海江南造船厂,订货已够干两年了,大多是国外订货。但有个缺陷,就是船壳、龙骨我们可以设计生产,但里边的机械设备、仪器仪表,如导航、声呐等,订户对我们的产品信不过,指定要别的国家的。如果这些机器设备我们能过关,甚至有名牌,那就更好了。

我对军工企业没有很好研究,根据一些企业总结的经验,我赞成军工企业改革总的方向是军民结合。军事工业保留一支比较精干、能够配套和技术水平比较高的队伍,确定重点领域、重点项目,摊子不必太大,像五六十年代搞"两弹一星"那样,国家重点保证,该投资的投资,该扶持的扶持。除此之外,其他的全部面向市场,放开搞活,转型转产,要往这个方向努力。在前不久中央讨论"九五"计划时,我就提了这方面的意见。军工企业要保留,但不要搞得那么大,要精干、管用;同时把军民结合和军转民努力搞好。这样,对军事工业和民用工业都有好处。

另外,刚才德江同志还提到图们江的开放开发问题,我觉得思路是好的,要积极促进,同时要考虑各种复杂因素的制约。延边朝鲜族自治州全州开放也要积极去搞,同时把一些复杂因素考虑进去。如果我们不注意提高警惕,就容易出问题。

　　总之,希望大家继续解放思想,扎实工作,在邓小平同志建设有中国特色社会主义理论的指导下,坚定不移地贯彻党的基本路线,坚持社会主义物质文明和精神文明"两手抓、两手都要硬"的方针,把吉林的经济建设和各项事业不断推向前进,争取更大的成绩。

农业一天都不能放松，
企业改革也不能停步*

（1995 年 9 月 8 日—12 日）

山东我来过好几次了。1988 年来过一次，然后是 1991 年，从曲阜到济宁，沿沂蒙山区走了一趟，并在烟台开会，同年 3 月份又来济南一次，见了几位老同志。对山东的情况有一般的了解，真正深入了解还是不够的。山东最近这些年发展是比较快的，而且是比较全面的，有些地方抗战时期就有比较好的基础，有老区的革命传统，党的工作、思想工作以及行政工作、依靠群众等方面都有好的基础。当然，现在这些抗战时期的老同志陆陆续续地退下来了，但是他们的好思想、好作风还是传下来了。我认为，山东工作总的是扎实的，这几年发展是快的，总产值已基本赶上江苏。当然你们人口增长也不慢，到了 8000 多万了。江苏的苏州、无锡、常州 3 个市不可小看，产值相当高，你们也有几个市发展得相当快，同时鲁西地区、沂蒙山区也在逐步地发展，往上赶。所以说山东的形势是相当好的。今年的农业形势我也觉得比较好，赞成志浩①同志的估计，如果没有什么大的自然灾害，今年丰收基本上可以定局了，首先夏粮丰收，解决了本省8000 万人的吃粮问题，这就比较放心了。另外，政治思想工作等方面抓得也比较紧。

---

* 这是乔石同志在山东省考察期间听取省领导工作汇报时讲话的节录。

① 志浩，即赵志浩，时任中共山东省委书记。

一、我国在国际上的处境,总的来说是比较好的

今天我先讲一讲我国面临的国际形势。跟美国的关系,前段因李登辉访美,出现一些状况。后来他们知道江泽民同志将去参加联合国成立50周年大会,要发表一个演讲,所以克林顿也就表示欢迎江泽民同志届时访问华盛顿。联合国的地址在纽约,当然他邀请顺便访问美国几天也是可以的。这个问题现在我们还没有正式表态,看样子去的可能也有,同美国的关系也就这样了。我们坚决反对李登辉搞"台独",美国总统克林顿也比较震动,急于要派人来。我们把好几个正在访问的部长级干部都撤回来了,克林顿不知道怎样才能让中国满意,最后他派了一个助理国务卿,叫鲍德曼,到北京谈了一下。钱其琛副总理在马来西亚跟他的国务卿又见了一面,9月份准备再见一次面,大概下次见面就要商量两国领导人会面问题了。经过这场斗争以后,有一个好处,就是把李登辉搞"台独"的面目彻底揭露了一下,但是将来台湾实现和平统一,还需要作长期斗争。李登辉想到日本去,被我们打掉了。亚太地区非政府首脑经济会议下次在日本开,日本已表示不会请李登辉去。台湾参加联合国已是不可能了,美国和联合国方面已经明确表态,因为联合国是主权国家的组织。恢复中华人民共和国在联合国的席位主要靠的是七十七国集团①,主要是亚非国家,这个集团现在还在起作用,美国想否定他们

---

① 七十七国集团:发展中国家以建立新的国际经济秩序为目标,协调内部立场同发达国家进行谈判的组织。1964年4月第一届联合国贸易和发展会议结束时,77个发展中国家发表联合宣言,表示要"加强它们之间的接触和磋商,以便确定共同的目标和制订国际经济合作的联合行动纲领"。从此,它们组成一个集团参加贸发会议的谈判,被称为"七十七国集团"。自成立以来,"七十七国集团"逐渐从设在日内瓦的贸发会议扩展至联合国其他一些机构,在联合国的一些重要会议里也有"七十七国集团"在活动和起作用。现在参加"七十七国集团"的国家已增至130多个,但仍沿用这个名称。

的提案也办不到。总的来说,我们在国际上的总的处境还是比较好的。法国总统换了,现在的总统是戴高乐派的,叫希拉克。1987年国家主席李先念同志访法时,我一起去的,那时希拉克任巴黎市长。他是比较注意发展同亚洲的关系、主张同中国搞好关系的。我们同欧洲国家的关系总的是在发展。香港问题,因为彭定康来了以后,我们和他有一个很长的、复杂的斗争过程。现在一些问题已达成协议,将陆续解决。所以香港到时回归问题不大,只是具体我们怎么处理的问题。今年上半年,英国首相撒切尔夫人到北京来,指名要找我谈,我与她聊了一个多小时,谈得比较随便、比较好。听大使同志讲,她对我们印象比较深,表示当年签的中英联合公报是对的。我说我们将保持香港平稳过渡,长期发展。她听了很高兴。意大利虽然国内政局变动比较大,但它在国际上对中国的态度总的还是积极的,跟中国做生意、发展贸易得到的好处还是很多的。

二、农业问题我们几代人都不能放松,不仅要提高产量,而且要提高整个农业的素质

对山东的工作,总的印象是不错的。一个是农业问题。山东的农业搞得是不错的,特别是今年,有希望获得全面的大丰收,这对山东8000多万人民是个大好事。农业问题我主要讲一个观点,就是需要长期抓,不断地抓,不断地改进,不断地提高。要使我们思想上彻底解决这个问题,就是我们这一代人以及今后几代人都不要想有一天农业可以放松。根据我的经历,农业稍微一丰收,就容易认为农业问题过关了,"大跃进"时就发生这个问题,本来是丰收年,结果搞得没饭吃,丰而未收。后来也有这种情况,农业连续几年丰收后,我们就觉得粮食多了。1984年就有这个问题,粮食没地方放了。吉林省苞米丰收没地方放,又怕下雨,急得没办法,向中央报告，中央派田纪云①同志去解决。现在我们有 12 亿人口，今后还是增长期，大概一年增加 1500 万，还有瞒报人口的，所以今后人口增加到十五六个亿是可能的。我们耕地又少，虽然可以开发一些，但是有限的。这是我们的基本国情。因此，我们需要始终不断地抓农业，不但要提高农业的产量，而且要提高整个农业的素质。比如水稻的种植改良、水果的种植改良等等。你们的海岸线很长，海产品捕捞和养殖都应该大力发展，有条件的话，远洋捕捞也可以多搞一点。我到新西兰去，看到有远洋捕捞的船队，当地捕捞只捕好的，像带鱼这种鱼根本不要。我老家是在浙江舟山。定海原来黄鱼每年都成汛，现在不行了，远洋捕捞还可以。最近我见了苏里南的国会主席，他积极建议我们到他们那里搞捕捞，有什么困难他可以帮助想办法，我们应该想办法去。你们可以把远洋捕捞搞得大一些，船配套一些，加工、储存在船上解决，就比较经济合算。当然，船队运什么出去还是个问题。

水果要不断地改良品种，同时要想办法创造名牌，这跟水果研究所有关系，要创造在世界上打得响的名牌。山东的苹果比较有优势，梨也不错，都可以想办法大胆地突破。比如我们的猕猴桃引种到新西兰去，再返销回来，现在钓鱼台国宾馆用的就是从新西兰返销回来的，其实我们自己的猕猴桃很多，只是不像人家的那么好，那么容易保存。所以水果的质量、品种要不断地改进。养殖业、种植业要继续发展，这样也可以把加工业带动起来。你们沿海地区可以进一步发展，可以利用西部地区和沂蒙山区的劳力、土地。总而言之，农业的问题就是要长期奋斗，使之长期建立在稳固的基础上。农田水利建设还要继续抓，不要抓一阵、放一阵，放一阵、抓一阵，争取搞成越来

---

① 田纪云，时任中共中央政治局委员、国务院副总理。

越多的旱涝保收的农田，有条件的我也赞成搞一部分水稻。

三、企业要深化改革，提高经济效益和质量，瞄准市场

国有大中型企业问题，简单讲点意见。昨天晚上志浩同志谈的，总的我都同意，国有大中型企业改革需要有紧迫感，需要不怕冒点风险，需要抓紧一点。我的意见，按照现在中央定的范围以内，只要经过实践证明是好的，就抓紧搞。有的同志担心国有资产流失，这是应该关心的，但是要不流失，只有通过深化改革，提高企业的经济效益，加快企业技术改造。技术改造，比如整个纺织系统，包括棉纺、麻纺，还有各种混纺。纺织企业整个是比较过时的、落后的，要向精纺的方向发展，使企业的改革真正提高一步。如果现在不迈大的步子，特别是沿海地区，不在这方面下决心，把时间耽误了，将来国有资产就会越流失越多，过上10年，有的厂子就变成废铁了。我在上海已经听到有的纺织厂、针织厂已经废了，所以上海搞了个三枪集团，以三枪产品为龙头，把所有的纺织厂都合并了，合并后很多问题都解决了，职工的安排解决了，原来的欠款由兼并后的企业集团还账，贷款也由它还。春节前我到上海，同5个系统的企业干部职工座谈，其中就有三枪集团的，他们只有一个要求，被兼并企业的贷款的银行利息不要让他们付了。这个要求我认为是合理的。他们得出的结论，兼并比宣布破产好一些。当然，有些迫不得已的时候，宣布破产也可以，我们有破产法，但能兼并的时候还是用兼并的办法好。

像丝绸，我们现在都在发展。我到过很多老少边穷的地区，大别山区、吕梁山区都去过，这些地方扶贫很重要的一个办法就是种桑养蚕，一年收蚕茧最多可以收到五次。发展丝绸还是要两个市场，一个是国内市场，一个是国际市场，光依靠国外市场不行。为什么？我们的丝绸在国外市场一直占90%多，再多了只能被人家压价。但国内市场有一个问题，要解决适合国内丝绸市场的丝织品质量。我发现，

这两年有的把丝织品经过砂洗,不用烫了,这不就简单多了,就适合了国内市场。一些丝织品,国内市场逐渐地在打开。成衣现在情况还比较好,但光满足现有水平还不行。现在西服逐渐出来一些名牌,在国际市场上都有,我曾碰到一个日本的参议院代表团,其中三个参议员穿的西服是中国生产的。现在做高档西服已经不困难了,但是料子的后处理、纺织方面我们还不行,包括混纺也不行,比日本差得很远。所以企业还是要深化改革,提高企业的经济效益,提高产品的质量,瞄准市场。

四、我们国家从长远讲,要靠法制,不能依靠人治

人大的工作最主要的是加强人大的立法,同时实施法律监督,加强同人民群众的联系,加强对执法的检查,对行政工作的监督。这样才能很好地发挥人大的作用。至于人大的性质,我翻了一下宪法。第一个宪法是毛主席在莫干山上起草的,大概花了两个月的时间,参考了很多国家的宪法,应该讲基础还是比较好的。宪法草案公布后进行了全面讨论,然后由一届全国人大一次会议通过,这都是好的。可惜通过以后在执行上不是很好,但是这个宪法对人大的性质、任务、工作范围都有很明确的规定。我发现有相当一部分同志包括一部分高级领导同志对这些基本的规定,都不甚了了。对这个问题,应当引起重视,至少做人大工作的同志应当了解宪法的内容。我也建议省委的常委同志应该知道一下。

当然,我们国家是中国共产党领导的,人大也在中国共产党领导下。我们要建设一个在共产党领导下的有法制的社会。我们国家从长远讲,还是要靠法制,把法制建立健全起来,不能依靠人治。法制建立好,必须要贯彻执行宪法。我们党章规定,党组织、党员必须在宪法、法律规定的范围内活动,否则也不行。党自己提出的宪法草案,得到全国人民讨论通过,你自己都不遵守,就像"文化大革命",

那就没法说了，只能说是一次历史教训。

全国人民代表大会，不但是国家权力机关，而且是最高的权力机关，有些程序看起来很复杂。我从1993年上任到现在，感觉这套程序是够复杂的，主持一次会议，特别是到最后通过决议的时候，哪一些拿出来表决，哪一些不拿出来表决，都得事先商量好，哪一个环节忽略了都不行。做人大工作的同志特别要注意，有些是程序性的东西，是体现民主的，不能马虎，因为你通过的决定有法律效力。有些法律，我们认为讨论过两三次了，委员长会议认为可以提交人大常委会通过了，但是一提交人大常委会，反对的意见相当多，不一定是多数，一定要提交也可以通过，但我们一般不表决了。有一个法律，到人大讨论，一些人不赞成，部分同志强烈反对，后来他们给我报告，我说不要勉强。它是一个民主的过程，人大一定要注意这个问题。人大如果自己违法违宪了，那就很不好交代了。

在这次学习宪法的会议上我讲过，不但要了解宪法，而且要熟悉宪法。到我这个年龄，去背宪法是不可能了，做不到，但总是把宪法放到办公桌上，随时翻一翻，核对一下，有问题就要弄清楚。监督问题，现在各地创造了不少好的经验，山东也有山东的经验，如代表评议，行政机构方面的工作也是做得不错的、认真的。各地反映这种评议效果是比较好的。但到了全国人大，评议起来要复杂一些，所以全国人大在酝酿监督法。大家很关心这件事，没搞出来是因为原来搞的过程中碰到一些困难，所以拖下来了，现在还在搞，立法计划里已经放进去了。全国人大是最高权力机关，一定要重视，不能简单地看作橡皮图章。

贯彻中央精神,结合实际,
使各项事业不断向前发展[*]

（1995 年 10 月 11 日）

　　四川这么个大省,经济要翻身,是很复杂的事情。一亿多人口,在世界上也不是一个小国家了,要解决全部的经济问题和社会主义精神文明建设问题,需要一个相当长的历史过程。但只要我们坚定不移地沿着小平同志开辟的建设中国特色社会主义道路走下去,把中央的路线、方针、政策同四川的实际紧密地结合起来,经过努力,困难和问题是可以克服和解决的,四川是很有希望的。不久前召开的党的十四届五中全会,对今后 15 年我国的现代化建设具有十分重要的意义。当前,一定要抓好全会精神的传达学习,并结合四川的实际认真加以贯彻落实,使四川的现代化建设事业不断向前发展。

　　一、在农业上要有一个最基本的观点,就是不要造成大起大落

　　要切实加强农业,努力使农业继续稳定地向前发展。四川的农业还是大头,今年形势很好,全面丰收,粮食产量超过历史最高水平,这是非常可喜的,希望今后不要放松,努力使四川农业继续稳定地向前发展。决不能因为今年丰收了,就放松农业和农村工作,千万不能

---

[*]　这是乔石同志在四川省考察期间听取四川省委、省政府工作汇报后的讲话节录。

出现大的波折。在这方面我们是有教训的。1984年棉花丰收了,有的就讲,要给农民一个明确的信息,不要种那么多棉花,结果棉花产量就一直没有上来。棉花多了,也不能怨农民,无非是收购问题,存放上有一定的困难,这也是丰收以后的困难,没有什么大不了的问题。中国是一个棉花大国,也是一个纺织大国,你到世界各国的服装市场上去看看,大多数有中国服装。现在蚕茧、丝绸又存在大量积压滞销的问题,生产的产品超过了目前的需要。那么两年后呢?市场的需求是会提高的。因此,要采取适当保护措施,该收购的要收购,这样它就可以稳定地发展。粮食、棉花和经济作物都应采取这样的方针,要适当给予保护,不要大起大落。当然,花椒、苹果有些太多的话,还是要适当地引导、管理。我们在农业上要有一个最基本的观念,就是不要造成大起大落,要始终保持农村经济稳定地向前发展。这个问题解决好了,粮食、蔬菜问题解决了,省长、市长就好当了,整个社会就比较稳定了。如果农业不能稳定地向前发展,饿着肚子,人家总是要造反的,那就只有依靠政法队伍去搞稳定,那样是不行的。要解决吃饭问题,基本办法就是以粮食为基础,多种经营,保持农业和农村经济不断地持续向前发展。在发展农业的同时,要继续发展乡镇企业,并切实在提高质量、水平和效益上下功夫。发展乡镇企业要十分注意保护环境,污染环境、破坏良田的事,坚决不能干。

二、在国有企业改革中要鼓励大胆探索,敢闯敢试

要大胆探索,敢闯敢试,切实加大企业改革的力度。国营企业的改革必须抓紧,胆子要大一些,要敢于冒一定的风险,从深化改革中找出搞活国有企业的路子和办法来。空吹是没有用的。建立现代企业制度早就发了文件,各地都在探索。如果实践效果好,就要坚持搞下去。搞企业改革,就是要敢于试,在试的过程中,不成功的可以改。

共产党有一条,就是犯了错误,作自我批评,改了就行了。敢闯敢试有一定的风险,干部要勇于负责,做领导工作就是不要害怕负责任。出了问题领导同志首先要承担责任,不能互相推诿,互相埋怨,也不能功劳是自己的,错误是别人的,这一套不是共产党的作风,不是毛主席提倡的优良作风。企业改革在试验过程中,不太合适的可以改进。如果领导同志支持了这项试验,讲了话,讲的不太正确,也没有什么关系,允许犯错误,允许改正错误,我们共产党从来没有向人民保证过我们永远不犯任何错误,这一点是明确的。我们历来都是用实践向人民说明,有错必改。总之,在国有企业改革中,要鼓励大胆探索,敢闯敢试。只有这样,我们才能探索出一条搞活国有大中型企业的路子来。

要坚持自力更生,艰苦奋斗,但也必须积极引进外资。今年1—7月全国引进外资的统计资料显示,西部占大头,比例最大,其次是中部,然后是沿海,已经倒过来了,这是符合客观规律的,也是我们所希望的。只要大中型企业的控股权在我们手里,社会主义所有制就丢不了。外国人如果要参股,让他拿走一部分利润,对此要想开一点,这可以使国家建设快一点,不要顾虑那么多。共产党跟资产阶级打交道是有历史的,列宁就打过交道。现在,情况不同了,我们国有资产占了很大的比重,还怕什么呢? 1990年我到海南岛去,陪我考察的当地领导讲,有一位转业军人组织一些人把椰子壳拿来烧,变成活性炭,发展成为千多人规模的工厂,他也成了一个老板。然后问我,对这个人怎么看? 当时我就讲,这个人办企业很不错嘛! 他能变废为宝,还解决了千多人的就业,只要正当经营,不偷不抢不违法,就应该保护他。现在提发展生产力的观点,以经济建设为中心,基本路线里都写着,要加深理解,坚定不移地搞下去,搞它100年,不要动摇,摇摇摆摆就搞不好。

三、森林是祖先留给我们的宝贵财富，破坏了，恢复起来很困难

要注意保护好生态、保护好自然环境，这是为千秋万代造福的事情，一定要抓好。1985年我第一次来四川，听到原始森林被砍的情况，我当时就讲不能再砍了。现在10年了，还没有完全停止，岷江河里漂着砍下来的木材，车子还在拉。森林是天然财富，特别是长江上游水源林，是祖先留给我们子孙后代的宝贵财富，破坏了，恢复起来是很困难的，最少要30年。阿坝那样的高寒山区，你想发动群众去植树是办不到的，这与"三北"防护林带的情况大不相同。唯一的办法就是封山育林。所以我一路上就讲封山，保护植被。公路为什么老是塌方，有各种原因，但主要是生态被破坏，连草都不能长。现在你们决定减少砍伐，这很好。只要封起山，几十年后多数山区会有一部分树木长起来，整个地区的生态就会慢慢好起来。在这个问题上，我们要认真吸取经验教训。

四、要让国家级水平的文艺团体专心致志搞艺术，为文化层次高的文艺团体改善条件

要高度重视精神文明建设。中国这么大，国家应该养几个国家级水平的文艺团体，让它生活得下去，专心致志地搞艺术。票房收入也作为收入的一个部分，但其他必需的开支，国家要给予保证。芭蕾舞团、轻音乐团，还有交响乐团，这些都是高文化层次的东西。这些队伍是不容易培养出来的，条件给他改善一下，我是赞成这一点的。文艺发展中有个现象，就是有一个从挨骂到逐渐被认可的过程。比如，迪斯科、摇滚乐、卡拉OK等都是如此。这个规律说明，改革开放后人们的思想是逐渐变化的。所以说，过渡时期、改革时期，思想应该开放一点。这样，意识形态的事情就好办一些。

中国达到中等发达国家水平要经过长期努力[*]

（1995 年 11 月 28 日）

乔石（以下简称乔）：欢迎越南共产党杜梅总书记再次来中国访问，您每次访华都对中越两党、两国关系的发展起到推动作用。我听说您同江泽民主席谈得很好。我相信，您这次访问会取得圆满成功。

杜梅（以下简称杜）：谢谢。我这次访华亲眼看到中国的社会主义建设发展很快，中国人民的生活水平得到提高，感到非常高兴和自豪。

苏联解体后，越南实行了革新开放。我们的事业发展是稳固的，进程也是非常值得高兴的。这是一项不仅是中越两国人民，而且是全世界人民为之感到高兴的事业。

乔：我们也看到越南在过去的几年中实行了革新开放，而且取得的成绩是显著的。当然在前进的道路中总会有这样那样的困难，但总的情况是好的。我们对两国关系实现正常化，最近几年两党比较频繁的来往都感到非常高兴。我们赞赏并感谢越南同志始终坚持一个中国的立场，这对中国是重要的支持。

中国实行改革开放可能比你们搞革新开放的时间早三五年。从 70 年代末以来，中国经济有了较大的发展。在"八五"计划完成的前提下，我们正在集中力量考虑国民经济和社会发展"九五"计划和

---

[*] 这是乔石同志在会见越南共产党中央总书记杜梅时的谈话节录。

2010年远景目标的规划和建议。我们估计,中国要达到中等发达国家的水平,要经过长期努力。但是现在有人散布说,中国将很快变成世界上最大的发达国家,甚至要超过美国。因此在亚洲,特别是中国附近地区制造"中国威胁论",说中国的经济实力增强了,武装力量越来越强大,会威胁到周边国家,甚至是世界和平。这种言论是根本不真实的。中国经济目前的发展势头较快,但要防止出现类似泡沫经济的现象。从去年到现在,我们花了很大精力加强宏观调控,使经济实现软着陆。现在看来已取得了相当的成绩,今年全年经济情况较好。但还需要继续花一点时间,真正实现使经济软着陆的要求。

中国人大的工作也是围绕全党的工作来进行的。改革开放17年来,我们加快了适应改革开放,特别是经济方面的立法工作。因为过去的一些法律是在几十年前较封闭的状态下制定的,现在实行对外开放,就需要借鉴国际上一些类似的做法,这样法律就要做较大的修改。最近几年为了加强宏观调控,我们对有关财政、金融方面的改革制定了必要的法律。如人民银行法、商业银行法。这些法律都同宏观调控有密切关系,当然还要经过实践的检验。但从另外一方面看,对当前的宏观调控还是有利的。去年贵国国会主席农德孟同志访华时,我们也进行了很好的会谈。不久前,中国全国人大副委员长王汉斌同志也访问了贵国,这也说明双方议会的交流正在加强。当然各国的实际情况不同,因此法律也不可能完全一样,但相互间的借鉴还是有益的。

杜:我们有基本的共同点,就是两国都致力于维护民族独立和坚持走社会主义道路。法律应始终围绕着最终目标。

乔:中国人大对于加强两国的来往与交流态度是很积极的。

杜:非常感谢。中越两国关系正常化后,两国各领域关系的发展都很好。这样的合作,也是为了我们共同的发展。两国间虽有历史遗留问题,但我相信,只要在顾全大局的精神下,双方经过磋商,问题是可以得到逐步解决的。

乔:我个人认为,两国历史上遗留下来的海上和陆上的问题应该解决。既然两国都坚持民族独立,坚持社会主义立场,因此根本上的利害关系是比较一致的。如果双方能坚持不懈地用和平谈判的方式解决,我想问题是可以解决的。我最近访问了印度,我同印度领导人也谈了这个问题。我说,中印两国过去有很多共同的地方,后来发生了一些问题。现在中印共同的愿望是要把两国关系搞得更好,两国间有什么问题都可以通过和平谈判的方法争取得到和平解决。如果有些问题一时解决不了,那双方就应耐心一点,过一段时间会寻找出比较妥善的解决办法。他们也同意我的意见。特别是拉奥总理。印度一些地方干部表示,中印过去有一段关系发展相当好的时期,希望恢复那种关系。我说,我们首先要恢复两国的友好关系,同时在这个基础上面向21世纪。中印两国人口有21亿,面向21世纪可以做很多事情,两国关系也可以发展得更好。

杜:我访问过印度,拉奥总理也访问过越南。拉奥总理是个办实事的人。

乔:拉奥是想把中印关系搞得更好。我们欢迎印度这样发展,希望同印度发展关系。我们同印度尚且如此,就不用说我们对中越关系的态度了。

杜:中越两国是兄弟,都是共产党领导,目标也一致,因此我们之间的关系应更加密切。两国世代友好相处,不仅使两国人民受益,也将使全人类受益。中国目前的发展速度达到10%—12%,这样的发展速度令世界感到吃惊。如果中国按这样的速度发展下去,几十年后会很了不起的。

乔:我们两国都有发展潜力。据我所知,越南过去几年发展较快。首先表现在农业方面。过去由于打仗,越南老百姓的吃饭问题很紧张,你们从农业开始实行革新后,几年时间情况发生了变化。当然工业情况可能不同,但农业是基础。如果把农业搞好了,工业的发展是比较有把握的。同时我们要努力创造一个有利于本国建设的和平国际环境。并且国内要坚决维护社会稳定。有了这两个基本条件,经济发展是很有希望的。因为共产党人的组织能力还是有的,只要党内认识一致了,动员组织起来力量还是很强大的。我们本来对今年的农业生产是很担心的,因为自然灾害较多。但从现在看来,农业生产还是相当不错的。

我们有责任也有条件把本国的社会主义事业搞好。只要有信心,同时加强合作和团结,两国的社会主义事业和维护民族独立的事业一定能搞好。

杜:我们两国的团结、战斗的友谊是毛泽东主席和胡志明主席亲自培育的,越南领导人、政府和全国人民非常感谢中国党、政府和人民在越南的反帝斗争中给予我们的巨大支援。有句名言叫"饮水不忘挖井人"。我们取得今天这样的成功,永远不会忘记中国给予我们的支持。两国关系中过去曾发生这样和那样的问题,令两党、两国人民遗憾。现在让我们结束过去,展望未来,团结起来共同奋斗。我们是同志加兄弟,应世代友好下去。

乔:只要我们继承毛泽东主席和胡志明主席开创的传统友谊,没有什么解决不了的问题。

杜:今天上午我们瞻仰了毛主席遗容。毛主席和胡志明主席在祝福我们。我们两国紧密团结在一起,就有无敌的力量。我们有马列主义、胡志明思想,中国有马列主义、毛泽东思想,再加上社会主义建设时期的邓小平思想,我们两国就会赢得最后的胜利。

中国经济发展得比较快,
重要原因是没有照搬苏联模式*

（1995 年 11 月 29 日）

乔石（以下简称乔）:热烈欢迎芬兰社会民主党许韦里宁总书记率领的代表团访问中国,希望你们利用这个机会多了解些中国情况。我们两党之间的关系虽然不是非常紧密,但总的来讲关系是好的。去年我曾接待过你们的议长,她是位女士。她送给我一个木刻的盒子,里面是一把议会用的槌子。你们生产的木头质量不错,我和她谈得也不错。

许韦里宁（以下简称许）:感谢委员长先生热情友好的讲话。中国共产党和芬兰社民党两党之间上一次交往是 1987 年,那年中共代表团作为芬兰社民党的客人访问芬兰。1988 年芬兰总统访问中国,那是芬兰共和国总统第一次访问中国。贵国江泽民主席今年访问芬兰。因此可以说,我们两国之间的关系一直很好,现在正在向更深的方向发展。在此我要向您、向中国共产党表示衷心的谢意,感谢访问期间你们所介绍的中国情况以及你们对发展双边关系的设想。我们特别感兴趣的是中国 1978 年以来实行的改革及所取得的成就,这些成就还有中国几千年的文明和文化都给我们留下深刻的印象。委员

---

* 这是乔石同志在会见由总书记玛·许韦里宁率领的芬兰社会民主党代表团时的谈话节录。

长先生刚才提到芬兰的木材、木材加工和造纸业，但是我们要感谢中国人在历史上发明的造纸术，否则我们芬兰人将会十分困难。

乔：感谢你的这番话，你讲得好。造纸是中国的发明，但如果中国不发明，别人迟早也会发明。我要补充一点的是，我本人30年前曾到过芬兰，是去参加当时在赫尔辛基召开的世界和平大会。那次会议上我们和俄国人吵得很厉害，吵到第二天早晨五点钟，一个晚上没有睡觉。那些追随俄国的人要在民族独立决议中把澳门作为殖民地写进去，而且还要呼吁给澳门这块殖民地以独立，我们当然不能同意。我在小组会上发言，他们不但不听，还跺脚喝倒彩，说什么也听不清。但是我们就是不同意，最后那些人不得不把澳门问题从决议中取消。如果当时把澳门写进决议，就要给澳门独立，这是我们不能同意的。因为澳门是中国的领土，这是30多年前的事了。

许：现在情况已经发生巨大变化，苏联已经解体，香港和澳门都将成为中国密不可分的一个部分。

乔：是这样的，两地回归祖国的日期已经确定，很多事情已经具体化。问题的解决最重要的是贯彻了邓小平提出的"一国两制"的方针。这一方针首先是对英国提出的，到时香港回归祖国，但作为一个特别行政区，香港可以实行高度的自治，原有的制度可以50年保持不变。当时邓小平谈话的对象是撒切尔夫人，当时她对交出香港是不大情愿的。去年她来中国时我曾见过她，她很关心香港1997年7月1日如何回归中国。她认为当时发表的中英联合声明是正确的。我告诉她，我们通过的《香港基本法》的政策不会改变。她因为关心这件事情，已经在香港订了5天的旅馆。前两天是1997年7月1日以前，后三天是香港回归以后。那时英国的国旗将从香港降下来，中华人民共和国的国旗要升上去。澳门在两年以后也要实行香港这种做法。我从30年前的赫尔辛基同俄国人的争吵一直说到了香港问题。

我们希望你们对中国的情况有一个概括的了解。首先要讲的是,中华人民共和国1949年10月1日成立以后,40多年总的发展情况是好的。经济建设取得较大成就,科技有了相当的发展,特别是依靠我们自己的力量,"两弹一星"上天。我们同赫鲁晓夫曾经有过协议,后来他撕毁了,所以我们就下决心自力更生解决,应该说解决得还是比较好的。我们并不想使中国成为原子大国,"两弹一星"仅仅是为了解决我们自己自力更生发展科学技术,维护国家的独立。我们过去取得的成就还是相当大的。

但是另一方面,我们也有过失误和错误,主要是急于在短时间内把中国建设成为发达国家,想做在当时条件下根本不可能做到、也是难以做到的事情,这是影响我们经济建设的最重要的问题。

1978年我们党召开十一届三中全会,这是我党历史发展上的一次重要会议。我们决定实行改革开放,以经济建设为中心。在此同时,我们坚持马克思主义,继续走社会主义道路。我们这样做已经十几年,首先是从农村开始,改掉一些不合适的东西,解放了农村的生产力,调动了农民的生产积极性,在短短的四五年间便取得大的发展。在这以前,我们的口粮紧张,每年需要进口1000万—1500万吨粮食。农村体制改革后,农民积极性提高,农业生产取得很大发展,粮食问题全部得到解决,农民的生活也得到很大改善。在这样的背景下,我们这个人口众多的国家粮食可以自给,而中国是个耕地缺少的国家。中国的人口占世界的22%,而可耕地面积仅占世界的7%左右。在农村改革取得成功的基础上,改革推向城市和全国范围,工业生产和乡镇企业都有相当大的发展。

为了加快中国的经济发展,我们引进外资来中国投资,到现在已经超过1000亿美元。这对我们发展工业技术、提高产品质量、改进管理都有好处。为了保障外资投资,完善投资环境,我们制定了一系列的法律与法规。中国现在所以能够发展得这样快,同这部分的工作是分不开的。只要是在中国法律规定的范围以内,外资在中国的投资都可以依法得到保护,该纳税的也应当依法纳税。

许:现在外资在中国纳税的决定是已经作出,还是正在研究?

乔:纳税的规定10多年前就有,当时对外资实行减免税的规定,今后要逐步改成实行国民待遇。中国市场潜力巨大,劳动力便宜,任何产品只要在中国生产便会有好的市场,你们也会发现要比你们那里便宜得多。他们租的土地的所有权是中国的,但价格比任何地方都便宜。任何资本家只要在中国正当经营,都会得到合法保护。我们中国的工人和技术人员也可以从中学到一些技术和先进的管理方法。我们认为,技术和企业管理方面的知识是人类共同的财富。只要适合中国的情况,有利于提高中国人民的生活水平,我们都要学习引进。当然,不好的东西我们就不能学,西方国家中固有的弊病你们都知道。我们有相应的方法去防止像吸毒、卖淫这类资本主义社会的弊病。

我们实行的是社会主义市场经济,这个提法在本届全国人大上对宪法做出相应的修改。社会主义市场经济的主要含义是,生产活动按市场经济规律办事,但作为社会主义国家的主要经济成分、那些决定国民经济命脉的部分仍然是公有制。社会主义企业也可以吸取国外的先进经验,但性质不能改变。正因为如此,再加上我们结合中国的实际,在农村大办乡镇企业,这样在过去的17年里,我国经济发展得比较快。

近几年,党中央关心的是如何使经济健康有序地发展,而不是如何使经济发展得更快的问题。因此我们颁布了一系列的法规和法律,加强政府的宏观调控。现在看来,到目前为止,宏观调控的效果

还是好的。今年虽然自然灾害较多,但农业仍获得全面丰收。各种
成分的企业的经营状况总体是好的,有些应当说还相当不错,我们相
信,只要继续按目前的方法进行下去,中国经济可以做到平稳地向前
发展。中国是很有希望的。当然,也还有许多困难,我们要通过自己
的努力去克服。

有些人总在想,苏联解体了,为什么同样是共产党领导的中国却
还在继续发展。去年1月我访问德国,他们的女议长第一句话便问
了我这个问题。我无法详细对她解释这个问题,只讲了一句最概括
的话,中国经济发展得比较快,重要原因是我们没有照搬苏联模式。

许:而且是非常彻底地否定。

乔:我回答了以后,她再也没提过类似的问题。中国大概的情况
就是这样。中国这样的大国,在全国范围内进行改革,不断地进行探
索,是件很了不起的大事。我们认定一条,只要是实践证明有利于经
济的发展、有利于人民生活水平的提高、有利于综合国力增强的政
策,我们就要继续下去。如果在探索的过程中,发现有不好的地方,
我们便及时改正。我们不会让任何错误、哪怕是不大的错误继续下
去。我们不认为我们不会犯错误,我们要不断总结经验,探索前进。
我在这里把中国情况作了概括介绍,主要目的是可以作为你们在继
续了解中国的过程中参考。我们两党的关系是好的,我们希望继续
发展我们间的友好关系。

许:非常感谢您对中国现状的介绍和对未来前景的估计。你的
话有助于我们了解中国的过去和现在,有助于我们理解你们为何作
出这样或那样的决定。我们祝愿中国发展顺利,人民幸福;希望芬兰
更多地参与中国的发展,希望我们两国加强在国际上的合作。

乔:感谢你们的美好祝愿。

广东处在改革开放的前沿，今后也要继续走在前面[*]

（1996 年 2 月 9 日—18 日）

这些年，我差不多一年来一次广东，每次来都有一些新的感受。党的十一届三中全会以来，广东在小平同志建设有中国特色社会主义理论的指导下，贯彻党的基本路线是坚定的，工作做得是好的，为我国整个改革开放和现代化建设做出了重要的贡献。尤其是小平同志视察南方发表重要谈话和党的十四大以来，广东在经济建设和改革开放中取得了新的成就，在民主法制和精神文明建设方面也有新的探索、新的进展。"九五"期间，广东的发展，起点和要求更高。希望你们进一步利用有利条件，从实际出发，努力深化改革，扩大开放，把各项建设事业搞得更好。我谈的几点意见，仅供同志们研究工作时参考。

一、改革开放和经济建设的国际环境进一步改善

像小平同志讲的那样，和平与发展是当今世界两大主题。目前国际环境和形势，总的是好的，有利于我们进一步搞好改革开放和经济建设，有利于我们顺利实现"九五"计划和 2010 年远景目标。

在欧洲，德国带了个好头。自从 1993 年德国总理科尔访华后，中德两国的关系一直比较好，经贸合作发展较快，这对整个欧洲特别

<small>* 这是乔石同志在广东省考察期间的谈话要点。</small>

563

是西欧各国改善对华关系起了相当大的作用。法国也已改变了对中国的态度。法国总统希拉克,1987年我与李先念同志访问法国时见过他,当时他是总理兼巴黎市长,他对中国一直比较友好。1993年,由部分国家前国家元首和前政府首脑等组成的国际行动理事会在中国举行会议,我在北京会见、宴请了他们。法国前总理在与我交谈时表示,法国的对华政策有错误,使中法关系受到影响,今后要改变政策,逐步改善中法关系。英国方面,最近也一直在积极想改善与中国的关系。尽管在香港问题上中英双方对一些问题还有不同看法,还有一些麻烦,但香港的回归是不会改变的。英国多次发出邀请,希望我和李岚清同志能访问英国,但我们考虑到,目前实现高层访问的时机还不那么成熟,所以还没有答应。

周边国家与我们的关系也比较好。日本、韩国,东南亚和南亚各国以及其他国家,都希望同中国发展友好合作关系。日本是非常看重中国这个市场的。日本首相村山下台、桥本上台,日本的情况有一些变化。但发展中日友好,总的来说不大可能变,当然麻烦也会有。我们在同日本发展友好、加强经贸等合作的同时,对那种歪曲历史、美化侵略的言行和军国主义的可能抬头,必须保持高度的警惕,进行坚决的斗争。越南在杜梅任越共中央总书记后,比较注意改善与中国的关系。他来中国访问时就明确表示要认真吸取中国改革开放和经济建设的经验,要加强同中国的友好合作。杜梅访华回国后,做了一些工作,对改善中越关系起了好的作用。苏联解体后,"独联体"各国同我国保持着比较好的关系,这些国家与我国都建立了外交关系,与我们发展经贸合作的愿望也比较强烈。俄罗斯总的是希望加强与中国的关系。美国近期对俄罗斯的态度非常关注,因为它怕俄罗斯与中国结盟。当然,我们也不与什么国家结盟。我们将在和平共处五项原则的基础上,发展与世界各国,包括俄罗斯的友好合作关系，这对我们是有利的。

目前在国际关系方面与我们问题最多的是美国。美国是世界上的一霸，现在它的经济实力还是很强的，还是能继续维持目前在世界上的这种地位的。当前，影响中美关系最主要的是台湾问题。美国一直想利用台湾问题牵制我们。中央已经确定，今年对台工作的主要任务之一，就是要继续打击"台独"。在反对"台独"、维护国家领土和主权完整这个问题上，我们的态度决不能含糊。我们希望用和平手段解决问题。能用和平手段解决问题当然好，但如果不能，那该怎么办？我们当然要按照小平同志说过的话去做。"如果不能和平解决，只有用武力解决"①。在台湾问题上，小平同志从来就没有承诺放弃武力解决。对美国，我们必须坚决顶住。对任何违背中美三个联合公报所确定的原则和基础的，我们都要进行坚决的斗争。只有一个中国，台湾是中国的一部分，从尼克松1972年访华开始，到卡特当政时与我建交以及后来的岁月中，都是明确的。美国必须回到三个联合公报的原则基础上来。有一点必须明确，那就是你要改变三个联合公报的原则，中美关系就搞不好。小平同志1981年会见美国参议院共和党副领袖史蒂文斯和美籍华人陈香梅时就说过："我们说中美关系停滞不好，倒退更不好，但是一旦发生某种事情迫使我们的关系倒退的话，我们也只能正视现实。至于倒退到什么程度，那要看导致倒退的来势如何。这种话说多了并不好，但要明确一点，即在台湾问题上如果需要中美关系倒退的话，中国只能面对现实。"②我们的态度必须坚决，我们的斗争要有理、有利、有节。美国各界尤其是工商界对发展中美关系是积极的。世界市场就那么大，我们中

① 《邓小平文选》第三卷，人民出版社1993年版，第59页。
② 《邓小平文选》第二卷，人民出版社1994年版，第377页。

国就占很大的一块。而且,我国在国际政治中也有重要的地位。中国是一个大国而且发展得相当快,在世界上,尤其是在发展中国家中有相当大的影响。离开中国,世界上的许多事就不那么好办,美国也不能不注意到这一点。在中美三个联合公报的原则基础上,使两国的关系得到发展,对各自都有好处。通过前一段的斗争和积极、努力地做工作,总的来说,中美关系还是一个在摩擦和斗争中争取发展的过程。

二、我们国家这么大,统得太死不行,失控了也不行

加强宏观调控,我个人认为,从全国范围来讲,从前几年的情况来讲,是非常必要的。1992 年下半年国家经济形势就很紧张,每天的货币投放量比 1988 年高将近 10 倍,连印钞票的纸张都不够用,要紧急进口。有人曾经提议发行大面额钞票,但最后中央没有同意,因为考虑到这将在群众中造成恐慌心理,加剧通货膨胀。那时如果爆发一次大的风浪,要比 1988 年严重得多。1988 年的情况我们还记忆犹新,当时社会上出现提存抢购,有的地方连没有叶片的风扇都卖出去了,因为群众要用实物来保值。所以,整顿银行、整顿金融、加强宏观调控是势在必行,效果也是好的。按我个人的看法,是把可能发生的大的波折给避免了,这样,改革就比较顺利,可以继续下去了。这几年出台的改革措施不少,包括财税、金融、外贸、投资、企业、价格等好几个方面,效果总的来说也是好的。比如说汇率并轨,并了就完成了一件大事。因为汇率不并轨总是一个问题,将来的方向人民币还是要变为可以兑换的货币,不并轨怎么行呢? 对汇率并轨,国际国内总的来讲是肯定的。经过一段时间,汇率基本稳定在 1 美元兑 8 块多人民币的水平。这对发展对外贸易是有好处的。再如金融财政方面,把住了这么一条,就是不管国家财政怎么困难,都不能无限制地向银行透支。过去是要多少票子就向银行拿多少,搞得货币发行量很大。这种情况经过加强宏观调控得到了控制。同时,采取措施,发行国债。这几年的情况说明,争取在上半年完成全年的发行任务,下半年的工作就会主动得多。还有,物价上涨的幅度得到了控制。前年商品零售物价涨幅是 21.7%,去年的全国人代会,担心不好开,特别是如何控制物价上涨问题,不太好说。原定 1995 年目标是控制在 10% 以内,但后来中央政治局讨论认为难以办到,改成控制在 15% 左右,结果基本上达到了目标。总的来说,加强和改善宏观调控,对经济的稳定发展和改革的深化发挥了积极的作用。当然,现在还不能说经济已经达到了"软着陆"的目标,但如果这样继续抓下去,实现这个目标是可以做到的。国际上对中国经济问题有研究的专家学者、世界银行和国际货币基金组织也都这样认为。因此,对加强宏观调控所取得的成绩,全党包括在地方工作的同志都应有一致的认识。

在我们这么大的一个国家搞宏观调控,并实行多方面的体制改革,是很不容易的,不可能没有困难,也不可能不发生任何问题。比如,实行适度从紧的货币政策,总的效果是好的,今后还得这样做。但在具体操作上,从各地反映的情况看,也存在一些问题,也有一些这样那样的缺点。这是毫不奇怪的,也是不可避免的。有的地方,确实出现了银根紧张、流动资金不足的问题。对有的问题的处理,可能有一刀切的情况。一些地方,该上的项目批不下来,一些在建的项目也暂时停了下来。当然,为了全国的大局,局部作一些必要的牺牲也是应该的。目前的情况比治理整顿期间要好很多。治理整顿期间我曾到一些省去,发现有的地方连农民自己盖房和城市盖职工住房都不让搞,我知道后觉得很不理解。后来回到北京谈到这件事,有人告诉我说这是要进"笼子"。我说为什么这也要进"笼子",回答说计划是覆盖全社会的。我觉得这样太绝对了。计划覆盖全社会,总不能连群众的日常生活都去管吧？实际上也管不了。总之，我们国家这么大，统得太死，地方没有一点灵活性不行，但灵活性太大，失控了，也不行。如果不加强宏观调控，国民经济发展计划就很难执行好，就容易造成放任自流，容易造成各地之间互相攀比，搞"小而全"、"大而全"、争搞开发区、都上房地产等情况。加强宏观调控，对地方来说，难免会碰到一些很具体的问题，会产生这样那样的具体情况，对此，大家一起来研究，努力在实际工作中找出适当的办法来。今后，我们还得继续实行适度从紧的货币政策。如何做到适度从紧，怎么具体掌握，相信通过实践会越来越明确和合理。

三、要坚持抓好农业，树立大农业观念

广东已有 6700 多万人口，吃饭问题总是个大问题，把农业搞好是非常重要的。广东这几年农业生产有了发展，要继续坚持抓下去，上一个新的台阶。首先，要切实抓好粮食生产。我记得有一年我到一个省去，当时有的同志提出，要抛开粮食这个包袱。这句话的意思是如果没有粮食，可以向外买。结果那一年这个省正好碰上大旱，将近 100 天没有下雨，粮食供应出现了问题。只有 2000 多万人口的省，粮食都不够，这不出乱子了吗？所以，口号是不能乱提的。一方面，我们不能说自己有基础，就万事不求人，这也是不对的。现在交通通讯都很发达，世界变得越来越小，闭关自守、万事不求人是做不到的。但另一方面，我们也要认真注意，基本的粮食、基本的生产生活资料，要尽可能做到基本自给。其次，要注意解决好农村中剩余劳动力的出路问题。现在全国剩余劳动力的数量不小，他们大多是 20 岁左右，如果没有活干，一天到晚无所事事，在社会上游游荡荡，就会带来一些社会问题。我的意见，要采取积极的办法，把这些劳动力作为巨大的资源充分利用起来。有的地方是采取以工代赈的办法，发动他们参加修水利、修公路。通过组织参加生产，既使这些年轻人得

到了锻炼,增加了收入,又可以减少社会问题。第三,农业要注意上新水平。要树立搞大农业的观念,农林牧副渔,因地制宜,协调发展。除了要有一定的规模以外,要注意提高质量。广东在发展农业中,既要注意引进和推广运用国外的先进技术和优良品种,也要注意开创自己的名牌。广东在农业方面,也应该成为比较先进的地区。我这次在广州看到蔬菜无土栽培项目,生产水平就比较高。"九五"期间,广东如果有更多的地方这样搞,或者水平搞得比这更高一些,我相信,整个农业会上一个新台阶。还有,乡镇企业也要有发展规模,提高产品的质量和档次。

四、抓紧国有企业改革,认真探索建立现代企业制度

工业和农业一样,也有上规模、上档次的问题。国有企业的改革要抓紧进行,要把经营机制搞活,政府要精简机构,转变职能,应该由企业管的事,政府机构就不要去管。我基本赞同你们关于搞好国有企业的做法,上海跟你们的做法差不多。建立现代企业制度我们已经讲了好多年了,也上了中央的红头文件,但具体怎样才算是现代企业制度,要依靠群众在实际工作中去探索。如老是不去实践,那就不知道要到什么时候才能建立起现代企业制度。因此,要大胆去试,在实践中积累经验。解决国有资产流失问题也要靠改革的办法,如不抓紧改革,不大胆进行各种试验,国有资产的流失就会更多。停步不前就要造成资产流失。如果企业老是靠贷款来发工资、发奖金,又不尽快改革经营机制,总有一天,企业会资不抵债,最后必然破产。不改革就没有出路,尽管改革本身有难度,但只要我们把住大的方向,保持国有资产占主导地位,就不要顾虑发生差错。各种办法都可以试,这符合党的基本路线。马克思主义从来就主张理论与实践相结合。毛泽东同志说过,学习马克思主义的目的全在于应用。小平同志提出要建设有中国特色的社会主义,1992年他又说学马列要精,要管用的。学马列如不管用,既不符合毛泽东思想,也不符合邓小平同志的思想。改革不能怕担风险、怕被别人"批判"。否则,什么事也干不了。要像小平同志说的那样,胆子还是要大一点。对批评要本着有则改之、无则加勉的态度来对待,人家说得对的我们虚心接受,说得不对的也可作为参考。

五、特区的基本政策不会变

关于特区的地位和作用问题,社会上对此原来有一些不同的意见,但中央的态度是很明确的。江泽民同志也讲要坚持"三个不变",在中央制定的"九五"计划和 2010 年远景目标中,也讲国家对经济特区的基本政策不变。作为党的方针政策就是这样定的,我们对此不应该再有这样那样的怀疑。当然,如何做到"三个不变",要制定一些比较具体的办法。广东还有两个特区没有立法权,你们提出要像深圳、厦门经济特区一样给予立法权。这件事全国人大作了认真研究,委员长会议已经同意,但需要人大常委会通过后提请全国人大四次会议审议。全国人大通过后,所有的经济特区都有了立法权。希望特区的同志要认真用好这个权,并为全国的立法工作提供经验。

六、继续保持广东的发展优势,利用香港和澳门回归的机遇促进广东经济的发展

我想建议大家着重深入考虑两个问题:一个是今后 5 到 15 年广东如何进一步发展;一个是港澳回归对广东发展将要产生的影响。

广东是祖国的南大门。即使是在"文化大革命"期间,每年春秋两次在广州举办的中国出口商品交易会也没有停办。党的十一届三中全会以来,广东处在改革开放的前沿,经济和社会发展步伐很快,成就显著。今后广东在迈向 21 世纪,实现"九五"计划和 2010 年远景目标过程中,也要继续走在前面。大家深入考虑一下,如何继续保持广东发展的优势,好好规划一下。这是一件非常有意义、非常重要的工作。要继续坚持邓小平同志制定的"一个中心、两个基本点"的基本路线,100年不动摇。邓小平同志1992年视察南方时的谈话是非常重要的,有很强的针对性,具有深远的意义。只要我们继续按照小平同志指出的方向走下去,改革开放和经济建设就会搞得更好。

广东在"九五"期间还有个非常重要的任务,就是如何利用香港、澳门回归这个机遇,促进广东经济的发展,为香港和澳门今后继续保持繁荣稳定作出贡献。目前离香港回归只有不到500天,一些人对香港回归后会怎么样感到不大踏实,有什么风吹草动,也可能把资金抽走。当然,资金有部分外流,问题也不是很大。只要我们真正按基本法办事,外流的资金还会回来,香港还是能够继续保持繁荣稳定的。实现香港的平稳回归,还有许多工作要做,不能说有了基本法就什么问题都解决了。香港约600万人,如果大企业家、小企业家都被吓跑了,香港就不成个样子了,我们的工作难度就会变得相当大。广东毗邻港澳,"九五"期间,应该努力做好工作,加强与港澳的经济合作,使广东更快发展起来,并辐射到内地,这也有利于香港和澳门的顺利回归,有利于今后港澳地区继续保持繁荣和稳定,这是你们与其他省不同的一个很重要的任务,也是对你们提出的一个很高的要求。从现在起,广东的同志就要认真考虑这个问题,把这个问题提到广东工作的重要议事日程上。

创造一个良好的
国内外环境进行建设*

（1996 年 5 月 22 日）

欢迎肯尼亚非洲民族联盟代表团到中国来访问。中肯两国之间有着传统的友好关系。我们两国关系很好，莫伊总统曾多次访华，江泽民主席又成功地访问了贵国，今后我们两国关系一定会继续向前发展。中肯两国都是发展中国家，历史上有着类似的遭遇，共同点比较多。今后在很多方面我们还可以进行合作，使两国关系更加紧密。

中国要把经济建设搞上去还需要付出很大的努力，按照我们的规划，大概要花几代人的时间才能把中国建设成为国际上中等发达国家的水平。对中国来讲，这样的建设规模是非常大的，任务也很重，我们必须集中力量花几十年甚至上百年的时间才能达到我们的目标。因此，我们党和国家都面临着繁重的任务，党要制定正确的路线，并保证这一路线得到贯彻执行，国家对内需要保持一个稳定的社会局面，对外要创造一个有利于国家经济建设的和平的国际环境。中国在国际上坚持不结盟政策，不参加任何大国集团，奉行独立自主的和平外交政策。我们主张在和平共处五项原则的基础上搞好与周边国家的睦邻友好关系。现在我们与周边国家的关系基本上是好

---

* 这是乔石同志在会见由全国执委穆迪·阿沃里率领的肯尼亚非洲民族联盟代表团时的谈话节录。

的,当然也存在一些问题,特别是历史遗留下来的复杂问题,对这些问题,我们主张以和平的方式耐心地逐步加以解决。

你们对英国比较熟悉,我们对英国也比较熟悉。英国到中国来卖鸦片,中国禁止他卖,因此两国在 1840 年打了一仗,这就是鸦片战争。之后英国和其他帝国主义国家在一段时期里占领了中国很多地方,像我年轻时就在上海英国租界住过,对面就是法国租界。英国占领香港已经 100 年了,我们决定用比较缓和的方法解决香港问题,确保香港按时回归。10 多年前,邓小平同志与英国撒切尔夫人就香港回归问题达成了协议,中国方面保证香港的资本主义制度和生活方式今后 50 年不变。去年被封了爵位的撒切尔夫人来中国访问,希望跟我谈一谈,我跟她谈了一个多小时,关于香港问题谈了很多。我跟她说,1984 年中英就香港问题签署了联合声明,我们的立场不会变。根据中英联合声明和香港的实际情况制定的香港基本法已经在全国人民代表大会上获得了通过,我们也不会改变。她很高兴,她说她已经在香港订了 5 天的饭店,前两天是 1997 年 7 月 1 日以前的,后三天是 7 月 1 日以后的,她想看一看当时签订的联合声明是否正确,是否得到了有效的执行。我说,我们欢迎你到香港看一看,我们一定坚持执行联合声明和基本法。最近我会见一个香港银行家代表团,代表团成员里有英国前外交大臣杰弗里·豪,我对他说,我们对香港的政策不会变,如果搞得好,50 年期满后,我们说不定继续延长。后来发生了一些小的麻烦,双方还在继续讨论。现在离香港回归只有约 400 天的时间。最近英国副首相赫塞尔廷率领一个包括 200 多企业家的代表团来中国访问,当然也谈到了香港问题。很多企业家都希望来中国做生意。国际上一致认为,中国经济发展很快,潜力很大,都愿意与中国做生意。

我们与有的周边国家还存在着边界等问题,我们本着互相商量、和平谈判的方式解决。我们需要不断加强经济建设,争取经济发展,人民生活不断提高。我们坚决反对贪污腐败,当然很不容易做,但决心大是可以做好的。人民群众辛勤劳动,生活安稳,并不断改善,这样国内局势基本上就可以稳定下来了,人民群众就会对政府建立起信心,相信这个政府是为人民的利益、为民族的利益而工作的,这样国家就比较稳定。

为了把国家搞好,我们必须建立健全法律制度,法律是非常重要的。中国是中国共产党领导的社会主义国家,虽然大政方针都是由党制定,但一切重要的决定都经过人民代表大会立法。无论对谁都依法办事,违反了法律都要依法处理。中国有 12 亿人、56 个民族,如果没有统一的法律,那就没法管理了。因此,我们提出依法治国,这样国家就可以比较稳定。西方发达资本主义国家也有很多法律,如果有些法律符合我们的需要,同时又适合我们,我们也可以借鉴。现在我们实行改革开放,所以我们对全世界的法律都要研究。我们与世界各国进行政治、经济、文化、科技交流,都要找到一些共同的规则、共同的语言才能进行。现在外国在中国的投资和各种贷款加在一起大约有 1000 亿美元,没有一定的法律保护他的合法经营,赚了钱又不让他汇回去,那么就没有一个资本家愿意来投资。以前我们对外资给予某种程度的优惠,现在随着改革的深入,我们对外资给予同中国人差不多的待遇,叫国民待遇,外资都欢迎。

当然,你们有你们的情况,但是一个国家要想经济发展,如果不依靠人民群众的劳动,那恐怕也没有什么特别好的办法。如果国际上保持和平的有利于经济建设的环境,国内集中力量进行经济建设,人民勤奋劳动,生活不断改善,官员廉洁,那国家就会稳定。你们的情况跟我们不完全一样,我说的只是我们的体会。

改革要大胆实践，
城镇建设要顺乎自然*

（1996 年 6 月 1 日—7 日）

我到安徽来过好多次了，如果从 1982 年算起，这是第 5 次；如果加上抗战时期那一次就是第 6 次了。对安徽，情况我不是很了解，但也不算陌生。荣景①、富林②等同志谈了一些很好的意见，我都赞成。整个"八五"期间，安徽的发展确实是比较快的，势头是比较好的。现在全国发展都很快。安徽不能满足于现有的状况，要按这个势头继续奋斗下去。应该说，安徽进一步发展的条件是具备的。除了自身的条件外，国家的整个发展战略也为安徽的发展提供了良好的机遇。按照《中华人民共和国国民经济和社会发展"九五"计划和 2010 年远景目标纲要》，要在长江三角洲及沿江地区，以浦东开放开发、三峡建设为契机，依托沿江大中城市，逐步形成一条横贯东西、连接南北的综合型经济带。安徽最靠近长江三角洲，离上海近。上海发展很快，特别是浦东建设规模比较大，技术和经济的起点相当高，辐射的范围广。你们要抓住上海浦东开放开发带动长江经济带发展的机遇，积极与它挂钩，这对促进安徽的发展很有好处。安徽的潜力

---

* 这是乔石同志在安徽省考察期间听取安徽省委、省人大、省政府工作汇报时的谈话节录。
① 荣景，即卢荣景，时任中共安徽省委书记、安徽省政协主席。
② 富林，即孟富林，时任安徽省人大常委会主任、党组书记。

是很大的,只要继续坚定不移地贯彻小平同志的思想和党的基本路线、党的一系列方针政策,紧紧依靠人民群众,一切从实际出发,努力深化改革,扩大开放,充分发挥自身的优势,专心致志地搞下去,是完全有可能走在全国前列的。

一、农业可以适当发展各种形式的合作与联合,重视提高科技含量

安徽是农业大省,还应该努力成为农业强省,使农业在整体素质、生产和经营规模、产品质量等方面有一个大的提高、大的发展。特别是粮食生产,任何时候都不能放松,这是我国的基本国情决定的。我说的农业,不仅是种粮食,而是大农业的观点。要在确保粮食生产稳步增长的同时,把山山水水都充分利用起来,综合开发,多种经营,农林牧副渔全面发展。比如,你们大别山区种桑养蚕,栽种猕猴桃、中药材、板栗、茶叶等,这些都可以大发展。还有条件适合的地方也可以搞淡水养鱼等。

农副业生产在稳定以家庭联产承包责任制为主的基础上,可以适当发展各种形式的合作与联合。有条件的地方可以搞适度规模经营。要重视提高农业的科技含量,在保持农副产品本地特点的基础上,下功夫改良品种、改进技术,不仅要提高产量,还要提高质量。你们不是叫科教兴皖吗,要利用先进科技,把养殖业、种植业都提高到一个新的水平。农副产品的开发要树立以市场为导向的观念,而且要有两个市场的观念。首先要大力开发在国内市场适销对路的产品,同时也要创造出能够打入国际市场的名牌产品。很多水果都可以创名牌,美国有一种柑橘,经营规模很大。这个品种据说是从我们福建引过去的,经过他们的改良,产量、质量都有很大提高,成了他们的名牌。你们也可以创名牌,真正的名牌增值是很大的。这样还可以把农副产品的加工业带动起来,促使农业经济效益不断提高。

农业生产发展了，也可能发生有些产品一时供大于求的情况，这就要适当采取措施，要有一个适当的稳定的收购价格，以保护农民的生产积极性，同时这也有利于保证一些农副产品的生产规模。比如，丝绸业就碰到这样的问题。江浙是丝绸之乡，你们的丝绸也不少。一些山区，种桑养蚕还是扶贫的一个重要措施，但是发展大了，市场就是个问题。如果不能保证以一定的保护价格收购它，就会伤农，也就会打击丝绸业的发展。这类问题，要慎重处理，在调查研究的基础上多想点儿办法，无论如何要保护好农民的积极性，同时对农民的生产经营活动进行积极引导。

二、要使小城镇成为农村政治、经济、文化和服务的中心

乡镇企业是大有前途的，要大力发展。要在原有基础上不断提高，不断壮大。在目前情况下，乡镇企业的发展主要要在提高管理水平和经济效益上下功夫。乡镇企业搞好了，对农村小城镇建设也是个促进。小城镇建设，我主张逐步地、顺乎自然地发展，不要一窝蜂搞卫星城镇。总的来说，建设小城镇是一个方向。现在像上海、北京那样的大城市基本上不要再增加了。对城市的规模要控制，对小城镇建设要下功夫，要使星罗棋布的小城镇成为广大农村政治、经济、文化和服务的中心。每个县都有几个小城镇，县城稍微比那些小城镇大一点，这样领导关系也比较顺。

对剩余劳动力，要当作一种资源很好地利用起来。我国已经有12亿多人口，这么多人要吃饭，要穿衣服，你不管也不行，负担是很重的，而且在严格实行计划生育的情况下，每年还要增加1500万左右。大约增长到15亿至16亿时，高峰期就可以过去了。现在大概只有上海出现了人口负增长，将来也许北京等大城市也要出现这种状况。人口太多是个现实，我们只能从这个实际出发。对于剩余劳动力不要只看作一个负担，要当作一种资源来看待。特别是农村剩余劳动力比较多,要采取多种形式加以利用。发展多种经营,兴办乡镇、村办企业,外出打工等,都可以。另外,如果全国每年冬天能够组织一亿左右劳动力兴修水利、修公路等,搞以工代赈,按规划年年搞下去,就可以创造很大的价值,对国民经济起到促进作用,同时也培养、锻炼了青年人。现在有许多青年人没事干,就闲逛,有时候走歪门邪道,给坏人带坏了。这个问题要高度重视。要把青年劳动力组织好,引导好,把他们的学习培训搞好,创造条件让他们在建设事业中发挥生力军作用,这样对国家建设非常有利。

三、国有企业改革胆子要再大一点,思想要再解放一点

搞好国有企业,根本出路在于深化改革,切实实现“两个转变”。这条道路一定要坚定不移地走下去,不要犹豫,不要害怕。我不大赞成光是天天念叨国有资产流失。关键是要抓紧采取改革措施。否则,你天天念叨也没用,念叨十年、十五年国有资产全都流失完了。还是要胆子再大一点,思想再解放一点,各种比较有利的形式都可以尝试。实践证明基本方向正确、路子对头、效果较好的经验,就要及时总结,结合实际加以推广。要通过大胆实践,使国有大中型企业改革、改造的速度尽可能快一点。上海和广东改革的路子比较活一点,办法多一点。其他一些省市也已创造了一些经验,你们可以根据自己的情况研究借鉴。

去年和今年我都在年初去了上海,并就国有大中型企业的改革、改造问题进行了座谈。我的印象,他们步子比较大,搞得比较深入,比较细致,企业自身的改革、政企分开、政府职能转变和机构改革,都有相当的进展。对企业,他们宣布破产的不是很多,采取兼并的办法比较多。就是以实力比较强、效益比较好的企业为龙头,兼并同行业和相关行业中效益不好的企业。在浦西改造过程中,他们把里弄里面的那些厂子凡可能的统统兼并起来。对政府来讲,兼并比破产方

便些,带来的问题也少些,破产会带来好多复杂的问题。当然不是说不能破产,不得已也可以宣布破产,破产有破产的优点。但上海在实践中觉得兼并好办一些。现在,上海企业的兼并活动已经不仅局限于本市,而是已经扩展到长江三角洲和整个长江流域。还有的实行股份制合作,实现优势互补。比如说,上海的"三枪牌"针织内衣,因为成为名牌了,现在已经扩展到浙江省和安徽歙县。生产洗衣粉的上海"白猫"集团已经在四川的万县设了分公司。上海技术水平高,产品质量好,万县虽然是贫困山区,但土地和劳动力比上海便宜多了。

企业要改善内部管理,抓紧技术改造,积极适应市场的要求。企业的技术改造要放在重要的位置上抓紧抓好。技术改造当然需要投入,要舍得在这方面花一些钱。不能老是其他方面满足了以后,剩下来一点钱才用于技术改造,剩不下来干脆就不搞技术改造。如果这样下去,技术、工艺设备严重老化,生产不出适合市场需要的产品,企业早晚要被淘汰。在技术改造上有一点成绩的企业,也不能满足。要再接再厉,不断抓下去,不断向新水平迈进。只有不断地抓技术改造,企业的生命力才能越来越强,才能在激烈的竞争中站住脚。引进一些需要的技术、设备,我是赞成的,你们也是这样做的。但是像洗衣机、电冰箱这类家用电器,全国的生产能力已经饱和了,企业如果要继续赢利,关键就要看产品质量和规模效益。只有规模和质量始终走在前面,才能经得起市场的考验。这个问题一定要注意。把产品质量搞上去,争取更多的国内订货,同时也要到国际市场上争取部分订货。条件好的企业,不要满足于在国内居于前列,要继续努力,应该有雄心壮志向国际一流企业迈进。企业改造没有止境,要向更高的目标攀登。

深化改革，推动各项事业的发展*

（1996 年 7 月 20 日—26 日）

我有几年没有到辽宁来了。这次来，看了一些企业，也到农村去看了一下，读了有关的各种材料，听了省里的同志、沈阳和大连的同志以及一些地市和基层单位的同志谈的情况，感到大家工作很努力，谈问题也比较实在。金池①、世震②等同志谈了一些很好的意见，我都赞成。我谈的一些感想和意见，仅供同志们研究工作时参考。

一、国际环境和国内形势有利于我国经济建设和改革开放

当前的国际环境和国内形势，总的说对我们进一步搞好社会主义现代化建设是有利的。改革开放以来，我国社会稳定，经济持续发展，同时实行正确的外交政策，努力创造有利于我国建设事业的国际环境，成效是显著的。虽然我们在国际上也遇到这样那样的问题，但情况总的还是好的。

在同世界各国的关系中，与美国的关系是比较重要的。不管怎么说，我们国家的国际地位是不容忽视的，当然美国在世界上也居于比较特殊的地位，中美在政治、经济、科技等领域是不可能不打交道的。中美之间发展互利合作关系，对双方都是有利的。中美关系很重要，同时复杂因素也多一些，麻烦也多一点，对其中存在的问题，必

---

* 这是乔石同志在辽宁省考察期间的谈话节录。
① 金池，即顾金池，时任中共辽宁省委书记。
② 世震，即闻世震，时任中共辽宁省委副书记、辽宁省省长。

须处理好。这里最根本的就是坚决按中美三个联合公报的原则办事。美国总是要找一些问题来制造摩擦,比如台湾问题、西藏问题、人权问题,等等。现在,美国也进一步认识到中国地位的重要。对中国实行全面接触的政策逐渐为两党主流派接受,有关方面也加强了对华政策的统筹协调,表现得比较尊重中国的立场和在国际事务中的作用。美国人自己都承认,美对华政策中出现的这些比较积极的改变同中国成功地进行反"台独"、反分裂的斗争有着重要的关系。当然,中美关系不会因此就万事大吉了,永远太平了,麻烦还会有。但中国这么大,发展这么快,市场广阔,国际作用重要,无论如何,各国对这些都不能采取漠然无视的态度。只要我们对内对外采取正确的政策和策略,遇到的问题都是可以解决的。总的说,中美关系还是一个发展的趋势。

中德关系最近出现一点小波折。上个月德国联邦议院不顾中方的多次严正交涉,讨论通过了一个所谓关于西藏问题的决议,粗暴干涉我国内政。德国政府中也有人支持这个决议。针对这个决议,我们进行了必要的斗争,包括推迟了德国副总理兼外交部长金克尔原定本月对我国的访问。这个事件总的来说不会影响中德关系的大局。德国政府一再表示希望同中国搞好关系。他们的大使说,希望9月底两国外长在联大会晤,消除误解,希望联邦总统11月访华能够实现。我们现在也无意改变邀请德国总统访华的决定。中德关系不会有大的问题,德国发展对华经贸合作的愿望是强烈的。

中英关系,由于香港问题,英国同我国闹别扭,受了一些影响。但是,明年7月1日起,香港就要回归祖国,这是不可能改变的,它折腾也折腾不到哪儿去了。英国政府也很着急,觉得自己发展对华关系落后了,经贸合作受影响了。香港问题再用不到一年的时间就告一段落了,中英关系总的也还要向前发展。

至于世界上其他一些国家和地区,尤其是我们周边的国家和地区,大多同我们保持着良好的关系。这几年,我在出访过程中和国内会见外宾等活动中,都深切感受到世界各国和各国人民同我国和我国人民加强友好合作关系的良好愿望。所以,国际环境总的说对我们是有利的。

国内形势总的说也是好的。今年上半年,全国国内生产总值,扣除价格因素比去年同期增长9.8%,工业继续保持较快增长,农业的情况也不错,夏粮已经获得丰收。财政收入增长比较快,金融形势也比较稳定。与此同时,城市和乡村的市场都比较稳定,物价涨幅进一步回落。我们在保持经济较快增长的同时,把物价涨幅降了下来,这是很不容易的,是一件非常有意义的事情。这说明,我们前几年采取的一些主要措施现在已经取得成效了,经济工作中一些重要的问题处理得比较好。世界银行对此也给予比较高的评价。他们负责东亚和太平洋事务的副行长说,以前每当政府力图抑制通货膨胀时总是经济增长率急剧下降,这次中国避免了这种情况,"成功地实现了经济软着陆"。他们也许评价得高了一点,但也从一个侧面反映出我们的一些措施效果比较好。同时,我们也要看到,经济运行中存在着必须高度重视的问题,经济结构、经济秩序、财政金融、收入分配等方面都存在一些问题,需要研究解决。当前比较突出的是工业企业产销率下降,积压增多了,利润减少的幅度比较大,亏损增加了,部分国有企业的困难加重了。这是我国经济体制中深层次矛盾的反映。这类问题,只要我们坚定不移地深化改革、继续前进,是可以逐步解决的。

二、辽宁要进一步把经济搞活、搞好,这对东北等地的发展意义很大

这次来辽宁,我感到在"八五"期间辽宁改革开放有新的进展,经济有比较大的增长,科技、教育等事业也取得了成绩。沈阳、大连等市的变化很大。沈阳的基础设施搞得比较好,其他一些方面也有明显的进步。大连这几年发展比较快,城市建设得不错,绿化也搞得比较好,港口建设、造船业等都有较大的进步,对外开放明显扩大了,在引进外资和先进技术方面也做了大量工作,成效是显著的。最近从北京来的其他同志,也有这种印象,觉得大连发展比较快。根据你们介绍的情况,今年上半年,辽宁的经济总体上运行平稳,还略有回升,工业稳定增长,农业收成看好,市场物价回落。同时,你们感到面临的困难和问题也不少。辽宁作为老工业基地,尤其是国有工业,长期积累下来的问题和面对发展市场经济出现的矛盾,比较突出一些,这是实际情况,解决起来也需要一个过程。但总的来说,我感到辽宁的情况比较好,问题和困难是前进过程中的。

我们要继续抓住国际环境和国内形势有利于进一步搞好社会主义现代化建设的难得机遇,在过去成绩的基础上抓紧努力,把各项事业,尤其是经济建设搞上去。"九五"计划和2010年远景目标,一定要抓紧,一年一年很快就会过去,不抓紧不行。切实抓紧了,是可以进一步搞上去的。辽宁不仅在东北三省,在全国,工业基础和科技力量也算是比较雄厚的,基础设施是比较完善的,而且农业的条件也比较好,发展的潜力很大。只要充分发挥广大干部和群众的积极性和创造性,在国家和各有关方面的支持下,"九五"期间,我相信辽宁会发展得更好。把辽宁的经济搞好了,意义很大。辽宁的地位是比较重要的。比如大连,作为我国北方一个重要的港口城市,把它建设好了,优势充分发挥出来,不仅对东北,对附近其他地区的发展,都很有好处。

这些年,大家为发展辽宁的经济积极动脑筋,想了不少办法,这样很好。把一个地方的经济搞好,国家和各方面的支持是必要的,同时,地方的同志也要从本地的实际出发,不等不靠,脑子活一点,思路宽一点,积极开拓进取,自己想办法解决问题。比如建设资金短缺,各地都反映这个问题。重复建设、乱上项目等当然是不行的,即使是必要的支出,全靠国家拿钱也不现实。还是要发挥两个积极性,地方可以积极开辟一些筹措资金的途径。比如,想办法适当发展金融事业,有一点自己的融资手段,就很重要。省、市有条件的都要搞好金融事业,要搞自己的金融。这样融资比较容易一些。在现有条件下,首先把合作银行办好,在这个基础上再进一步发展。辽宁这么大的一个老工业基地,没有一点融资手段,将来发展也会很难。有什么条件就先利用什么条件,自己能办多少就先尽量办多少。以后有条件能办得更大一点,就办得更大一点。如果不发展自己的金融事业,天天跟中央叫,要中央给钱,中央也拿不出那么多钱给你。金融虽然是第三产业,但不可轻视。这事你们要多了解有关情况,不要一下子胃口太大。逐步逐步搞,就搞起来了。另外,领导同志,特别是管金融的领导同志,一定要有经营的头脑,不会算账不行,该算账的地方要算得清楚一些。总之,就是要多想一些点子,实实在在把经济搞得更活一点,更好一点。地方适当发展金融事业,既有利于加强宏观调控,也有利于微观搞活。

三、企业改革时不我待,要切实加大力度,解放思想,真抓实干

对国有企业的改革,思想要更解放一点,工作要抓得更紧一点。企业改革是一项十分紧迫的任务,可以说是时不我待,像辽宁这样的老工业基地尤其是这样。国有大中型企业如果改革不好,不抓紧,力度不大,那要搞到哪一年去?再过 10 年一些工厂就要变成一堆废铁了,那时,想改也晚了。一定要下大决心,胆子要大一点,顾虑太多,什么事都干不成。要切实加大力度,真抓实干,尽快把机制转过来。企业改革,经过这么多年的探索,已经明确的各项改革措施,就要真正落到实处，不要停留在口头上和文件中。否则，一晃许多年过去了，现代企业制度还没有建立起来，文件还在，话都是对的，实际问题没有解决，企业都维持不下去了，还是等于零。所以说，方针是明确的，措施也不是没有，就是要实干。已经积累起来的一些经验，本地的也好，外地的也好，都认真总结一下。实践证明方向对头，效果比较好的，就结合实际积极加以推广。哪一条好就用哪一条，哪一点有效就用哪一点，不要等待十全十美的成套经验，那是等不到的。目前试验比较好的，就要在一定范围内推广，让一些单位参考，不必等到全省都成熟了再搞推广。去年和前年，我都在年初去上海看了一看，感觉他们企业改革以及相关的政府职能转变和机构改革步子比较大一点。当然，各地的条件不尽相同，工作也有各自的特点，可以加以比较、综合，找出可行的东西来。我去年在上海也是这么讲，有什么体会，人家来看就给人家介绍。人家有什么问题，该怎么办，让他回去自己研究解决。我想，只要抓紧搞，应该说，国有企业在现有条件下是可以搞好的。不是每个企业都可以搞好，但大部分企业基本都可以搞好。有一部分要兼并，真正难以搞好也无法兼并的就得破产。该破产的我赞成破产，但要尽可能少一些破产，多一些兼并。这样对政府也好一点，社会问题也会比较少。深化改革可能会有一点震动，要注意控制在可以承受的范围内。各个方面顾及到了，事先做工作了，事情就好办一些。辽宁这样重工业集中的老工业基地，改革起来，难度大一些，尤其需要一个艰苦奋斗的过程。你们已经取得了可喜的成绩，踏踏实实干下去，一定会搞成功的。

四、企业要知难而上，敢于竞争，技术改造不能再拖了

在发展社会主义市场经济的条件下，企业要知难而上，敢于竞争。只要把自己的优势利用好，把广大职工的聪明才智充分发挥出来,不仅在国内市场,就是在国际市场上,企业也不怕竞争。你们这里的东北制药总厂搞了一个万吨 Vc 工程,国外同行业的厂家用降低价格的办法来对付。我想,他们这一招终究不会灵验,给我们造成的困难是暂时的。我们在劳动力价格等方面有自己的优势,再加上不断改进经营和管理,其他方面也多想点儿办法,是完全可以顶得过去的。我想强调的是,企业要增强竞争力,不抓技术改造不行。我们相当多的企业,特别是一些国有大中型企业,技术、设备和工艺严重老化,产品单调、落后,技术改造的任务很重,也很紧迫,确实不能再拖了。我看过不少这样的企业,当然也看过状况比较好的企业。这次我到鞍钢去看了一下。鞍钢长时期为国家作出了重要的贡献,近年来改革和技术改造也取得了一些成绩。鞍钢的同志说今后将继续抓紧进行技术改造,步子还要更大一点,这样很好。只有这样,老企业才能焕发新的青春。任何企业都要努力赶超先进水平,技术要及时更新,产品要适销对路,要根据市场的需要不断提高产品的质量和档次。在技术改造上要下大力气,也要舍得花一些钱。我们资金有限,可以多途径筹集,有条件的可以争取上市。筹集来的钱,要集中用到技术改造上,也就是把钢用在刀刃上。已经取得一定成绩的企业,以及技术上起点比较高的新企业,也不要满足,不要放松。技术进步,永无止境,不进则退。只有不断向前,才能经得起国际国内市场的考验。这次我在大连看到高新技术产业有较大的发展,在沈阳也看了类似的企业,这方面要再接再厉,继续抓紧,争取更大的成绩。

在加快企业改革的同时,要抓紧建立和完善社会保障体系。对离退休职工、困难企业的职工、各种形式的待业人员,都要有根本性的妥善的办法。否则,企业改革也改不动。建立和完善社会保障体系,力度要尽可能大一点。我们的财力有限,但也要一步一步尽快搞,不能再拖。国家、地方、企业等都要尽最大努力去做。对于历史积累的问题,国家和政府有责任,包括动员社会各方面的力量,帮助企业解决。这些问题不解决,企业难以前进。这件事,难度是不小的,但终归得去做。坚持下去,一个一个地解决问题,总是可以做好的。

五、树立大农业思想,创名牌产品,使农业长期持续稳定地发展

辽宁的农业总的讲还是好的,希望在现有的基础上进一步发展,搞得更好。对农业,始终要抓紧,任何时候都不能放松。我们国家这么大,人口这么多,农业必须长期持续稳定地向前发展。粮食等基本农产品首先要抓好。农田一定要保护。我们的农田已经被占了不少了,一定要严格控制。如果因为基础设施建设不得已占掉一些,就要尽可能想办法弥补。在抓好粮食的同时,要把多种经营进一步搞上去,也就是坚持和贯彻大农业的观点。把山山水水都充分利用起来,发展种植业和养殖业等。适合种什么就种什么,适合养什么就养什么。

多种经营要努力提高水平,要长期稳定地发展,眼界开阔一点,面向国内国际两个市场,搞出适销对路的产品。关键是要利用科技成果,不断改良品种,提高产品质量。现在山东等地的水果搞得比较好,规模不小,品种也在不断地改良。这是正常的,总是要不断地改进。粮食也要不断地改良种子,否则种子退化,生产也不容易上去。在提高质量的基础上可以努力创造名牌,不仅是国内的名牌,也可以争取搞出国际名牌。中国这么大,我看农产品完全有条件搞出世界名牌。要有这个志气,打出去占领国际市场。辽宁的苹果和大米,通过努力,就可能搞成名牌。

对农民,我们要搞好服务,包括提供信息,进行指导,等等。还要特别注意保护他们的积极性。有时候,某种东西生产多了,比如蚕茧等,也不能无限制地压价或者干脆不收了。那样容易伤农,对长远不利,比如对来年的生产就可能产生消极影响。注意保护农民的积极性,同时也根据市场的行情对他们的生产和经营进行引导。

六、大力发展乡镇企业,逐步搞好小城镇建设

乡镇企业,还是要大力发展。这对于发展农村经济,对于城乡经济的结合都十分重要。同时,我们农村剩余劳动力不少,通过发展乡镇企业,也可以利用一部分,发挥他们的作用。已有的劳动力资源,要积极利用起来。像东北地区,冬季特别长,尤其要把劳动力组织起来搞一点建设,比如修公路、修水利、搞农田基本建设和其他适于在冬季进行的事业。现在发展乡镇企业,起点和要求都可以更高一点。要注意吸收其他地区的经验,从本地的实际出发,上一个新的档次。辽宁有良好的条件,农业基础好,工业实力强,这些优势都把它充分利用起来。搞乡镇企业,可以同农村的多种经营和农产品的加工联系起来。听说,你们这里也在这样做了,我觉得这个办法挺好。这个办法外国企业可以用,合资企业可以用,我们国家的企业也可以用;国有企业可以用,乡镇企业也可以用。当然由于条件不同,规模、水平可能不一样。但乡镇企业更靠近农村,办起来也有更方便的地方,开始规模可能小一点儿,逐步发展嘛。另外,发展乡镇企业也可以同国有企业的生产和经营配合起来。辽宁国有企业多,有些产品的某些零部件,甚至某种半成品,如果划得来的话,也可以请乡镇企业去做,还有其他方面的一些业务也可以进行合作。当然,要提出技术等方面的要求,要达到规定的标准。我感觉,总的来说,辽宁发展乡镇企业还是大有可为的。

在发展乡镇企业的基础上,可以把小城镇建设搞起来。中国有些城市太大了,问题很多。对中等城市现在就要控制,不要让它再膨胀。我主张积极发展小城镇,使星罗棋布的小城镇成为农村政治、经济、文化、娱乐、信息和服务的中心。当然,小城镇建设也不要一窝蜂地上,要根据条件,合理规划,逐步逐步地搞。小城镇如果把各方面的设施搞得好一点,环境搞好一点,卫生也搞好一点,若干年后,人们就会感到在大城市生活还不如在小城镇好。总的说,把小城镇建设搞好,对我们国家的发展具有重要的意义,对城市经济、农村经济,都有很大的好处,整个国家的面貌都会有很大的变化。

抓住时机，加快发展[*]

（1996 年 7 月 25 日）

大连发展比较快，情况是很不错的。这两天的印象和所听说的是一致的。所以也觉得很高兴。昨天我去看费老费孝通①，他的印象是大连发展是很快的。昨天晚上又去看了万里委员长，他也认为大连发展挺快。当然他们年纪大了，不能看很多企业，我相对多看了些，我的印象也是比较好的。比 4 年以前有比较快的发展。

一、国际斗争要坚持原则，不受干扰，冷静处理

我们国家所处的国际环境，总的来说还是比较好的。国际上我们外交斗争取得胜利比较大，比较有利于我们加强经济建设，有一个和平的国际环境。前几年我们最主要的问题是台湾问题。跟美国因为台湾问题闹了别扭。美国给我们找了一些麻烦，我们也顶了他一下，现在看来，这个事情高峰过去了。美国还采取其他一些措施想整我们一下，比如最惠国待遇。克林顿上台以后，我见到美国民主党议员，对最惠国待遇，我也提了，后来我发现镕基同志也讲了，最惠国待遇是贸易问题，跟其他问题不要联系在一起。年年扯，没完没了。最好一劳永逸，把这个问题解决。就是你脱钩，不要把这个问题和其他政治问题联系起来。本来是双方互相给最惠国待遇，并不是单方面

---

* 这是乔石同志在大连市考察时听取市领导汇报工作后的讲话节录。
① 费孝通，著名社会学家，曾任全国人大常委会副委员长、全国政协副主席等。

恩赐。后来克林顿把挂钩的问题脱钩了。不过现在共和党上来了,又扯上这个问题。去年下半年和今年上半年,美国对华政策有一个集中的讨论,最后综合起来还是要搞好关系。尽管事实上还在想一切办法遏制中国的发展强大,但还是不得不把姿态放下来,最惠国待遇定下来,因为他们两党的意见还是一致的。

再有是知识产权问题,给我们施加压力,说我们还有多少厂没关,就是盗窃他们的知识产权。本来这个问题我们采取很得力的措施进行解决,但是美国非要对我国进行制裁。你既然要制裁,我也要反制裁。我们挑美国到中国投资最大的项目制裁。后来美国也不想制裁,就想和我们谈判,最后双方互相取消制裁。有问题继续谈判解决。他们公开说保护知识产权方面,中国有了比较好的进展。

人权问题将来是一个长期的问题,他们要我们按照他们对人权的认识来认识人权,但我们有我们对人权的认识,而且不能脱离我们国家的实际情况。前几年有一个说法,我倒是有所保留。我不太赞成人权问题就是一个国内问题。因为你宣布单是国内问题,那么世界人权会议你参加不参加。有些共同的文件你签署不签署,同意不同意。这两年不太说了,不说也就算了。这个事你说得不圆满不好。我们还是强调对人权是很重视的,但是人权问题不能离开每一个国家实际情况,更不能作为一个国家干涉另一个国家的借口和理由。

再有我们代表团出去,有时会遇到有人就我国西藏问题和人权问题进行游行。我出去也碰到过。那年我到澳大利亚,参众两院请我们吃饭。吃完饭就参观,参观过程中进来一帮人,就喊"西藏独立"、"汉人从西藏滚出去"的口号。咱们的翻译一句也不翻,我只能靠自己听了。我还是听了几句。原定参观时间是 20 分钟,后来我们提前 5 分钟走了。下午见总督,他们说见总督是礼仪性的。但是我想不表态也不好。我就对总督说,希望我这次访问不受任何干扰。他听出我的意思,临结束时,我说澳大利亚应该是有秩序的国家,你乱糟糟的不行。我的这个意思也对在野党领导人说了,在野党领导人说应该是有秩序的。所以到了晚上他们请我吃饭的时候,说今天他们处理得不好,有些事情搞得紧张。基廷总理也知道了。下午参院开会,基廷很生气地说,参院怎么搞的,弄得乱七八糟。声音也很激动。所以艾文思说他们接待没搞好,一会儿总理来见我。我说明天我就和总理见面,用不着。如果他要提前见我,我提前去也可以。有一些西方社会的现象,你要禁绝也做不到。

今年上半年到加拿大,我到大学领名誉博士学位,我也不是有这个爱好,也不是因此就是博士了,但是他们1993年就提出了。去了以后,不领也不好。但结束后,门口有一些人喊"西藏独立"的口号。我们的同志说把他们弄走,只要看不见,听不见就行。但看不见,听不见是做不到的,他们是经合法批准的。有些事情该斗争就斗争,有些事情不干扰正常活动也就不要去多管。这种事将来还是会碰上的。

那一年,我到德国,巴伐利亚州有一个市长要见我,上午才到,下午就要拜会。市长讲起人权来教训我,我就跟他摆龙门阵,讲道理。他就不讲了,一直把我送到门口。那次联邦德国总理科尔同我谈话很客气,他谈得很好。最近德国议会又通过所谓西藏问题的决议,我们不能不表态。表了态又采取了措施,把金克尔外长的访问推迟了。但不影响中德关系。"政治风波"之后第一个带大批企业家到中国来的还是科尔。当然有些问题,如涉藏问题以及一些有关意识形态方面的问题可能对两国关系还会有影响。但我们有一个原则,就是:坚持原则,不受干扰,冷静处理。按照这样的原则,国家关系还是能处理好的。那年在访问德国之前,访问瑞士,宾馆、警卫都是他们找的。结果半夜一点半，有人找到曹志①，说接到电话，有定时炸弹，两点左右爆炸。他们说也不知道真不真，是不是考虑搬一下，曹志找都没找我，他说我们到这来，是你们负责的，我们不搬。第二天清早，他把这件事告诉我，我说好，应该这样顶回去。一个恐吓电话就把我们吓走了，还算什么中国人呢？第二天，他们的议长赶到苏黎世说明情况。这样的事我们恰当地冷静处理就好了。

二、深化企业改革，脑子要活一些，力度要大一点，胆子要大一点

大连的经济还是比较有发展前途的。前几年发展势头还是很好，很快。大连作为北方重要港口，大连发展不仅关系到辽宁省，还关系到东北地区，同时也关系到附近省市的发展。所以，希望大连在过去发展基础上更进一步向前发展。我的印象，发展快是好事，我们要把抓住时机、把加快发展作为主要任务。讲到底还是基本路线，还是以经济建设为中心，各省市不抓住这个，那无从谈起了。大连这几年总的改革逐步深化，包括国有企业取得一些成绩，很重要的一点是大连的经济发展比较快，招商引资效果也比较好。希望今后继续利用目前有利的形势，加快经济发展。我们现在形势比较稳定。世界银行也有个评价，说我国达到了"软着陆"的要求。世界银行有这么一个评价很重要，明年准备给我们30亿美元贷款。当然30亿美元铺到中国大地上来呢，还是很小的一个数，不能寄予太高的希望。以前我同姚依林谈过，他认为，世界银行贷款还是划得来的，还款期很长，利率很低。还款期有时到25年、30年，只要拿得到总是划得来的。利用外资对我们发展经济还是有好处的。

国有大中型企业现在开展的深化改革的力度还是比较大的，我赞成深化改革力度大一点。辽宁省是老工业基地，国有大中型企业

---

① 曹志，时任全国人大常委会秘书长。

如果改革不好,不抓紧,力度不大,拖到哪一年去?再过 10 年一些工厂就要变成一堆废铁,还怎么改造?要千方百计地把国有大中型企业深化改革事业推向前进。大连市有一个好处,土地价格正在增值,市中心区当然更增值,北京王府井有一阵土地租价高得不得了,如果是合理地增值当然是应该的,这可以给你开辟一批财政来源。昨天看造船厂,新的造船厂建起来,但在资产和负债中的部分,土地增值没算,把这块算进去,账目就不一样了。这个不仅是账目上的问题,有一个企业管理的观念没有转变。到了新的条件底下,但观念没有转过来。这也不能怨造船厂的同志,是我们讲得不够吧。多讲一讲,他可能注意这个问题。像这样一些问题,国有大中型企业,应该说在中国的条件底下,改革是可以搞出来的。不是每一个企业都可以搞好,但是大部分基本都可以搞好,有一小部分要兼并。真正难以搞好和兼并的就得破产。我也赞成破产,但是要少一些破产,多一些兼并。这两年我都到上海。上海是多兼并,少破产,这样对政府也好一点,社会问题也比较少一点,全市舆论工具都动员起来讲这些问题。军嫂、空嫂都在讲,就是讲转业问题。一精简人员,女同志往往首当其冲,老企业负担太大。国家和政府有责任帮助解决过去企业历史积累的问题。这些问题不解决,包袱太重,难以前进,这个力度我赞成大一点,当然也要在我们社会财政能力能够承受的范围以内,力度尽可能大一点。承受不了那也不行。真没钱揭不开锅,那大家都成问题。另外离退休职工到国庆节、春节去慰问,送温暖,社会影响总还是好的,但不解决基本问题,最根本的是要把国有企业的包袱卸下来。搞企业改革,脑子要活一些,当然我们还是要坚持社会主义公有制为主的原则。改革深化力度要大一点,胆子要大一点,不能顾虑太多,顾虑太多那就什么都做不了,这样没有什么好处。大概上海的国有大中型企业改革力度和进展都是比较快的,今年上半年已经动员到市一级机关,当然你们的层次还是多一点,具体情况不一样。与此相关的,有一个政府精简的问题。政府精简的方案,征求过我的意见,我说政府不要做企业的总代表,不要管得太细。企业改革从根子上说还是受到制约的,要努力消除这些制约。应该说国有企业改革只要决心大、力度大是可以搞好的。力度大的范围就是我们社会财政可以承受的范围,否则引起社会动荡也不好。

三、农业要面向国内国际两个市场,创世界名牌

农业问题,还是要搞大农业、搞两个市场,既面向国际市场,又面向国内市场。你们苹果种得好,要不断改良品种,逐渐创造名牌。我就不相信这么大的中国,苹果都生产不出名牌来。美国柑橘,他的名牌是我们从福建引去的,经过他的改造成为世界名牌。我们马上搞可能有困难,但是将来要有这个目标,搞产业化以后,要有自己的名牌。柑橘这几年发展相当快,整个大农业都在向上发展。当然要改进的地方还很多。大米也可搞出一些名牌,我看辽宁地区、东北地区,大米还是很有希望的。香港有小包装大米,名牌大米可以这样搞。农业要逐渐产业化,搞得精一点,质量上逐渐创造名牌,我看苹果、柑橘都可以。这两天我询问过,农业展览馆讲苹果还是陕西的最好。不太高的山,要把经济林搞起来。各种都可以搞,只要有利于生态环境,有利于水土保持,有利于经济发展。农业、种植业、养殖业可以全面向前发展。当然城市还有绿化的问题,山区也有个绿化的问题,要把水土搞得更好。

我主张搞小城镇,积极发展,但要有规划地搞,不要搞运动。条件成熟时把小城镇建起来,使之成为政治、经济、贸易、信息、服务的中心,同时也把卫生搞好一些。可能有朝一日在大城市生活,不如在小城市生活。现在欧洲已经是这样。小城市发展也含有防止大城市过分发展的因素。可以减少人员每年大的流动。因为农村用不了9

亿劳动力。最后我顺便说，12亿人口，国家很难治理，也是造成我们穷的很重要的原因。但劳动力多也要看作是丰富的资源，可以利用起来多搞一点项目，像东北、黑龙江，冬天有半年，那就多搞些农田基本建设，这个问题要积极地去看。要把农村建设好，这是长久之计。

四、省、市要创造条件把金融搞起来

省里、市里有条件要搞好金融，要搞自己的金融，这是我个人的意见，中央也没商量过。金融还是要充分调动两个积极性比较好。前两年我批评人民银行，计算机联网到现在还没联，为什么不联网，是计算机不够，还是钱不够，什么原因，说不清楚。地方也得搞点金融，这样融资比较容易。能上市的国有企业，要上市一部分，这是融资的一个手段。中国股票要成为市场，那香港股票都不能比，有条件的就上市。在现有条件下，把合作金融搞好，在这个基础上再进一步发展。辽宁这么大的老工业基地自己一点融资的手段也没有，那你将来也很困难。有什么条件就首先利用什么条件，没有条件，要创造条件。把金融搞起来，虽然是第三产业，但不可轻视。领导同志，特别是管金融的领导同志要有经营头脑，要关心起来。我们人民银行长期在计划经济体系底下，要多少钱，我就发行多少钞票，发行多了，大家就有意见。宏观调控，也要靠银行。理财要越理越多，要走正道。这就靠本事，要有才能。共产党这么几十年，不会算账不行，该算账的地方要算得清楚一些。这也是发展经济很重要的一个方面。

最后，大连市很多同志都在，请转达我对大连的共产党员、人大代表及全体市民的问候。

中西部地区面貌
要有一个大的改变*

（1996 年 8 月 19 日）

这次来甘肃，与上次相隔 7 年，时间比较长一些。来了以后，到一些企业和农村看了看，给我留下了比较深刻的印象。甘肃各族人民在省委、省政府的领导下，在很困难的条件下艰苦奋斗，做了大量的工作，使甘肃的面貌有了比较大的改变，也创造了许多好的经验。特别是在"八五"期间，在各方面都取得了新的发展，这是很可喜的。

一、中西部地区要把潜力和优势充分发挥出来，加快改革开放，使经济发展得更快一些

目前的国际国内形势，总的来说，对我们集中精力加快经济发展是有利的。要紧紧抓住这个难得的历史机遇，把经济建设和各项事业搞上去；不但使沿海地区，而且使中部地区、西部地区都能够发展起来。中西部地区干部、群众改变面貌的愿望强烈，国家也很重视支持中西部地区的发展，这些地区发展潜力是大的，把优势充分发挥出来，加快改革开放的步伐，经济是可以发展得更快一些的。同时，对于中西部地区与沿海地区的差距要有一个清醒的、实事求是的认识。这些差距有很多是历史形成的，也有地理的原因、自然环境的原因等

＊　这是乔石同志在甘肃省考察期间听取甘肃省委、省人大、省政府工作汇报时的谈话节录。

等。我们一方面要切实抓紧,采取切实可行的办法,努力逐步缩小它;另一方面,不能以为差距可以在短期内就很快消失了,不能太急。我们要真正从实际出发。中西部地区的发展有许多具体条件的限制,不是主观上想怎样就能怎样的。克服这些限制要力戒主观主义,要以科学的态度,按照事物的客观规律,踏踏实实一步一步地走,使问题逐步得到解决。这样,通过一代、两代甚至三代人的奋斗,使面貌有一个很大的改变,同沿海的差距有一个明显的缩小。彻底改变甘肃面貌,要做长期艰苦奋斗的打算。小平同志说,坚持基本路线100年不动摇。我看100年对甘肃的经济发展来讲不算太长。如果从新中国成立开始算起,已经过了将近50年,剩下也就50来年了。这几十年要把甘肃的面貌有个大的改变,也是一件了不起的事情,也不容易。这次我也到定西地区看了一下,很有感想。这个地区历来是比较贫困的,经过党领导人民艰苦奋斗,这些年在改造自然条件方面取得了可喜的成就,有了相当的进步,但发展的任务还是很艰巨的。现在甘肃在省委的领导下,领导班子都比较协调、团结,人民群众积极性也比较高。今后继续踏踏实实地把各项工作做好,一定可以一步一步地把甘肃建设起来。

二、钢要用在刀刃上,筹集来的钱,要集中用在技术改造上

发展经济,比较关键的是提高质量,提高素质。该上的项目要争取上,但也不要片面追求铺新摊子,不要单纯追求数量上的扩大。我们这个国家,资源既多又不多,人均占有资源除了煤炭以外,其他都不多。石油资源不能说已经算清楚了,但看起来也不是丰富得不得了。当年说搞十来个大庆,如果要搞也搞不起来。钢也是这样。从全国来讲,现在钢主要不是数量的问题,也不是继续铺新摊子的问题,而是提高质量、解决品种的问题。鞍钢现在明确不再追求数量了。他们强调进行技术改造,提高经济效益,这样就很好。你们是一个比较穷的省,经济的发展要实事求是地根据具体的条件量力而行。有条件上新项目当然好,上一项就要抓好一项。新项目上很多,也不大可能,不现实。已经有的项目,要用很大的精力去抓改造,抓提高,这方面的潜力是很大的。我到你们三毛集团有限责任公司去看了一下,这个厂比较注重科技和质量,目前精纺产品搞得最好的,也还是中上水平,严格地说还没有达到高档水平。企业的技术改造,要放到十分重要的位置。甘肃大部分大中型国有企业是50年代或搞"三线建设"时期兴建的。几十年来,它们为国家的社会主义建设做出了宝贵的贡献。但这些企业都不同程度地存在着技术、设备和工艺严重老化,产品单调、落后的问题。技术改造的任务很重,很紧迫,必须抓紧时间集中力量来抓。否则再拖下去,摊子越铺越大,而技术越来越落后,产品在市场上没有竞争力,企业就无法维持下去,改革的难度也会越来越大。机械制造和原材料加工业是这样,基本建设也是这样。我曾经碰到一个例子,葛洲坝竣工以后,施工队伍留在那里。他们说要到全国各地去包工揽活,并且希望三峡工程早一点动工。现在三峡动工了,我问他们承包到多少工程,他们说数量很少,许多工程他们没有能力承包。我说你再不改造提高,将来这支队伍怎么办?你今年盼三峡,明年盼三峡,盼了十来年,盼到了,你又只能承包那么一点。三峡这么大的工程你都拿不到多少,其他工程你还能拿到多少? 还比如,大连造船厂、上海江南造船厂订单都不少,因为我们的焊接技术还可以,劳动力价格又便宜。但人家指定要其他国家生产的油漆和柴油机以及导航、声呐等设备,不用我们的,而要用人家的。这样我们实际上赚钱就少了。纺织工业也是这样,比如丝绸业,蚕农的蚕茧不好卖,有的地方把桑树都砍了,原因是蚕丝太多了。蚕丝多是可以预见到的,10年前我到瑞士,我国驻瑞士大使就告诉我,国际市场上我们的蚕丝占的比重已经达到90%多了。咱们国家从南到北都养蚕,生产那么多的丝都放到国际市场上,量那么大,市场消化不了只能落价。落价销售人家还说你倾销。看来要解决问题只有把两个市场都利用起来,国内市场也要开辟出来,同时要注意解决丝织品适合市场需要的问题。总的看,我们国家的机械加工业,包括造船、飞机、汽车制造业等,摊子不能再往大铺了;现有的规模,搞技术改造,也是很艰巨的。国家财力有限,铺新摊子一定要慎重。即使技术改造的资金,中央也实在拿不出很多。资金上的困难,要多途径筹集解决。比如适当地发展一点地方的金融事业,有一点自己的融资手段。发挥中央和地方的两个积极性总比只等中央给钱要更主动一点。有条件的企业也可以争取股票上市。筹集来的钱,要集中用在技术改造上,钢要用在刀刃上。尤其是一些老企业,技术改造的任务更重、更迫切,更要集中力量重点抓。技术进步是没有止境的,不进则退。在市场经济条件下,企业要增强竞争力,就必须不断进行技术改造。只有掌握了先进的技术,不断提高产品质量和档次,同时加强管理,才能经得起国内国际市场的考验。

国有企业的改革,要抓紧进行。这一点我在很多地方都强调过了,今天就不多说了。搞好国有企业,出路就在于深化改革,实现"两个根本性转变"①。这条道路一定要坚定不移地走下去,不要犹豫,不要害怕。我不大赞成光是念叨国有资产流失。关键是要抓紧采取改革措施。否则,你天天念叨也没用,念叨 10 年国有资产全都流失完了。就是得胆子大一点,思想解放一点。建立现代企业制度,要根据各地的具体情况,依靠群众,大胆探索,在实践中寻找路子和办法。各种比较有利的形式都可以尝试。实践证明基本方向正确、

---

① "两个根本性转变",即 1995 年 9 月党的十四届五中全会提出的经济体制从传统的计划经济向社会主义市场经济体制转变,经济增长方式从粗放型向集约型转变。

路子对头、效果较好的经验,就要及时总结,结合实际加以推广。要通过大胆实践,使国有企业,特别是大中型企业改革速度尽可能快一点。

三、甘肃一定要把农业的基础打好

农业必须作为整个国民经济的基础,长期坚定不移地抓下去。像甘肃这样的省份,一定要把农业的基础打好。这需要长期坚持不懈地努力。甘肃的特点是干旱缺水,很多地区的自然生态条件对农业相当不利。你们根据本地区的特点,结合实际条件摸索出了兴修水平梯田、雨水集流灌溉、地膜覆盖保墒等办法,这是很好的。通过种草种树,"反弹琵琶",逐步改善生态环境的做法,看来也是比较符合实际、比较可行的。如果引洮工程能够搞起来,农业的基础就会更好一点。我在1958年来时,正是搞引洮上山的时候,但是后来搁下来了,一搁就是好几十年。现在你们的这个方案,比当时的方案要更现实一些、更合理一些。总之,要有长期打算,规划好,事情一件一件做好,搞扎实。这样逐步逐步抓下去,一定会搞好的。今年因为雨水充足,农业可以说丰收在望了,但不可能年年都风调雨顺。要立足于发生自然灾害,甚至比较严重的自然灾害。从长远看,要保证农业生产的稳步增长,必须增强抗御自然灾害的能力。

四、干部一定要以身作则,保持艰苦朴素的作风

我们这个党,宗旨就是为人民服务,除了人民的利益外,没有自己特殊的利益。党的干部,任何时候都要保持和人民群众的血肉联系,与群众同甘共苦,丝毫也不能脱离群众。贫困地区尤其要注意。各级党的组织和党员,特别是各级领导干部要十分关心群众的疾苦,努力解决群众的困难,带领他们早日脱贫致富。干部一定要以身作则,保持艰苦朴素的生活作风,并坚决同各种腐败现象作斗争。我还想强调一点,为了人民的利益,我们必须坚持实事求是。小平同志最

令人钦佩的,就是他一直主张坚持实事求是,对就是对,不对就是不对,对的就坚持,不对就坚决纠正。同时,抓工作一定要实在,不能停留于文件和讲话上,形式主义决不能搞,任何事情都要抓落实,切切实实带领人民群众干实事,扎扎实实地向前进。我们这么大的一个党,历史很长,将来的道路也很长。我们必须保持和发扬党的优良传统,把我们的国家建设好。

把发展经济和解决人民生活问题
放在头等重要位置*

(1996 年 12 月 12 日)

　　乔石（以下简称乔）：欢迎南非非洲人国民大会（非国大）的同志们到中国来访问。你们是新南非诞生以来非国大派出的第一个来中国访问的正式高级代表团，也是我们两国关系正常化之前到中国来访问的一个友好的、很受重视的代表团。

　　谢瑞尔·卡罗露丝：首先，我对您抽时间会见我们表示感谢，同时，感谢你们同志般的热烈欢迎和款待。我们这次重要的、历史性的访问是在我国赢得自由后成行的。我们需要学习你们的经验，使我国在民主化过程中顺利完成任务。目前我们正在同帝国主义、殖民主义留给我们的残余进行斗争。中国在世界上正发挥着重要作用，我们非常重视中国在建立新的世界秩序方面发挥的作用，以及在为民主下一个正确的定义方面所发挥的作用。

　　我们两党之间有着非同寻常的关系，我们之间的关系是同志般的关系，我们对许多问题有着相同的看法。在过去的岁月里我们结下了深厚的友谊，这种友谊还将继续下去。我们两党可以在两国关系正常化进程中发挥重要作用。我希望这次访问后，我们都能采取

---

*　这是乔石同志在会见由副总书记谢瑞尔·卡罗露丝率领的南非非洲人国民大会代表团时的谈话节录。

切实步骤,为实现两国关系正常化而努力。我想借此机会感谢中国党和政府在种族隔离时期对非国大和其他党派的南非人所给予的帮助,正是由于中国的帮助,现在这些人在南非重建中发挥着重要作用,我们珍视中国给予我们的援助。

乔:感谢副总书记友好的讲话。在过去几十年中,中国党给予了非国大同情和支持,对你们的感谢,我们完全理解,但我认为这终究是过去的历史了。你们斗争取得胜利很不容易,也付出了代价,这点我比别人了解得更清楚。我们希望南非非国大今后能够像新中国成立初期毛泽东同志说的那样,革命胜利仅仅是万里长征走完了第一步。当然,毛泽东同志已经去世了,他的很多战友也去世了,但他的这句话大家记得很清楚,当时是正确的,过去几十年实践证明也是正确的。我们的理想是把中国建设成为社会主义人民共和国,这是很不容易的。虽然毛泽东同志讲了这么明智的一句话,几十年以后还证明是正确的,但也不能说他在以后没有发生任何缺点和偏差以至于错误。我相信你们几位一定知道中国搞过十年"文化大革命"。然后我们认为需要做些改变,就是要从党中央开始更进一步地总结过去的历史经验教训,同时,严格地从中国的实际情况出发来确定中国未来的发展道路,于是 18 年前我们开始了改革开放。现在看来,在开始改革开放之前我们并不是一点成绩没有,而是成绩巨大,比如卫星上天,原子弹试验成功都是我们自己摸索出来的,成绩当然非常巨大,而且改变了整个中国的面貌。但我们走的路子并不是始终正确的,特别是"文化大革命"使国家陷入了灾难的深渊。1978 年以邓小平为代表的我党第二代领导核心提出要全面、正确评价毛泽东同志,也提出怎样看待"文化大革命"。他提出毛泽东同志功大于过,后来这个评价被全党接受,并写入到历史文件中。对于"文化大革命",我们是全面否定的,我们把毛泽东本人的错误和林彪、"四人帮"两个反革命集团的错误区分开来。这个区分开来非常困难,比如医学上动一个脑部手术,必须把脑子里的肿瘤从脑子里剥离开,如果剥离开后又发现第二个肿瘤,还要谨慎地把第二个剥离开,否则不容易分清楚,我们做到了这点。我们花两三年时间作出了《关于建国以来党的若干历史问题的决议》,被全党所接受,并在广大发展中国家中产生了很好的反应。与此同时,我们带领全党全国人民走上以经济建设为中心的改革开放的道路。中国人口众多,我们有 12 亿人口,是世界上人口最多的国家。要领导这样的大国走改革开放道路,必须否定过去一些旧的东西,旧的东西一部分是旧社会给我们遗留下来的,你们也有旧时代遗留下来的东西;一部分是我们从苏联学来的;还有我们自己指导思想上发生偏差和错误造成的后果。有人不太理解,为什么苏联垮掉了,中国共产党却没有垮,经济反而得到了发展。世界上共产党执政的国家有不少随着苏联的解体而垮掉了。我们中国共产党就是在否定过去一些不适合中国国情的错误的东西后,确立了新的发展道路而逐步发展前进的。比如,在农业方面,我们恢复了 60 年代初农民提出的包产到户的做法,这就充分调动了农民的积极性,提高了粮食产量。1962 年刚有人提出包产到户时就遭到了批评,"文化大革命"中干脆当成错误路线批判,一直批判了 10 多年。我党 1978 年开展了实践是检验真理的唯一标准问题的大讨论,只要人民群众通过社会实践证明是好的对的我们就办,不对的就否定,不管是谁说的。我国 12 亿人口中有 9 亿人口在农村,如果农村不稳定,那全国形势就稳定不了,没有粮食吃全国人民就不可能稳定。实行包产到户后,很快改变了农村落后的面貌,粮食获得了丰收。随着劳动生产率的提高,农村富余大量的劳动力,于是我们开始办乡镇企业。在农业和乡镇企业发展起来后,我们正集中力量解决国有企业的改革问题。我国国有企业比较多,我国钢产量已达

8000多万吨,达到9000万到1亿吨也不困难,其他工业也发展得相当快,像铁路、高速公路等都在蓬勃发展,机械加工企业已经有几十万个。对外贸易发展很快,我们正进一步深化外贸体制改革,中国将成为一个贸易大国。所以,作为执政党首先应把发展经济、解决人民生活问题放在头等重要的位置。当然跟南非比,中国资源相对不足,你们国家的资源比中国丰富得多,全世界都知道南非资源丰富,发展很有潜力。你们发展经济还要从南非的实际情况出发。我们有时也感到有些工作是很困难的,但我们只能在这块土地上解决粮食等各种问题,只能现实地考虑问题,不能依靠幻想过日子。执政党不容易,我们执政40多年什么事都得管,哪方面关心不到,群众就有意见,你就得重视,但一下子都解决好还有困难,也不那么容易做到。在工作中有时也会出现一些缺点和误差,只能通过实践获得经验,作为执政党没有任何缺点是不可能的,只有在不断总结经验、改正缺点的过程中使自己变得更聪明,做得更正确。我们取得了不少成绩,但同时我们面临的任务始终是非常艰巨的。

在对外政策方面我们也碰到一些问题。苏联存在时,苏联和美国是大家公认的两个超级大国,中国不那么显著,美国为了反对苏联,还想和中国改善关系。现在苏联解体了,一批共产党执政的国家也跟着苏联垮了,中国对外政策面临冷战后非常复杂的局面,我们要花很大的精力来研究。一方面,中国是一个大国,又是一个发展中国家,需要加快建设;另一方面,我们又需要尽可能地关心、帮助世界上的其他国家,但并不是说一切都能办到。明年7月1日香港将回归祖国。这也是个复杂的问题。邓小平同志创造性提出"一国两制"的思想解决香港问题。我们将如期恢复对香港行使主权,这不会有什么问题,即使有困难,我们还可以逐步解决。香港回归后必须把它治理好。香港有630万人口,如果搞不好,经济衰退了,那就麻烦了,我们负担非常重,这600多万人口每天什么都得供给,非常困难,很不容易。昨天有一件在香港历史上史无前例的事,就是第一任行政长官选举产生了。这位行政长官的工作很不容易,因为600多万市民的要求是很高的,我们一直做各方面的工作,使香港顺利地如期回归。当然,香港搞好了对全世界的影响非常大,所以,一定要搞好,但如果搞坏了,影响就更大了,不是很容易搞好的。当然,我们会支持他的工作,但不是想搞好就一定能搞好的,搞不好乱起来也够麻烦的。如果这些问题不当成一件大事来处理,弄不好就会出问题。在香港回归两年后,澳门也将回归,双方已经达成协议,现在看问题不大。

我们还准备耐心地做工作,争取实现与台湾的统一,完成全中国的统一大业。第二次世界大战结束后,重要的国际文件上都明确规定台湾过去被日本帝国主义占领,应该归还给中国,这都是明确的。现在台湾有一些人想搞独立,实际上美国和日本想利用台湾牵制、制约中国,把台湾当成永不沉没的航空母舰。所以,在对待"台湾独立"的问题上我们不能有丝毫的含糊和放松。我们党和国家领导人曾多次说过,我们希望与台湾实行"和平统一、一国两制"。旧中国时台湾就是一个省,不是一个国家。后来由于中国被帝国主义侵略,日本就占领了台湾。上个月我出访前会见了津巴布韦的议长先生,他对你们有点了解,同时,也想问问我们在台湾问题上的态度,我们吃饭时他跟我提起这个问题。我跟他说,我们的方针是"和平统一、一国两制"。在这个问题上我们没有退让的余地,任何人和党中央领导集体在涉及民族统一的问题上都不会有丝毫的让步。津巴布韦的朋友跟我们的关系很好,我告诉他们,我们与非国大关系的历史比与津巴布韦长多了。过去几十年来,非国大为了发展与中国共产党的关系,为了寻求在南非取消种族隔离制度,为了南非人民的解放,很多人牺牲了,有的人奋斗了一辈子,现在已经老了。

最近,曼德拉总统公开宣布将与中国建交,对此我们表示欢迎。世界上绝大多数国家承认中华人民共和国政府是中国的唯一合法政府,这是一个主权归谁的问题,我们没有让步的余地,不能说我们之间关系好,我们可以商量怎么办,没有个别处理这个问题的可能性。我们两党有很好的关系,今后我们仍将抱着同情、友好的态度对待你们。我相信,你们理解我们在台湾问题上的立场,我们的立场一直没有改,也不能改。在这个问题上,我们与美国谈了几十年,我们花了这么大的耐心,跟任何一个国家都没有讨论、退让的余地。总之,在这个问题上我们没有任何退让的余地。在台湾问题上,我们要自己解决,不能有外来干涉。从中美建交到现在,美国一直希望中国承诺不使用武力。我们一定会尽可能争取和平解决,但我们不能承诺在任何时候、任何条件下都不使用武力,因为如果解决不了,逼得我们没办法了,那就很难说了。今年3月,台湾进行"总统"选举,我们举行了军事演习,打了几颗导弹,但我们没有别的意思,也不想跟台湾打仗,我们只想明确地告诉美国人,如果你支持台湾独立,那么,我们也没有承诺不使用武力。当然,我们并不希望这样,我们还是争取"和平统一、一国两制"。如果美国和日本敢在这个问题上公然支持台湾,那我们也只能豁出去,因为我们为了祖国的统一,而不是侵略别的国家,为什么要害怕? 当然,这是在不得已的情况下。去年有人说中国的乔某人喜欢打仗,我不是这个意思,我从来不喜欢打仗,打仗有什么好,我们希望"和平统一、一国两制"。我们在继续争取用和平统一的办法来解决。你们对台湾与大陆的和平统一所表示的关心,我们也很感谢。要实现与中国关系正常化只有一条途径,就是与中华人民共和国建立正式的外交关系,与此同时,我们对你们与台湾发展经贸等民间往来不提异议。当然,我说的这些非国大的朋友们都很清楚。

旧政权遗留给你们的一大堆问题你们要从南非的实际情况出发逐步解决,太着急也不行。贵国总统可能更关心本国的经济利益,这也可以理解。我们两国关系正常化后,在建设国家方面我们有很多的交流机会,介绍彼此的经验,我们中国只是介绍我们的情况和经验,你们还要从本国的国情出发自己拿主意。我相信,你们只要从南非的实际情况出发,依靠南非各族人民,即使有些困难也是可以克服的,南非经济建设可以不断向前发展。很对不起,我讲得太长了,我们的经验只能供你们参考,国家间的差别很大。

我们今天走的这条发展道路
是符合中国国情的[*]

（1996 年 12 月 13 日）

希望你们在中国多了解一些情况，光讲讲不清楚，还是自己亲自看一看好。另外，我们两国的情况也不一样，中国不但地域辽阔，而且人口众多，所以，碰到的问题也特别多。

古巴有很好的传统，你们与人民群众的关系一直是比较密切的。几十年来，卡斯特罗主席带领古巴人民进行了各种复杂的斗争，树立了非常好的作风。今年上半年我访问古巴，在离开古巴回国的路上与阿拉尔孔同志谈了我的想法，中心意思是希望古巴永远保持与人民群众的密切联系这样一种好的作风。

就中共来讲，经过几十年的武装斗争最后取得革命胜利也是很不容易的。共和国成立后，我们摸索走一条适合中国国情的发展道路，进行社会主义建设。可以说，一直到 70 年代末，我们才找到这样一条路。这条道路的中心是带领人民群众把经济建设搞上去，使国家的经济实力逐步增强，人民生活逐步改善。从过去 18 年的实践看，我们走的这条道路是符合中国情况的。所以，在比较长的时间里，中国经济一直保持着增长的势头。中国人口众多，还有 6500 万

---

* 这是乔石同志在会见由中央政治局委员埃斯特万·拉索率领的古巴共产党代表团时的谈话节录。

人没有解决吃饭穿衣的问题。我们正积极地寻找办法解决前进道路上遇到的各种问题。中国人口多,负担重,但也有有利的一面,就是劳动力资源非常丰富。所以,在中国生产的产品成本都比较低,在国际市场上的竞争力就比较强。我们利用这个基本条件大量引进外资,现在全国引进外资总数超过 1000 亿美元。与此同时,我们采取加强宏观调控的办法,把外资用在比较合理的地方。目前我们外汇储备达到了 1000 亿美元,世界上没人相信中国会发生严重的财政经济危机。这当然很不容易做到,但我们经过几年的努力做到了。我们还深化了农业、工业改革,寻找能够调动农民和工人生产积极性的生产方式,增加产量,推动经济向前发展。到目前为止效果还是比较好的。18 年来,中国农业、工业和乡镇企业一直保持向前发展的势头。世界各地有几千万华侨华人,他们对中国经济发展给予了很大帮助,他们对自己的祖(籍)国都有感情,愿意到国内来投资,这是我们吸引外资比较有利的条件。

中国奉行独立自主的和平外交政策,特别是在和平共处五项原则的基础上加强与周边国家的睦邻友好关系。对于祖国统一的问题,我们采取逐步的、温和的办法来解决。关于香港问题,我们与英国发表中英联合声明已经 10 年了,而且通过了基本法,明年 7 月 1 日香港将回归。我们与英国经过强有力的谈判,最终达成协议以"和平统一、一国两制"的办法解决香港问题,香港的资本主义制度至少 50 年不变。我们还与葡萄牙达成类似的协议,准备在 1999 年澳门回归。

台湾问题比较复杂,我们的方针也是"和平统一、一国两制"。今年上半年台湾海峡形势比较紧张,我去贵国访问时,卡斯特罗主席对我说"时间对中国是有利的"。我明确地对他说,这次我们仅仅是进行军事演习。在这方面我们双方之间有很好的理解。我们要有耐心争取"和平统一、一国两制"。但如果实在做不到,我们就不得不考虑采取武力的办法实现统一。这是以后的事,不是我们所希望的。

目前中国的情况比较好,今年3月召开的全国人大八届四次会议通过了《中华人民共和国国民经济和社会发展"九五"计划和2010年远景目标纲要》。从现在的情况看,效果是好的,我们有信心实现"九五"计划和2010年的发展规划。我们还准备经过几代人的努力使中国真正成为现代化的国家。与此同时,我们不断加强党的建设,勤政廉政建设,反对腐败等消极现象。现在的国际形势对中国的经济建设是有利的。

我们与美国的关系,经过去年下半年和今年上半年的斗争,双边关系正在改善。我们要创造一个有利于经济建设的国际和平环境。我发现古巴的国际环境也在不断改善,美国虽然搞了一个赫尔姆斯-伯顿法①,但它自己也很孤立,欧盟就不愿意按照美国的法案去办,加拿大也不愿意。实际上美国对古巴的封锁很难完全按照美国的意志全部实现。当然,古巴与美国的斗争将是长期的,在这方面我们两党两国之间可以进一步加强合作。

---

① 赫尔姆斯-伯顿法:1996年3月,美国国会通过的一项针对古巴的法案,规定进一步对古巴实施报复性强化经济制裁,即对所有同古巴发生经济贸易往来的外国公司实施严厉制裁。

国有大中型企业改革
要走出一条路子来[*]

(1997 年 1 月 14 日)

我一直对国有大中型企业的深化改革问题比较关注,比较感兴趣。我在许多地方都是原则上谈这个问题,但没有说过具体的意见。

前年,我来上海,请上海的同志谈了这个问题。大家谈的使我很受启发。我也即席说了一些话,感到国有大中型企业的深化改革有点希望了,有点眉目了。去年,我来上海,上海国有大中型企业的改革在原来的基础上又有所发展。同我一起来的同志,有的觉得上海对改革方向的信心比较足,但我觉得主要还是看实践。

总的讲,上海国有大中型企业改革现在比两年前有所前进,而且眉目更清晰了。有些尝试是非进行不可的,但有些要仔细考虑,如人才公司的问题。这件事情看来似乎不大,其实很大。这涉及党管干部,谁也不敢说人才公司确实可以解决市场经济发展的需要和人才管理的问题。我当过中央组织部部长,筹备过党的代表大会,也主持修改过党章,还是有点实践经验的,曾经经历和碰到过一些问题,但人才公司还是第一次听到。这是一个很大胆的尝试。我认为,你们开始进行这项尝试,是一件很好的事。

上海的试验有上海自己的特定的条件,不是说搬到哪里都有用

这是乔石同志在上海建立现代企业制度工作汇报会上的讲话。

的。正因为如此,所以我到哪里都没有讲过上海的经验如何如何,或者去推广上海经验。另外,据我目前所听到的反映,总的讲,对上海进行国有大中型企业深化改革没有很大的分歧,没有很多不赞成的意见。有时候,一些事情用反证的方法反而容易得到正面的看法。有时当着面提什么,有些不好意思,有些方面也不方便。在背后能够听到各种意见,总还是好事。所以我可以告诉大家,到现在为止我听到的反映,当然范围很窄,但层次比较高一点,大家对上海进行国有大中型企业深化改革走的路子还是肯定的,没有听到很多不同的或者反对的意见。所以,我赞成上海在这方面继续探索下去。

现在上海各项建设正在大规模进行,但真正要把上海建设成为一个世界范围的重、轻工业和先进农业、经济贸易、金融中心城市恐怕还要有一段时间。上海在抗战以前,差不多处于世界上仅有的三四个大城市之一的地位。几年前决定开发浦东、结合改造浦西,我感到很兴奋。对此事,高层意见比较一致。但下这个决心,也是不容易的。从现在的实践过程看,遇到的困难要比当时想象的多得多,但工作取得的成绩和成效也大得多。当时没有具体化,没有想象到会有多少问题。现在一具体化,问题就很多了。其中国有大中型企业的深化改革是一个大难题,但上海还是比较有希望走出一条路子来的。这个路子,我认为不会是任何地方都适用的。相反的,对绝大多数地方是不完全适用的。但也应该相信一点,都是中国,总有一些共同性的方面可以参考。我认为,可以参考就行了。比如,农村政策有一条,农民负担不超过收入的5%。这5%,沿海地区的反映与中西部地区的反映完全不一样。中西部地区认为,这是加重了农民的负担,不是减轻了负担,5%负担太重。而沿海地区,整个经济发展水平高,5%算不了什么。如果把上海的做法照抄照搬,到什么地方都是不行的。如辽宁也是重工业比较集中的地方,现在用上海的做法是不行的。但总有一些可以启发人展开思路的内容。说实在话,国有大中型企业的问题再拖下去,不是资产流失、减少的问题,而是整个国有企业的资产都没有了。1996 年纺织工业的情况非常困难,可以说是全行业的困难,已经到了相当值得注意的程度了。不要看纺织现在还是我国出口的大头,但光依靠纺织和服装业挽救国有企业是不行的。而且纺织底子上的问题还没有解决。所以,我认为上海的经验不要硬去推广,但可以不保留地给人家作一些介绍,特别是介绍经过实践证明的比较成熟的情况和经验,供人家参考,给人以启发。

1996 年全国国有企业的总体状况不太理想,如果没有一些客观条件,是很不容易走出路子来的。如鞍钢,我 50 年代在鞍钢工作过,现在鞍钢没有钱进行技术改造。当时鞍钢想奔年产能力 1000 万吨,后来大家统一思想明确为 800 万吨,不再扩大了,但问题是技术改造没有钱。鞍钢技术改造主要是两个项目,即大炼锻和平炉改造。鞍钢过去是作过贡献的。但现在让他们自己出钱进行这两项主要技术改造,是没有条件的,国家不支持是不行的。我认为,对鞍钢来讲技术改造是最为关键的,如果不进行这些改造是没有办法搞活的。现在钢铁生产主要是提高产品的质量和增加产品的品种。如果要增加产量,无非增加 2000 万至 3000 万吨,就是不进口也很容易做到,我们有这个条件和能力。从全国的建设规模增长速度来说,今后 1.2 亿吨左右钢就基本够了。但如果企业不能进行技术改造,国家又不支持,到时候怎么办?连宝钢这样的企业,现在还在进行大规模技术改造。大连造船厂、上海江南造船厂都有两三年的订单,但就靠焊接技术好,主机和一部分控制仪表自己不能生产,订单再多也只能保本。1988 年,我到重庆时就说过技术改造要恢复应有的地位。但技术改造很难,我当国务院副总理时就感到了。其实中国国有大中型企业,特别是老企业,技术改造要放在主要的位置上,力度还得加强。

企业不可能没完没了地延伸、扩大，总还得靠不断增强内涵。上次我去泰州，看了春兰，现在他们又搞空调，又搞摩托车等。春兰集团的陶总①，只有43岁，是省机械厅下去的，经营能力不错。虽然目前在全国同行业中是不错的，但这样的企业，在该投入的时候，国家如果不帮他们一把，他们是很困难的。所以，对新建立的、发展势头又比较好的企业，不要认为优势用不完，在竞争的机制下总要不断改进，要争取年年走在前面，否则也难以立足，逆水行舟，不进则退。

所以，我认为探索胆子要大一点，有些没有触及的部门逐渐触及，不能一口吃成个胖娃娃，但有些该探索的还要探索一下。搞得比较成功的，保密不十分需要，因为大家都在研究这个问题，但也不要急于推广。不要讲空话。空话有什么危害？空话往往没有多少错误，但又不解决实际问题；它的危害就在于耽误事，问题似乎解决了，但实际上没有解决。如果对国有大中型企业光讲空话，一些老企业就会变成一堆废铁。

我赞成上海继续踏踏实实地把深化国有大中型企业的改革这件事搞下去。这对各地也是有重要意义的。我到各地走走，一方面是各地有各地的经验，没有经验也有变化和发展，另一方面也使我了解到各地不够的地方。我连续三年来上海，对我很有帮助。原来我们设想的，现在基本上都在实现。但我认为，要使上海真正成为世界上少有的几个大的国际城市，如金融中心、贸易中心、经济中心，中国的重工业、轻工业中心城市，还有差距。如果做到了这一点，就恢复了上海三四十年代在世界上所具有的地位。这还有一段距离，不是很容易的。有些问题不取决于上海市的同志，还有一个国家的政策和决策的问题。两年前我到上海，听说保税区不好批，我在人大常委会

① 陶建幸，著名企业家，时任泰州春兰集团总经理。

上问了这件事,过一段时间,他们说已经批了。

今天我随便说几句,供大家参考。希望上海国有大中型企业的改造、改革继续深化下去。上海首先还是要解决上海自己的问题,不是说要解决全国的问题,但有些地方有所突破总是好事。

把邓小平开创的建设有中国特色
社会主义事业进行到底 *

（1997 年 3 月 12 日）

　　邓小平同志是深受我们全党、全国各族人民爱戴的伟大领袖。他带领中国人民走上了一条新的道路,他的理论和思想对我们过去 20 年的工作和今后长远的工作都产生深远的影响。我们深切悼念邓小平同志,决心要继承邓小平同志的遗志,把有中国特色的社会主义事业进行下去,把邓小平同志开创的建设有中国特色社会主义事业进行到底。

　　把中国建成依法治国的国家,已成为中国绝大多数群众的共识。当然,要建成法治国家不容易,因为中国有 56 个民族,12 多亿人口。但只要中国经济持续发展,法治就一定能够按照经济发展水平进行下去。中国在制定各种法律时,广泛吸收了包括日本在内的世界各国法律中对我们有用的东西。对我个人来说,法制建设是我毕生的事业。

　　1983 年我们党同日本社会党建立了党际交流关系,1984 年我率中共代表团和 1995 年作为全国人大常委会委员长访日时受到社会党和土井议长的热情接待。社会党改名为社民党后,仍是推动日本

---

* 这是乔石同志在会见由党首土井多贺子率领的日本社民党代表团时的谈话节录。

继续走和平发展道路的一支重要力量,希望社民党今后继续为中日友好作出不懈努力。

中日关系总体上是好的,中日邦交正常化以来,两国经济、贸易关系有了长足的发展。如果说有什么希望的话,那就是希望日本政府更加现实地对待那段已经过去的历史,也就是"前事不忘,后事之师"。

山西要发挥好基础工业的优势[*]

（1997 年 5 月 31 日—6 月 4 日）

我同意刚才富国①同志、功勋②同志的报告，我提不出更多的意见。这次是我第三次到山西省来，总的印象我觉得还是不错的。山西在一些主要方面，特别是在基础建设方面，有了比较明显的进展。农业也是有希望搞好的，或者说在现在的基础上会搞得更好。

一、邓小平给我们留下了非常丰富和宝贵的思想理论和精神财富

我们目前面临的国际环境，对我们加快社会主义现代化建设是有利的。应该说，小平同志生前，特别是在最后一段时间，对我们国内国际一些最根本的政策，作出了很多极重要的指示和决定，有的已经写入到中央的文件里边了，有的已经编入到《邓小平文选》里边了。这是很重要的。特别是他的南方谈话，是他生前最后一次完整、系统的讲话，很多极重要的问题他都讲到了，当然，不可能一切问题都讲到。以前讲过的一些问题，不一定每次都要重复，但是在邓选三卷里基本上都有了。这是给我们国家今后的发展打下一个良好的基础。

---

* 这是乔石同志在山西省考察时听取省委、省人大、省政府工作汇报时讲话的节录。

① 富国，即胡富国，时任中共山西省委书记。

② 功勋，即卢功勋，时任山西省人大常委会主任。

二、我们要继续创造一个比较有利于进行现代化建设的国际和平环境

在对外政策上,小平同志提出要创造一个有利于中国进行社会主义现代化建设的和平国际环境,强调要坚持独立自主的和平外交政策。这个观点是他从军委领导岗位上退下来以后提出来的,我们还集体讨论和修改过,他也允许集体修改。我记得他说过这话,就是要把独立自主的和平外交政策加上去,这就比较完整了。他一生讲话很简要,他从军委主席岗位上退下来,话也是不多的,没有那么啰嗦,没有那么多长篇大论,没完没了地说。而且他也不爱多听,我原来是做外事工作的,每一次见到他,我都问一下,我说,小平同志,用不用汇报,他说"不用汇报,简报我都看了"。那我就不汇报了。你再汇报,他就嫌啰嗦了。所以,他是想得很多,说得不是那么多。想得很周到,概括得很好。小平同志与外宾会谈,我也碰到过,连翻译一共两小时就讲完了,很简要。在这些方面,都是值得我们学习的。创造一个有利于我们进行现代化建设的国际和平环境,现在也可以说我们还在继续创造,但大体上说我们已经基本上创造了一个比较有利于进行现代化建设的国际和平环境。我国同世界各国的关系,同我们周边国家的关系,总的来说是不错的,对我国现代化建设是有利的。同一些国家过去关系比较紧张的,大体上都比较相对地缓和下来了。当然还是会出现问题的,有问题逐步地解决,不一定一下子都去解决。

香港回归是举世瞩目的一件大事情,全国、全世界都很关注。现在时间已经很近了,我们正在抓紧做具体准备工作。平稳过渡看来可以比较顺利地实现,这一点能够做到。回归以后,保持香港的繁荣稳定,关键就在于按小平同志"一国两制"的构想和政策去办。决不能离开小平同志这个基本的指导思想。如果离开了就会出问题。小平同志说："香港在一九九七年回到祖国以后五十年政策不变,包括我们写的基本法,至少要管五十年。我还要说,五十年以后更没有变的必要。"①香港的老百姓关心的就是这一条。只要我们真正做到政策不变,事实证明不变,可以肯定地说,香港回归以后情况会更好。这对我们全国的改革开放和经济发展都有很大的好处,对进一步统一祖国、解决台湾问题,都会有很大的影响。

三、党的基本路线就是以发展经济为中心

小平同志关于社会主义的论述指出,共产党取得政权以后,首要的问题是发展社会生产力。因此,基本路线应该以发展经济为中心。现在应该说全党对发展经济、把经济搞上去,这一点已都不含糊了,都明确了。过去有的人认为,我搞党委工作就是搞党委;我搞人事工作就是搞人事;搞粮站就是搞粮站,但是总的应有一个中心吧,这个中心就是把整个经济现代化建设搞上去。这才是当前中国最重要的、中心的命题,也是我们基本路线的中心。其他搞得再好,也不能像"文化大革命"期间那样,当时有些人胡说八道,说的那些东西,当然不能听,比如说宁要社会主义的什么,不要资本主义的什么,宁可没饭吃,就搞所谓没饭吃的社会主义。所以,在邓小平的文章里,我们读到的就是他的思想都非常明确,而且语言也都非常简练。现在,小平同志的思想正在全国 12 亿人口的范围以内、在中华大地普遍地实现,看谁学得好,看谁执行得好。我刚才说过,执行得好,不走样,真正按他的思想执行,我看是可以的,中国可以比较快地发展起来,比较快地建成现代化。我们如果认为,他也就是两本书,两篇文章,背一点就行了,东抄西抄一点就行了。如果这么理解,我看这就不符合邓小平的思想实际。我在北京也讲过,我说你们引证马克思、恩格

---

① 《邓小平文选》第三卷,人民出版社 1993 年版,第 215 页。

斯、列宁、毛泽东、邓小平的话,你整个报告如果引证的非常多,并不说明你理解得很深。邓小平讲学马列没有几个字,学马列,要精、要管用,就这几个字吧,你们数一数,就七八个字吧,就讲清楚啦。要精,不要看一大堆,我是看过一大堆的,那一大堆看起来真是看死人啦,当然我也没看死,因为那时我没事,靠边站,我就利用这个机会看一点书。现在,都没有这么多时间了,都集中精力以经济建设为中心。学理论应该真正学到点子上,真正身体力行,我们就可以取得很大的成绩。邓小平的思想理论、毛泽东的思想理论,都还是发展的,没有发展到顶峰的可能性。对于讲什么发展到顶峰,毛泽东同志60年代就否定过。就是对"顶峰"之说,他当时就不赞成。"大树特树"毛泽东思想,讲毛泽东思想是马克思列宁主义发展的"顶峰",他都否定过,否定得对。如果不否定,中国还有什么马克思主义,没有啦!都被那些人糟蹋啦!在读马列著作的时候,我记得,马克思有一次讲话,他说,对于他周围那些自称信仰马克思主义的人,对这些人来讲,他们都是马克思主义者,唯独我不是马克思主义者。马克思说他自己不是马克思主义者,你看他气也够大的。他周围的人都写文章到处说自己是马克思主义者,这有用吗?这没用。谁是马克思主义者,谁不是马克思主义者,还是要以唯一的标准,就是以实践检验来看,没有别的办法。离开实践,光看文章修辞学,或者东抄西抄的,那马克思主义就太容易学了。马克思主义,当然要从实践中看。这次党的十五大一个中心议题就是准备讲邓小平同志的思想理论,现在正在起草。我也听了他们汇报,发表了一些意见。最后我发表的意见,就这一条,我说你们引证不要太多,引多了,并不说明你对马克思主义理解得非常多、非常深。我说小平同志讲学马列就这么几个字,你们学学看,你引证那么多,并不证明你这篇文章马克思主义水平非常高,没有用。我给他们提了这个意见,当然我说这话直截了当一点,你们怎么写,不要完全按我说的,但一定要做到体现小平同志的思想。所以,我说要真正学到手,还是要联系实际,结合实际学习,通过实践来证明我们继承小平同志的遗志,把他建设有中国特色社会主义理论真正在中国大地上变成完完整整、生动活泼的实践。

四、山西要进一步发挥好基础工业的优势

山西是能源大省,是我国最大的煤炭工业基地,几十年来为国家作出了重要贡献。基础工业方面的这个优势,要进一步发挥好。要在国家的支持下,继续探索深化体制改革,完善有关政策。要继续努力提高基础工业的水平,比如变过去的单纯输煤为输煤输电并重,就是一个不小的进步。以后还可以根据实际情况适当增加输电,以获得更好的经济效益。还有一个重要的方面,就是加强交通、通信等基础设施的建设,这对扩大对外开放、对带动城乡经济发展等,都是十分必要的。这几年,你们在公路建设上抓得比较紧。一路上,我看到你们的路况有明显改进。特别是太旧高速公路,建设的速度快,质量好。山西人民在这条公路的建设中表现出来的自力更生、艰苦奋斗的精神是很感人的。这条路对山西的发展确实有重大的作用;同时,通过工程建设形成的组织能力、技术能力、施工能力等,对进一步加快山西的建设也很重要。从你们介绍的情况看,山西的通信事业也有比较大的发展。总的看,山西在基础设施建设方面成绩是显著的,希望按照已经确定的规划继续努力下去,为经济等事业的进一步发展创造更好的条件。

山西水资源紧缺,改变这种局面,对经济发展和人民生活都至关重要。这要搞好规划,要抓紧干。万家寨引黄工程是山西的迫切需要,也是符合国家发展需要的,具有重大的经济效益和社会效益。几年来,你们努力创造条件,想方设法筹措资金,改革工程管理体制,调动各方面的积极因素,克服困难,艰苦奋斗,工程搞得不错,进展情况是好的。这项工程技术含量比较高,施工的难度也比较大,要继续精心组织,精心施工,采用先进技术和工艺,严格把好质量关,相信你们能够按计划建设好。

五、山西要把发展节水农业和旱作农业作为大事来抓

在发展农业和农村经济方面,这几年你们也有突破,比如你们的粮食产量突破了100亿公斤,这很令人高兴。山西地处黄土高原,自然条件比较差,发展农业的困难比较大,要继续根据山西的特点,采取有针对性的措施,加强农业基础。要坚持不懈地抓农田基本建设,提高抵御自然灾害的能力。山西冬闲时间长,把劳动力动员组织起来发展水平梯田、兴修水利等。水平梯田对搞好农业,避免水土流失,都大有好处。要继续加强河流滩涂开发和盐碱地改造。对黄土沟壑地区、干石山区、高寒地区等,都要因地制宜地采取有效的办法。总的说,山西要发展节水农业和旱作农业,这要作为大事来抓。多种经营要大力发展。山西丘陵和山区占很大的面积,要进一步加大开发力度。这次我看到晋北一些山区植树造林下了很大功夫,效果也比较明显。这很不容易,你们要坚持抓下去。植树造林,持之以恒,必有成效。这有利于改善山西的气候和生态,有利于保持水土,对治理黄河也有极大的好处。科技兴农的方针要很好地贯彻,无论是粮食等基本农产品的生产,还是其他种植业、养殖业等,都要重视采用先进的技术,不断提高生产率,提高产品质量。在抓好农业的同时,要继续积极发展乡镇企业。要适应新的情况使乡镇企业努力上档次、上水平,在农产品的加工、在促进农村经济发展和满足群众生活需要等方面做出更大成绩。

六、改革的办法归根到底只能从实践中来

对国有企业改革,你们也积极进行了探索。我赞成你们继续加快步伐。企业改革是一项十分紧迫的任务,可以说是时不我待,这个世纪没有几年了,很快就要过去了。必须以更大的决心和魄力推进改革,必须切实抓紧,必须采取从根本上解决问题的实际措施。改革的办法从哪里来?归根到底只能从实践中来。任何改革都不可能有现成完善的经验和做法可供套用,只能深入到群众中去,带领群众大胆实践,大胆试验,探索解决问题的办法。要继续根据企业的实际,分别不同情况,具体问题具体解决。实践证明效果好的做法,就要坚持下去,并积极推广,在实践中逐步予以完善。其他省市好的经验和国外先进的东西,也要结合实际加以借鉴,希望你们在建立现代企业制度、转变政府职能、改革社会保障制度等方面取得更大进展。

企业技术改造的力度要进一步加大。面对激烈的市场竞争,企业必须努力采用新的技术,提高产品质量,否则很难生存和发展。这方面要适当集中财力,集中人才,下大功夫去做,不然再拖下去,一些工厂就变成一堆废铁了。这次我看了太原的高新技术开发区,你们抓这方面的开发是有成绩的。要继续在技术上努力开发,在机制上积极探索,加快科研成果产业化的速度,在发展高新技术产业方面取得更大进步,获得更好的经济效益。

七、要加大治理黄河的力度,做好开发性扶贫工作

引黄工程也是做得很好的。引黄工程当然也有一些国际支援,将来取得一些经验,黄河的治理就可以逐步解决了,不要老是那么黄啦。山西我来了几次,后来逐渐发现,为什么黄河那么黄,就是因为上游有黄土高原,这黄土高原不光是山西,但山西有相当一部分,像吕梁山区,大水一冲,黄土都下去啦。还有陕西,以及周围别的省。如果这个治理好了,连黄河水都可以变清。这个工程是可以搞好的,现在搞得也不错,进度也不错。我相信,是能够做到的,现在正在做,而且做得是比较好的。沿着这个路子搞下去,今后,山西还是会有很大的希望。我过去第一次来山西看了以后,总觉得山西咋办呢?有些事到底怎么解决呢？后来第二次到吕梁山区走，也觉得有这个问题，这个黄土高原还是很不好办，没有水，现在听说已有些变化，或者说开始有些变化，这个变化还是好的，我希望这个变化继续下去。

在扶贫方面，这几年你们加大力度，效果比较明显，但任务仍很重，要坚持开发性扶贫的原则，把功夫下在提高生产能力、提高人的素质、树立艰苦奋斗精神上，这样才能真正实现脱贫，才能巩固脱贫成果。我这次带了陈俊生同志给我的一个关于吕梁山区扶贫的报告。吕梁山区他去得比我晚，他 1994 年去的，今年也去了，我 1992 年去了，我赞成他多去几次。他还是抓得很紧的，我也支持他。大概全国比较大的有名的贫困山区，我们基本上都走过了一遍。总而言之，我说一句，山西还是很有希望的，这次来了以后，更感觉到绿化也不同了，治黄也在进行了，高速公路还是不错的。所以，别人能干的，你们也能干，干得也不差。很有希望，大有希望，是可以说的。当然，不能由此就骄傲起来，我相信你们也不会骄傲。

要用马克思富有智慧的
思想来解决现实问题*

（1997 年 7 月 14 日）

首先我代表中共中央对格梅林副主席一行来访表示热烈欢迎。1994 年我曾去德国访问,同赫尔佐克总统、科尔总理和聚斯穆特议长谈得很好,访问给我留下了深刻的印象。

党与党之间应当多来往,增进了解,把关系建立在深入了解的基础上;如果相互不了解,根本谈不上友好合作。那次访德时,有一位市长先生和我谈起了西方对人权的看法。我就讲了我的经历,向他说明我们革命的成功是几十年来几千万人牺牲取得的。谈人权不能脱离中国的国情,不能不考虑到这个背景。不能用人权问题对中国和其他国家施加压力,当然有不同意见,可以讨论。彼此不了解会导致很多不必要的争论,如果经常对话和讨论,可以解决很多问题。

我们总结了过去的经验教训,从中国的现实出发、用马克思主义的方法解决中国的问题。马克思主义产生后,人类经历了两次世界大战,世界发生了很大变化,所以我们不能拘泥于马克思的语言和条条,而是要用马克思主义的基本原理,用马克思的富有智慧的思想来解决现实问题。只有这样,才能真正使马克思主义得到发展,也才有利于世界人民的进步。我们现在的关键问题是在理论思想和实际工

---

* 这是乔石同志在会见德国社会民主党副主席格梅林一行时的谈话节录。

作上踏踏实实地继续邓小平同志的政策,他的政策已被实践证明是正确的。继续邓小平同志的政策,不是简单地背诵和重复他的话,而是在实际工作上真正按照他的思想办事,踏踏实实地去做,这才是为中国人民做实事。我们一直在按照邓小平同志的思想把正确的东西法律化、制度化。

同台湾"三通"方面要多做工作*

(1997 年 11 月 29 日)

我来福建许多次了,60 年代就来过。最近几年,我来得比较多。福建是改革开放的前沿,厦门又是经济特区,应该多来看看。这次来,感到有许多新变化。改革开放以来,福建的发展是比较快的,已经形成了一个比较好的局面,打下了比较好的基础。20 年前可不是这个样子,当然这不是福建本身的问题,当时福建是海防前线。改革开放以来,福建省的几任领导,都做了大量的工作,今天这样的局面来之不易。当然这主要应该归功于小平同志的正确理论和党的正确路线,归功于福建广大干部、群众的辛勤工作和劳动,同时也同省里历届领导的持续努力分不开。现在福建经济的一些重要指标排在全国比较靠前的位置,这是不容易的。

福建在我们国家的改革开放和祖国统一大业中处在一个比较特殊的位置,希望福建继续抓住历史机遇,充分发挥自身的优势,继续在改革开放方面走在全国的前列,使改革向深度和广度拓展,促进经济和其他建设事业获得更大发展。改革就要敢闯敢干,要充满信心。当然前进的过程中也难免会遇到一点挫折,具体工作也不能保证没有缺点,这不要怕,因为改革开放是前人未搞过的事业,而且中国又这么大。该干的事,看准了就要果断地干。你们刚才提到给厦门立

---

*   这是乔石同志在福建省厦门市考察时同省市领导谈话的节录。

法权的问题,这是应该的。当时讨论这个问题,也有不同的意见。我说,深圳已经有了立法权,并没有发生什么问题,也应该给厦门立法权。改革开放是"第二次革命",要注意不断总结经验。我最近三年连续到上海去考察,主要是关心国有大中型企业的改革问题。比如想弄清楚现代企业制度到底是什么含义?什么内容?如何真正有效地防止国有资产流失?等等。上海改革的力度比较大,企业兼并搞得比较好,政府机构也进行了改革,加强了综合部门,减少了专业部门,转变了职能,到那里实地了解一下情况,感到很受启发。改革开放,最主要的是促进经济发展。现在国家总的经济形势是好的,这是深化改革的结果。1993年讨论当时经济发展中遇到的问题,我就赞成实行适度从紧的财政货币政策,国家要通过深化改革加强宏观调控,要有一些具体的措施。国务院拿出了一个方案,形成了中央6号文件,决定实行金融体制改革、汇率并轨和其他一些改革,加强宏观调控。人大也通过了中国人民银行法和商业银行法等有关法律。由于路子对,措施得当,工作也抓得比较紧,经过几年,经济顺利实现了"软着陆"。国外对我们经济的"软着陆"和香港的顺利回归是充分肯定的。中国在国际上的信誉是好的,世界银行就决定以后每年给中国30亿美元的贷款。总的说,我国经济发展的环境是好的,国际形势对我们也是有利的。我们要在现有基础上抓紧干,争取更大的发展。

台湾问题和对台工作,要高度重视,把工作做实。蒋经国上台后选了一个台湾人做"副总统",这就是李登辉。当时他装作一副很听话的样子,但是蒋经国去世后,他就大搞"台独",还要求台湾加入联合国。甚至在前年,他公然"访问"美国,到康奈尔大学发表演讲,等等。去美前夕还说什么,就是要做做不到的事。从美国回到台北,他很得意,并说下一个目标是日本,再下一个目标就是进联合国。如果我们不采取坚决的态度和果断的措施,克林顿就认为我们对这件事会吞下去,"台独"势力将更加猖狂,西方国家也会效仿美国,连第三世界的某些国家也可能受影响,国际上会出现很多问题。所以,我们作出了强烈的反应,包括进行军事演习。导弹打到了台湾西岸、东岸附近的海上,台湾当局就哇哇叫,实际上是给李登辉的一个警告。这也使克林顿清醒了一点。我们这样坚决果断地处理台湾问题,对后来这几年直至现在中美关系的发展起了关键性的非常好的作用。今后,对台湾问题,我们仍然是一方面坚持"和平统一、一国两制";另一方面绝不承诺放弃使用武力。当然我们是希望和平统一的,两岸人民也希望和平统一。

我非常希望香港回归以后,搞得更好一点,成为"一国两制"的成功范例,这样对台湾回归有利。现在是到了大大加强对台工作的时候了。当前最主要的是"三通",李登辉是不会同意的,他搞所谓的"戒急用忍",但是台湾人民和广大工商界人士是赞成"三通"的。我们对李登辉不能抱任何幻想,而且他的统治时间也很有限了。关键还是发展我们自己,大陆经济发展了,对台湾的吸引力就大了,越发展,吸引力越大。福建紧邻台湾,在台湾的福建省籍人士也比较多,搞好福建的工作对台湾有很重要的影响。福建应该在"三通"方面多做工作。我们就是要通过努力,在实际上把"三通"变成事实,同时要更多地引进台资,这样把海峡两岸的经济连在一起。经济连在一起了,他们要分也分不开了。我们按照"一国两制"方针分步解决统一问题,香港已经实现回归,澳门也即将回归,剩下的问题是台湾,现在主要是把"三通"搞好。

要积极准备进入信息社会[*]

（1998 年 1 月 10 日）

  刚才，我听了几位同志的介绍，大家谈的看法我都赞成。

  这一次，是我近年来第四次到上海了。第一次来时，我是想看看到底上海大中型国有企业改革怎么搞比较好，因为确定上海浦东开发比较晚，同时我个人又提议在浦东进行开发的同时改造浦西。现在浦西改造得都不认识了，也改造得差不多了。浦东新区也建起来了。总的看，形势是非常令人兴奋的。第一次座谈时，上海第三钢铁厂、上海第二毛纺厂等介绍的情况很受启发、很受鼓舞。为什么？国有大中型企业改革如果找不到一条出路，真正脱胎换骨地打开一条新的出路，资产流失等很多议论也就有道理了。现在证明，上海过去这些年所走的道路总的是符合国家改革开放要求的，上海的面貌被公认是确实比较好的。我在北京没有听到对上海有很多不赞成的意见，也就是基本上是赞成的或者没有反对的。当然，个别同志如倪志福①同志跟我说过，上海地价搞得太高了。倪志福同志来过上海，对上海也是很熟悉的。我说，我有机会也反映反映，但是地价问题涉及全国。北京地价炒得是最高的，我对此是有意见的。当然，这是我个

---

* 这是乔石同志在上海推进企业改革座谈会上的讲话。

① 倪志福，时任全国人大常委会副委员长。

人意见,随便说说,供你们参考。总的说,上海的发展是健康的、迅速的。我也听到一些国外的反映。前年我到土耳其去访问,土耳其总统说他在国内作报告介绍上海情况时说,上海楼房简直是一幢幢"种"上去的。意思是发展速度之快,让人难以想象,中央批准上海浦东开发开放五六年以来,当然上海实际工作还要早一些,可以说是后来居上。上海改革的幅度是相当大的。我认为,小平同志讲的改革开放等于"第二次革命"是非常正确的。这个幅度涉及上海上千万人口,不但涉及每位职工,而且还涉及其家庭、邻居。动迁涉及面也非常大。我认为,最后结果是满意的或被人接受的是主要的。我在北京不讲这个话,也不转这个信息,硬着头皮顶着,多大意见也顶着再说,最后能够解决的,都好。现在看来,基本上是能够解决的。这两天,黄菊①、匡迪②同志都告诉我,上海城市建设总框架到 2000 年基本上可以建立起来。

下面,我提一些纯粹是个人的想法,与大家一起探讨和研究。

我们现在搞的,全部是从计划经济向社会主义市场经济的过渡。同时在国际上我们又面临从工业社会向信息社会的过渡。我注意到,这个问题过去谈论的人不多,最近几个月才比较多一点。我到上海后,看到上海报刊讲得更多一些。有些未来学家认为,发展中国家如果搞得好的话可以超越一些具体的发展阶段。我也想过,中国能不能稍微超越一点、快一点。如果能超越,对全国 12 亿人民来说好处是说不完的。如果不能超越,我们也不能做力所不能及的事。这个问题,我建议大家再研究一下。我孩子从美国回来跟我说,克林顿先提出了信息高速公路,然后引起了大家的注意,实际上美国现在已

---

① 黄菊,时任中共上海市委书记。
② 匡迪,即徐匡迪,时任上海市市长。

经进入信息高速公路社会了,虽然不能说已经全进入了,但是面已经相当宽了。武汉现在搞了一个信息港,我曾去看了一个光缆项目。到上海后,我也看了一个光缆项目。不发展光缆通讯是不行的,不然信息社会怎么建?国家那么大,每天的信息量非常非常多。我的孩子说,他们在美国有时候两三个人可以通过 Internet 聊天、开中药药方,或者打扑克、搓麻将,但是所花费的钱与打电话差不多,有的更便宜。我印象最深的一件事是《大英百科全书》原来是由英国出版的,出版费用很贵,后来英国人维持不下去了,将书的出版权卖给了美国人,美国人就将其内容输入了网络,现在要查书中的内容钱都不收,而且速度很快。要办成这些事,没有基础设施是做不到的。在全国范围内搞光缆通讯,只有彻底打破地方、部门的界限才行。当然在全国范围内实施也得有规划。上海可以先试。上海的任务是双重性的,一方面要抓紧时间将工业社会许多先进的东西很快地建立起来;另一方面要积极准备进入信息社会。要做到这些,困难也是重重的。因此,确实要打破地方、部门的利益界限,从全国的总体利益来考虑。我们现在经常在讲战略方向。什么是战略方向?我想来想去,就是要在加速建设工业社会的同时,准备进入信息社会,这样中国才能缩短一定的发展时间。缩短,我认为是做得到的。

从战略眼光看,在整个工业改革中要怎么吸收工业社会的所有优点,不一定都是最好的,不可能一个市样样搞得世界第一,但是要使最主要的几个部门能做到名列于先进行列。同时,现在就开始认真思考信息社会的问题,为使中国进入信息社会的步子走得快一点而奋斗。这个问题说大也是太大,光靠你们一个市也做不到。但我们活着,就是希望把中国建设成为现代化国家。今天我提出这个问题也是空话一句,但我希望把以信息社会为代表的所有下一个阶段的事情搞起来。搞起来了,上海才能真正建设好。这对于当年我提出开发浦东的同时改造浦西来说,任务是在加码。当然,我这个人幻想多一些。但是,有时候没有异想天开也不好,老是顾眼前搞了多少也是不行的,人有时候要往后看看、往前看看,但往前看是主要的,因为从全国的发展情况来讲,中国还是很落后的。如果我们真的能够超越一些具体的发展阶段(不是说整个阶段都超越),就可以早一点进入信息社会。这也是北戴河会议讨论最后通过党的十五大文件时我要求加上的内容。后来,温家宝同志在文件中加了两句关于信息社会的话。我们总得要有前瞻性,不能光满足于现实。我们对信息时代要有新的看法,思想首先要跟得上,然后才能带动行动,使行动更加自觉、更加积极一些,你们结合学习十五大报告,把这个问题再思考思考。

编辑统筹：张振明
责任编辑：郑　治
装帧设计：肖　辉　王欢欢
责任校对：吕　飞

图书在版编目（CIP）数据

乔石谈改革与发展/乔石 著. —北京：人民出版社，2017.9
ISBN 978－7－01－018247－6

Ⅰ.①乔… Ⅱ.①乔… Ⅲ.①乔石-文集②中国经济-经济体制改革-文集 Ⅳ.①D2－0②F121－53

中国版本图书馆 CIP 数据核字（2017）第 221869 号

乔石谈改革与发展

QIAOSHI TAN GAIGE YU FAZHAN

乔 石　著

人民出版社 出版发行
（100706　北京市东城区隆福寺街 99 号）

山东鸿君杰文化发展有限公司印刷　新华书店经销

2017 年 9 月第 1 版　2017 年 9 月第 1 次印刷
开本：710 毫米×1000 毫米 1/16　印张：41
字数：480 千字　插页：8

ISBN 978－7－01－018247－6　定价：95.00 元

邮购地址 100706　北京市东城区隆福寺街 99 号
人民东方图书销售中心　电话（010）65250042　65289539